Thomas Kurz

Fit in WiSo
Wirtschafts- und Sozialkunde für
kaufmännische Ausbildungsberufe

Prüfungstrainer Abschlussprüfung
Übungsaufgaben und erläuterte Lösungen

Lösungsteil

Bestell-Nr. 2784

u-form Verlag · Hermann Ullrich GmbH & Co. KG

Deine Meinung ist uns wichtig!

Du hast Fragen, Anregungen oder Kritik zu diesem Produkt?

Das u-form Team steht dir gerne Rede und Antwort.

Einfach eine kurze E-Mail an

feedback@u-form.de

Änderungen, Korrekturen und Zusatzinfos findest du übrigens hier:

2784.dp.u-form.de

BITTE BEACHTEN:

Zu diesem Prüfungstrainer gehören auch noch ein **Aufgabenteil** und ein heraustrennbarer **Lösungsbogen**.

7. Auflage 2025 · ISBN 978-3-95532-784-2

Alle Rechte liegen beim Verlag bzw. sind der Verwertungsgesellschaft Wort, Untere Weidenstr. 5, 81543 München, Telefon 089 514120, zur treuhänderischen Wahrnehmung überlassen. Damit ist jegliche Verbreitung und Vervielfältigung dieses Werkes – durch welches Medium auch immer – untersagt.

© u-form Verlag | Hermann Ullrich GmbH & Co. KG
Cronenberger Straße 58 | 42651 Solingen
Telefon: 0212 22207-0 | Telefax: 0212 22207-63
Internet: www.u-form.de | E-Mail: uform@u-form.de

Inhaltsverzeichnis Lösungsteil

Bereich	Seite

1 Grundlagen des Wirtschaftens

- 1.01 Bedürfnis – Bedarf – Nachfrage 11
- 1.02 Güterbeziehungen 11
- 1.03 Güterarten 12
- 1.04 Ziele des Betriebes 13
- 1.05 Zielbeziehungen 13
- 1.06 Betriebswirtschaftliche Funktionen 14
- 1.07 Betriebswirtschaftliche Produktionsfaktoren 14
- 1.08 Betriebswirtschaftliche Produktionsfaktoren 15
- 1.09 Austausch von Produktionsfaktoren 15
- 1.10 Arbeitsteilung 16
- 1.11 Arbeitsteilung 16
- 1.12 Volkswirtschaftliche Produktionsfaktoren 18
- 1.13 Güter- und Finanzbewegungen 19
- 1.14 Finanzierungsarten 19
- 1.15 Einlagenfinanzierung 20
- 1.16 Finanzierungsarten 20
- 1.17 Insolvenzvoraussetzungen 21
- 1.18 Insolvenzantrag 21
- 1.19 Insolvenz 22
- 1.20 Finanzierungsarten und Leverage-Effekt 23
- 1.21 Finanzierung und Kreditsicherung 24
- 1.22 Leasing 26
- 1.23 Kreditarten 26
- 1.24 Factoring 27
- 1.25 Kreditsicherungen 27
- 1.26 Akkreditiv 28
- 1.27 Akkreditiv 29
- 1.28 Lieferantenkredit 30
- 1.29 Kreditgewährung 31
- 1.30 Darlehen 32
- 1.31 Electronic Banking 34
- 1.32 Zahlungswege 34
- 1.33 Zahlungen im Onlinehandel 35
- 1.34 Zinsrechnung 36
- 1.35 Zinsrechnung 37
- 1.36 Barzahlung 38
- 1.37 Marktformenschema 38
- 1.38 Marktformen 39
- 1.39 Marktgleichgewicht 39
- 1.40 Vollkommener/Unvollkommener Markt 40
- 1.41 Ökonomisches Prinzip 40
- 1.42 Investitionen 41
- 1.43 Kapitalbildung 41
- 1.44 Rentabilität – Wirtschaftlichkeit – Produktivität 42
- Kreuzworträtsel 43

Inhaltsverzeichnis Lösungsteil

Bereich   **Seite**

2 Rechtliche Rahmenbedingungen

- 2.01 Rechtsgebiete ... 47
- 2.02 Rechtspersonen ... 47
- 2.03 Rechtliche Handlungsfähigkeiten ... 49
- 2.04 Geschäftsfähigkeit ... 50
- 2.05 Rechtsbegriffe ... 51
- 2.06 Rechtsgeschäfte ... 51
- 2.07 Nichtigkeit und Anfechtung ... 52
- 2.08 Nichtigkeit und Anfechtung ... 52
- 2.09 Besitz und Eigentum ... 53
- 2.10 Eigentumsvorbehalt ... 53
- 2.11 Besitz und Eigentum ... 54
- 2.12 Vertragsarten, -inhalte und -beispiele ... 55
- 2.13 Vertragsarten, -inhalte und -beispiele ... 55
- 2.14 Kaufarten ... 56
- 2.15 Vertragsabschluss ... 57
- 2.16 Sonderangebot ... 58
- 2.17 Angebot ... 59
- 2.18 Kaufvertrag ... 61
    - 2.18.1 Anfrage ... 61
    - 2.18.2 Angebotsvergleich und Angebot ... 61
    - 2.18.3 Angebotsvergleich und Angebot ... 62
    - 2.18.4 Bestellung ... 63
    - 2.18.5 Mängelrüge ... 63
- 2.19 Verbraucherschutzgesetze ... 64
- 2.20 Zustandekommen/Widerruf eines Kaufvertrages ... 64
- 2.21 Nationale Lieferungsbedingungen ... 65
- 2.22 Internationale Lieferungsbedingungen ... 65
- 2.23 Pflichtverletzungen beim Kaufvertrag ... 66
- 2.24 Kaufvertragsstörungen ... 67
- 2.25 Mangelhafte Lieferung ... 68
- 2.26 Zahlungsverzug ... 69
- 2.27 Zahlungsverzug ... 69
- 2.28 Lieferungsverzug ... 72
- 2.29 Erfüllungsort ... 73
- 2.30 Verjährung ... 74
- 2.31 Verjährung ... 75
- 2.32 Firma ... 76
- 2.33 Handelsregister ... 77
- 2.34 Handelsregister ... 78
- 2.35 Unternehmensformen ... 79
- 2.36 Gesellschaftsformen ... 80
- 2.37 Gesellschaftsformen ... 80
- 2.38 Gesellschaftsformen ... 81
- 2.39 Gesellschaftsformen ... 81
- 2.40 Gesellschaftsformen ... 82
- 2.41 Privatentnahmen ... 82

Inhaltsverzeichnis Lösungsteil

Bereich   **Seite**

2 Rechtliche Rahmenbedingungen

2.42	Personengesellschaften	83
2.43	Offene Handelsgesellschaft	84
2.44	Gewinnverteilung OHG	85
2.45	Gewinnverteilung KG	85
2.46	Aktiengesellschaft (Gründung, Organe)	86
2.47	GmbH	87
2.48	Unternehmergesellschaft (UG)	87
	Kreuzworträtsel	88

3 Menschliche Arbeit im Betrieb

3.01	Prokura und Handlungsvollmacht	91
3.02	Prokura und Handlungsvollmacht	92
3.03	Befugnisse bei einer GmbH & Co. KG	92
3.04	Zeichnung der Bevollmächtigten	93
3.05	Aufbau- und Ablauforganisation	95
3.06	Leitungssysteme	95
3.07	Stellenbeschreibung	96
3.08	Arbeits- und Geschäftsprozesse	96
3.09	Aufnahme der Prozesse	96
3.10	Ereignisgesteuerte Prozesskette	97
3.11	Ereignisgesteuerte Prozesskette	98
3.12	Entscheidungsformen und Führungsstile	99
3.13	Führungsmethoden	100
3.14	Personalförderung	100
3.15	Pyramide der Rechtsquellen	101
3.16	Arbeitsgesetze	102
3.17	Beteiligte im Dualen System	103
3.18	Rechte und Pflichten in der Ausbildung	104
3.19	Ausbildungsvertrag	105
3.20	Arbeitszeiten – Pausen – Berufsschule	106
3.21	Pläne in der Ausbildung	107
3.22	Ausbildungsnachweise	107
3.23	Zwischen- und Abschlussprüfungen	108
3.24	Beendigung des Berufsausbildungsverhältnisses	108
3.25	Beendigung des Berufsausbildungsverhältnisses	109
3.26	Zeugnis	109
3.27	Ärztliche Untersuchung	109
3.28	Mutterschutz, Elternzeit und Elterngeld	110
3.29	Urlaubsplanung	111
3.30	Arbeitsmodelle	112
3.31	Jugend- und Auszubildendenvertretung	113
3.32	Betriebsrat	113
3.33	Tarifverhandlungen	114
3.34	Streik	115
3.35	Tarifverträge	116

Inhaltsverzeichnis Lösungsteil

Bereich	Seite
3 Menschliche Arbeit im Betrieb	
3.36 Reisekostenabrechnung	117
3.37 Gehaltsabrechnung	118
3.38 Bestandteile der Lohn- und Gehaltsabrechnung	120
3.39 Erfassung der Lohnsteuerdaten	120
3.40 Lohnsteuerklassen	121
3.41 Werbungskosten/Sonderausgaben	121
3.42 Leistungen der Sozialversicherungen	121
3.43 Träger der Sozialversicherung	122
3.44 Europass-Lebenslauf	122
3.45 Gesetzlicher Mindestlohn	123
3.46 Kündigung	124
3.47 Besonderer Kündigungsschutz	124
3.48 Gesetzliche Kündigungsfrist	125
3.49 Qualifiziertes Zeugnis	125
3.50 Compliance	125
Kreuzworträtsel	126
4 Arbeitssicherheit, Gesundheits- und Umweltschutz	
4.01 Ergonomie	129
4.02 Gesundheitsberatung Deutsche Rentenversicherung	129
4.03 Work-Life-Balance	131
4.04 Lebenslanges Lernen	131
4.05 Arbeitsunfälle	132
4.06 Mitarbeiterschulung Unfallverhütung	132
4.07 Unfallmeldung	132
4.08 Brandschutz	134
4.09 Verhalten im Brandfall	134
4.10 Zuständigkeiten beim Arbeitsschutz	134
4.11 Sicherheitszeichen	135
4.12 Sicherheitszeichen	135
4.13 Arbeitsschutzgesetze	135
4.14 Duales System	136
4.15 Kreislaufwirtschaftsgesetz	137
4.16 Abfallbewirtschaftung	137
4.17 Einkauf und Umweltbelastung	138
4.18 Energieverbrauch	138
4.19 Umweltlabel	138
4.20 Vermeidung von Umweltbelastungen	139
4.21 Treibhausgas	139
4.22 Klimawandel	140
4.23 Nachhaltigkeit	141
Kreuzworträtsel	142

Inhaltsverzeichnis Lösungsteil

Bereich	Seite

5 Wirtschaftsordnung und Wirtschaftspolitik

5.01	Sektoren der Wirtschaft	145
5.02	Sektoren der Wirtschaft	146
5.03	Wirtschaftszweige	147
5.04	Arbeitslosigkeit	148
5.05	Wirtschaftsordnungen	149
5.06	Kooperation und Konzentration	150
5.07	Kooperation und Konzentration	151
5.08	Wettbewerbsgesetze	152
5.09	Markteingriffe des Staates	153
5.10	Entscheidungsträger der Wirtschaft	153
5.11	Wirtschaftskreislauf	154
5.12	Erweiterter Wirtschaftskreislauf	154
5.13	Volkswirtschaftliche Gesamtrechnung	155
5.14	Volkswirtschaftliche Gesamtrechnung	156
5.15	Zahlungsbilanz	157
5.16	Konjunkturverlauf	158
5.17	Konjunkturphasen – Begriffe	158
5.18	Konjunktur und Konjunkturindikatoren	159
5.19	Konjunkturindikatoren	160
5.20	Konjunkturpolitik	161
5.21	Fiskalpolitik (antizyklisch)	161
5.22	Neuverschuldung	162
5.23	Stabilitätsgesetz – Ziele	162
5.24	Stabilitätsgesetz – Zielbeziehungen	163
5.25	Konjunkturausblick – Wirtschaftswachstum	164
5.26	Auswirkungen von Inflation und Deflation	165
5.27	Inflationsarten	166
5.28	Bekämpfung von Inflation und Deflation	167
5.29	Inflationsrate	168
5.30	Indikatoren	168
5.31	Kaufkraft, Konsum und Preisindex	169
5.32	Kaufkraft, Konsum und Preisindex	170
5.33	Wechselkurse	173
5.34	Wechselkurse	174
5.35	Geld	174
5.36	Steuerarten	175
5.37	Merkmale bestimmter Steuerarten	176
5.38	Europäische Union	176
	Kreuzworträtsel	177

Notizen

1 Grundlagen des Wirtschaftens

Notizen

Grundlagen des Wirtschaftens

1.01 Bedürfnis – Bedarf – Nachfrage

a) **Bedürfnisse** sind der Ausdruck von Mangelerscheinungen wie „Ich habe Hunger", „Ich habe Durst" oder „Ich möchte unterhalten werden". | 3

b) Wenn für die Befriedigung der Bedürfnisse die notwendige Kaufkraft vorhanden ist – der Auszubildende hat das notwendige Kleingeld eingesteckt – spricht man vom **Bedarf**. | 2

c) Wird dann dieser Bedarf am Markt gedeckt durch „Bestellung eines Döner-Tellers und einer Cola" oder „Kauf einer Eintrittskarte für das nächste Heimspiel des Lieblingsvereins" entsteht daraus eine **Nachfrage**. | 1

1.02 Güterbeziehungen

a) Der Absatz von Tintenkillern ist abhängig von der abgesetzten Menge an Füllfederhaltern (komplementäres Gut). | 2

b) Eine Glasflasche kann durch eine Plastikflasche ersetzt werden (substituierbares Gut). | 1

c) Margarine ist das Konkurrenzprodukt zur Butter (substituierbares Gut). | 1

d) Der Umsatz der Tankstellen wird maßgeblich beeinflusst durch die Anzahl der zugelassenen Kraftfahrzeuge (komplementäres Gut). | 2

e) Elektrogeräte (Mixer, Kühlschrank, Fernsehapparate, Geschirrspülmaschine, Bohrmaschine etc.) funktionieren nur bei Stromversorgung (komplementäres Gut). | 2

f) Ein Holzrahmen kann durch einen Kunstoffrahmen, der gegebenenfalls preiswerter ist, ersetzt werden (substituierbares Gut). | 1

g) Die Transportleistung des Anhängers ist abhängig vom Einsatz der Zugmaschine (komplementäres Gut). | 2

h) Der Absatz von Pfeifentabak bestimmt sich durch die Anzahl der verkauften Pfeifen (komplementäres Gut). | 2

i) Öl- und Gasheizung sind konkurrierende Heizsysteme (substituierbares Gut). | 1

Grundlagen des Wirtschaftens

1.03 Güterarten

Verbrauchsgüter sind nach einmaligem Nutzen verbraucht.
Gebrauchsgüter sind längerfristig nutzbar.
Konsumgüter werden im privaten Bereich verwendet.
Produktionsgüter werden im gewerblichen Bereich verwendet.

a) Die Tonerkartuschen sind **Verbrauchsgüter**. Sie werden **gewerblich** im Vertrieb der Office Experten verwendet.	3
b) Der Schreibtisch ist ein **Gebrauchsgut**. Seine Nutzung als Schreibtisch für den Sohn ist **nicht gewerblich**.	2
c) Das **Gebrauchsgut** Einbauküche wird im Ferienhäuschen **privat** genutzt.	2
d) Die Kreuzfahrt wird **privat** konsumiert und stellt ein **Verbrauchsgut** dar.	1
e) Das **Verbrauchsgut** Druckerpapier wird zu **gewerblichen** Zwecken verwendet.	3
f) Die kostenpflichtige Beratung des Anwaltes stellt eine Dienstleistung dar, die für eine private Angelegenheit erbracht wird und ist insofern ein **Konsum- und Verbrauchsgut**.	1
g) Das **Gebrauchsgut** Gabelstapler wird für **produktive** Zwecke eingesetzt.	4
h) Das Stromkontingent ist zum **Verbrauch im produktiven Sinne**, nämlich der Energieversorgung der Office Experten, bestimmt.	3
i) Da es sich um eine Dienstreise mit dem Firmen-PKW handelt dient das **Verbrauchsgut** Benzin einem **produktiven** Zweck.	3
j) Die Tintenpatronen werden (auch) für **private** Zwecke **verbraucht**.	1

Grundlagen des Wirtschaftens

1.04 Ziele des Betriebes

a) In **ökologischen Zielen** werden die umweltpolitischen Zielvorstellungen des Unternehmens wie Schonung natürlicher Ressourcen, Einsatz energiesparender Einrichtungen, Einsatz umweltfreundlicher Produktions- und Verpackungsverfahren etc. festgelegt. — 3

b) In **sozialen Zielen** werden die Zielvorstellungen im Hinblick auf Zufriedenheit und Motivation der Mitarbeiter wie humane Arbeitsbedingungen, Gewinnbeteiligung, gerechte Entlohnung etc. festgelegt. — 4

c) **Soziales Ziel** – siehe Erläuterung zu b) — 4

d) In **ökonomischen Zielen** werden die wirtschaftlichen Zielvorgaben wie Gewinnmaximierung, Erreichen einer bestimmten Eigenkapitalrentabilität, Kostensenkung, Liquiditätssicherung etc. festgelegt. — 2

e) In **sachlichen Zielen** ist festgelegt, welches Produkt- und Leistungsspektrum am Markt angeboten werden soll, z. B. Herstellung und Vertrieb von Fahrrädern, Beratung von kriselnden Unternehmen des Handwerkes oder Konzeption und Umsetzung maßgeschneiderter IT-Lösungen. — 1

f) **Ökonomisches Ziel** – siehe Erläuterung zu d) — 2

Die Abgrenzungen sind fließend, so sind vordergründig soziale oder ökologische Ziele meist eng verbunden mit ökonomischen Zielen.

1.05 Zielbeziehungen

a) **Komplementäre Ziele** sind sich ergänzende Ziele wie z. B. Senkung der Kapitalbindungskosten und Steigerung des Gewinnes oder Senkung der Stückkosten und Erhöhung der Kapazitätsauslastung. Die Verfolgung eines Zieles unterstützt gleichzeitig die Erreichung eines oder mehrerer anderer Ziele. — 1

b) **Indifferente Ziele** beeinflussen sich gegenseitig nicht wie z. B. Erhöhung des Anteiles genormter Teile bei gleichzeitiger Einführung gleitender Arbeitszeit in der Fertigung oder Einführung eines betrieblichen Vorschlagswesens bei gleichzeitiger Verschlankung der Organisationsstruktur. Die Ziele können unabhängig voneinander verfolgt werden. — 3

c) **Konkurrierende Ziele** können nur schwer oder gar nicht gleichzeitig erreicht werden wie z. B. Erhöhung des Servicegrades bei gleichzeitiger Senkung des Lagerbestandes oder Ausweitung des Marktanteiles bei gleichzeitiger Reduzierung des Werbebudgets. Die Verfolgung des einen Zieles führt automatisch zur Entfernung von der Erreichung eines anderen Zieles. — 2

d) **Komplementäres Ziel** – siehe Erläuterung zu a) — 1

Antinome Ziele (nicht Gegenstand dieser Aufgabe, da sie oft mit konkurrierenden Zielen gleichgesetzt werden) sind Ziele, die sich gegenseitig völlig ausschließen. So sind z. B. eine Erhöhung des Bekanntheitsgrades des Unternehmens bei gleichzeitiger Verringerung des PR-Etats oder die Eröffnung einer neuen Filiale bei gleichzeitigem Personalabbau nur schwer vorstellbar.

Grundlagen des Wirtschaftens

1.06 Betriebswirtschaftliche Funktionen

Die betriebswirtschaftlichen Grundfunktionen Beschaffung, Produktion und Absatz werden ergänzt durch Funktionen wie Lagerwirtschaft, Finanzierung, Personalwirtschaft, Kommunikation und Leitung.

a) Aufgabe der **Beschaffung** ist es, die für die Produktion notwendigen Materialien in der richtigen Menge, zum richtigen Zeitpunkt, in der gewünschten Qualität am richtigen Ort bereitzustellen. Dazu gehört auch die Terminüberwachung. | 2

b) Aufgabe der **Produktion** ist es, marktgerechte Produkte zu entwickeln und kostengünstig zu produzieren. Dazu gehört als letzter Schritt eine Qualitätskontrolle, um Beschwerden von Kunden möglichst zu vermeiden. Im Versand wird nur noch auf optische Mängel überprüft und ob die richtigen Artikel in der vom Kunden bestellten Menge verschickt werden. | 5

c) **Beschaffung** – siehe Erläuterung zu a) | 2

d) Der **Absatz** hat die Aufgabe, die Produkte, Güter und Dienstleistungen zu vermarkten. Dazu gehört neben Produkt- und Sortiments- auch die Preisgestaltung. | 1

e) Die **Finanzierung** hat die Aufgabe, das notwendige Kapital zu beschaffen, den Zahlungsverkehr vorzunehmen und die Liquidität zu überwachen. | 4

f) **Produktion** – siehe Erläuterung zu b) | 5

g) Die **Leitung** hat die Aufgabe, alle Funktionen des Betriebes optimal zu kombinieren. Dazu gehört auch, die notwendige Organisationsstruktur zu schaffen. | 3

1.07 Betriebswirtschaftliche Produktionsfaktoren

a) Der „dispositive Faktor" ist verantwortlich für die wirtschaftlich sinnvolle Kombination aller übrigen Produktionsfaktoren. Zum dispositiven Faktor zählen geschäftsführende Inhaber und Gesellschafter, Geschäftsführer und Vorstände sowie leitende Angestellte und Prokuristen. Sie planen, organisieren und kontrollieren die Kombination der Produktionsfaktoren. | 3

b) Werkstoffe sind bezogene Materialien, Vor- und Endprodukte für die betriebliche Leistungserstellung. Diese Stoffe können verarbeitet, bearbeitet oder verändert werden. Hierzu zählen die Warenvorräte (z. B. durch Umverpacken). | 2

c) Betriebsmittel sind i. d. R. langlebige Anlagegüter, die eine Leistungserstellung bzw. Produktion erst technisch ermöglichen. Hierzu zählen Maschinen, Betriebsfahrzeuge, Werkzeuge, aber auch andere Formen der Betriebs- und Geschäftsausstattung (z. B. Computer). | 1

d) Die ausführende Arbeit ist ein weisungsgebundener Produktionsfaktor, der konkrete Produktions- und/oder Verwaltungsaufgaben wahrzunehmen hat. | 4

Grundlagen des Wirtschaftens

1.08 Betriebswirtschaftliche Produktionsfaktoren

Rohstoffe sind Hauptbestandteil des Produktes, d. h., sie gelten als wesentlicher Bestandteil des Fertigerzeugnisses (Beispiele: Holz bei Schränken, Stahlblech bei Automobilen, Kunststoffe bei PC).

Hilfsstoffe sind Nebenbestandteile des Produktes, d. h., sie gehen zwar in das Fertigerzeugnis ein, gelten aber aus quantitativer und wertmäßiger Sicht nicht als Hauptbestandteil (Beispiele: Lacke und Leim, Farben und Säuren, Nägel und Schrauben). Werden diese Stoffe fremd bezogen, bezeichnet man diese Stoffe auch als Fremdbauteile oder Vorprodukte.

Betriebsstoffe sind nicht Bestandteil des Produktes, d. h., sie dienen lediglich zur Erstellung des Erzeugnisses, gehen aber nicht in das Produkt ein (Beispiele: Schmierfette der Produktionsmaschine, Brenn- und Treibstoffe, Schmieröle, Reparaturmaterialien).

Betriebsmittel dienen der Herstellung des Produktes, gehen nicht in das Produkt ein und werden im Produktionsprozess fortlaufend eingesetzt. Hierzu zählen insbesondere Maschinen und Werkzeuge.

a)	4
b)	2
c)	2
d)	1
e)	4
f)	2
g)	2
h)	3

1.09 Austausch von Produktionsfaktoren

a) Durch die Neueinstellung von Frau Weber wird die ausscheidende Arbeitskraft Heinz Knecht „ersetzt" (Produktionsfaktor Arbeit). — 1

b) Die Investition in Hard- und Software (Produktionsfaktor Kapital) führt zur Freisetzung der Mitarbeiter (Produktionsfaktor Arbeit) und ist damit ein Ersatz von Arbeitskraft durch Sachkapital. — 4

Zu 2. Die Übernahme nach der Ausbildung stellt keine Ersatzinvestition dar. Es scheidet weder eine Arbeitskraft aus noch wird eine neue eingestellt.

Zu 3. Der Produktionsfaktor Arbeit wird dadurch zahlenmäßig verringert.

Grundlagen des Wirtschaftens

1.10 Arbeitsteilung

Lösung **2.** ist richtig. [2]

Arbeitsteilung bedeutet, dass Prozesse – z. B. Produktionsprozesse – in Teilverrichtungen zerlegt werden, die von spezialisierten Mitarbeitern oder Betrieben durchgeführt werden. Bei einer Spezialisierung innerhalb des Betriebes handelt es sich um eine **betriebliche Arbeitsteilung**.

Zu 1. und 4.
Gehören die Betriebe zu unterschiedlichen Volkswirtschaften, so liegt **internationale Arbeitsteilung** vor.

Zu 3. und 5.
Erfolgt dies innerhalb einer Volkswirtschaft, so handelt es sich um eine **zwischen- oder überbetriebliche Arbeitsteilung**.

1.11 Arbeitsteilung

a) **Arbeitszerlegung:** ein gesamter Arbeitsvorgang wird in mehrere Teilleistungsprozesse aufgeteilt. Es kann zwischen einer Artteilung (jeder übernimmt nur einen Teil der Arbeitsabläufe) und einer Mengenteilung (z. B. Aufteilung der anfallenden Arbeitsmenge nach Belastbarkeit der beteiligten Arbeitskräfte) unterschieden werden. [4]

b) **Berufsbildung:** verselbstständigte und generalisierende Tätigkeitsfelder führen zur Bildung von Grundberufen. [1]

c) **Berufsspaltung:** innerhalb der Grundberufe erfolgt zunehmend eine Spezialisierung, die zur Aufspaltung der Grundberufe führt. Auch kann es zur Umgestaltung von Berufsbildern kommen (Beispiel Büroberufe: Die Ausbildungsberufe Bürokaufleute, Kaufleute und Fachangestellte für Bürokommunikation wurden 2014 abgelöst und zusammengeführt durch das neue Berufsbild Kaufmann/-frau für Büromanagement. Eine spezialisierte Aufspaltung ist dabei über sog. Wahlqualifikationen vorgesehen). [2]

d) **Produktionsteilung:** Produktionsprozesse werden in zwischenbetriebliche Teilprozesse aufgeteilt; es erfolgt eine räumliche wie sachliche Trennung der Produktionsstätten. Die Arbeitsvereinigung findet über Tausch- bzw. ablauforganisatorische Prozesse statt. [3]

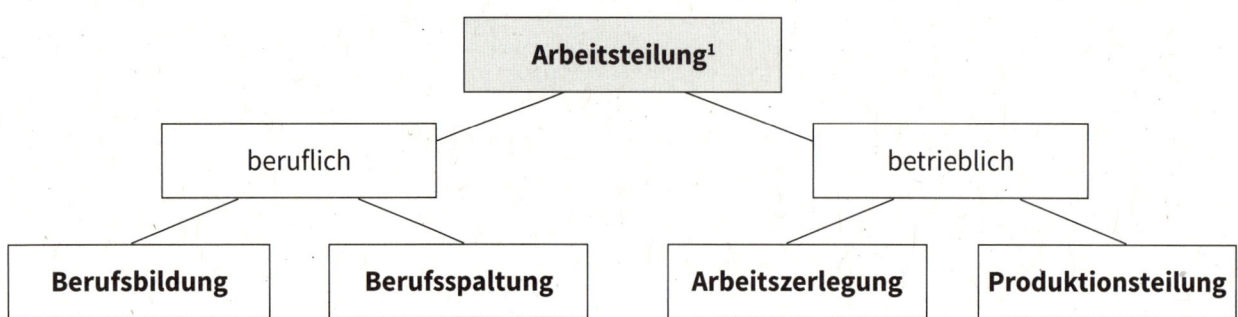

[1] Einteilung in Anlehnung an Karl Bücher.
Weitere Einteilungsmöglichkeiten sind: familiäre (zwischen den Familienmitgliedern), gesellschaftlich-überbetriebliche (zwischen den Wirtschaftsbereichen) und internationale Arbeitsteilung (zwischen den sich spezialisierenden Volkswirtschaften).

Grundlagen des Wirtschaftens

1.11 Arbeitsteilung

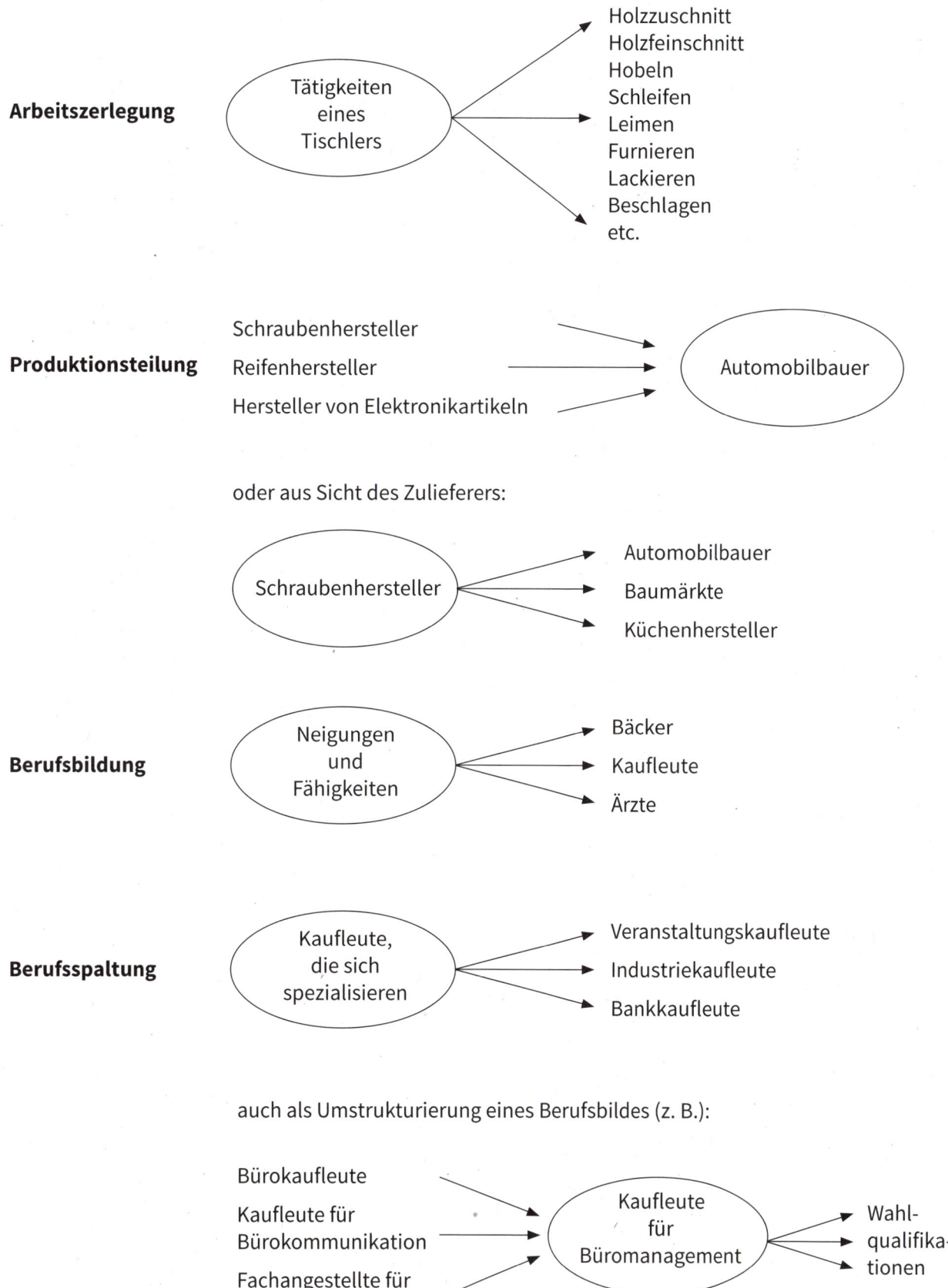

Grundlagen des Wirtschaftens

1.12 Volkswirtschaftliche Produktionsfaktoren

Auswahlantwort **7.** ist richtig.

Die Ziffern **1.** bis **4.** sowie **8.** stehen für die Faktoren *Boden* und *Kapital*, die Ziffern **5.** und **6.** repräsentieren die *Arbeit*. Da der Produktionsfaktor Kapital im Sinne von „Sach- oder Realkapital" aufzufassen ist und insofern „produzierte Produktionsmittel" (also Mittel, die selbst auch schon hergestellt wurden) darstellt, verkörpert Geldkapital z. B. in Form von Bankguthaben oder Barmitteln lediglich eine Vorstufe zum Sachkapital. Durch Investition wird Geld- zu Sachkapital (Geldkapitalbindung), durch Desinvestition wird Sach- wieder zu Geldkapital (Geldkapitalfreisetzung):

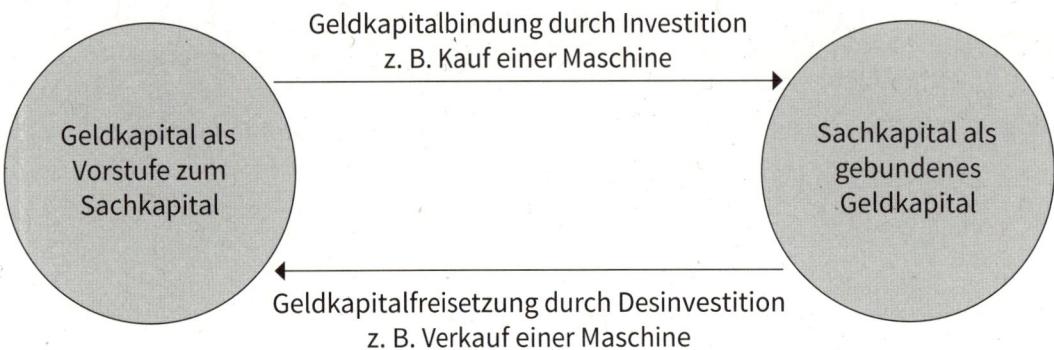

Grundlagen des Wirtschaftens

1.13 Güter- und Finanzbewegungen

Güter- und Finanzbewegungen	abgebender Sektor	empfangender Sektor
a) Die „Güter", die die Office Experten hier empfangen, sind Leistungsgüter in Form von Arbeitskräften. Die Beschaffung erfolgt auf dem Arbeitsmarkt.	B	U
b) Die Schreibtische werden an die Mahnke KG verkauft. Deren weiterer Vertrieb erfolgt auf dem Absatzmarkt.	U	A
c) Durch die Stammeinlagenerhöhung erfolgt ein Zufluss von Eigenkapital aus dem Geld- und Finanzmarkt (Einlagenfinanzierung als eine von außen kommende Finanzierung).	K	U
d) Die Tilgung eines Darlehens bedeutet Abfluss von Liquidität aus dem Unternehmen hin zum Geld- und (Fremd-)Kapitalmarkt.	U	K
e) Als Gewerbetreibende sind die Office Experten auch Zwangsmitglied bei der für sie zuständigen Industrie- und Handelskammer, die zu den öffentlichen Institutionen zählt.	U	S
f) Die Vollabschreibung im Jahr der Anschaffung stellt im Gegensatz zur gleichmäßigen Verteilung auf die Nutzungsdauer eine steuerliche Begünstigung des Staates für die Unternehmen dar.	S	U

1.14 Finanzierungsarten

Finanzierung nach der rechtlichen Zuordnung der Mittel			
Eigenfinanzierung		**Fremdfinanzierung**	
Finanzierung aus Abschreibungen	Selbstfinanzierung	Beteiligungsfinanzierung	Kreditfinanzierung
Innenfinanzierung		**Außenfinanzierung**	
Finanzierung nach der Herkunft der Mittel			

a) 4
b) 2
c) 1
d) 3

Nach der Rechtsstellung des Kapitalgebers zum Unternehmen unterscheidet man, ob die Finanzierung von Unternehmenseignern (Eigenfinanzierung) oder Unternehmensfremden (Fremdfinanzierung) erfolgt. Nach der Herkunft der Mittel unterscheidet man, ob die Finanzierung über den Umsatzprozess (Innenfinanzierung) oder von außen erfolgt (Außenfinanzierung).

Grundlagen des Wirtschaftens

1.15 Einlagenfinanzierung

Richtig sind die Lösungen **2.** und **3.** 2 3

Bei einer Einlagen- oder Beteiligungsfinanzierung bringen vorhandene oder neue Gesellschafter weiteres Eigenkapital von außen ins Unternehmen ein.

Zu 1. Es handelt sich um eine Kreditfinanzierung.

Zu 4. Es handelt sich um eine Selbstfinanzierung.

Zu 5. Es handelt sich um eine Finanzierung aus Abschreibungen.

1.16 Finanzierungsarten

a) Durch Aufnahme eines neuen Gesellschafters und dessen Einlage wird dem Unternehmen Kapital von außen zugeführt. Dadurch entsteht Eigenkapital. Diese Eigenfinanzierung (Beteiligungsfinanzierung) gehört damit zur Außenfinanzierung. 1

b) Der AG ist es möglich, verbriefte Anteilsrechte am Eigenkapital (Aktien) auf dem anonymen Kapitalmarkt einer großen Zahl potenzieller Kapitalgeber anzubieten. Viele Gesellschafter (Aktionäre) können mit unter Umständen sehr kleinen Kapitalanteilen geworben werden. 1

c) Der nicht ausgeschüttete Gewinn führt zur Eigenkapitalbildung und stellt ebenso ein von der Unternehmung selbst gebildetes Kapital im Rahmen einer Innenfinanzierung dar. 2

d) Die Ausnutzung des Zahlungszieles führt dazu, dass dem Unternehmen für die Dauer des Ziels Fremdkapital zur Verfügung steht. Der Unternehmer verzichtet aber auf etwaigen Skontoabzug (bei 3 % Skonto, einem Skontozeitraum von 14 Tagen und einem Zahlungsziel von 60 Tagen, wäre dies ein Zinsverlust von über 23 % pro Jahr). 1

1.17 Insolvenzvoraussetzungen

Richtig ist Antwort **4**.

Die Zahlungsunfähigkeit, ebenso wie die drohende Zahlungsunfähigkeit und die Überschuldung, stellen nach §§ 17 ff. InsO (Insolvenzordnung) einen Eröffnungsgrund dar.

Zahlungsunwilligkeit liegt vor, wenn der Schuldner seine Verbindlichkeiten absichtlich nicht zahlt (obwohl er möglicherweise zahlungsfähig ist). Der zahlungsunwillige, aber zahlungsverpflichtete Schuldner kann ggf. vom Gläubiger verklagt werden.

Kredit- und Geschäftsunfähigkeit liegen in der einzelnen Person begründet. Kredit- bzw. Geschäftsunfähige können keine Kredite aufnehmen bzw. Geschäfte rechtswirksam tätigen.

Kreditwürdigkeit wiederum hängt ab von persönlichen oder dinglichen Sicherheiten eines Kreditsuchenden. Kreditunwürdig ist jemand, der solche Sicherheiten nicht stellen kann.

1.18 Insolvenzantrag

Richtig ist Antwort **4**.

Zuständig als örtliches Insolvenzgericht ist das Amtsgericht, in dessen Bezirk der Schuldner seinen Gerichtsstand hat (vgl. §§ 2, 3 InsO).

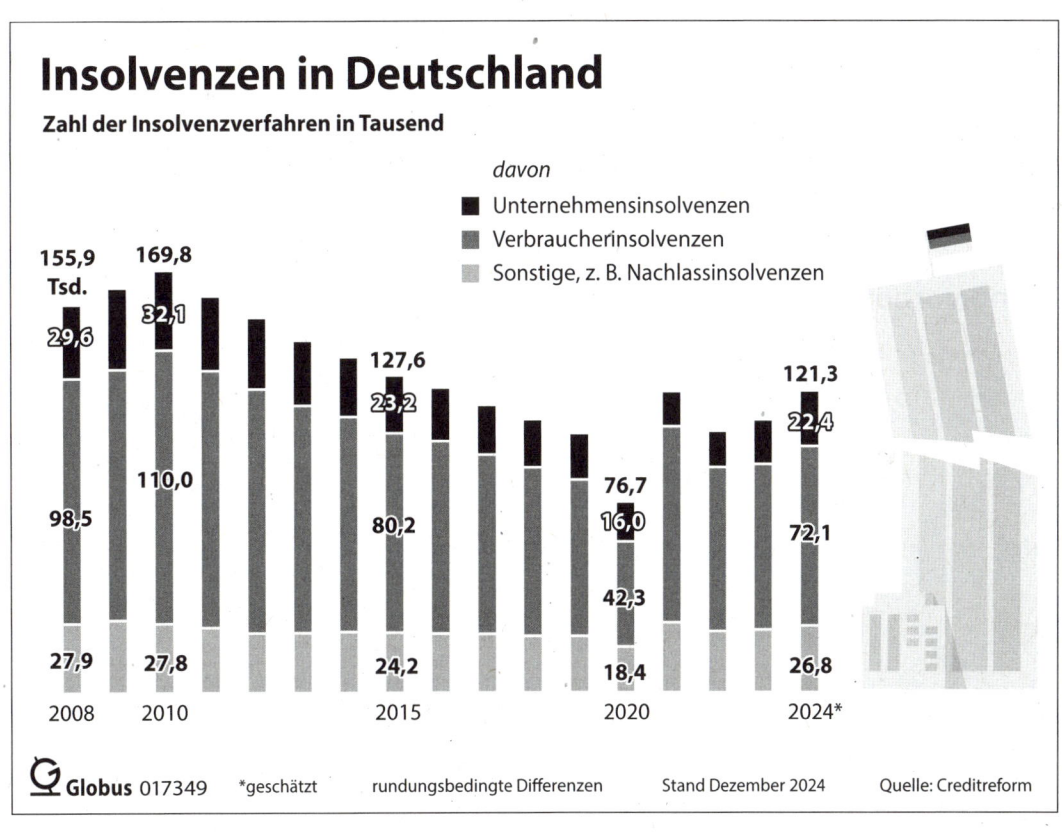

Grundlagen des Wirtschaftens

1.19 Insolvenz

Aussagen

a) Der Firmenzusatz „i. L." bedeutet „in Liquidation". Die betreffende Unternehmung befindet sich in **freiwilliger Auflösung**. Ziel der Liquidation ist die Liquidität, d. h., durch Einzelveräußerung werden Vermögensgegenstände des Unternehmens „verflüssigt" und zu Geld gemacht. Gründe für die freiwillige Auflösung können z. B. Alter des Inhabers, Erbauseinandersetzungen und dergleichen sein. Für eine Liquidation entscheidet sich der Inhaber meistens dann, wenn für ihn der Unternehmensverkauf im Ganzen nicht vorteilhaft ist. **1**

b) Die Kapitalherabsetzung der AG gem. §§ 222 ff. AktG ist eine Form der kapitalmäßigen (nominellen) **Sanierung**. Ziel der Sanierung ist der Erhalt der Unternehmung. Durch Anpassung des Eigenkapitals an das Vermögen wird eine Unterbilanz beseitigt. Bei der Kapitalherabsetzung werden dem Unternehmen keine neuen Mittel zur Verfügung gestellt. **3**

c) Die **zwangsweise Auflösung** der Unternehmung ist meist Folge der Zahlungsunfähigkeit bzw. Überschuldung des Unternehmers. Das Insolvenzverfahren dient dazu, die Gläubiger des Schuldners gemeinschaftlich zu befriedigen. **2**

d) Der Insolvenzverwalter sondert zunächst Gegenstände, die dem Schuldner nicht gehören (z. B. Waren unter Eigentumsvorbehalt) aus sowie Gegenstände, die pfandrechtlich durch Sicherungsübereignung oder Sicherungsabreden belastet sind, ab.
Nachdem ggf. Forderungen gem. § 94 InsO aufgerechnet sowie die Kosten des Verfahrens und die vom Verwalter eingegangenen Verpflichtungen (sog. Masseschulden) berücksichtigt und abgerechnet wurden, ermittelt der Insolvenzverwalter aus der verbleibenden Insolvenzmasse die Insolvenzquote für die nicht bevorrechtigten Gläubiger. **2**

e) Soll ein Unternehmen **freiwillig aufgelöst** werden, müssen handelsrechtlich Liquidatoren bestellt werden. **1**

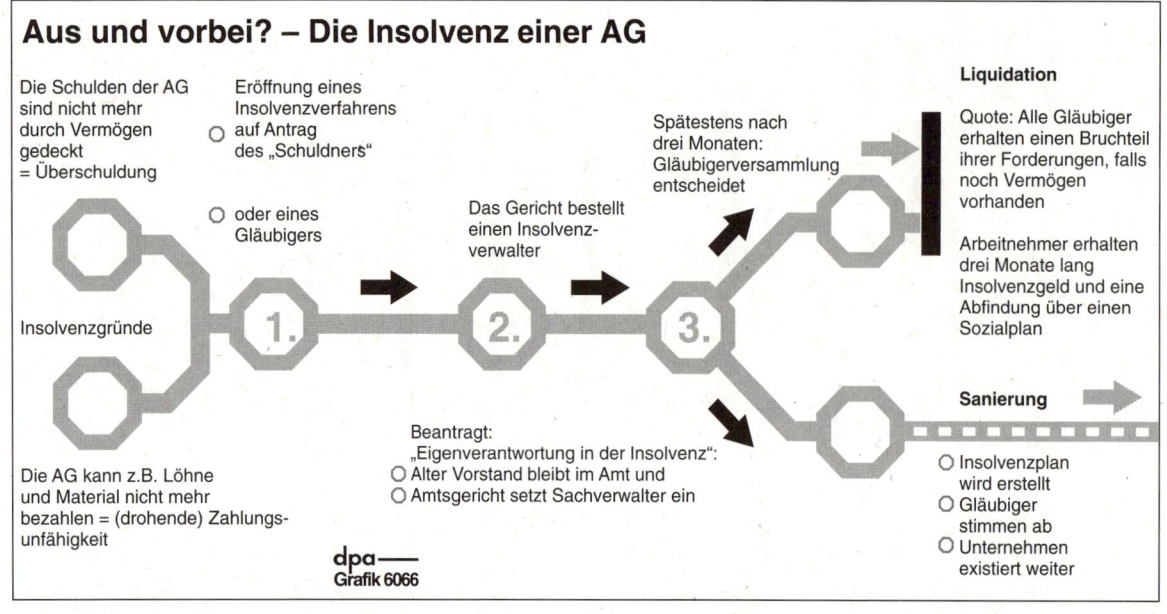

Grundlagen des Wirtschaftens

1.20 Finanzierungsarten und Leverage-Effekt

Die Veränderung der Eigenkapitalrendite durch Substitution von Eigen- durch Fremdkapital bei gleich hohem Unternehmenserfolg wird durch folgende Tabelle deutlich:

Eigenkapital in €	Fremdkapital in €	Erfolg in €	Fremdzins in %	Fremdzins in €	Erfolgsanteil des Eigenkapitals in €	Rendite des Eigenkapitals in %
1.000.000	–	200.000	–	–	200.000	20
500.000	500.000	200.000	10	50.000	150.000	a) **30**
250.000	750.000	200.000	10	75.000	125.000	b) **50**

a) Die Rentabilität des Eigenkapitals beträgt jetzt: 30 %
   Vgl. die Werte in der Tabelle (vorletzte Zeile).

b) Die Rentabilität des Eigenkapitals beträgt nunmehr: 50 %
   Vgl. die Werte in der Tabelle (letzte Zeile).

c) Aussage **2.** ist richtig. Die Rentabilität des Eigenkapitals erhöht sich, solange der **Fremdkapitalzins niedriger ist als die Gesamtkapitalrentabilität** (hier: 10 % < 20 %). Dabei handelt es sich um den sog. Leverage-Effekt.

Grundlagen des Wirtschaftens

1.21 Finanzierung und Kreditsicherung

Aussagen

a) Beim **Factoring** erwirbt der Factor bzw. die Factoring-Gesellschaft die Forderungen, die der Factor-Kunde gegenüber Drittschuldnern hat. Diese Drittschuldner können dann mit schuldbefreiender Wirkung nur noch an den Factor zahlen (offenes Factoring). Der Factoring-Vertrag ist ein typengemischter Vertrag mit Elementen des Rechtskaufs, der entgeltlichen Geschäftsbesorgung und des Darlehens. | 4 |

b) Das **Leasing** beinhaltet einen mietähnlichen Vertrag zwischen Leasing-Geber und Leasing-Nehmer zur Nutzung von Gegenständen des Anlagevermögens, wobei – je nach Vertragsgestaltung – der Leasinggeber oder der Leasingnehmer das Investitionsrisiko tragen. | 1 |

c) Beim (echten) **Factoring** übernimmt der Factor die Debitorenbuchhaltung, das Mahnwesen und das Inkasso der Forderungen (Dienstleistungsfunktion) sowie das Ausfallrisiko der übernommenen Forderungen (Delkrederefunktion). Darüber hinaus bevorschusst der Factor die Forderungen unter Abzug von Zinsen (Finanzierungsfunktion). | 4 |

d) Die **Annuität** besteht aus einem Zins- und Tilgungsanteil. Mit fortschreitender Rückzahlung des Darlehens nimmt der Zinsanteil ab und der Tilgungsanteil in entsprechender Höhe zu, die Annuität jedoch bleibt gleich hoch.

Beispiel:
Darlehensbetrag: 100.000 €
Zinssatz: 10 %
Anfängliche Tilgung: 2 %
Annuität: 12.000 €

Zusammensetzung der Annuität im ersten Jahr der Rückzahlung:
  10 % Zinsen von 100.000   =   10.000 €
+ Tilgung (2 % von 100.000)   =   2.000 €

Zusammensetzung der Annuität im zweiten Jahr der Rückzahlung:
  10 % Zinsen von 98.000   =   9.800 €
+ Tilgung (erhöht um Zinsersparnis) =   2.200 €

... usw. | 7 |

e) Die Besonderheit der Hypothek (im Gegensatz zur Grundschuld) besteht in ihrer rechtlichen Abhängigkeit von der persönlichen Forderung (z. B. aus einem Darlehensvertrag) und ihrem Bestand. Damit ist sie streng **akzessorisch**; sie kann nicht ohne die zu sichernde Forderung bestellt werden und lässt sich insoweit mit dem Pfandrecht an beweglichen Sachen und mit der Bürgschaft vergleichen. | 5 |

1.21 Finanzierung und Kreditsicherung

f) Die aus dem § 930 BGB abgeleitete Sicherungsübereignung gründet auf einen schuldrechtlichen Sicherungsvertrag, der rechtlich unabhängig vom Darlehensvertrag ist und dem Darlehensnehmer die besicherte Sache zur Nutzung überlässt (Vereinbarung eines **Besitzkonstitutes**). Der Sicherungsnehmer wird zwar dinglicher Volleigentümer, er bleibt aber schuldrechtlich verpflichtet, von seinem Eigentumsrecht nur im Falle der Nichterfüllung des abgesicherten Vertrages (z. B. Ausbleiben des Kapitaldienstes) zum Zwecke der Befriedigung Gebrauch zu machen.

3

g) Grundsätzlich steht dem Bürgen die **Einrede der Vorausklage** gem. § 771 BGB zu. Danach ist er berechtigt, gegenüber der Leistungsaufforderung des Gläubigers (Kreditgeber) geltend zu machen, dieser solle zunächst fruchtlos, also ohne Erfolg, die Zwangsvollstreckung in das Vermögen des Hauptschuldners (Kreditnehmer) durchführen, bevor er ihn (den Bürgen) in Anspruch nehme (sog. Ausfallbürgschaft). In der Praxis der Kreditbesicherung ist diese Einrede der Vorausklage dadurch ausgeschlossen, dass eine **selbstschuldnerische** Bürgschaft gem. § 773 BGB vereinbart wird.

6

h) Erfolgt die Abtretung einer Forderung sicherungshalber, darf der Zessionar (Kreditgeber) die ihm vom Zedenten (Kreditnehmer) übertragene Forderung einem Drittschuldner gegenüber nur dann einziehen und verwerten, wenn der gewährte Kredit notleidend wird, also Zins und Tilgung nicht mehr bedient werden. Werden mehrere Forderungen abgetreten, spricht man von Rahmenzession. Tritt der Kreditnehmer (Zedent) alle gegenwärtigen und zukünftigen Forderungen an den Zessionar ab, so geschieht der Forderungsübergang bereits zum Zeitpunkt der Entstehung der Forderung (**Globalzession**), nicht erst wie bei der Mantelzession mit Übergabe der Debitorenliste.

2

Grundlagen des Wirtschaftens

1.22 Leasing

Richtig sind die Lösungen **1.** und **4.** | 1 | 4 |

Zu 1. Bei einem Kauf hätte die Unternehmung einen einmaligen sehr großen Liquiditätsbedarf in Höhe der Anschaffungskosten.

Zu 4. Aussage ist richtig.

Zu 2. Im Einzelfall mag das zutreffen. In der Regel sind die Kosten jedoch höher, da der Leasinggeber sein eingesetztes Kapital in kurzer Zeit amortisieren will, er eine Risikoprämie einkalkuliert und natürlich einen Gewinn erzielen möchte.

Zu 3. Während der Grundmietzeit ist eine Kündigung normalerweise nicht möglich oder wirtschaftlich sehr nachteilig.

Zu 5. Mit Ablauf der Grundmietzeit endet das Vertragsverhältnis mit dem Leasinggeber. Der nimmt das Auto zurück. In vielen Fällen besteht allerdings die Möglichkeit, dass der Leasingnehmer das Auto anschließend kauft.

1.23 Kreditarten

a) Der Holzgroßhändler gewährt einen **Lieferantenkredit**. Eine typische Zahlungsbedingung lautet „zahlbar innerhalb von 10 Tagen unter Abzug von 3 % Skonto oder nach spätestens 30 Tagen ohne Abzug". Da die Ausnutzung des vollen Zahlungszieles umgerechnet einem Jahreszinssatz von ca. 54 % entspricht, ist er einer der teuersten Kredite. | 2 |

b) Es handelt sich um einen Dispositionskredit, der je nach Bank und Bonität des Kreditnehmers zwischen ca. 8 % und 13 % liegt. Damit lohnt es sich fast immer, einen möglichen Skontoabzug zur Not auch über einen **Kontokorrentkredit** vorzunehmen. | 3 |

c) Ein **Darlehen** ist in der Regel deutlich günstiger als ein Kontokorrentkredit und eignet sich damit zur langfristigen Finanzierung von Großinvestitionen. | 1 |

Grundlagen des Wirtschaftens

1.24 Factoring

Lösung **1.** ist richtig. 1

Der Verkauf der Forderungen soll zwar die Liquiditätslage verbessern, deren Planung müssen die Office Experten aber selbst übernehmen, denn nur sie wissen ja, welche Verbindlichkeiten, Gehälter etc. in den nächsten Wochen zu bezahlen sind und welche Gelder voraussichtlich eingehen werden.

Zu 2. Bei Vereinbarung der Delkrederefunktion übernimmt der Factor gegen eine bestimmte Provision das Risiko von Forderungsausfällen.

Zu 3. Die Finanzierungsfunktion ist die ursprüngliche Idee des Factoring. Der Factor zahlt die Rechnungen unter Abzug von Zinsen und Gebühren sofort.

Zu 4. Gegen entsprechende Bezahlung erbringt er auch andere Dienstleistungen wie Debitorenbuchhaltung oder das Eintreiben von Forderungen.

1.25 Kreditsicherungen

a) Bei der **selbstschuldnerischen Bürgschaft** verzichtet der Bürge auf die Einrede der Vorausklage, d. h. er muss sofort bezahlen, wenn der eigentliche Schuldner nicht zahlt. 6

b) Bei einer **Sicherungsübereignung** wird das bedingte Eigentum an einer beweglichen Sache, z. B. einer Maschine, durch Besitzkonstitut übertragen. Der Käufer kann also mit der Maschine schon produzieren, sie gehört ihm aber noch nicht. 3

c) Beim **Lombardkredit** werden leicht verwertbare bewegliche Sachen, z. B. Schmuckstücke oder Wertpapiere, zur Sicherheit hinterlegt. 4

Zu 1. Bei einer **Ausfallbürgschaft** muss der Bürge erst zahlen, wenn der Hauptschuldner endgültig ausgefallen ist. Der Bürge hat das Recht darauf, dass der Gläubiger zunächst selber den Hauptschuldner verklagt.

Zu 2. Beim **einfachen Eigentumsvorbehalt** wird der Schuldner erst Eigentümer einer Ware, wenn er den Kaufpreis bezahlt hat.

Zu 5. Bei **Grundpfandrechten** besteht die Sicherung in einem Pfandrecht an einem Gebäude oder Grundstück.

Zu 7. Beim **Zessionskredit** werden Forderungen, die der Kreditnehmer hat, zur Sicherheit an den Kreditgeber abgetreten.

Grundlagen des Wirtschaftens

1.26 Akkreditiv

Das Akkreditiv (Dokumenten-Akkreditiv) ist eine vertragliche Verpflichtung eines Kreditinstitutes, im Auftrag, für Rechnung und nach Weisungen eines Kunden gegen Übergabe bestimmter Dokumente und bei Erfüllung bestimmter Bedingungen eine bestimmte finanzielle Leistung zu erbringen.

a) Käufer (Importeur) und Verkäufer (Exporteur) schließen einen **Kaufvertrag** ab, in dem sie Zahlung per Akkreditiv vereinbaren. Der Exporteur hat dem Importeur eine sog. „Proforma-Rechnung" zu erstellen, die im Inhalt und in der Höhe des zu zahlenden Betrages exakt der späteren Warenrechnung entspricht.	01
b) Das Konto des Käufers (Importeur) wird bei seiner Hausbank („**Akkreditivbank**") belastet.	09
c) Die Hausbank des Verkäufers (Exporteur) wird „**Akkreditivstelle**" genannt. Sie zeigt ihrem Kunden die Eröffnung des Akkreditives an.	04
d) Der Käufer (Importeur) beantragt bei seiner Hausbank (**Akkreditivbank**) die Eröffnung des Akkreditivs. Diese Bank prüft die Bonität ihres Kunden und den Inhalt des Kaufvertrages, bevor sie (ggf. unter bestimmten Auflagen) das Akkreditiv eröffnet.	02
e) Der Verkäufer (Exporteur) prüft die Akkreditivbedingungen, ob diese inhaltlich mit dem Kaufvertrag übereinstimmen. Im Akkreditiv werden i. d. R. bestimmte Dokumente gefordert, die der Exporteur bei der Bank einzureichen hat, damit die Zahlung erfolgen kann. Neben den von ihm selbst erstellten Unterlagen (z. B. Handelsrechnung) beauftragt er einen Spediteur mit dem **Versand der Ware** und der Besorgung der **Versanddokumente** (z. B. Konnossement).	05
f) Der Verfrachter (Reeder) übergibt im Bestimmungshafen dem sich legitimierenden Importeur die Ware (Schritt Nr. 10) gegen **Übergabe der Dokumente** (Original des Konnossementes).	11

Zu Schritt Nr. 03
Hier eröffnet die Akkreditivbank das Akkreditiv und informiert die Bank des Exporteurs (Akkreditivstelle).

Zu Schritt Nr. 06
Der Spediteur besorgt den Versand und die von ihm verlangten Dokumente, die exakt den Akkreditivbedingungen entsprechen müssen und leitet diese an den Exporteur weiter.

Zu Schritt Nr. 07
Der Exporteur reicht die Dokumente bei der Akkreditivstelle ein. Diese prüft auf Vollständigkeit und Genauigkeit.

Zu Schritt Nr. 08
Die Akkreditivstelle gibt die Dokumente an die Akkreditivbank weiter; diese prüft und zahlt im Fall eines unbestätigten Akkreditivs den entsprechenden Betrag an den Verkäufer (im Fall eines bestätigten Akkreditivs an die Akkreditivstelle).

Zu Schritt Nr. 10
Der Verfrachter (Kapitän der Reederei) stellt die Ware im Bestimmungshafen dem sich legitimierenden Käufer zum Löschen bereit.

Grundlagen des Wirtschaftens

1.27 Akkreditiv

Die Antworten **3.** und **4.** sind **falsch**. 3 4

Zu 3. Rechtliche Grundlage für das Akkreditivgeschäft bilden die ERI (Einheitlichen Richtlinien für Inkassi).

Zu 4. Es verhält sich genau **umgekehrt**. Das Dokumenten-Akkreditiv wird vom Importeur (Käufer) bei seiner Hausbank (Akkreditivbank) eröffnet; ganz im Gegensatz dazu wird das Dokumenten-Inkasso vom Exporteur (Verkäufer) bei dessen Hausbank eröffnet.

Zu 1. Kreditinstitute, die Dokumenten-Akkreditive abwickeln, haben in keiner Weise etwas mit dem Kaufvertrag zu tun und sind nicht durch diesen Vertrag gebunden. Alle Beteiligten im Akkreditivgeschäft befassen sich mit Dokumenten und nicht mit Waren, Dienst- oder anderen Leistungen.

Zu 2. Ein bestätigtes, unwiderrufliches und befristetes Dokumentenakkreditiv bringt beiden Vertragspartnern ein Höchstmaß an Sicherheit. Bei bestätigten Akkreditiven gibt die Akkreditivstelle (Bank des Verkäufers) ihrem Kunden (Verkäufer bzw. Exporteur) ein zusätzliches abstraktes Schuldversprechen (vgl. § 780 BGB). Dies bedeutet für ihn ein Höchstmaß an Minderung des Zahlungsrisikos. Unwiderrufliche Akkreditive können, im Gegensatz zu widerruflichen Akkreditiven, nicht vom Akkreditivsteller (Käufer bzw. Importeur) oder seiner Bank (Akkreditivbank) jederzeit widerrufen werden. Bei befristeten Akkreditiven hat der Akkreditivsteller ggf. erst nach Ablauf der Frist ein Widerrufsrecht. Üblich sind Fristen von einem bis zwei Monat(en). Die Banken lösen nach Ablauf dieser Frist das Akkreditiv grundsätzlich nicht mehr ein. Damit wird der Exporteur zur Einhaltung einer Lieferfrist gezwungen.

Zu 5. Bei der Akkreditivbank (Hausbank des Importeurs) wird das Akkreditiv eröffnet.

Zu 6. Siehe Erläuterungen zu 2.

Hinweis

> Die Banken bestätigen nur unwiderrufliche Akkreditive. Bei einem unbestätigten Akkreditiv hat der Begünstigte lediglich – und das auch nur bei einem unwiderruflichen Akkreditiv – einen Anspruch gegenüber der eröffnenden Akkreditivbank.

Grundlagen des Wirtschaftens

1.28 Lieferantenkredit

a) Wird die Rechnung außerhalb der Skontofrist beglichen, ist der volle Rechnungsbetrag zu zahlen. Die Begleichung der Rechnung außerhalb des Zahlungszieles (hier: 30 Tage) würde zum Zahlungsverzug führen.

95.200,00 €

b) Wird die Rechnung innerhalb der Skontofrist beglichen, darf die Rechnungssumme um den Skontosatz vermindert werden.

97 % von 95.200,00 € **oder** 95.200,00 € x 0,97 = 92.344,00 €

92.344,00 €

c)

ca) Die **Kreditkosten** (Zinsen für den Kontokorrentkredit) errechnen sich wie folgt:

benötigter Kreditbetrag: 95.200 – 3 % Skonto = 92.344 €
Zinssatz: 11 %
Zeitraum: 30 Tage – 10 Tage = 20 Tage

	Zielzeitraum	30 Tage
–	Skontofrist	10 Tage
=	Kreditzeitraum	20 Tage

Die Rechnung wird am 10. Tag unter Abzug des Skontos beglichen.
Die Rechnung müsste spätestens am 30. Tag bezahlt werden, damit kein Zahlungsverzug eintritt. Somit beträgt der Kreditzeitraum 20 Tage.

Durch Einsetzen der o. g. Größen in die einfache Zinsformel ergibt sich die Höhe der Zinsen (Kreditkosten):

$$z = \frac{K \times p \times t}{100 \times 360} = \frac{92.344,00\ € \times 11 \times 20\ T}{100 \times 360\ T} = 564,324\ € \approx \underline{564,32\ €}$$

564,32 €

cb) Durch Ausnutzung der Skontierung ergibt sich ein positiver **Finanzierungserfolg** auch dann, wenn für die vorzeitige Begleichung der Rechnung der Kontokorrentkredit in Anspruch genommen wird. Dies liegt daran, dass der Skontosatz von 3 % für den Kreditzeitraum von 20 Tagen gilt, der Kreditzinssatz für den Kontokorrentkredit mit 11 % aber ein Jahreszinssatz ist.

	Skontoertrag:	3 % von 95.200 = 2.856,00 €
–	Kreditkosten (siehe cb):	564,32 €
=	Finanzierungserfolg:	2.291,68 €

2.291,68 €

Bei der **exakteren Rechnung** würden die Kreditkosten vom Nettoskontoertrag abgezogen, da sich durch die Skontierung eine verringerte Vorsteuererstattung ergibt.

	Nettoskontoertrag:	3 % von 80.000 = 2.400,00 €
–	Kreditkosten (siehe cb):	564,32 €
=	Finanzierungserfolg	1.835,68 €

Die Handhabung ist in den Prüfungen leider unterschiedlich. Achten Sie auf eventuelle Hinweise, z. B. „Skontoertrag vom Nettowert" oder ähnliches.

Grundlagen des Wirtschaftens

1.28 Lieferantenkredit

cc) Bezieht man den Skontosatz auch auf ein Jahr, wird deutlich, wie teuer der Lieferantenkredit tatsächlich ist:

Näherungsweise Lösung
mittels Dreisatz:
in   20 Tagen = 3 %
in   1 Tag   = 3/20 %
in 360 Tagen = 3/20 % x 360

$$? \% = \frac{3\,\% \times 360\,T}{20\,T} = \mathbf{54\,\%}$$

1.29 Kreditgewährung

Die Aussagen **2.** und **8.** sind **falsch**.

Zu 2. Die goldene Bankregel besagt, dass langfristig im Unternehmen gebundenes Anlagevermögen durch langfristig bereitgestelltes Kapital, also am besten Eigenkapital finanziert werden soll. Da die Vermögensgegenstände des Anlagevermögens i. d. R. für die Betriebsbereitschaft unabdingbar sind, ist bei Zahlungsschwierigkeiten eine Veräußerung betriebsnotwendiger Vermögensteile nicht ohne Weiteres möglich. Das kurzfristig gebundene Umlaufvermögen (z. B. Vorräte) darf hingegen wegen der schnelleren Veräußerbarkeit durch kurzfristiges Kapital finanziert werden.

Zu 8. Die Kennzeichnung trifft nicht auf Realkredite zu, sondern auf die verstärkten Personalkredite. Bei den Realkrediten hat der Kreditgeber nicht nur ein Forderungsrecht gegen den Kreditnehmer, sondern auch ein Recht an einer beweglichen oder unbeweglichen Sache. Der Kredit ist also dinglich gesichert. Zu den Realkrediten zählen z. B. der Lombardkredit, der Sicherungsübereignungskredit und die Grundkredite.

Zu 3. Der mithilfe des Kredits erreichte Mehrerlös muss größer sein als die Zinsen, die für den Kredit gezahlt werden müssen.

Zu 4. Liquiditätsschwierigkeiten beim Kreditgeber auf Grund zu hoher Kreditgewährung führen dazu, dass der Kreditgeber selbst Kredite aufnehmen muss, um seine Zahlungsbereitschaft wiederherzustellen.

Zu 5. Die Kreditfähigkeit ist i. d. R. an die Volljährigkeit und damit unbeschränkte Geschäftsfähigkeit und bei juristischen Personen an die Vertretungsbefugnis des Kreditnehmers gebunden. Die Kreditwürdigkeit oder Bonität hängt vom Ruf und Ansehen des Kreditnehmers und von den Kreditsicherheiten ab. Beide Voraussetzungen müssen vor der Kreditvergabe geprüft werden. So ist es durchaus möglich, dass aufgrund ihres Alters nicht kreditfähige Personen aufgrund ihres wirtschaftlichen Status kreditwürdig sein können, wie es auch sein kann, dass wegen ihres Alters kreditfähige Personen nicht kreditwürdig sind, weil sie bereits hoch verschuldet sind.

Zu 10. Tilgung und Zinsen bilden die sog. Annuität (gleichbleibende Jahresleistung). Die Tatsache, dass mit laufender Tilgung die Kreditrestschuld immer kleiner wird, führt dazu, dass die Zinsen ebenfalls geringer werden. Da die Annuität jedoch immer gleich hoch ist, werden die ersparten Zinsen zur verstärkten Tilgung genutzt.

Grundlagen des Wirtschaftens

1.30 Darlehen

a) Die **Grundsteuer (4.)** ist eine Substanzsteuer für das Eigentum an Grundstücken und deren Bebauung. Sie zählt zu den Gemeindesteuern und wird fortlaufend erhoben. Damit zählt sie nicht zu den einmalig anfallenden Anschaffungsnebenkosten.

4

b) Das benötigte Darlehen lautet über **235.000,00 €**.

	Finanzierungsvolumen (insgesamt):	605.000,00 €
−	Bareinzahlungen der GmbH-Gesellschafter	120.000,00 €
−	Veräußerungserlös von Wertpapieren	95.000,00 €
−	Guthaben aus Festgeldanlagen	155.000,00 €
=	**benötigte Darlehenssumme**	235.000,00 €

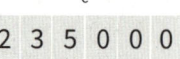

c) Die Belastung mit Zinsen und Tilgung am 31.12. d. J. beträgt **4.993,75 €**.

Darlehenssumme: 235.000,00 €
Zins- und Tilgungssatz: 2,75 % + 1,5 %
Zeitraum: ½ Jahr

$$\text{Halbjahreszinsen (in €)} = \frac{\text{Kapital} \times \text{Zinssatz}}{100 \times 2}$$

$$= \frac{235.000 \times 2{,}75}{100 \times 2}$$

$$= 3.231{,}25 \text{ €}$$

$$\text{Halbjahrestilgung (in €)} = \frac{\text{Kapital} \times \text{Tilgungsrate}}{100 \times 2}$$

$$= \frac{235.000 \times 1{,}5}{100 \times 2}$$

$$= 1.762{,}50 \text{ €}$$

Zinsen und Tilgung halbjährlich:
3.231,25 € + 1.762,50 € = 4.993,75 €

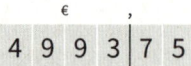

Hinweis: Da Zins- und Tilgungsrate jeweils halbjährlich fällig sind, kann der Gesamtbetrag auch wie folgt berechnet werden:

$$\frac{235.000 \times (2{,}75 + 1{,}5)}{100 \times 2} = 4.993{,}75 \text{ €}$$

Grundlagen des Wirtschaftens

1.30 Darlehen

d) Die Aussage **2.** ist **falsch**.

Die Grundschuld wird in Abteilung III des Grundbuches eingetragen. Hier werden alle Grundpfandrechte wie Hypotheken, Grundschulden und Rentenschulden vermerkt. Die Abteilung II enthält Beschränkungen und Lasten des Grundstücks wie Vormerkungen, Vorkaufsrechte, Wohn- und Nutzungsrechte, Grunddienstbarkeiten (z. B. Wegerechte). In Abteilung I stehen die Eigentumsverhältnisse.

Zu 1. Die Grundschuld zählt zu den Grundpfandrechten, da sie (wie die Hypothek) die sachenrechtliche Grundlage für die Kreditsicherung an einer Immobilie (Grundstück und/oder Gebäude) darstellt. Die Grundschuld gilt als beschränkt dingliches Recht, mit dem das Eigentumsrecht des Eigentümers belastet wird.

Zu 3. Die Grundschuld ist – im Gegensatz zur Hypothek – nicht vom Bestand und der Höhe des gesicherten Darlehens abhängig. Man sagt, „die Grundschuld ist ohne Schuldgrund". Die Grundschuld kann daher auch noch für andere Forderungen als Sicherheit verwendet werden. Eine Erweiterung des Sicherungsvertrages ist entsprechend zulässig.

Zu 4. Neben dem Grundschuldbetrag werden noch Grundschuldzinsen eingetragen. Sie sichern höhere Forderungen ab, die ggf. durch Zahlungsverzug entstehen könnten.

Zu 5. Die Grundschuld kann verbrieft werden, falls sie bedarfsweise durch einen Abtretungsvertrag und Übergabe des Grundschuldbriefes (Wertpapier) auf einen anderen Gläubiger übertragen werden soll. Soll sie nicht verbrieft werden, muss dies im Grundbuch eingetragen werden; eine Grundschuld ohne Brief wird als Buchgrundschuld bezeichnet.

Grundlagen des Wirtschaftens

1.31 Electronic Banking

a) **PIN** = Persönliche Identifikationsnummer. Diese wird benötigt, um sich im Online-Banking System einzuloggen und als Berechtigter zu identifizieren. | 1

b) **TAN** = Transaktionsnummer. Diese einmal verwendbare Nummer wird benötigt, um Bankgeschäfte freizugeben. | 2

c) Jede **TAN** ist nur für einen Auftrag gültig und verfällt, wenn sie nicht innerhalb von wenigen Minuten nach Erhalt verwendet wird. | 2

1.32 Zahlungswege

a) **SEPA-Lastschriftverfahren.** Für Zahlungen, die regelmäßig in unterschiedlicher Höhe anfallen, ist es sinnvoll, den Zahlungsempfänger zu ermächtigen, den jeweiligen Forderungsbetrag einzuziehen. Diese Form der Lastschrift kann innerhalb von acht Wochen von den Office Experten zurückgezogen werden und ist damit risikolos. | 3

b) **Dauerauftrag.** Bei regelmäßig und in gleicher Höhe wiederkehrenden Zahlungen, können die Office Experten der Commerzbank oder Postbank den Auftrag erteilen, diesen Betrag z. B. jeweils zum 3. eines Monats an den Zahlungsempfänger zu überweisen. | 2

c) **Überweisung.** Sie ist sinnvoll insbesondere bei Zahlungen, die nur einmalig vorgenommen werden. | 4

d) **Barzahlung.** Kleine Beträge beim Kauf vor Ort werden am einfachsten bar bezahlt. | 5

e) **Kreditkarte oder Barzahlung.** In beiden Fällen ist die Schuld sofort getilgt. | 1 oder 5

1.33 Zahlungen im Onlinehandel

a) **Vorauszahlung**. Das ist für die Office Experten eine völlig risikolose und vor allem auch preiswerte Variante, die den Kunden vielleicht durch einen Nachlass schmackhaft gemacht werden kann. Die Lieferung erfolgt erst nach tatsächlichem Zahlungseingang. — 1

b) **Sofort (vormals „Sofortüberweisung")**. Auch das ist für die Office Experten eine völlig risikolose Variante. Der Käufer loggt sich über den Zahlungsdienstleister Klarna mit seinen normalen Onlinebanking Zugangsdaten bei seiner Bank ein und führt die Geldtransaktion durch. Die Office Experten bekommen dann sofort eine Transaktionsbestätigung. Das Verfahren ist letztlich eine verkappte Art der Vorauszahlung. Mit der Transaktionsbestätigung haben sie zwar das Geld noch nicht, können aber das Produkt schon verschicken, da der Geldeingang gesichert ist. Für diesen Dienst müssen die Office Experten eine umsatzabhängige Provision und eine Bearbeitungsgebühr bezahlen. — 3

c) **Kreditkarte**. Auch hier haben die Office Experten sofort eine Garantie für die Bezahlung, werden allerdings in der Regel mit einer umsatzabhängigen Provision und einer Bearbeitungsgebühr von der Kreditkartenorganisation belastet. — 6

d) **PayPal**. Der Kunde meldet sich mit E-Mail-Adresse und Passwort bei PayPal an. PayPal zieht dann den zu bezahlenden Betrag vom verknüpften Bankkonto oder der Kreditkarte ein und bezahlt unmittelbar auf das PayPal-Konto der Office Experten. Bei PayPal haben die Office Experten fast sofort das Geld, müssen aber bei jedem Geldeingang eine umsatzabhängige Provision und einen Grundbetrag bezahlen. — 2

e) **SEPA-Lastschriftverfahren**. Hier werden die Office Experten ermächtigt, den jeweiligen Forderungsbetrag einzuziehen. Sie müssen also nicht darauf warten, dass der Kunde bezahlt, sondern können den ausstehenden Betrag selbst bei Fälligkeit einziehen. Nachteilig ist, dass diese Form der Lastschrift vom Kunden innerhalb von acht Wochen rückgängig gemacht werden kann. — 4

f) **Auf Rechnung**. Für den Kunden wohl die angenehmste Variante, da er die Waren erst nach Erhalt und Prüfung bezahlen muss. Für die Office Experten ist dies sicherlich nur bei niedrigen Auftragswerten oder bei zuverlässigen Bestandskunden sinnvoll. — 5

Grundlagen des Wirtschaftens

1.34 Zinsrechnung

a)

In den Prüfungen wird in der Regel die kaufmännische Zinsmethode (30/360) angewendet. Das heißt, der Monat wird mit 30 Tagen* und das Jahr mit 360 Tagen berechnet. Bei der Ermittlung der Zinstage wird der erste Tag (Tag der Auszahlung) nicht mitgezählt, wohl aber der letzte (Tag der Rückzahlung). Die umgekehrte Vorgehensweise ist auch möglich und führt zum gleichen Ergebnis. Einer der beiden Tage ist also sozusagen zinsfrei. – **Bitte achten Sie trotzdem darauf, ob in Ihrer Prüfung auf eine andere Methode hingewiesen wird.**

Eingesetzt in die kaufmännische Zinsformel

$$Z = \frac{K \times p \times t}{100 \times 360}$$

ergibt sich

$$Z = \frac{45.000,00 \times 4,5 \times 74}{100 \times 360} = \mathbf{416{,}25\ €}$$

€ ,
4 1 6 | 2 5

Die 74 Tage ergeben sich folgendermaßen:

Januar	16.01. – 31.01. *(30.)	14 Tage
Februar		30 Tage
März		30 Tage
Gesamt		74 Tage

b)

Da am Ende des 1., 2. und 3. Quartals schon jeweils 3.000,00 € getilgt wurden, beträgt die Darlehensschuld im 4. Quartal noch 36.000,00 €. Zu verzinsen sind volle drei Monate, also 3 · 30 Tage.

$$Z = \frac{36.000,00 \times 4,5 \times 90}{100 \times 360} = \mathbf{405{,}00\ €}$$

€ ,
4 0 5 | 0 0

c)

45.000,00 € – 4 x 3.000,00 € = **33.000,00 €**

€ ,
3 3 0 0 0 | 0 0

Grundlagen des Wirtschaftens

1.35 Zinsrechnung

a)

Ursprünglicher Rechnungsbetrag	100,0 %	21.420,00 €
Die Zinsangabe 6 % bezieht sich auf 360 Tage. Umgerechnet sind das dann 0,5 % für 30 Tage.	0,5 %	107,10 €
Summe	**100,5 %**	**21.527,10 €**

In den 21.527,10 € sind der ursprüngliche Rechnungsbetrag (100 %) und 6 % Zinsen für 30 Tage (0,5 %) enthalten. Das heißt die 21.527,10 € entsprechen 100,5 %. Der ursprüngliche Rechnungsbetrag beträgt also

$$\frac{21.527{,}10 \, € \times 100 \, \%}{100{,}5 \, \%} \quad \text{oder} \quad \frac{21.527{,}10 \, €}{1{,}005} = \mathbf{21.420{,}00 \, €}$$

€ ,
| 2 | 1 | 4 | 2 | 0 | 0 | 0 |

b)

Die Zinsformel

$$Z = \frac{K \times p \times t}{100 \times 360}$$

muss nach dem Zinssatz p aufgelöst werden.

$$p = \frac{Z \times 100 \times 360}{K \times t} = \frac{73{,}19 \times 100 \times 360}{31.000{,}00 \times 17} = \mathbf{5{,}0 \, \%}$$

% ,
| 5 | 0 |

c)

Dazu muss zunächst einmal die Kreditdauer ausgerechnet werden, um die ermittelten Tage dann vom 15.5. „abzuziehen". Die Zinsformel

$$Z = \frac{K \times p \times t}{100 \times 360}$$

muss also nach den Tagen t aufgelöst werden.

$$t = \frac{Z \times 100 \times 360}{K \times p} = \frac{56{,}00 \times 100 \times 360}{6.000{,}00 \times 3{,}5} = 96 \text{ Tage}$$

15.5. abzgl. 90 Tage → 15.02.
15.2. abzgl. 6 Tage → **09.02.**

TT MM
| 0 | 9 | 0 | 2 |

Grundlagen des Wirtschaftens

1.36 Barzahlung

Richtig sind **2**. und **5**. | 2 | 5 |

Zu 1. Bei Zahlungen durch Zahlschein zahlt der Zahlungspflichtige den Betrag an der Kasse einer Sparkasse, Bank oder Postbank bar ein. Der Betrag wird dem Konto des Zahlungsempfängers gutgeschrieben. Es handelt sich hierbei um eine halbbare Zahlung.

Zu 3. Der Lieferschein ist ein Warenbegleitpapier und bestätigt nicht den Zahlungsvorgang.

Zu 4. Bei einer Rechnung handelt es sich um eine schriftliche Zahlungsaufforderung. Sie wird i. d. R. bargeldlos beglichen.

Zu 6. Bei einer Lastschrift handelt es sich um die Abbuchung eines Geldbetrages von einem Konto, also um eine bargeldlose Zahlung.

1.37 Markformenschema

a) Einer Vielzahl von Nachfragern steht nur ein Anbieter gegenüber.	3
b) Einer Vielzahl von Anbietern steht nur ein Nachfrager gegenüber.	7
c) Sowohl auf der Angebots- als auch auf der Nachfrageseite stehen sich wenige Teilnehmer gegenüber.	5
d) Sowohl auf der Angebots- als auch auf der Nachfrageseite stehen sich nur ein Anbieter und ein Nachfrager gegenüber.	1
e) Treten nur wenige Anbieter einer Vielzahl von Nachfragern gegenüber, liegt ein Angebotsoligopol vor.	6
f) Stehen nur wenige Nachfrager einer Vielzahl von Anbietern gegenüber, spricht man von einem Nachfrageoligopol.	8
g) Ein beschränktes Angebotsmonopol ist dann gegeben, wenn ein Anbieter nur wenigen Nachfragern gegenübersteht.	2
h) Ein beschränktes Nachfragemonopol liegt vor, wenn einem Nachfrager nur wenige Anbieter gegenüberstehen.	4
i) Befinden sich sowohl auf der Angebots- als auch auf der Nachfrageseite sehr viele Marktteilnehmer, spricht man von einem Polypol (vollständige Konkurrenz, atomistische, reine Konkurrenz).	9

Begriffserklärung:

Monopol (griech.) = Handel durch Einen
Oligopol (griech.) = Handel durch Wenige
Polypol (griech.) = Handel durch Viele

Grundlagen des Wirtschaftens

1.38 Marktformen

a) Die Aussage ist richtig. Es stehen viele Malereibetriebe vielen Kunden gegenüber. | 1

b) Die Aussage ist falsch. Wenn man davon ausgeht, dass wenige Flugzeughersteller wenigen Fluglinienbetreibern gegenüberstehen handelt es sich um ein zweiseitiges Oligopol; betrachtet man den Markt weltweit und kommt zu dem Schluss, dass es viele Fluglinienbetreiber gibt, so handelt es sich um ein Angebotsoligopol. | 2

c) Die Aussage ist richtig. Es treffen viele Automobilbesitzer auf wenige Mineralölkonzerne. | 1

d) Die Aussage ist falsch. Es stehen einem Anbieter viele Nachfrager gegenüber. Es handelt sich also um ein Angebotsmonopol. | 2

e) Die Aussage ist falsch. Es treffen wenige Anbieter auf viele Nachfrager. Es handelt sich also um ein Angebotsoligopol. | 2

1.39 Marktgleichgewicht

Preis in €	Nachfrage in Stück	Angebot in Stück	Verkaufte Menge
10,00	10.000	4.000	4.000
11,00	9.000	5.000	5.000
12,00	8.000	6.000	6.000
13,00	7.000	7.000	7.000
14,00	6.000	8.000	6.000
15,00	5.000	9.000	5.000

a) Gleichgewichtspreis ist der Preis, bei dem Angebot und Nachfrage ausgeglichen sind. Das ist bei 13,00 € der Fall. | 13,00 €

b) Bei einem Preis von 11,00 € können 5.000 Stück verkauft werden, was zu einem Umsatz von 55.000,00 € führt. | 55.000,00 €

c) Bei einem Preis von 14,00 € besteht eine Nachfrage von 6.000 Stück und es werden 8.000 Stück angeboten. | 14,00 €

Grundlagen des Wirtschaftens

1.40 Vollkommener/Unvollkommener Markt

Die Aussagen **1.**, **3.**, **4.** und **5.** sind richtig.   1   3   4   5

Auf einem vollkommenen Markt gibt es keine sachlichen, persönlichen, räumlichen oder zeitlichen Unterschiede (Präferenzen). Alle Marktteilnehmer verhalten sich rational, lassen sich also z. B. nicht durch Werbung beeinflussen. Es herrscht Markttransparenz, d. h. Käufer und Verkäufer haben einen vollständigen Marktüberblick und reagieren sofort auf Veränderungen am Markt. Am ehesten ist dies auf Aktienbörsen oder Wochenmärkten der Fall.

Zu 1. Hier besteht eine sachliche Präferenz, da die Office Experten ein Produkt anbieten, das es so nur bei ihnen gibt. Eventuell liegt auch eine zeitliche Präferenz vor, wenn die Konkurrenz vielleicht erst einige Wochen später so weit ist.

Zu 3. Hier liegt eine persönliche Präferenz vor.

Zu 4. Auf vollkommenen Märkten gibt es nur einen Preis.

Zu 5. Hier liegt eine zeitliche Präferenz vor.

Zu 2. und 6.
Beides sind Grundbedingungen eines vollkommenen Marktes.

1.41 Ökonomisches Prinzip

Als Ökonomisches Prinzip oder Wirtschaftlichkeitsprinzip bezeichnet man das Bemühen, knappe Wirtschaftsgüter sparsam einzusetzen. In seiner Ausprägung als **Minimalprinzip** soll ein vorgegebenes Ergebnis mit möglichst geringem Aufwand erreicht werden. Beim **Maximalprinzip** soll mit einem vorgegebenen Aufwand ein möglichst hohes Ergebnis erreicht werden.

Lösungen **3.** und **4.** sind richtig.   3   4

In beiden Fällen soll mit einem vorgegebenen Mitteleinsatz ein möglichst großes Ergebnis erzielt werden.

Zu 1. Hier wird weder nach dem Minimal- noch nach dem Maximalprinzip gehandelt, denn es sind weder Ergebnis noch Einsatz vorgegeben.

Zu 2. und 5.
Hier wird nach dem Minimalprinzip gehandelt, denn es wird in beiden Fällen versucht, einen fest definierten Endzustand mit möglichst geringem Einsatz zu erzielen.

1.42 Investitionen

a) Geldkapital ist die **Vorstufe** zum Sachkapital.	6
b) Investition ist die Umwandlung von **Geldkapital** in **Sachkapital**.	3 8
c) Die beiden Voraussetzungen zur Schaffung von Sachkapital sind **Konsumverzicht/Investition** und **Investition/Konsumverzicht**.	4 2 2 4
d) Die Gesamtheit aller Investitionen eines Jahres bezeichnet man als **Bruttoinvestitionen**.	1
e) Nettoinvestitionen bestehen aus **Lagerinvestitionen/Erweiterungsinvestitionen** und **Erweiterungsinvestitionen/Lagerinvestitionen**.	5 7 7 5

Hinweis:
Die Reihenfolge der Begriffe bei den Lücken c) und e) kann beliebig gewählt werden.

1.43 Kapitalbildung

Der idealtypische Verlauf der Kapitalbildung geschieht durch Verkettung folgender Stufen.

	a)	b)	c)	d)	e)	f)	g)
Die korrekte Ziffernfolge lautet:	4	1	3	2	5	7	6

Schritt 1 = b)   Die Privathaushalte leisten Konsumverzicht (kaufen also weniger).
(Erste Voraussetzung zur Bildung von Sachkapital.)

Schritt 2 = d)   ... und bringen damit ihr Geld zur Bank, (damit es Zinsen abwirft).

Schritt 3 = c)   Somit steigt das Angebot an Sparkapital, ...

Schritt 4 = a)   ... sodass die Zinsen sinken. (Gesetz von Angebot und Nachfrage).

Schritt 5 = e)   Aufgrund des niedrigen Zinsniveaus nimmt die Investitionsbereitschaft der Unternehmen zu ...

Schritt 6 = g)   ... sodass Investitionskredite verstärkt nachgefragt werden.

Schritt 7 = f)   Die Unternehmer investieren. (Zweite Voraussetzung zur Bildung von Sachkapital.)

Grundlagen des Wirtschaftens

1.44 Rentabilität – Wirtschaftlichkeit – Produktivität

a)
$$\text{Eigenkapitalrentabilität} = \frac{\text{Jahresüberschuss}}{\text{Durchschnittliches Eigenkapital}} \times 100\,\% = \frac{112\text{ Tsd. €}}{1.300\text{ Tsd. €}} \times 100\,\% = \mathbf{8{,}62\,\%}$$

%	,	
8	6	2

Die Eigenkapitalrentabilität drückt aus, wie hoch sich das von den Eignern eingesetzte Kapital verzinst hat. Sie sollte oberhalb einer landesüblichen Verzinsung in einer sicheren Kapitalanlage liegen (Opportunitätskosten = Nutzenentgang einer anderen Verwendung) und auch eine Prämie für das Unternehmerrisiko (Risikoprämie) beinhalten. Denn schließlich hätten die Eigner ihr Kapital, welches im Unternehmen steckt, ja auch in diese andere Anlage (z. B. Bundesanleihen) stecken können.

b)
$$\text{Gesamtkapitalrentabilität} = \frac{\text{Jahresüberschuss + gezahlte Fremdkapitalzinsen}}{\text{Durchschnittliches Gesamtkapital}} \times 100\,\%$$

$$\frac{112\text{ Tsd. € + 220 Tsd. €}}{1.300\text{ Tsd. € + 2.100 Tsd. €}} \times 100\,\% = \frac{332\text{ Tsd. €}}{3.400\text{ Tsd. €}} \times 100\,\% = \mathbf{9{,}76\,\%}$$

%	,	
9	7	6

Die Gesamtkapitalrentabilität drückt aus, wie hoch sich das gesamte im Unternehmen eingesetzte Kapital verzinst hat. Sie sollte oberhalb des Zinssatzes für das Fremdkapital liegen. Denn sonst würde es bedeuten, dass man für das Fremdkapital mehr Zinsen bezahlen würde, als es im Unternehmen erwirtschaftet.

c)
$$\text{Umsatzrentabilität} = \frac{\text{Jahresüberschuss}}{\text{Umsatzerlöse}} \times 100\,\% = \frac{112\text{ Tsd. €}}{2.600\text{ Tsd. €}} \times 100\,\% = \mathbf{4{,}31\,\%}$$

%	,	
4	3	1

Die Umsatzrentabilität drückt aus, wie viel Prozent Gewinn im Umsatz enthalten ist. Je „konsumnäher" die Produkte einer Unternehmung sind, desto geringer ist in der Regel die Umsatzrendite. So liegt diese bei Lebensmitteldiscountern z. B. unter 1 %. Da müssen die Geschäfte halt sehr schnell gehen, was sich in einer hohen Kapitalumschlagshäufigkeit ausdrückt.

d)
$$\text{Wirtschaftlichkeit} = \frac{\text{Erträge}}{\text{Aufwendungen}} = \frac{2.600\text{ Tsd. €}}{2.488\text{ Tsd. €}} = \mathbf{1{,}05}$$

	,	
1	0	5

e)
$$\text{Produktivität} = \frac{\text{mengenmäßige Ausbringung}}{\text{mengenmäßiger Einsatz}}$$

$$\text{Produktivität je Mitarbeiter} = \frac{450\text{ m}^2}{3\text{ Mitarbeiter} \times 7{,}5\text{ Stunden/Mitarbeiter}} = \mathbf{20\text{ m}^2/\text{Stunde}}$$

m²/Std.	
2	0

Produktivität ist eine rein mengenmäßige Messgröße. Je höher diese liegt, desto besser. So könnte sie z. B. im vorliegenden Fall durch vereinfachte Steck- statt Schraubenverbindungen vielleicht auf 23 m²/Stunde erhöht werden.

Grundlagen des Wirtschaftens

Kreuzworträtsel Grundlagen des Wirtschaftens:

Lösungswort

01. GLEICHGEWICHTSPREIS
02. PRODUKTIVITAET
03. SOFORT
04. SUBSTITUTIONSGUETER
05. ZINS
06. WIRTSCHAFTEN
07. BUERGSCHAFT
08. ANNUITAET
09. BESCHAFFUNG
10. HILFSSTOFFE
11. MAXIMALPRINZIP
12. PRODUKTIONSFAKTOREN
13. VERBRAUCHSGUT
14. ROHSTOFFE
15. AKKREDITIV
16. BEDARF
17. RENTABILITAET
18. PRODUKTIONSGUT

Notizen

2 Rechtliche Rahmenbedingungen

Notizen

Rechtliche Rahmenbedingungen

2.01 Rechtsgebiete

Die richtige Zuordnung befindet sich in Zeile **4**. 4

Zu 1. ist **falsch**, da zwar das Handelsrecht als besonderes Recht der Kaufleute bzw. Gewerbetreibenden zum Privatrecht gehört, das Bürgerliche Recht jedoch kein öffentliches, sondern privates Recht darstellt.

Zu 2. ist **falsch**, da das Strafrecht öffentliches Recht darstellt und das Handelsrecht Sonderprivatrecht ist (vgl. auch Erläuterung zu 1).

Zu 3. ist **falsch**, da Handelsrecht Sonderprivatrecht darstellt.

Zu 5. ist **falsch**, da Strafrecht öffentliches Recht ist.

2.02 Rechtspersonen

a) Bundesländer zählen zu den **Gebietskörperschaften**. 2

b) Der Westdeutsche Rundfunk zählt zu den selbstständigen **Anstalten des öffentlichen Rechts**. 3

c) Die GmbH ist eine Kapitalgesellschaft und als solche rechtsfähig **(juristische Person des privaten Rechts)**; Entstehung bei Eintragung in das Handelsregister (Abteilung HRB). 1

d) Die IHK zählt zu den **Personenkörperschaften** des öffentlichen Rechts. 2

e) Berufsgenossenschaften als Träger der Unfallversicherungen gehören den **Personenkörperschaften** des öffentlichen Rechts an. 2

f) Der eingetragene Verein („e. V.") ist eine rechtsfähige **juristische Person des privaten Rechts** (hier als Footballverein = Idealverein); der Eintrag in das Vereinsregister erzeugt die Vereinsentstehung e. V. 1

g) eG = eingetragene Genossenschaft **(juristische Person des privaten Rechts)**; sie entsteht erst mit Eintrag in das Genossenschaftsregister. 1

Rechtliche Rahmenbedingungen

Allgemeine Hinweise

Juristische Personen des privaten Rechts sind:

neben den weniger bedeutsamen Stiftungen des privaten Rechts alle rechtsfähigen Vereine; Einteilung in **Idealvereine** e.V. (z. B. Sport-, Gesang- und Theatervereine, sofern e. V.) sowie **Vereine mit wirtschaftlichen Zielen** (hierzu zählen AG, GmbH, KGaA und die eG, aber auch der VVaG).

AG	=	Aktiengesellschaft
GmbH	=	Gesellschaft mit beschränkter Haftung
KGaA	=	Kommanditgesellschaft auf Aktien
eG	=	eingetragene Genossenschaft
VVaG	=	Versicherungsverein auf Gegenseitigkeit

Juristische Personen des öffentlichen Rechts

Neben den rechtsfähigen Stiftungen des öffentlichen Rechts (z. B. Stiftung „Preußischer Kulturbesitz"), deren Bedeutung gering ist, unterscheidet man Anstalten und Körperschaften.

Körperschaften des öffentlichen Rechts sind:

Verbände aus einer Vielzahl von Mitgliedern, die ihrerseits natürliche oder juristische Personen sein können. Sie dienen nicht nur den Einzelinteressen der Mitglieder, sondern überwiegend öffentlichen Interessen. Man unterscheidet Gebietskörperschaften (Bund, Länder, Gemeinden), Personenkörperschaften (AOK, Rechtsanwaltskammern, Handwerkskammern, Ärztekammern) sowie Mischtypen (z. B. Wasser- und Deichverbände).

AOK = Allgemeine Ortskrankenkasse

Anstalten des öffentlichen Rechts sind:

Zusammenfassungen sächlicher und persönlicher Mittel (Vermögen und Verwaltungsapparat), die einem bestimmten Verwaltungszweck dienen. Anstalten haben Benutzer, die der Anstaltsordnung unterliegen. Selbstständige Anstalten sind keine Befehlsempfänger, sondern eine Art der Selbstverwaltung (z. B. neben den Rundfunkanstalten gehören die staatlichen Einfuhr- und Vorratsstellen dazu, auch ein Großteil öffentlicher Sparkassen, die Kreditanstalt für Wiederaufbau).

Schulen, staatliche oder städtische Krankenhäuser, Museen und Bundesautobahnverwaltungen sind hingegen **unselbstständige Anstalten** (= keine juristischen Personen, sondern anstaltsähnlich gegliederte technisch verselbstständigte Verwaltungseinheiten; sie unterstehen einer Behörde ihres Hoheitsträgers und können keine Prozesse selbst führen bzw. verklagt werden).

2.03 Rechtliche Handlungsfähigkeiten

a) Nach § 106 BGB ist ein Minderjähriger, der das **7. Lebensjahr** vollendet hat, in seiner Geschäftsfähigkeit beschränkt.	2
b) Nach § 1303 BGB soll eine Ehe nicht vor Eintritt der **Volljährigkeit** eingegangen werden.	5
c) Nach § 7 BetrVG sind alle Arbeitnehmer des Betriebs wahlberechtigt, die das **16. Lebensjahr** vollendet haben.	4
d) Nach § 1 BGB beginnt die Rechtsfähigkeit des Menschen mit der Vollendung der **Geburt**.	1
e) Nach § 2229 BGB kann ein Minderjähriger ein Testament erst errichten, wenn er das **16. Lebensjahr** vollendet hat.	4
f) Die Volljährigkeit als Voraussetzung für die unbeschränkte Geschäftsfähigkeit tritt nach § 2 BGB mit Vollendung des **18. Lebensjahres** ein.	5
g) Nach § 5 KErzG (Gesetz über die religiöse Kindererziehung) steht nach der Vollendung des **14. Lebensjahrs** dem Kinde die Entscheidung darüber zu, zu welchem religiösen Bekenntnis es sich halten will.	3

Das Alter **21 Jahre** spielt nur noch im Strafrecht eine Rolle. So werden unter besonderen Umständen Personen bis zur Vollendung des 21. Lebensjahres strafrechtlich noch wie Heranwachsende behandelt.

Rechtliche Rahmenbedingungen

2.04 Geschäftsfähigkeit

a) Gemäß § 110 BGB gilt ein von dem Minderjährigen ohne Zustimmung des gesetzlichen Vertreters geschlossener Vertrag als von Anfang an wirksam, wenn der Minderjährige die vertragsmäßige Leistung mit Mitteln bewirkt, die ihm zu diesem Zwecke oder zu freier Verfügung von dem Vertreter oder mit dessen Zustimmung von einem Dritten überlassen worden sind (sog. **Taschengeldparagraf**). | 3

Die aufgewendeten 3,50 € dürften sich im Rahmen dieser „Zuwendungen" bewegen.

b) Der Motorroller-Kauf sprengt mit Sicherheit die Bestimmungen des Taschengeldparagrafen. Ohne eine vorherige Einwilligung ist das Rechtsgeschäft zunächst einmal schwebend unwirksam, kann nach § 108 Abs. 1 BGB durch die **nachträgliche Genehmigung** allerdings noch wirksam werden. | 0

c) Ein Kreditkauf ist nicht zulässig, auch nicht bei geringen Monatsraten, da der Minderjährige sich langfristig verpflichtet; das Rechtsgeschäft ist **zustimmungsbedürftig**. Das ältere Aussehen und die daraus evtl. resultierende Fehleinschätzung seitens des Verkäufers spielen dabei keine Rolle. | 0

d) Der 14-Jährige erlangt durch die Schenkung nur einen **rechtlichen Vorteil**, da sie ihn zu nichts verpflichtet. Im Umkehrschluss aus § 107 BGB ist das Rechtsgeschäft also von Anfang an wirksam. | 1

e) § 112 Abs. 1 BGB: Ermächtigt der gesetzliche Vertreter mit Genehmigung des Vormundschaftsgerichts den Minderjährigen zum selbstständigen Betrieb eines **Erwerbsgeschäfts**, so ist der Minderjährige für solche Rechtsgeschäfte unbeschränkt geschäftsfähig, welche der Geschäftsbetrieb mit sich bringt. […] (sog. **partielle Geschäftsfähigkeit**). | 2

f) Jasmin ist zur Aufhebung des **Dienstverhältnisses** gem. § 113 BGB berechtigt, wenn der gesetzliche Vertreter bereits der Eingehung des Dienstverhältnisses zugestimmt hat. | 4

g) Mehmet darf **nicht** ohne Zustimmung der Eltern kündigen!
§ 113 BGB gilt nicht für Ausbildungsverträge, da ein Ausbildungsvertrag nach herrschender Meinung kein Dienst- oder Arbeitsverhältnis im Sinne dieses Paragrafen darstellt. | 0

Rechtliche Rahmenbedingungen

2.05 Rechtsbegriffe

a) Eigentum wird als **rechtliche Verfügungsgewalt über eine Sache** bezeichnet.	5
b) Ein Vertrag liegt vor, wenn mindestens **zwei übereinstimmende Willenserklärungen** gegeben sind, die eine Rechtsfolge (hier: Vertragserfüllung) herbeiführen sollen. Die zustimmenden Parteien haben also einen Konsens gefunden.	1
c) Juristische Personen sind **Vereinigungen mit eigener Rechtspersönlichkeit**, z. B. Kapitalgesellschaften wie AG, GmbH (juristische Personen privaten Rechts) oder Körperschaften wie Kommunen bzw. Anstalten wie Westdeutscher Rundfunk (juristische Personen öffentlichen Rechts).	3
d) Geschäftsfähig ist, wer **Rechtsgeschäfte rechtswirksam vornehmen** kann.	4

Zu 2. Die *tatsächliche Verfügungsgewalt über eine Sache* wird als Besitz bezeichnet.

Zu 6. Die *Fähigkeit, Träger von Rechten und Pflichten zu sein*, heißt Rechtsfähigkeit.

2.06 Rechtsgeschäfte

Einseitige Rechtsgeschäfte

Sie entstehen durch Willenserklärungen einer Person. Bestimmte einseitige Rechtsgeschäfte sind jedoch erst dann rechtswirksam, wenn sie in den Verfügungs- bzw. Empfangsbereich des Empfängers gelangt sind (Empfangsbereich meint hier nicht unbedingt die persönliche Aushändigung eines Schriftstückes; es genügt bereits ein fristgerechter Zugang im Briefkasten oder auf dem Schreibtisch des Empfängers). Zu den zugangsbedürftigen einseitigen Rechtsgeschäften zählen z. B. die Erklärung eines **Vertragsrücktritts b)**, die **Kündigung c)** und die **Anfechtung g)**.

Die zweite Gruppe einseitiger Rechtsgeschäfte ist die der nicht empfangsbedürftigen, d. h., diese Willenserklärungen sind bereits dann rechtswirksam, wenn sie „abgegeben" (erklärt) wurden; hierzu zählen z. B. das **Testament f)** und die **Auslobung d)** (das Aussetzen einer Belohnung ist bei Bekanntgabe bereits rechtswirksam).

Zwei- und mehrseitige Rechtsgeschäfte

Hierzu zählen die Verträge und Verfügungsgeschäfte. Verträge entstehen durch übereinstimmende Willenserklärungen von zwei oder mehreren Personen, die sich zu bestimmten Verhaltensweisen verpflichten (Verpflichtungsgeschäfte); hierzu zählen also die **Vereinssatzung a)**, der **Kaufvertrag e)** und der **Beschluss der Gesellschafterversammlung h)**.

Verfügungsgeschäfte sind mehrseitige Rechtsgeschäfte durch die unmittelbare Rechtsänderungen an Gegenständen bewirkt werden; sie entstehen durch Willenserklärungen und rechtswirksame Handlung (z. B. die **Eigentumsübertragung i)**).

a)	3
b)	1
c)	1
d)	2
e)	3
f)	2
g)	1
h)	3
i)	3

Rechtliche Rahmenbedingungen

2.07 Nichtigkeit und Anfechtung

a) Willenserklärungen, die offensichtlich nicht ernst gemeint sind (sog. Scherzgeschäfte), sind von Anfang an nichtig (vgl. § 118 BGB). — 3

b) Die Kündigung des Berufsausbildungsverhältnisses gehört zu den zugangsbedürftigen Willenserklärungen, die der Schriftform bedürfen (vgl. § 125 BGB und § 623 BGB sowie § 22 BBiG). — 4

c) Rechtsgeschäfte bzw. Willenserklärungen, die gegen die guten Sitten verstoßen (hier: Mietwucher), sind von Anfang an nichtig (vgl. § 138 BGB). — 2

d) Die Willenserklärung eines Geschäftsunfähigen (hierzu zählen alle, die das 7. Lebensjahr noch nicht vollendet haben) ist nichtig (vgl. § 104 f. BGB). — 1

e) Kaufverträge über Grundstücke bedürfen der notariellen Beurkundung. Es liegt ein Formzwang vor (vgl. §§ 125 ff. BGB). — 4

2.08 Nichtigkeit und Anfechtung

a) Wille und Erklärung stimmen bei diesem Rechtsgeschäft überein. Der Wille beruht auf einer fehlerhaften Motivation. Dieser **Motivirrtum ist nicht ausreichend**, um ein Rechtsgeschäft anzufechten. Der **Aktienkauf** ist **gültig**. — 1

b) Das Rechtsgeschäft ist wegen eines **Formmangels** nach § 125 BGB **nichtig**. Der Verkauf eines Grundstückes oder Gebäudes bedarf der notariellen Beurkundung und der Eigentumsübertragung im Grundbuch. — 3

c) Das Rechtsgeschäft (hier: Arbeitsvertrag) ist **anfechtbar, da** ein **Irrtum über die Eigenschaft der Person** besteht. (vgl. § 119 Absatz 2 BGB). — 2

d) Die **Erklärende** (hier: Frau Wenner) **irrte über den Inhalt und die Bedeutung der abgegebenen Erklärung**. Das Rechtsgeschäft kann **angefochten** werden (vgl. § 119 Absatz 1 BGB). — 2

e) **Motivirrtum**. Vgl. auch Erläuterung zu a). Das Rechtsgeschäft ist **gültig**. — 1

f) Das Rechtsgeschäft kann **angefochten** werden, **da eine Drohung** (Erpressung) **vorliegt**. Die Umstände, unter denen das Rechtsgeschäft (hier: Schuldanerkenntnis) zustande kam, sind widerrechtlich. Zwischen der Drohung und der Willenserklärung besteht ein unmittelbarer Zusammenhang (vgl. dazu § 123 Absatz 1 BGB). — 2

Rechtliche Rahmenbedingungen

2.09 Besitz und Eigentum

Aussage Nr. **2.** ist richtig.

Das Eigentum in Fall A wurde **rechtswirksam übertragen**.

Die Nachbarin ist gemäß **§§ 929** und **932 BGB** rechtmäßige Eigentümerin des Fahrrades geworden, da sie zum Zeitpunkt der Eigentumsübertragung gutgläubig war.

§ 929 BGB:	Zur Übertragung des Eigentums an einer beweglichen Sache ist erforderlich, dass der Eigentümer die Sache dem Erwerber übergibt und beide darüber einig sind, dass das Eigentum übergehen soll.
§ 932 Abs. 1 BGB:	Durch eine nach § 929 erfolgte Veräußerung wird der Erwerber auch dann Eigentümer, wenn die Sache nicht dem Veräußerer gehört, es sei denn, dass er zu der Zeit, zu der er nach diesen Vorschriften das Eigentum erwerben würde, nicht in **gutem Glauben** ist.

Zu Fall B Herr Wellmann ist gemäß **§ 935 BGB nicht Eigentümer** des Smartphones geworden, da bei gestohlenen Sachen ein gutgläubiger Erwerb nicht möglich ist.

§ 935 Abs. 1 BGB:	Der Erwerb des Eigentums (...) tritt nicht ein, wenn die Sache dem Eigentümer gestohlen, verloren gegangen oder sonst abhanden gekommen war. (...)

2.10 Eigentumsvorbehalt

a) Es handelt sich um einen **einfachen** Eigentumsvorbehalt, bei dem der Eigentumsübergang – nicht Besitzübergang – erst nach der vollständigen Bezahlung des Kaufgegenstandes erfolgt. Diese Form des Eigentumsvorbehaltes geht jedoch unter, sobald der Kaufgegenstand verbraucht, an einen gutgläubigen Dritten weiterveräußert oder weiterverarbeitet wird.

b) Beim **verlängerten** Eigentumsvorbehalt wird deswegen zusätzlich die durch einen möglichen Weiterverkauf entstehende Forderung zur Sicherheit abgetreten (Zession) oder im Falle der Weiterverarbeitung die Übereignung der entstandenen neuen Sache vereinbart.

c) Beim **erweiterten** Eigentumsvorbehalt beziehen sich die Vorbehaltsrechte auch auf andere vom selben Lieferanten an den Käufer gelieferte Waren.

Rechtliche Rahmenbedingungen

2.11 Besitz und Eigentum

a) Die Eigentumsübertragung erfolgt gemäß §§ 873 und 925 BGB durch Einigung (Auflassung) und Eintragung in das Grundbuch. — 3

b) Hierbei genügt zum Eigentumserwerb lediglich die Einigung, da die Freundin bereits im Besitz der Handtasche ist. Vgl. § 929 Satz 2 BGB. — 2

c) Die Nichte wird Eigentümerin des Fahrrads, wenn sie sich mit ihrer Tante über den Eigentumsübergang einigt. Zusätzlich tritt die Tante der Nichte ihren Herausgabeanspruch gegen ihre Schwester ab, die ja derzeit noch Besitzerin des Fahrrads ist. Vgl. § 931 BGB. — 4

d) Die Bank wird für die Dauer der Darlehensrückzahlung Eigentümerin. Damit die Office Experten als Darlehensnehmer die Breitbandschleifmaschine nutzen können, wird deren unentgeltliche Überlassung vereinbart, bei der die Bank in den mittelbaren Besitz der Maschine gelangt, die Office Experten aber unmittelbare Besitzer sind (sog. **Besitzkonstitut**). Vgl. §§ 868, 929 und 930 BGB. — 5

e) Die Eigentumsübertragung erfolgt hier durch Einigung und Übergabe der beweglichen Sache. Vgl. § 929 Satz 1 BGB. — 1

Rechtliche Rahmenbedingungen

2.12 Vertragsarten, -inhalte und -beispiele

a) Der **Mietvertrag** ist im Gegensatz zum Leihvertrag entgeltlich. | 1

b) Der Pächter hat beim **Pachtvertrag** im Gegensatz zum Mietvertrag neben dem Gebrauchsrecht das Nutzungsrecht (Fruchtgenuss). Der Pächter eines Restaurants darf den genutzten Raum zum Verkauf von Speisen und damit zur Gewinnerzielung nutzen. | 3

c) Der **Werkvertrag** verpflichtet den Unternehmer zur erfolgreichen Herstellung eines Werkes oder Verrichtung einer Dienstleistung (z. B. Autoreparatur). | 5

d) Der **Leihvertrag** ist im Gegensatz zum Mietvertrag unentgeltlich. | 2

e) Beim **Dienstvertrag** steht die entgeltliche Verrichtung einer Tätigkeit im Vordergrund, ohne dass ein Erfolg geschuldet wird (z. B. Arbeitsvertrag). | 4

2.13 Vertragsarten, -inhalte und -beispiele

a) Der **Kaufvertrag** kommt durch zwei übereinstimmende Willenserklärungen (hier: Bestellung und Lieferungszusage) zustande. Der Antrag geht vom Käufer aus (Bestellung). Der Verkäufer nimmt den Antrag an (Zusage der sofortigen Lieferung). | 1

b) Hier kommt es zum Abschluss eines Frachtvertrages, der die erfolgreiche Durchführung des Transportes zum Erfüllungsziel hat. Der Frachtvertrag ist ein **Werkvertrag**. | 7

c) Das Notebook wird Frau Lopez für eine bestimmte Zeit zum Gebrauch unentgeltlich überlassen. Es liegt ein **Leihvertrag** vor. | 4

d) Es handelt sich um eine für Frau Wenner unentgeltliche Eigentumsübertragung, also einen **Schenkungsvertrag**. | 2

Rechtliche Rahmenbedingungen

2.14 Kaufarten

a) **Fixkauf:** Die Lieferung muss an oder bis zu einem genau bestimmten Datum erfolgen (z. B. „Lieferung am 10. Juni fix" oder „Lieferung bis zum 15. Oktober fest."). Der Vertrag bleibt nur gültig bei Einhaltung dieser Klauseln. | 3

b) **Kauf auf Abruf:** Der Käufer kauft eine größere Menge an Waren und ruft die Ware ggf. in Teilmengen je nach Bedarf beim Lieferer ab. | 4

c) **Kauf auf Probe:** Der Käufer hat innerhalb einer vereinbarten oder angemessenen Frist ein Rückgaberecht der Ware, wenn der Gegenstand nicht den Erwartungen des Käufers entsprechen sollte. | 2

d) **Bestimmungskauf:** Der Kaufgegenstand ist eine bewegliche Sache, die bei Kauf noch nicht genau beschrieben ist. Die nähere Bestimmung (Spezifikation) über Maße, Form u. dergleichen legt der Käufer erst zu einem späteren Zeitpunkt fest. | 1

e) **Kauf nach Probe:** Es handelt sich um einen endgültigen Kauf aufgrund eines Warenmusters, wobei die Eigenschaften des Musters als zugesichert gelten. | 6

f) **Kauf zur Probe:** Es handelt sich um einen endgültigen Kauf. Eventuell folgen weitere Käufe, falls der Käufer mit der Ware zufrieden ist. | 5

Rechtliche Rahmenbedingungen

2.15 Vertragsabschluss

Verträge kommen grundsätzlich durch zwei übereinstimmende Willenserklärungen zustande, die man Antrag und Annahme nennt. Im Allgemeinen besteht Formfreiheit; nur bei bestimmten Verträgen ist die Schriftform (z. B. Bürgschaftsvertrag, zeitlich begrenzte Miet- und Pachtverträge, die länger als 1 Jahr gelten sollen) oder die öffentliche Beurkundung (z. B. Schenkungsversprechen, Grundstückskauf) gesetzlich vorgeschrieben.

In den Vorgängen 1. und 5. ist ein Vertrag abgeschlossen worden. | 1 | 5 |

Zu 1. Die beiden Willenserklärungen stimmen überein. Das Angebot des Verkäufers ist noch bindend.

Zu 5. Obwohl der Spediteur den Antrag weder schriftlich noch mündlich bestätigt hat, ist ein Vertrag zustande gekommen, da unter Kaufleuten mit bereits bestehender Geschäftsverbindung das Schweigen auf einen Antrag des Geschäftspartners als Annahme des Antrages ausgelegt wird.

Zu 2. Die beiden Willenserklärungen stimmen zwar überein; beim Kaufvertrag über ein Grundstück ist jedoch die notarielle Beurkundung gesetzlich vorgeschrieben.

Zu 3. Nach § 241a BGB „...wird ein Anspruch gegen den Verbraucher nicht begründet, wenn der Verbraucher die Waren oder sonstigen Leistungen nicht bestellt hat." Ein Vertrag kommt nur dann zustande, wenn der Verbraucher die Annahme ausdrücklich erklärt oder die Ware bezahlt.

Zu 4. Ein Werberundschreiben ist nicht an eine bestimmte Person gerichtet und infolge dessen kein Antrag. Somit ist die Bestellung des Käufers erst der Antrag zum Abschluss eines Kaufvertrages; erst, wenn der Verkäufer die Bestellung annimmt, indem er diese bestätigt oder unmittelbar liefert, ist ein Kaufvertrag abgeschlossen worden.

Zu 6. Es liegt kein Vertrag vor. Der Widerruf einer Willenserklärung ist dann wirksam, wenn er vorher oder gleichzeitig mit der Willenserklärung beim Empfänger eintrifft. Siehe hierzu § 130 Absatz 1 BGB.

Zu 7. Die Anfrage ist kein Antrag im rechtlichen Sinne. Mit der Anfrage erkundigt sich der Interessent nach näheren Einzelheiten zum möglichen Kaufobjekt. Die Zusendung des TV-Gerätes ist demnach voreilig, ein Kaufvertrag kommt dadurch nicht zustande.

Rechtliche Rahmenbedingungen

2.16 Sonderangebot

a) Die richtige Antwort ist Nr. **4**

| 4 |

Die Werbung auf der Homepage ist rechtlich nicht bindend. Es handelt sich hierbei lediglich um **eine Aufforderung** an interessierte Käufer **zur Abgabe eines Kaufantrags.** Erst die Bestellung des Käufers ist eine von zwei erforderlichen übereinstimmenden Willenserklärungen zum Abschluss eines Kaufvertrages. Nehmen die Office Experten die Bestellung an, kommt es zu einem bindenden Kaufvertragsabschluss.

Zu 1. Eine Bindungsfrist besteht nicht. Es handelt sich nicht um einen Antrag im rechtlichen Sinne. Die §§ 145, 147 Absatz 2 BGB finden hier keine Anwendung.

Zu 2. Da rechtlich kein Antrag gestellt wurde, kann die Bestellung auch keine Annahme sein. Die Bestellung ist rechtlich gesehen hier der Antrag, der vom Verkäufer, den Office Experten, angenommen werden muss.

Zu 3. Die Hartmann OHG zählt zwar zum Käuferkreis, dies hat jedoch keine rechtliche Wirkung für deren Bestellung (vgl. Erläuterung **zu 2**).

Zu 5. Siehe Erläuterung **zu 1.**

b) Der Preisnachlass beträgt **40,5 %**.

| 4 | 0 | 5 |

$$\frac{1.213,80}{17} = 71,40 \text{ €}$$

$$\frac{71,40}{119,99} \times 100\,\% = 59,5\,\%$$

$$100\,\% - 59,5\,\% = \mathbf{40,5\,\%}$$

Rechtliche Rahmenbedingungen

2.17 Angebot

Richtig sind die Aussagen **2.**, **5.** und **6.**   2   5   6

Zu 2. Die Office Experten haben ein schriftliches verbindliches Angebot abgegeben. Dieses Angebot ist so lange bindend, wie die Office Experten unter regelmäßigen (verkehrsüblichen) Umständen eine Antwort erwarten können (vgl. § 147 Abs. 2 BGB). Die Bestellung am 11.04. erfolgt rechtzeitig (entspricht der postalischen Laufzeit von Briefen) und stellt die Übereinstimmung der Willenserklärungen her. Der Kaufvertrag ist zustande gekommen, wenn die Bedingungen des Anbietenden vom Käufer akzeptiert werden. Dies ist hier der Fall. Die Berechnung des Kaufpreises entspricht der Rabattierung:

150 x 169,00 € =	25.350,00 €
abzüglich 10 % Mengenrabatt:	2.535,00 €
rabattierter Gesamtpreis (netto):	22.815,00 €

Zu 5. § 449 Abs. 1 BGB: „Hat sich der Verkäufer einer beweglichen Sache das Eigentum bis zur Zahlung des Kaufpreises vorbehalten, so ist im Zweifel anzunehmen, dass das Eigentum unter der aufschiebenden Bedingung vollständiger Zahlung des Kaufpreises übertragen wird (Eigentumsvorbehalt)."

Zu 6. Die Zahlung innerhalb 1 Woche nach Rechnungserhalt erfüllt die Skontierbarkeit der Rechnungssumme:

Rabattierter Gesamtpreis (netto):	22.815,00 €
zuzüglich 19 % Umsatzsteuer:	4.334,85 €
Rechnungsbetrag:	27.149,85 €
abzüglich 2 % Skonto	543,00 €
Überweisungsbetrag:	26.606,85 €

Zu 1. Diese Aussage ist falsch. Vgl. Erläuterung zu 2.

Zu 3. Warenschulden sind zwar grundsätzlich Holschulden, d. h., gemäß § 448 Abs. 1 BGB „… (trägt) der Käufer die Kosten der Abnahme und der Versendung der Sache nach einem anderen Ort (hier: Frankfurt) als dem Erfüllungsort (hier: Langenfeld)", die Lieferung erfolgt jedoch frei Haus, so dass die Versandkosten im Rechnungspreis enthalten sind und nicht gesondert in Rechnung gestellt werden.

Zu 4. Wenn die Mahnke KG die Rechnung nicht skontiert und innerhalb der 30 Tage zahlt (Zahlungsziel), muss der volle Rechnungsbetrag inkl. Umsatzsteuer (27.149,85 €) gezahlt werden. „Netto Kasse" heißt: „ohne Abzug von Skonto".

Zu 7. Die Mahnke KG muss zwar innerhalb der 30 Tage den vollen Rechnungsbetrag von 27.149,85 € zahlen, eine Barzahlung allerdings ist nicht vorgeschrieben. Die Formulierung „netto Kasse" meint „ohne Abzug von Skonto". Die Zahlung muss lediglich rechtzeitig erfolgen, d. h., der Kaufpreis muss innerhalb der 30 Tage für den Verkäufer verfügbar sein.

Rechtliche Rahmenbedingungen

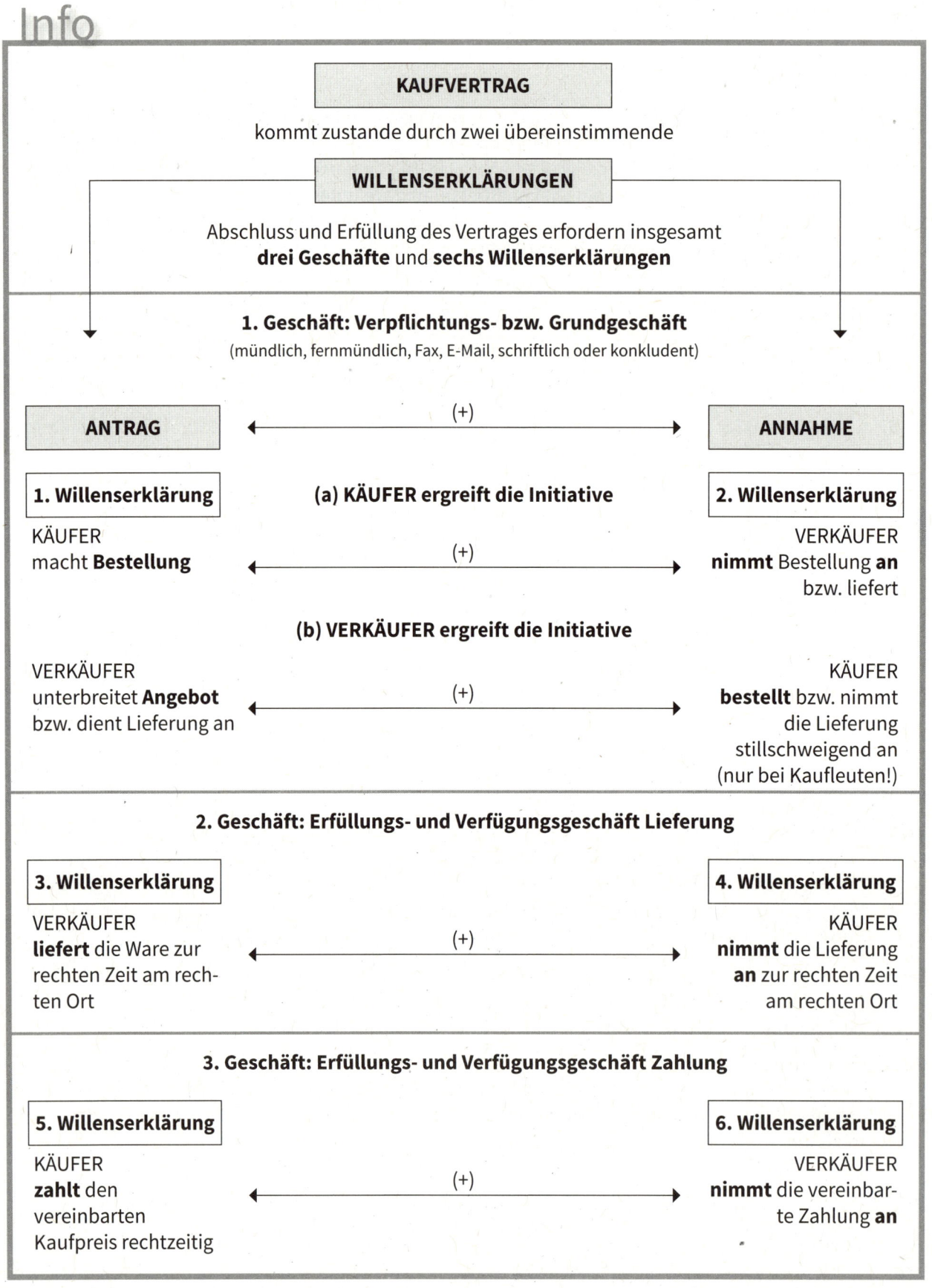

Rechtliche Rahmenbedingungen

2.18 Kaufvertrag

2.18.1 Anfrage

Die Aussagen **2.** und **3.** sind zutreffend.   2   3

Die Anfrage ist rechtlich nicht bindend. Der Anfragende ersucht den Angefragten um Informationen bzw. bittet ihn um ein Angebot. Dies kann nur als Vorstufe zum Kaufvertragsantrag gesehen werden, welcher vom Verkäufer (Anbieter) ausgehen kann. Er hat nun die Möglichkeit, auf die Anfrage zu reagieren mit einem verbindlichen oder freibleibenden Angebot, muss dies aber nicht.

2.18.2 Angebotsvergleich und Angebot

Der Einstandspreis des günstigsten Anbieters (BÜROTEC GmbH aus München) beträgt 33.776,20 €.

33776,20 €

Anbieter / Konditionen	BÜROTEC GmbH Bürotechnik und Apparatebau Vilshofener Str. 86 81679 München	STAHLBAU AG Spezialmaschinen und Containerbau Trierer Str. 1001 52076 Aachen	PITZKOW & RIEL GmbH & Co. KG Behälterbau Im Steinpilz 14 03130 Spremberg
Gewicht der Container ohne Verpackung	3,35 kg x 2.000 = 6.700 kg	2.980 g je Container	3.150 g
Listenpreis (insgesamt)	18,95 € x 2.000 = 37.900,00 €	20,15 € x 2.000 = 40.300,00 €	17,50 € x 2.000 = 35.000,00 €
Preisnachlässe	abzüglich 10 % Staffelrabatt (3.790,00 €) = 34.110,00 € Zieleinkaufspreis abzüglich 2 % Skonto (682,20 €) = 33.427,80 € Bareinkaufspreis	abzüglich 15 % Artikelrabatt (6.045,00 €) = **34.255,00 €** Zieleinkaufspreis (zugleich Bezugs- oder Einstandspreis)	ohne Rabatt 35.000,00 € Zieleinkaufspreis abzüglich 1,5 % Skonto (525,00 €) = 34.475,00 € Bareinkaufspreis
Lieferungsbedingungen	zuzüglich Bezugskosten 5,20 € x 67 (348,40 €) = **33.776,20 €** Bezugs- oder Einstandspreis		zuzüglich Bezugskosten 25,00 € x 20 (500,00 €) = **34.975,00 €** Bezugs- oder Einstandspreis
Angebotsvergleich (Ergebnis)	Günstigster Anbieter	Zweitgünstigster Anbieter	Drittgünstigster Anbieter

Rechtliche Rahmenbedingungen

2.18.3 Angebotsvergleich und Angebot

a) Auswahlantwort **4.** ist richtig.

    Das Angebot ist **verbindlich**, wenn die Willenserklärung des Antragenden an eine bestimmte Person (hier: Mahnke KG) gerichtet ist und alle wesentlichen Vertragspunkte wie Art, Güte und Beschaffenheit der Ware, Menge und Preis der Ware enthält.

b) Auswahlantwort **5.** ist richtig.

    Die Gesellschaft mit beschränkter Haftung (GmbH) ist als juristische Person des privaten Rechts eine **Vereinigung mit eigener Rechtspersönlichkeit** und zählt zu den Kapitalgesellschaften, die in **Abteilung B** des Handelsregisters eingetragen sind.

Zu 1. Das Angebot ist *rechtlich bindend*, da es an eine bestimmte Person gerichtet ist. „Mahnke KG" ist die Firma. Die Firma ist der Name des Kaufmanns und damit als Person bestimmbar.

Zu 2. Der Betrag von 19.516,70 € ist *falsch*, da weder der Rabatt noch die gesetzliche Umsatzsteuer berücksichtigt wurden. Der korrekte Betrag lautet bei einer 19 %igen Umsatzsteuer auf 20.902,39 €:

35 x 569,00 €	=	19.915,00 €
– 10 % Rabatt	=	1.991,50 €
Nettopreis	=	17.923,50 €
+ 19 % USt	=	3.405,47 €
Bruttopreis	=	21.328,97 €
– 2 % Skonto	=	426,58 €
Überweisung	=	20.902,39 €

Zu 3. Der Antragende ist u. a. nicht mehr an sein Angebot gebunden, wenn die Annahmeerklärung (Bestellung) des Vertragspartners (Mahnke KG) nicht rechtzeitig erfolgt.
(Vgl. dazu § 147 Abs. 1 BGB). Dies ist hier nicht der Fall, da *ein schriftlicher Antrag so lange gilt*, wie der Eingang einer Antwort unter gewöhnlichen Umständen (*ca. 1 Woche*) erwartet werden darf. (Vgl. dazu § 147 Abs. 2 BGB).

Zu 4. Die Unterschrift der Geschäftsführerin der GmbH ist für die Verbindlichkeit des Angebotes *nicht erforderlich*. Jan Woldt handelt „im Auftrag" (i. A.) der GmbH und ist somit bevollmächtigt.

2.18.4 Bestellung

Die richtige Antwort ist **3**.

Frau Jensen ist Prokuristin der Mahnke KG und darf nach § 49 Abs. 1 HGB alle gerichtlichen und außergerichtlichen Rechtshandlungen vornehmen, die der Betrieb eines Handelsgewerbes mit sich bringt. Dazu zählt auch die Bestellung von Büromöbeln.

Zu 1. Die Anfrage des Herrn Mahnke war unverbindlich. Es ist unerheblich, dass Anfrager und Besteller verschiedene Personen sind. Wichtig ist lediglich ihre Befugnis, das Geschäft durchführen zu dürfen.

Zu 2. Die Prokura reicht aus, diese Bestellung vornehmen zu dürfen. Vgl. Erläuterungen zu 3.

Zu 4. Frau Jensen ist nicht die Geschäftsführerin, sondern Herr Mahnke. Um die Bestellung rechtswirksam zu tätigen, muss sie auch nicht Mitglied der Geschäftsführung sein.

Zu 5. Der Stückpreis von 512,10 € entspricht sehr wohl dem Angebot, da dort ein Artikelrabatt von 10 % aufgeführt wurde (569,00 € − 10 % Rabatt).

2.18.5 Mängelrüge

Antwort **4.** ist richtig.

Beim Kauf der Schreibtische handelt es sich um einen zweiseitigen Handelskauf, das heißt sowohl der Verkäufer Office Experten GmbH als auch der Käufer Mahnke KG sind Kaufleute.

Da für die Warenlieferung keine abweichenden Vereinbarungen getroffen wurden, gelten die gesetzlichen Bestimmungen gemäß des Angebots der Office Experten, die von der Mahnke KG bei der Bestellung akzeptiert wurden (siehe Angebotstext und Bestellung aus den Aufgaben 2.18.3 und 2.18.4). Nach der gesetzlichen Regelung sind Warenschulden Holschulden, d. h., der Erfüllungsort für die Warenlieferung ist der Wohn- bzw. Geschäftssitz des Verkäufers.

Mit der Übergabe der Ware an den Frachtführer, geht das Transport- und Verlustrisiko bei einem Versendungskauf auf den Käufer über:

§ 447 BGB – Gefahrübergang beim Versendungskauf

> (1) Versendet der Verkäufer auf Verlangen des Käufers die verkaufte Sache nach einem anderen Ort als dem Erfüllungsort, so geht die Gefahr auf den Käufer über, sobald der Verkäufer die Sache dem Spediteur, Frachtführer oder der sonst zur Ausführung der Versendung bestimmten Person oder Anstalt ausgeliefert hat.

Nach § 412 Abs. 1 HGB ist der Frachtführer aber natürlich für eine betriebssichere Verladung verantwortlich. Dazu zählt z. B. die Sicherung der Packstücke mittels vorhandener Spanngurte, weshalb hier ein Verschulden vorliegt.

Die Mahnke KG kann Schadenersatz also nur direkt beim Frachtführer geltend machen und nicht bei den Office Experten.

Rechtliche Rahmenbedingungen

2.19 Verbraucherschutzgesetze

Richtig ist die Kennziffer **3.** (BGB).

3

Fernabsatzgeschäfte sind Geschäfte zwischen Verbrauchern (Käufer) und Unternehmen (Verkäufer), die unter ausschließlicher Verwendung sogenannter Fernkommunikationsmittel (z. B. Internet, E-Mail, Brief, Telefon, Fax) abgeschlossen werden.

Da der Käufer die Ware oder Dienstleistung in diesem Fall nicht vorab begutachten kann, wurden ihm bestimmte Rechte zum Schutz eingeräumt. Diese Rechte sind im BGB durch die §§ 312 b – g abgdeckt.

2.20 Zustandekommen/Widerruf eines Kaufvertrages

Auswahlantwort **4.** ist richtig.

4

Wenn der Anbieter alle erforderlichen Verbraucherinformationen – und dazu zählt auch der ausdrückliche Hinweis auf ein Widerrufs- und Rückgaberecht – dem Kunden (Verbraucher) auf einem dauerhaften Datenträger (z. B. per E-Mail) hat zukommen lassen und die Ware geliefert wurde, hat der Käufer nach § 312 g BGB ein Recht auf Widerruf.

Zu 1. Verträge müssen zwar grundsätzlich eingehalten werden („pacta sunt servanda"), davon unberührt besteht aber ein Verbraucherschutz, der insbesondere dann gilt, wenn sich Verkäufer und Käufer nicht persönlich gegenüberstehen. Das Widerrufsrecht bei Fernabsatzverträgen ist ein solches Schutzbeispiel. Der virtuelle Buchhändler hat Frau Glawe nach § 356 Abs. 2 BGB spätestens bis zur vollständigen Erfüllung des Vertrages, also spätestens bei Lieferung des Prüfungstrainers, die Informationen zum Widerrufs- und Rückgaberecht mitzuteilen. Auch wenn Frau Glawe die Informationen bereits vor der Warenlieferung erhält, beginnt ihr Widerrufs- und Rückgaberecht erst mit dem Erhalt der bestellten Ware. Diese Widerrufsfrist beträgt nach § 355 BGB 14 Tage.

Zu 2. Der Widerruf muss nicht am Tag der Auftragsbestätigung erfolgen. (Siehe zu 1.)

Zu 3. Diese Aussage ist falsch, da noch keine Lieferung erfolgt ist.

Zu 5. Ein Kaufvertrag (hier: Fernabsatzvertrag nach § 312 c BGB) ist definitiv zustande gekommen, da zwei übereinstimmende Willenserklärungen vorliegen. Die Vertragsschließenden bedienen sich hierbei besonderer Fernkommunikationsmittel (hier: E-Mail).

Rechtliche Rahmenbedingungen

2.21 Nationale Lieferungsbedingungen

Lieferungsbedingung	Aufteilung der Versandkosten
Ab Werk, ab Lager	der Käufer trägt alle Versandkosten
Frei Haus, frei Lager, frei Werk	der Verkäufer trägt alle Versandkosten
Unfrei, ab hier	der Verkäufer trägt die Kosten für Anfuhr bis zur Versandstation
Frei Waggon	der Verkäufer trägt die Kosten für Anfuhr zum Versandbahnhof und Verladung
Frei, frachtfrei, frei Bestimmungsort	der Verkäufer trägt die Kosten für Anfuhr, Verladung und Fracht bis zum Bestimmungsbahnhof

a)	b)	c)	d)	e)	f)	g)	h)	i)	j)	k)
1	5	2	2	1	3	3	3	2	5	4

2.22 Internationale Lieferungsbedingungen

Die **Incoterms (International Commercial Terms)** enthalten einheitliche Regelungen wesentlicher Pflichten des Käufers und Verkäufers für die wichtigsten im internationalen Handel gebräuchlichen Lieferverträge. Mit der Einbeziehung in den Kaufvertrag erreichen die Vertragspartner eine international anerkannte einheitliche Auslegung bestimmter Pflichten und verringern somit die Gefahr von Missverständnissen. Die Incoterms wurden erstmals im Jahre 1936 durch die Internationale Handelskammer in Paris veröffentlicht und werden seitdem regelmäßig novelliert. Die aktuellste Version trat zum 01.01.2020 in Kraft.

a) **CIF** benannter Bestimmungshafen (hier: New York) = cost, insurance and freight (Kosten, Versicherung, Fracht). Die Mindestversicherung muss den Kaufpreis zuzüglich 10 % (imaginärer Gewinn) decken und in der Währung des Kaufvertrages abgeschlossen werden. Während die Kosten erst im Bestimmungshafen auf den Käufer übergehen, muss die Gefahr bereits nach der Verladung an Bord des Schiffes im Verschiffungshafen vom Käufer getragen werden. Da Kosten- und Gefahrenübergang örtlich verschieden sind, spricht man von „Zweipunktklauseln". — 2

b) **CIF** (siehe vorstehende Erläuterungen) — 2

c) **DAP** = delivered at place (geliefert benannter Ort), hier: Terminal Hamburg Altenwerder. Es handelt sich um eine Einpunktklausel, da Kosten- und Gefahrenübergang am selben Ort (hier: Terminal Hamburg Altenwerder) auf den Käufer übergehen. — 3

d) **FOB** = free on board (frei an Bord) … benannter Verschiffungshafen (hier: Hamburg). Der Verkäufer hat die Ware an Bord des vom Käufer benannten Schiffes rechtzeitig vor dem angegebenen Abfahrtstermin zu verladen. Auch hier handelt es sich um eine Einpunktklausel. — 4

e) **EXW** = ex works (ab Werk) … benannter Ort der Lieferung. Getreu dem Grundsatz „Warenschulden sind Holschulden" hat der Verkäufer die Ware dem Käufer zur vereinbarten Zeit in seinem Betrieb transportgerecht verpackt zur Verfügung zu stellen und den Käufer zu benachrichtigen. Da der Käufer ab Werk (Lieferort) alle Kosten und Gefahren, die mit dem Transport zum Bestimmungsort verbunden sind, trägt, ist auch diese Klausel eine Einpunktklausel. — 1

f) **FOB** (siehe Erläuterungen zu d)) — 4

Rechtliche Rahmenbedingungen

2.23 Pflichtverletzungen beim Kaufvertrag

Teil I

a) Wenn der Schuldner trotz Anmahnung seiner Zahlungsverpflichtung nicht reagiert, kann der Gläubiger durch ein gerichtliches Mahnverfahren versuchen, seine Forderung geltend zu machen. Den Brief Zahlungsverzug hat der Verkäufer (Gläubiger) geschrieben. — 4

b) Wenn der Käufer die Annahme einer nicht lagerfähigen Ware (z. B. frische Lebensmittel) verweigert, kann der Verkäufer sie öffentlich versteigern lassen. Zuvor muss er dem Käufer eine angemessene Frist zur Abnahme einräumen und ihm die Versteigerung androhen. Dabei hat er Ort und Zeitpunkt des sog. Selbsthilfeverkaufs mitzuteilen. Den Brief zum Annahmeverzug hat der Verkäufer geschrieben. — 3

c) Beim einseitigen Handelskauf müssen versteckte Mängel binnen 2 Jahren gerügt werden. Der Käufer wird hier die Rügefrist überschritten haben, sodass der Verkäufer nicht mehr gewährleistungspflichtig ist. Den Brief zur mangelhaften Lieferung hat der Verkäufer geschrieben. Wird der Mangel innerhalb der ersten zwölf Monate gerügt, so wird vermutet, dass dieser bereits beim Kauf der Sache vorhanden war (Rückwirkungsvermutung). Wird er erst nach diesen zwölf Monaten gerügt, so muss der Käufer beweisen, dass die Sache schon beim Kauf mangelhaft war (Beweislastumkehr). — 1

d) Der durch den **Lieferungsverzug** geschädigte **Käufer** hat die Möglichkeit, einen Deckungskauf vorzunehmen. Hierbei muss der Schaden, der ihm evtl. durch Produktionsausfälle durch Mehrpreis und Mehrkosten für einen Kauf bei einem anderen Lieferer entsteht, konkret berechnet werden. Dies kann dem Verkäufer in Rechnung gestellt werden. Den Brief hat der Käufer geschrieben. — 2

Teil II

Die richtige Antwort ist d). — d

Rechtliche Rahmenbedingungen

2.24 Kaufvertragsstörungen

Die Aussagen **1.**, **2.**, **3.** und **5.** sind **falsch**. | 1 | 2 | 3 | 5 |

Zu 1. Diese Aussage ist **falsch**.
Der Verkäufer hat die verkaufte Ware mängelfrei zu liefern. Beim **Handelskauf** muss der Käufer die Ware unverzüglich nach der Ablieferung untersuchen und **offene Mängel unverzüglich, versteckte Mängel unverzüglich nach ihrer Entdeckung rügen,** spätestens jedoch innerhalb der vertraglich vereinbarten Garantie. Diese darf nicht kürzer sein als die gesetzlich mindestzulässige Gewährleistung von 2 Jahren (Vgl. dazu §§ 377 HGB, 438 BGB).

Zu 2. Diese Aussage ist **falsch**.
Die **Mängelansprüche** des Käufers **verjähren** gemäß § 438 BGB **frühestens nach 2 Jahren** ab Annahme, es sei denn, es handelt sich um eine gebrauchte Sache. Bei letzterer kann die Gewährleistungsfrist vertraglich auf ein Jahr verkürzt werden (vgl. § 475 BGB). Beim Verbrauchsgüterkauf muss jedoch der Käufer innerhalb von 12 Monaten den Mangel gerügt haben, andernfalls greift die sogenannte Beweislastumkehr, bei der der Käufer nachweisen muss, dass die Ware bereits bei Gefahrenübergang mangelhaft war (Vgl. § 476 f. BGB).

Zu 3. Diese Aussage ist **falsch**.
Da in vielen Fällen Transportunternehmer die Ware anliefern, wird nicht angenommene Ware oft eingelagert, weil die Fahrzeuge für andere Aufträge wieder bereitstehen müssen. Entstehende **Lagerkosten hat der Käufer zu tragen** (Vgl. dazu § 373 HGB).

Zu 5. Diese Aussage ist **falsch**.
Der **Käufer kann nur bei** einem **Fixhandelskauf**, bei dem die genaue Einhaltung des Liefertermins wesentlicher Bestandteil des Vertrages ist (z. B. „Lieferung am 31.05.2024 fix"), **sofort vom Vertrag zurücktreten**. In allen anderen Fällen des Lieferungsverzuges ist ein Rücktritt vom Vertrag nur nach Ablauf einer zuvor gesetzten angemessenen Nachfrist möglich (Vgl. dazu § 323 f. BGB).

Zu 4. Diese Aussage ist richtig.
Mit der Nichtannahme *geht die Gefahr* des Untergangs oder der Wertminderung der Ware *auf den Käufer über*. Der Lieferer haftet nur noch für Vorsatz und grobe Fahrlässigkeit, also nicht für leichte Fahrlässigkeit (Vgl. dazu § 300 BGB).

Zu 6. Diese Aussage ist richtig.
Gemäß § 286 Abs. 3 BGB tritt diese „*Automatik*" ein. Einer zusätzlichen Mahnung bedarf es nicht.

Zu 7. Diese Aussage ist richtig.
Gemäß § 288 Abs. 1 BGB darf der Gläubiger im Verzugsfall vom Schuldner (Verbraucher) einen Prozentsatz fordern, der *fünf Prozentpunkte über dem jeweiligen Basiszinssatz* liegt. Eine Vereinbarung höherer Zinsen bei Rechtsgeschäften, an denen kein Verbraucher beteiligt ist, ist gem. § 288 Abs. 2 BGB zulässig.

Zu 8. Diese Aussage ist richtig.
Unter Kaufleuten darf der Prozentsatz für die Verzugszinsen (mangels besonderer Vereinbarung) neun Prozentpunkte über dem jeweiligen Basiszinssatz liegen. Vgl. dazu §§ 288 (2) BGB i. V. m. 353 Satz 1 HGB.

Rechtliche Rahmenbedingungen

2.25 Mangelhafte Lieferung

Teil I

a)	Mangel in der Montageanleitung	3
b)	Mängel in der Art	4
c)	Mängel im Recht	5
d)	Quantitätsmangel	2
e)	Qualitätsmangel	1

Teil II

a) **Nachbesserung oder Ersatzlieferung**

Nach § 439 BGB hat der **Käufer** das Recht nach seiner Wahl die Beseitigung des Mangels oder die Lieferung einer mangelfreien Sache zu verlangen. Der Verkäufer hat die zum Zwecke der Nacherfüllung erforderlichen Aufwendungen, insbesondere Transport-, Wege-, Arbeits- und Materialkosten zu tragen. Der Verkäufer kann die vom Käufer gewählte Art der Nacherfüllung verweigern, wenn sie nur mit unverhältnismäßigen Kosten möglich ist.

b) **Minderung des Kaufpreises, Rücktritt vom Kaufvertrag, Schadensersatz**

Die Ausübung dieser Rechte ist in der Regel nur nach einer angemessenen Nachfrist möglich. Die Nachfrist ist nach § 440 BGB nicht erforderlich, wenn der Verkäufer die Leistung verweigert, zwei Nacherfüllungsversuche fehlgeschlagen sind, die Nacherfüllung unzumutbar ist oder es sich um einen Fixkauf handelt.

c) **01.04.2027**

Nach § 438 BGB beträgt die Verjährungsfrist zwei Jahre beginnend mit der Ablieferung der Sache. Die Daten der Rechnungsstellung oder der Bezahlung spielen für die Verjährung der Ansprüche aus der Mängelrüge keine Rolle.

TT	MM	JJJJ
0 1	0 4	2 0 2 7

Rechtliche Rahmenbedingungen

2.26 Zahlungsverzug

a) **Kaufmännisches Mahnverfahren:** Der Verkäufer wird den Käufer zunächst an die noch offene Rechnung erinnern und ggf. mehrmals anmahnen. Dieses Verfahren soll sicherstellen, dass mögliche Irrtümer (auch auf Seiten des Verkäufers wie z. B. „Rechnung wurde nicht verschickt" oder „Zahlungseingang nicht gebucht") aufgeklärt werden können. Dieses Verfahren setzt „Fingerspitzengefühl" voraus, d. h., keinesfalls sollte „mit Kanonen auf Spatzen geschossen" werden. **1**

b) **Zwangsvollstreckung:** Hierbei ist der Prozess des Mahnverfahrens bereits weit fortgeschritten. Dem Schuldner kann am Ende eines Klageverfahrens oder infolge eines nicht widersprochenen Vollstreckungsbescheides die Zwangsvollstreckung (mittels Pfändung) ins Haus stehen. Der Vollstreckungstitel berechtigt den Antragsteller (Gläubiger) zur Zwangsvollstreckung in das Vermögen des Antragsgegners (Schuldner). **4**

c) **Gerichtliches Mahnverfahren:** Wenn der Käufer (Schuldner) trotz mehrfachen Mahnens seiner Zahlungsverpflichtung nicht nachkommt, kann der Verkäufer (Gläubiger) durch Antrag auf Erlass eines Mahnbescheides das gerichtliche Verfahren einleiten. **2**

d) **Klageverfahren:** Ein vom Verkäufer bei Gericht beantragter Mahnbescheid wurde bereits erlassen und zugestellt. Widerspricht der Schuldner diesem Bescheid, bleibt dem Verkäufer nur noch das Klageverfahren, um seine Rechtsansprüche durchsetzen zu können. **3**

2.27 Zahlungsverzug

Teil I

> **HINWEIS**
>
> Die Office Experten GmbH als Schuldner kommt gemäß § 286 Abs. 4 BGB in Verzug, wenn sie die Nichtleistung zu vertreten hat. Die personelle Unterbesetzung der Kreditoren-Buchhaltung hat sie zu vertreten.

Auswahlantwort **5.** ist richtig. **5**

Da die Verzinsung ab dem Tag nach Fälligkeit erfolgt (hier 05.04.20..), dürfen am 29.04.20.. für 25 Zinstage Verzugszinsen in Höhe von 2,27 % + 9 Prozentpunkte = 11,27 % in Ansatz gebracht werden. Verzugszinsen werden in der Prüfung meistens nach der einfachen Zinsformel (Tageszinsformel oder kaufmännische Zinsmethode) berechnet.

Nach der Tageszinsformel:

$$z \text{ (in €)} = \frac{K \times p \times t}{100 \times 360} = \frac{5.950 \text{ €} \times 11{,}27 \times 25 \text{ T}}{100 \times 360 \text{ T}} = 46{,}57 \text{ €}$$

> **HINWEIS**
>
> Eine Berechnung nach der Effektivzinsmethode, bei der das Zinsjahr mit 365 (in Schaltjahren mit 366) Tagen und der Zinsmonat 30 bzw. 31 (im Februar 28 bzw. 29) Tage zählt, ist auch möglich. Lesen Sie in der Prüfung genau nach, welche Zinsmethode gefordert wird.

Rechtliche Rahmenbedingungen

2.27 Zahlungsverzug

Teil I

Fortsetzung

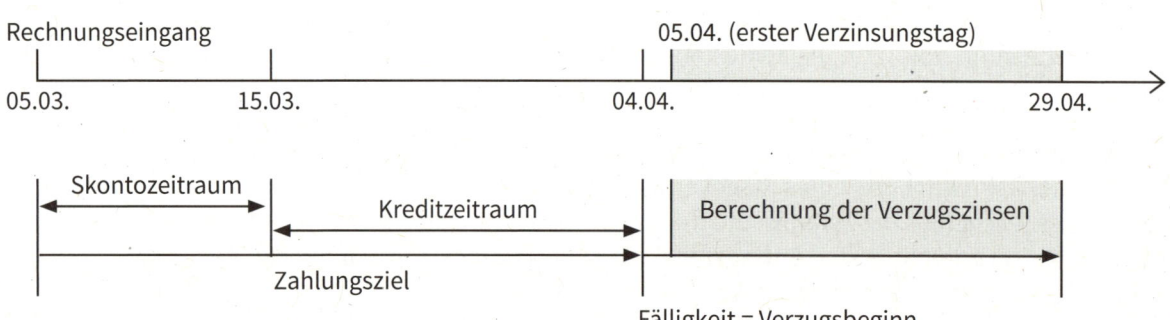

Erläuterung:

Die Fälligkeit der Rechnung war kalendarisch bestimmt („Zahlbar spätestens am 4. April des Jahres netto Kasse"). Damit befindet sich der Käufer ohne dass es einer Mahnung bedarf seit dem 05.04. in Verzug (§ 286 Abs. 2 Nr. 1 BGB). Nach § 288 Abs. 1 BGB ist die Geldschuld während des Verzugs zu verzinsen. Der 05.04. ist somit der erste Tag, für den Verzugszinsen in Ansatz gebracht werden können.

Zu 1. *Falsch.* Die Rechnung ist aufgrund des kalendarisch bestimmbaren Zahlungszieles fällig am 04.04. Leistet der Schuldner nicht, befindet er sich ab dem 05.04. 00:00 Uhr in Verzug. Einer Mahnung bedarf es dabei nicht. Die Skontofrist ist hier unerheblich.

Zu 2. *Falsch.* Eine Mahnung führt nicht zum Neubeginn der Verjährungsfrist. Lediglich ein gerichtliches Mahnverfahren, eine Vollstreckungshandlung, Abschlags- und/oder Zinszahlung, eine Sicherheitsleistung oder ein Schuldanerkenntnis des Zahlungspflichtigen führen zum Neubeginn der Verjährung. Vgl. dazu § 212 Abs. 1 Nr. 1 und 2 BGB.

Zu 3. *Falsch.* Die Büromöbel GmbH ist berechtigt, ab dem Tag nach dem Fälligkeitsdatum, hier 05.04.20.., Verzugszinsen zu berechnen (vgl. § 187 BGB). Der Zinssatz darf hierbei 9 Prozent<u>punkte</u> (nicht 9 %) über dem Basiszinssatz der EZB liegen. Vgl. hierzu § 288 Abs. 2 BGB.

Zu 4. *Falsch.* Zwar darf die Büromöbel GmbH ab dem 05.04.20.. Verzugszinsen berechnen; diese dürfen aber 9 Prozentpunkte über dem Basiszinssatz der EZB liegen (siehe vorstehende Begründung).

Rechtliche Rahmenbedingungen

2.27 Zahlungsverzug

Teil II

HINWEIS

> Da die Rechnung keine gesonderte Zahlungsvereinbarung enthält, ist sie dem Gesetz nach sofort fällig. Vgl. dazu § 271 Abs. 1 BGB

Die Auswahlantworten **3.** und **5.** sind richtig. | 3 | 5 |

Zu 3. **Richtig.** Fälligkeit alleine bewirkt noch keinen Verzug. Erst durch die Mahnung tritt Verzug ein.

Zu 5. **Richtig.** Gemäß § 286 Abs. 3 BGB „… kommt (der Schuldner einer Entgeltforderung) spätestens in Verzug, wenn er nicht innerhalb von 30 Tagen nach Fälligkeit **und** Zugang einer Rechnung (…) leistet (…)".

Zu 1. *Falsch.* Die Rechnung datiert zwar vom 03.03., ist aber erst am 05.03. zugegangen, d. h., fällig. Zahlungsverzug tritt gemäß § 286 Abs. 1 BGB erst ein, wenn die Forderung fällig ist, also die Rechnung dem Schuldner zugegangen ist, dieser sie nicht begleicht und vom Gläubiger angemahnt wurde.

Zu 2. *Falsch.* Die Rechnung ist zwar mit Zugang am 05.03. fällig, Verzug tritt jedoch erst ein, wenn der Schuldner gemahnt wird.

Zu 4. *Falsch.* Verzugszinsen dürfen nur ab Verzugseintritt berechnet werden. Dies geschieht durch die Mahnung am 20.03.

Zu 6. *Falsch.* Da der Monat März 31 Tage hat, beginnt der Verzug erst am 05.04. um 00:00 Uhr. Bis zum 04.04. (24:00 Uhr) kann der Schuldner ohne vorherige Mahnung noch verzugsfrei leisten, d. h., vom 05.03. bis einschließlich 04.04. befindet er sich in der 30-Tage-Frist.

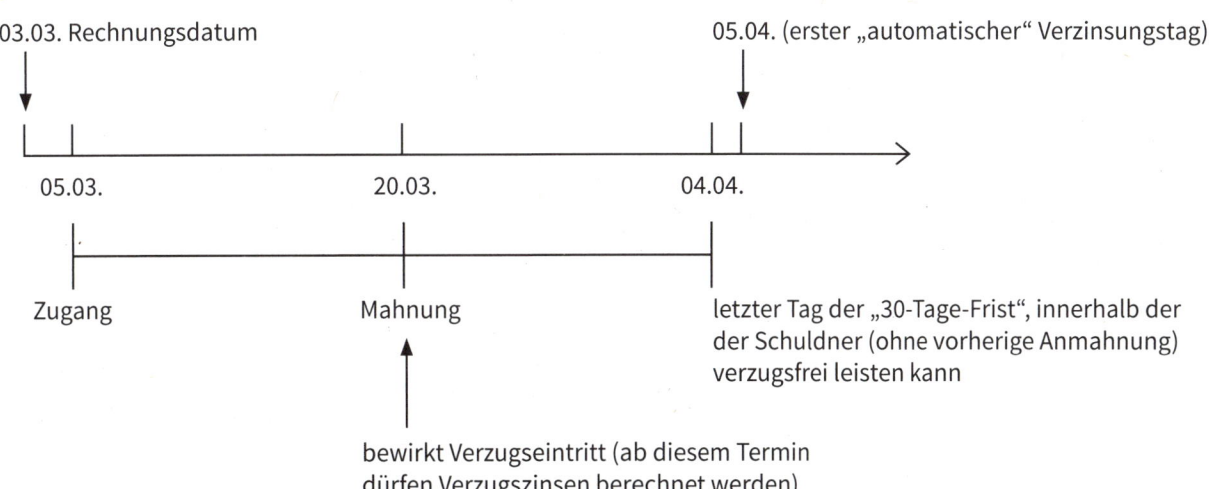

Rechtliche Rahmenbedingungen

2.28 Lieferungsverzug

Teil I

Auswahlantwort **4.** ist richtig.   4

Den Umständen des geschilderten Falles ist zu entnehmen, dass hier ein einseitiger Fixhandelskauf zustande gekommen sein muss. Hierbei genügt die Fristüberschreitung (nach 16:00 Uhr) für die Ablehnung der Leistung. Für den Rücktritt vom Kaufvertrag sind weder Nachfrist noch Verschulden des Partyservices von Belang. Vgl. dazu auch § 323 Abs. 2, Satz 2 BGB.

Teil II

Die Auswahlantworten **3.** oder **4.** sind richtig.   3 oder 4

Zu 3. Neben der Fristüberschreitung muss ein Verschulden des Partyservices hinzukommen, wenn die Leistung abgelehnt und zusätzlich ein Schadenersatz verlangt wird. Vgl. dazu §§ 280 Abs. 1, 281 BGB. Die Aussage 3. ist also richtig, wenn sich der Partyservice entschuldigen kann für den Fall, dass der Verkehrsstau auf der normalerweise Stau unanfälligen Fahrtstrecke nicht zu erwarten war.

Zu 4. Die Aussage 4 ist dann richtig, wenn die Wahrscheinlichkeit des Staus vorhersehbar war, insbesondere dann, wenn eine frühzeitigere Abfahrt seitens des Partyservices zumutbar gewesen ist. Fristüberschreitung und Verschulden begründen dann den Anspruch auf Ersatz seitens der Office Experten. Er ist so zu stellen, als wäre ordentlich erfüllt worden. Daraus resultiert ein Anspruch auf Ersatz des Differenzschadens von mindestens 250 € Mehrkosten durch den Deckungskauf.

Rechtliche Rahmenbedingungen

2.29 Erfüllungsort

Information

Der Ort, an dem und von dem aus der Schuldner leisten muss, heißt **Erfüllungsort**.

Vertraglich kann jeder Ort als Erfüllungsort vereinbart werden. Oft setzt sich der wirtschaftlich stärkere Vertragspartner mit der Vereinbarung durch: „Ausschließlicher Erfüllungsort für beide Teile ist ...", wobei er den Ort seines Firmensitzes wählt.

Bei Fehlen einer Vereinbarung gilt nach dem Gesetz der Wohn- und Geschäftssitz des Schuldners als Erfüllungsort. Da es beim Kaufvertrag zwei Schuldner gibt, ist der

- Erfüllungsort für die **Lieferung** der Sitz des **Verkäufers**,
- Erfüllungsort für die **Zahlung** der Sitz des **Käufers**.

Nach § 29 ZPO ist für Klagen aus dem Kaufvertrag der Gerichtsstand des Erfüllungsortes zuständig.

Der Gerichtsstand ist der Sitz des für den jeweiligen Erfüllungsort zuständigen Gerichts.

Erfüllungsort und Gerichtsstand können also geographisch voneinander abweichen.

---

a) Mangels anderer Vereinbarung ist **Langenfeld** der gesetzliche Erfüllungsort für die Lieferung und damit der Gerichtsstand für die Klage auf Lieferung. | 2

b) Da ausdrücklich der Sitz der Lieferfirma als Erfüllungsort vereinbart war, ist **Langenfeld** auch der Gerichtsstand für eine Zahlungsklage. | 2

c) Da diese vertragliche Vereinbarung von der gesetzlichen Regelung nicht abweicht, ist **Langenfeld** Erfüllungsort und damit Gerichtsstand. | 2

d) Da **Frankfurt am Main** der gesetzliche Erfüllungsort für die Zahlung ist und keine anderslautende Vereinbarung getroffen wurde, muss hier die Zahlungsklage eingereicht werden. | 1

Rechtliche Rahmenbedingungen

2.30 Verjährung

a) Mit Ablauf des 31.12.2024 verjähren die Forderungen, die im Jahr 2021 entstanden sind. Es müssen also rechtzeitig Maßnahmen ergriffen werden, um dieses zu verhindern.

b) Unter Verjährung versteht man den Ablauf einer Frist, innerhalb derer ein Anspruch gerichtlich durchgesetzt werden kann. Nach Eintritt der Verjährung besteht die Forderung zwar weiterhin, der Schuldner kann allerdings die „Einrede der Verjährung" geltend machen und die Zahlung verweigern. Eine trotzdem vorgenommene Zahlung kann er mit dem Hinweis auf die eingetretene Verjährung natürlich nicht wieder zurückverlangen.

c) Hemmung bedeutet, dass die Verjährung um die Zeitspanne der Hemmung verlängert wird. Beim Neubeginn dagegen beginnt die Verjährung in vollem Umfange erneut zu laufen.

d)

	2 Jahre	3 Jahre	10 Jahre	30 Jahre
Herausgabe von Eigentum				x
Forderungen von Privatleuten		x		
Vollstreckbare Ansprüche				x
Mängelrügen aus Kaufverträgen	x			
Ansprüche auf Übertragung des Eigentums an einem Grundstück			x	

e)

	Hemmung der Verjährung	Neubeginn der Verjährung	Keine Änderung der Verjährung
Mahnung per Einschreiben mit Rückschein			x
Schuldner leistet eine Abschlagszahlung		x	
Zustellung eines Mahnbescheides	x		
Stundungsgesuch des Schuldners		x	
Erhebung einer Klage	x		

Rechtliche Rahmenbedingungen

2.31 Verjährung

a) Der am 11.08.2020 fällige Anspruch wäre ohne gerichtliches Mahnverfahren aufgrund der 3-jährigen Verjährungsfrist gem. §§ 195, 199 Abs. 1 Nr. 1 BGB am 31.12.2023 verjährt. Durch Mahnbescheid und Klageerhebung kommt es jedoch zur Hemmung der Frist. Da das Urteil auf Zahlung am 23.08.2024 Rechtskraft erlangt, beginnt gem. § 197 Abs. 1 Nr. 4 BGB die 30-jährige Verjährungsfrist, sodass der Anspruch nunmehr am 23.08.2054 verjährt.

TT	MM	JJJJ
23	08	2054

b) Die Zustellung eines Mahnbriefes im Rahmen eines außergerichtlichen (kaufmännischen) Mahnverfahrens führt nicht zur Hemmung der Verjährung. Die Frist wäre demnach am 31.12.2023 abgelaufen.

TT	MM	JJJJ
31	12	2023

c) In diesem Fall würde bereits ab dem 05.04.2024 die 30-jährige Verjährungsfrist zu laufen beginnen, sodass die Verjährung am 05.04.2054 eintreten würde.

TT	MM	JJJJ
05	04	2054

Anmerkung

Neubeginn der Verjährung (vgl. §§ 212 ff. BGB): Die Verjährung beginnt erneut, wenn der Schuldner z. B. die Schuld anerkennt, eine Teilzahlung oder Zinszahlung leistet oder aber, wenn der Gläubiger den Anspruch gerichtlich (**Mahnbescheid oder Klage**) geltend macht. Eine Mahnung kann die Verjährung demnach **nicht** unterbrechen.

Hemmung der Verjährung (vgl. §§ 203 ff. BGB): Die Verjährung wird gehemmt, solange die Leistung gestundet ist, der Schuldner vorübergehend berechtigt ist, die Leistung zu verweigern (z. B. im gerichtlichen Vergleichsverfahren) oder die Rechtspflege in den letzten sechs Monaten der Verjährungsfrist stillsteht (z. B. infolge Kriegseinwirkung).

Das bürgerliche Gesetzbuch unterscheidet u. a.

Verjährungsfrist nach 30 Jahren	Verjährungsfrist nach 3 Jahren = regelmäßige Verjährungsfrist
• bei Herausgabeansprüchen aus Eigentum und anderen dinglichen Rechten • bei familien- und erbrechtlichen Ansprüchen • bei rechtskräftig festgestellten Ansprüchen (Gerichtsurteile) • bei Ansprüchen aus Vollstreckungsbescheiden • bei Ansprüchen aus Insolvenzverfahren	• bei Forderungen von Kaufleuten untereinander • bei Forderungen von Kaufleuten an Privatleute • bei Forderungen von Privatleuten gegenüber Privatleuten • bei Forderungen von Freiberuflern (Ärzten, Architekten, Rechtsanwälten etc.) • bei Forderungen von regelmäßig wiederkehrenden Leistungen (Miete)
Beginn: mit dem Tag der Fälligkeit	Beginn: mit dem Schluss des Jahres, in dem der Anspruch entstanden ist

Darüber hinaus verjähren andere Ansprüche als Schadensersatzansprüche ohne Rücksicht auf die Kenntnis oder grob fahrlässige Unkenntnis in zehn Jahren von ihrer Entstehung an.

Rechtliche Rahmenbedingungen

2.32 Firma

a)

aa)	Die Office Experten GmbH ist eine Gesellschaft mit beschränkter Haftung (GmbH) und zählt zu den **Kapitalgesellschaften**, weil sie als juristische Person des privaten Rechts ausschließlich mit ihrem Stammkapital haftet. Kapitalgesellschaften werden in **HRB** eingetragen.	3
ab)	Die Abkürzung „e.Kfr." steht für „eingetragene Kauffrau" und ist ein für **Einzelkaufleute** in § 19 Abs. 1 Nr. 1 HGB geforderter Zusatz. Die Firmen der Einzelkaufleute werden in **HRA** eingetragen.	1
ac)	Die Offene Handelsgesellschaft (OHG) ist eine **Personengesellschaft**. Der Firmenzusatz „Offene Handelsgesellschaft" oder „OHG" als Abkürzung wird in § 19 Abs. 1 Nr. 2 HGB gefordert. Personengesellschaften sind Unternehmen, bei denen mindestens ein Gesellschafter persönlich haftet (bei der OHG haften alle Gesellschafter unbeschränkt mit ihrem Geschäfts- und Privatvermögen). Personengesellschaften erhalten ihren Registereintrag in Abteilung A des Handelsregisters **(HRA)**.	2
ad)	Die GmbH & Co. KG ist eine Kommanditgesellschaft, bei der der Vollhafter (Komplementär) eine juristische Person mit beschränkter Haftung ist. Die Wahl einer solchen Rechtsform hat in der Regel haftungs- aber auch steuerrechtliche Gründe. Die Kommanditgesellschaft (bestehend aus mindestens einem Voll- und einem Teilhafter) zählt zu den **Personengesellschaften (HRA)**.	2
ae)	Die Aktiengesellschaft (AG) ist – wie die GmbH – eine juristische Person des privaten Rechts und zählt zu den **Kapitalgesellschaften**. Das gezeichnete Kapital der AG heißt Grundkapital; Eintrag **HRB**.	3

b) Die Auswahlantworten aa) und ae) sind richtig.　　　　　　　　　　　　　　　　　a　a　　a　e

In der Abteilung A des Handelsregisters (HRA) befinden sich ausschließlich die Firmen der Einzelunternehmungen und Personengesellschaften.

2.33 Handelsregister

> **Information**
>
> Die **deklaratorische Wirkung** einer Eintragung liegt vor, wenn diese einen bereits bestehenden Rechtszustand bekundet.
> Von **konstitutiver Wirkung** spricht man, wenn durch die Eintragung der beabsichtigte Rechtszustand erzeugt wird.

Richtig sind die Auswahlantworten **2.** und **3.** | 2 | 3 |

Zu 2. Die **Eintragung der GmbH hat konstitutive Wirkung**, d. h., erst mit der Eintragung erlangt die GmbH als juristische Person ihre Rechtsfähigkeit. Dies gilt im Übrigen auch für die AG (vgl. dazu § 7 GmbHG, § 36 AktG).

Zu 3. Nach § 174 HGB ist die **Herabsetzung der Einlage eines Kommanditisten** den Gläubigern gegenüber unwirksam, solange sie nicht in das Handelsregister eingetragen ist. **Erst durch Eintrag wird die Herabsetzung wirksam.**

Zu 1., 5. und 6.
Der Widerruf der nach § 48 HGB erteilten Prokura ist gem. § 53 Abs. 3 HGB wie auch die Erteilung im Handelsregister anzumelden. *Widerruf und Erteilung der Prokura wirken unmittelbar bereits vor Eintragung.* Die Eintragung stellt lediglich die Öffentlichkeit eines bereits existierenden Tatbestandes her.

Zu 4. *Der Eintritt des neuen Gesellschafters in eine OHG ist bereits rechtswirksam* (vertragsrechtlich) erfolgt. Auch hier wird lediglich ein bereits bestehender Tatbestand der Öffentlichkeit bekannt gemacht. Die Anmeldung hat aufgrund des § 107 HGB zu erfolgen.

Rechtliche Rahmenbedingungen

2.34 Handelsregister

a) Richtig ist Antwort **2**.   `2`

In der Abteilung B des Handelsregisters werden Kapitalgesellschaften eingetragen. Dazu gehören die Aktiengesellschaft (AG), die Kommanditgesellschaft auf Aktien (KGaA) und die Gesellschaft mit beschränkter Haftung (GmbH).

In die Abteilung A werden Einzelunternehmungen (eingetragene Kaufleute) und Personengesellschaften eingetragen (u. a. Offene Handelsgesellschaft/OHG, KG und GmbH & Co KG).

b) Punkt **4.** trifft zu.   `4`

Die Anzahl der Beschäftigten muss nicht ins Handelsregister eingetragen werden. Alle anderen Punkte müssen dagegen eingetragen werden und bei Änderung stets aktualisiert werden. Ebenfalls eintragungspflichtig ist die Insolvenz eines Unternehmens.

c) Richtig ist Antwort **3**.   `3`

Die Eintragung der GmbH wirkt sich konstitutiv (rechtserzeugend) aus. Das heißt, ab dem Tag, an dem die Eintragung vorgenommen wird, ist die GmbH auch rechtskräftig.

Die beiden Gesellschafter können ihre Geschäfte aber auch schon vor der Eintragung beginnen, zum Beispiel ab dem 14. September. Bis zur Rechtswirksamkeit ihrer Firma haften sie allerdings bei ihren Geschäften persönlich, also mit ihrem gesamten Privatvermögen.

Information

Handelsregisterbekanntmachungen nur online

Handelsregisterbekanntmachungen durch die Registergerichte erfolgen nur online.

Bekanntmachungspflichtige Veränderungen im Handelsregister können von allen Interessierten unter: **www.handelsregisterbekanntmachungen.de** abgerufen werden. Unter dieser Internetadresse werden alle Eintragungen veröffentlicht, bei denen eine öffentliche Bekanntmachung durch die Registergerichte nach dem Handelsgesetzbuch oder sonstigen Vorschriften gesetzlich vorgeschrieben ist.

Rechtliche Rahmenbedingungen

2.35 Unternehmensformen

Teil I

a) Offene Handelsgesellschaft = **Personengesellschaft**	1
b) Kommanditgesellschaft = **Personengesellschaft**	1
c) Aktiengesellschaft = **Kapitalgesellschaft**	2
d) Die GmbH & Co. KG ist von der Grundstruktur her eine Kommanditgesellschaft und gehört damit zu den **Personengesellschaften**. Der Komplementär ist in diesem Fall eine GmbH.	1
e) Gesellschaft mit beschränkter Haftung = **Kapitalgesellschaft**	2
f) Gesellschaft bürgerlichen Rechtes = **Personengesellschaft**	1
g) Bei der Unternehmergesellschaft handelt es sich um eine „kleine GmbH", also um eine **Kapitalgesellschaft**.	2
h) Eingetragener Kaufmann = **Personengesellschaft**	1

Teil II

a) Der Gewinn unterliegt in der Regel der Einkommensteuerpflicht der Gesellschafter.	1
b) Die Geschäftsführer sind Angestellte des Unternehmens.	2
c) Es handelt sich um eine juristische Person.	2
d) Mindestens ein Gesellschafter haftet mit seinem gesamten Privatvermögen.	1
e) Die Eintragung erfolgt in der Abteilung des B des Handelsregisters.	2

Die wesentlichen Unterschiede sind:

	Personengesellschaften	Kapitalgesellschaften
Haftung	Gesellschaftsvermögen und Privatvermögen mindestens eines Gesellschafters	Gesellschaftsvermögen
Besteuerung des Gewinnes	einkommensteuerpflichtig *	körperschaftsteuerpflichtig
Handelsregister	Abteilung A	Abteilung B
Rechtspersönlichkeit	natürliche Person	juristische Person
Vertretung und Geschäftsführung	in der Regel durch die vollhaftenden Gesellschafter	durch angestellte Geschäftsführer
Beispiele	Eingetragener Kaufmann, Offene Handelsgesellschaft, Kommanditgesellschaft, Gesellschaft bürgerlichen Rechtes, Stille Gesellschaft	Gesellschaft mit beschränkter Haftung, Aktiengesellschaft, Unternehmergesellschaft

* Der Gewinn von Personengesellschaften unterliegt der Einkommensteuer der Gesellschafter. Seit Anfang 2022 haben Personengesellschaften wie OHG und KG, nicht aber Einzelunternehmen und BGB-Gesellschaften, ein Optionsrecht, steuerlich wie eine Kapitalgesellschaft behandelt zu werden. Sie unterliegen dann der Körperschaftssteuer.

Rechtliche Rahmenbedingungen

2.36 Gesellschaftsformen

Lösung **1.** ist richtig (Offene Handelsgesellschaft)   1

Zu 2., 3. und 5.
  Es handelt sich um Kapitalgesellschaften, in denen es keine Vollhafter gibt und deren Gewinn der Körperschaftssteuer unterliegt.

Zu 4. In einer Kommanditgesellschaft dürfte es nicht nur Vollhafter geben, sondern auch mindestens einen Teilhafter.

Offene Handelsgesellschaft	
Gesellschafter	mindestens zwei
Mindestkapital	nicht erforderlich
Haftung	Gesellschaftsvermögen und Privatvermögen der Gesellschafter
Besteuerung des Gewinns	Einkommensteuer der Gesellschafter (seit 2022 Option zur Körperschaftssteuer möglich)
Gewinn-/Verlustbeteiligung	nach Vereinbarung, sonst nach Köpfen
Rechtspersönlichkeit	natürliche Person
Vertretung und Geschäftsführung	in der Regel durch die Gesellschafter

2.37 Gesellschaftsformen

Lösung **3.** ist richtig (Aktiengesellschaft)   3

Zu 1. und 4.
  Es handelt sich um Personengesellschaften, bei der es immer mindestens einen Vollhafter gibt, weswegen ein Mindestkapital nicht erforderlich ist.

Zu 2. und 5.
  Das Stammkapital (nicht Grundkapital) der GmbH muss mindestens 25.000 €, das der UG mindestens 1 € betragen.

Aktiengesellschaft	
Gesellschafter	mindestens einer
Mindestkapital	50.000 € Grundkapital
Haftung	Gesellschaftsvermögen
Besteuerung des Gewinns	Körperschaftssteuer
Gewinnbeteiligung	Anteil am Gewinn (Dividende) in Abhängigkeit von der Anzahl der Aktien
Verlustbeteiligung	keine
Rechtspersönlichkeit	juristische Person
Vertretung und Geschäftsführung	durch den Vorstand

Rechtliche Rahmenbedingungen

2.38 Gesellschaftsformen

Lösung **4.** ist richtig (Kommanditgesellschaft)

Zu 1. Bei einer OHG haften die Gesellschafter komplett mit ihrem Privatvermögen.

Zu 2., 3. und 5.
Es handelt sich um Kapitalgesellschaften, bei der es keine Vollhafter gibt.
Darüber hinaus ist jeweils ein Mindestkapital erforderlich.

Kommanditgesellschaft	
Gesellschafter	mindestens zwei – Komplementär und Kommanditist
Mindestkapital	nicht erforderlich
Haftung	Gesellschaftsvermögen und Privatvermögen, beim Kommanditisten nur soweit die Einzahlung der Einlage noch nicht erfolgt ist.
Besteuerung des Gewinns	Einkommensteuer der Gesellschafter (seit 2022 Option zur Körperschaftssteuer möglich)
Gewinn-/Verlustbeteiligung	nach Vereinbarung, sonst nach Köpfen
Rechtspersönlichkeit	natürliche Person
Vertretung und Geschäftsführung	in der Regel durch den Komplementär

2.39 Gesellschaftsformen

Lösung **5.** ist richtig (Unternehmergesellschaft)

Zu 1. und 4.
Bei Personengesellschaften gibt es kein Mindestkapital

Zu 2. und 3.
Bei einer Gesellschaft mit beschränkter Haftung wären mindestens 25.000 € bei einer Aktiengesellschaft mindestens 50.000 € erforderlich.

Unternehmergesellschaft	
Gesellschafter	mindestens einer
Mindestkapital	1 € Stammkapital
Haftung	Gesellschaftsvermögen
Besteuerung des Gewinns	Körperschaftssteuer
Gewinnbeteiligung	Anteil am Gewinn im Verhältnis der Geschäftsanteile. Bis zum Erreichen des Stammkapitales von 25.000 € muss ein Viertel des Jahresüberschusses in die gesetzlichen Rücklagen eingestellt werden.
Rechtspersönlichkeit	juristische Person
Vertretung und Geschäftsführung	durch den angestellten Geschäftsführer, meist Gesellschaftergeschäftsführer

Rechtliche Rahmenbedingungen

2.40 Gesellschaftsformen

Lösung **2.** ist richtig (Gesellschaft mit beschränkter Haftung)

Zu 1. und 4.
Bei Personengesellschaften gibt es kein Mindestkapital

Zu 3. und 5.
Bei einer Aktiengesellschaft wären mindestens 50.000 € erforderlich, bei einer Unternehmergesellschaft nur 1 €.

Gesellschaft mit beschränkter Haftung	
Gesellschafter	mindestens einer
Mindestkapital	25.000 € Stammkapital
Haftung	Gesellschaftsvermögen
Besteuerung des Gewinns	Körperschaftssteuer
Gewinnbeteiligung	Anteil am Gewinn im Verhältnis der Geschäftsanteile
Verlustbeteiligung	keine
Rechtspersönlichkeit	juristische Person
Vertretung und Geschäftsführung	durch den angestellten Geschäftsführer, meist Gesellschaftergeschäftsführer

2.41 Privatentnahmen

Auswahlantwort **3.** ist richtig.

Nur der Komplementär (Vollhafter) der KG hat (wie im übrigen auch der Gesellschafter einer Offenen Handelsgesellschaft) ein Entnahmerecht gem. §§ 161 Abs. 2 in Verbindung mit 122 HGB.

Zu 1. und zu 2.
Vorstände und Geschäftsführer sind Organe einer juristischen Person (hier AG und GmbH). Die Haftungsmasse (das Firmenkapital) der juristischen Person darf nicht durch Privatentnahmen der Gesellschafter geschmälert werden. Vorstand und Geschäftsführer beziehen ein Gehalt (Vergütung, Tantieme), Aktionäre ggf. Dividende.

Zu 4. Kommanditisten sind Teilhafter. Da sie lediglich mit ihrer Kapitaleinlage haften (also nicht mit ihrem Privatvermögen wie die Komplementäre der KG), darf diese Haftungsmasse nicht durch Privatentnahmen vermindert werden.

Zu 5. Hierbei handelt es sich zwar um eine Kommanditgesellschaft, bei der ein Vollhafter entnahmeberechtigt wäre; bei einer GmbH & Co. KG ist jedoch die juristische Person der GmbH der Vollhafter. Ihre Kapitalmasse haftet und darf nicht durch Entnahmen herabgesetzt werden.

Rechtliche Rahmenbedingungen

2.42 Personengesellschaften

a) Alle Gesellschafter der OHG haben die Pflicht, aber auch das Recht zur Geschäftsführung. Dies ist im § 116 HGB geregelt. Allerdings können die Gesellschafter in ihrem Gesellschaftsvertrag auch einem oder mehreren Gesellschaftern die Geschäftsführung übertragen; die übrigen Gesellschafter sind dann von der Geschäftsführung ausgeschlossen. | 1

b) Das trifft weder auf die Gesellschafter der OHG noch auf die Gesellschafter der KG zu, sondern auf die Gesellschafter der GmbH und der AG. | 3

c) § 120 Abs. 1 HGB in Verbindung mit § 709 Abs. 3 BGB bestimmt, dass Gewinn- und Verlustbeteiligung nach Vereinbarung, ersatzweise nach Köpfen, vorgenommen wird. | 4

d) Bei der KG haftet mindestens ein Gesellschafter mit seinem gesamten Vermögen (= Vollhafter oder Komplementär) und mindestens ein Gesellschafter mit seiner Einlage (= Teilhafter oder Kommanditist). | 2

e) Die OHG und die KG entstehen durch einen Vertrag zwischen den Gesellschaftern (= Gesellschaftsvertrag). Dieser ist formlos. In der Praxis ist jedoch die Schriftform üblich. Wenn ein Gesellschafter Sachwerte (z. B. ein Gebäude) in die Gesellschaft einbringt, ist ein schriftlicher Vertrag erforderlich. | 3

f) Die Gesellschafter der OHG haften solidarisch, d. h., jeder Gesellschafter haftet auch für die Schulden der anderen (= gesamtschuldnerische Haftung). Der Gläubiger kann von jedem Gesellschafter die gesamte oder teilweise Begleichung der Schuld fordern. Hat ein Gesellschafter den Gläubiger befriedigt, so hat er gegenüber seinem Mitgesellschafter einen Regressanspruch, kann also verlangen, dass ihm das Geld zurückerstattet wird. | 1

Rechtliche Rahmenbedingungen

2.43 Offene Handelsgesellschaft

a) Auswahlantwort **3.** ist richtig. 3

§ 126 HGB: Die **Gesellschafter haften** für die Verbindlichkeiten der Gesellschaft den Gläubigern **als Gesamtschuldner persönlich**. (...)

§ 128 Abs. 1 HGB: Wird ein Gesellschafter wegen einer Verbindlichkeit der Gesellschaft in Anspruch genommen, so kann er Einwendungen, die nicht in seiner Person begründet sind, nur insoweit geltend machen, als sie von der Gesellschaft erhoben werden können.

Die Gesellschafter einer OHG haften der Höhe nach **unbeschränkt** mit ihrem Geschäfts- und Privatvermögen. Bei der zu den Personengesellschaften zählenden OHG stehen die einzelnen (natürlichen) Personen im Vordergrund, nicht die anonyme Haftungsmasse einer juristischen Person wie etwa bei der GmbH.

Im Übrigen haften die Gesellschafter der OHG **unmittelbar** (jeder Gesellschafter kann direkt von Gläubigern der Gesellschaft in Anspruch genommen werden) und **solidarisch** (jeder Gesellschafter haftet gleichzeitig für alle übrigen Gesellschafter).

b) Auswahlantwort **3.** ist richtig. 3

§ 137 Abs. 1 HGB: Scheidet ein Gesellschafter aus der Gesellschaft aus, so haftet er für ihre bis dahin begründeten Verbindlichkeiten, wenn sie vor Ablauf von fünf Jahren nach dem Ausscheiden fällig und daraus Ansprüche gegen ihn gerichtlich geltend gemacht sind; ...

c) Auswahlantwort **1.** ist richtig. 1

§ 127 HGB: Wer in eine bestehende Gesellschaft eintritt, haftet gleich den anderen Gesellschaftern (...) für die vor seinem Eintritte begründeten Verbindlichkeiten der Gesellschaft.

Grün haftet wie die anderen Gesellschafter unbeschränkt, unmittelbar und solidarisch.

Rechtliche Rahmenbedingungen

2.44 Gewinnverteilung OHG

Die Gesellschafter erhalten zunächst jeweils 4 % auf ihren Kapitalanteil. Der Rest wird gleichmäßig nach Köpfen verteilt.

	Kapitaleinlage	Kapitalverzinsung (4 %)	Kopfanteil	Gesamtanteil
Gesellschafter A	200.000 €	a) **8.000 €**	60.000 €	68.000 €
Gesellschafter B	500.000 €	20.000 €	60.000 €	80.000 €
Gesellschafter C	400.000 €	16.000 €	60.000 €	b) **76.000 €**
		44.000 €	180.000 €	224.000 €

Nebenrechnung:

  224.000 € Gesamtgewinn
− 44.000 € Verzinsungsanteil
= 180.000 € Restgewinn

$$\frac{180.000\ €}{3} = 60.000\ €\ \text{Kopfanteil}$$

a) 8 000 €

b) 76 000 €

2.45 Gewinnverteilung KG

Die Gesellschafter erhalten zunächst jeweils 4 % auf ihren Kapitalanteil. Der Rest wird wie im Gesellschaftsvertrag vorgesehen nach gewichteten Anteilen verteilt.

	Kapitaleinlage	Kapitalverzinsung (4 %)	Anteile am Restgewinn	Anteil am Restgewinn	Gesamtanteil
Komplementär A	100.000 €	4.000 €	4	a) **72.000 €**	76.000 €
Komplementär B	200.000 €	b) **8.000 €**	4	72.000 €	80.000 €
Kommanditist C	400.000 €	16.000 €	1	18.000 €	c) **34.000 €**
Kommanditist D	90.000 €	3.600 €	1	18.000 €	21.600 €
Kommanditist E	160.000 €	6.400 €	1	18.000 €	24.400 €
		38.000 €	11	198.000 €	236.000 €

Nebenrechnung:

  236.000 € Gesamtgewinn
− 38.000 € Verzinsungsanteil
= 198.000 € Restgewinn

$$\frac{198.000\ €}{11} = 18.000\ €\ \text{Anteil}$$

→ Komplementär A: 4 x 18.000 € = 72.000 €

a) 72 000 €

b) 8 000 €

c) 34 000 €

Rechtliche Rahmenbedingungen

2.46 Aktiengesellschaft (Gründung, Organe)

Teil I

Die Auswahlantworten **2.**, **4.** und **5.** sind richtig. | 2 | 4 | 5 |

Zu 2. Nach § 23 AktG muss die Satzung durch *notarielle Beurkundung* festgestellt werden.

Zu 4. Als *Formkaufmann* ist die AG in das Handelsregister (*Abteilung HRB*), das beim zuständigen Amtsgericht geführt wird, einzutragen. Die Eintragung ist rechtsbegründend (§ 6 HGB).

Zu 5. Nach § 8 Abs. 1 AktG können die Aktien entweder als *Nennbetragsaktien oder als Stückaktien* begründet werden.
Nach § 8 Abs. 2 AktG *müssen Nennbetragsaktien auf mindestens einen Euro lauten.*
Nach § 8 Abs. 3 AktG darf der auf die einzelne (Stück-)Aktien entfallende anteilige Betrag des Grundkapitals *einen Euro nicht unterschreiten.*

Zu 1. Diese Vorschrift gilt für die GmbH (vgl. hierzu § 5 GmbHG). Das Gründungskapital (Grundkapital) der AG beträgt lt. § 7 AktG: *50.000 E.*

Zu 3. und 6.
§ 2 AktG besagt, dass *eine oder mehrere* Personen an der Gründung beteiligt sein müssen.

Zu 7. Der Firmenzusatz „Aktiengesellschaft" oder eine allgemein verständliche Abkürzung dieser Bezeichnung muss nach § 4 AktG enthalten sein.

Teil II

a) Diese Aufgabe hat die **Hauptversammlung** nach § 119 Abs. 1 Nr. 5 AktG. Zur Satzungsänderung bedarf es einer Mehrheit von drei Viertel des bei der Beschlussfassung vertretenen Kapitals.	3
b) Der **Vorstand** hat die AG gerichtlich und außergerichtlich zu vertreten (vgl. dazu § 78 Abs. 1 AktG.)	1
c) Gemäß § 119 Abs. 1 Nr. 7 AktG bestellt die **Hauptversammlung** die Abschlussprüfer.	3
d) Der **Vorstand** wird vom Aufsichtsrat auf höchstens fünf Jahre bestellt (vgl. dazu § 84 Abs. 1 AktG.)	2
e) Der **Aufsichtsrat** hat die Aufgabe, den Vorstand zu überwachen. Dazu hat er die Möglichkeit, die Bücher und Schriften der AG einzusehen sowie die Gesellschaftskasse zu prüfen (vgl. § 111 Abs. 2 AktG).	2
f) Der **Vorstand** hat unter eigener Verantwortung die AG zu leiten (§ 76 AktG). Jeder Aktionär hat aber in der Hauptversammlung das Recht, Auskünfte über Angelegenheiten der AG zu verlangen.	1
g) Über die Auflösung der AG beschließt die **Hauptversammlung** mit mindestens **75 vom Hundert** des bei der Beschlussfassung vertretenen Grundkapitals, sofern die Satzung keine höhere Mehrheit vorschreibt. (Vgl. dazu §§ 119 Abs. 1 Nr. 8 sowie 262 Abs. 1 Nr. 2 AktG.)	3
h) Der **Aufsichtsrat** hat nach § 111 Abs. 3 AktG die Hauptversammlung einzuberufen, wenn das Wohl der Gesellschaft es erfordert. Es genügt die einfache Mehrheit.	2

Rechtliche Rahmenbedingungen

2.47 GmbH

a) Richtig ist Antwort **1**.

Die Gründung einer GmbH kann durch **eine** oder mehrere Personen erfolgen (vgl. § 1 GmbHG).

b) Richtig ist Antwort **2**.

Das Haftungskapital der Gesellschaft muss auf mindestens **fünfundzwanzigtausend Euro** lauten (vgl. § 5 Abs. 1 GmbHG).

c) Richtig ist Antwort **3**.

Das Haftungskapital wird als **Stammkapital** bezeichnet (vgl. § 5 GmbHG). Grundkapital heißt es bei der AG; gezeichnetes Kapital ist der bilanzrechtliche Ausdruck.

d) Richtig sind die Antworten **2.** und **4**.

Die Firma der Gesellschaft muss die Bezeichnung „Gesellschaft mit beschränkter Haftung" oder eine allgemein verständliche Abkürzung dieser Bezeichnung enthalten (vgl. § 4 GmbHG).

2.48 Unternehmergesellschaft (UG)

Richtig sind die Aussagen **4.** und **6**.

Zu 1. Das Mindeststammkapital beträgt 1 €. Sacheinlagen sind nicht zulässig.

Zu 2. 25 % des Jahresüberschusses müssen den Rücklagen zugeführt werden, bis ein Stammkapital von mindestens 25.000 € erreicht ist.

Zu 3. Da die UG eine Sonderform der GmbH ist (Mini-GmbH) handelt es sich um eine Kapitalgesellschaft, die in Abteilung B eingetragen wird.

Zu 5. Erforderlich ist ein notariell beurkundetes Musterprotokoll mit Gesellschaftsvertrag, Geschäftsführerbestellung und Gesellschafterliste.

Rechtliche Rahmenbedingungen

Kreuzworträtsel Rechtliche Rahmenbedingungen:

Lösungswort

01. RECHTSFAEHIGKEIT
02. CIF
03. NICHTIGKEIT
04. BESITZ
05. SKONTO
06. MIETVERTRAG
07. KUENDIGUNG
08. STAMMKAPITAL
09. VORSTAND
10. EIGENTUEMER
11. MAHNBESCHEID
12. BGB
13. LEIHE
14. ANTRAG
15. GERICHTSSTAND
16. UNFREI
17. VERJAEHRUNG
18. OHG
19. VERZUGSZINSEN
20. KOMPLEMENTAER
21. ZAHLUNGSVERZUG

3 Menschliche Arbeit im Betrieb

Notizen

Menschliche Arbeit im Betrieb

3.01 Prokura und Handlungsvollmacht

Handlungsvollmacht hat, wer zum Betrieb eines Handelsgewerbes oder zur Vornahme von Handelsgeschäften ermächtigt ist, die dieses Handelsgewebe gewöhnlich mit sich bringt.

Prokura besitzt, wer zu allen Arten von gerichtlichen und außergerichtlichen Geschäften und Rechtshandlungen ermächtigt ist, die der Betrieb eines Handelsgewerbes mit sich bringt.

a)	Die Einstellung ist rechtswirksam, da nach § 50 Abs. 1 HGB eine Beschränkung des Umfangs der Prokura Dritten gegenüber – hier also dem neu eingestellten Mitarbeiter gegenüber – unwirksam ist. Im Innenverhältnis wird Herr Mostakis aber Ärger bekommen, da er seine Kompetenzen überschritten hat.	2
b)	Dabei handelt es sich um eine Einzelvollmacht, die mit dem Zusatz i. A. unterzeichnet wird.	1
c)	Nach § 48 Abs. 1 HGB kann die Prokura nur von dem Inhaber des Handelsgeschäfts oder seinem gesetzlichen Vertreter, also hier der Geschäftsführerin, erteilt werden.	1
d)	Da die Prokura nach § 49 Abs. 1 HGB zu allen Geschäften berechtigt, die der Betrieb eines Handelsgewerbes mit sich bringt, ist das möglich.	1
e)	Nach § 57 HGB hat sich der Handlungsbevollmächtigte bei der Zeichnung jedes eine Prokura andeutenden Zusatzes zu enthalten. Er hat mit einem das Vollmachtsverhältnis ausdrückenden Zusatz – in diesem Falle i. A. – zu unterzeichnen.	2
f)	Nach § 54 Abs. 2 HGB ist der Handlungsbevollmächtigte zur Prozessführung nur mit einer besonderen Befugnis berechtigt.	2

Menschliche Arbeit im Betrieb

3.02 Prokura und Handlungsvollmacht

Auswahlantworten **1.**, **2.**, **4.** und **5.** sind richtig. | 1 | 2 | 4 | 5 |

Zu 1. Diese Aussage ist richtig. (Vgl. § 48 Abs. 1 HGB.)

Zu 2. Diese Aussage ist richtig. Neben dem Inhaber oder seinem gesetzlichen Vertreter darf auch der Prokurist Vollmacht erteilen, falls ihm dies nicht ausdrücklich untersagt ist.

Zu 4. Diese Aussage ist richtig. Der Umfang der Prokura ist in § 49 Abs. 1 HGB festgelegt. Die Prokura erstreckt sich nicht nur auf die gewöhnlichen, sondern auch auf die außergewöhnlichen Geschäfte, z. B. Ankauf von Grundstücken und Aktien.

Zu 5. Diese Aussage ist richtig. Die Befugnisse des Handlungsbevollmächtigten werden gegenüber denen des Prokuristen im § 54 HGB eingeschränkt. Dazu gehört u. a. das Recht zur Prozessführung. Hierzu benötigt der Handlungsbevollmächtigte eine besondere Ermächtigung.

Zu 3. Die Erteilung der Prokura ist zwar an keine Form gebunden, kann also auch mündlich geschehen, sie muss jedoch ausdrücklich erklärt werden (vgl. § 48 Abs. 1 HGB).

Zu 6. Wegen des großen Umfangs der Prokura kann sie jederzeit widerrufen werden. Sie erlischt ferner mit dem Ausscheiden des Prokuristen aus der Unternehmung, mit Geschäftsauflösung und bei Veräußerung des Geschäftes. Sie erlischt jedoch nicht mit dem Tod des Firmeninhabers (vgl. dazu § 52 Abs. 3 HGB). Löschung im Handelsregister und Bekanntmachung gem. § 53 HGB.

Zu 7. Nicht nur dem Handlungsbevollmächtigten, sondern auch dem Prokuristen ist die Veräußerung (und Belastung) betrieblicher Grundstücke generell untersagt (§§ 49 Abs. 2 und 54 Abs. 2 HGB). Zu solchen Rechtshandlungen benötigen beide eine besondere Ermächtigung.

Zu 8. Diese Aussage ist falsch. Vgl. § 48 Abs. 1 HGB und Anwort zu 1.

3.03 Befugnisse bei einer GmbH & Co. KG

Teil I

Die Aussage **5.** ist zutreffend. | 5 |

Da die CC Interweb GmbH die Komplementärin der Kommanditgesellschaft ist, gelten für sie die Haftungsprinzipien für vollhaftende Gesellschafter. So kann sie auch unmittelbar (auf direktem Wege) von Gläubigern der Gesellschaft in Anspruch genommen werden.

Zu 1. Max Lundt ist als Kommanditist zur Vertretung der Gesellschaft nicht ermächtigt. (Vgl. § 170 HGB.)

Zu 2. Die unbeschränkte Haftung bei einer KG bezieht sich ausschließlich auf den Komplementär. Da bei der GmbH & Co. KG der Komplementär eine GmbH ist, begrenzt sich die unbeschränkte Haftung durch das gezeichnete Haftungskapital der GmbH (hier: 30.000,00 €).

Zu 3. Die GmbH & Co. KG ist eine Personengesellschaft, bei der eine juristische Person des privaten Rechts (die GmbH nämlich) die Komplementärin ist.

Zu 4. Siehe Erläuterung zu 3.

Menschliche Arbeit im Betrieb

3.03 Befugnisse bei einer GmbH & Co. KG

Teil II

Die Aussagen 1. und 5. sind zutreffend. | 1 | 5 |

Die Prokura kann ihrem Umfang nach im Außenverhältnis (also Dritten gegenüber) nicht beschränkt werden. Siehe dazu § 50 Abs. 1 HGB. Das Rechtsgeschäft ist demnach in vollem Umfang gültig zustande gekommen.

Die Missachtung der Prokurabeschränkung durch Frau Kandowsky wirkt sich nur im Innenverhältnis aus. Der Gesellschaft gegenüber ist sie schadenersatzpflichtig.

Zu 2. bis 4. sowie 6.

Ein in der Höhe begrenzt zustande gekommenes Rechtsgeschäft liegt hier nicht vor. Auch kann von Nichtigkeit oder Anfechtung keine Rede sein. Es bedarf auch keiner zusätzlichen Willenserklärung der GmbH-Prokuristin Vera Lundt.

3.04 Zeichnung der Bevollmächtigten

Auswahlantwort **4.** ist richtig. | 4 |

Die korrekte Unterschrift enthält den Zusatz „i. V." (= in Vollmacht).

Zu 1.   Diese Antwort ist **falsch**, da der Zusatz „i. A." (= im Auftrag) lediglich eine Artvollmacht darstellt.

Zu 2.   Diese Antwort ist **falsch**, da der Zusatz „ppa." (= per prokura) nur von Prokuristen verwendet werden darf.

Zu 3.   Diese Antwort ist **falsch**, da hier der Zusatz fehlt, der die Art der Handlungsvollmacht deutlich macht.

Zu 5.   Diese Antwort ist **falsch**, „p. a." ist die Abkürzung für „pro anno", d. h. pro Jahr.

Siehe auch zu dieser Lösung die Tabelle „Handlungsrechtliche Vollmachten" auf der nächsten Seite

Menschliche Arbeit im Betrieb

3.04 Tabelle zur Lösung

Handelsrechtliche Vollmachten

Handlungsvollmacht	Prokura
= Befugnis im Namen des Vollmachtgebers (Inhabers) stellvertretend gewöhnliche, unternehmenstypische Geschäfte vorzunehmen.	= Ermächtigung (durch einen Vollkaufmann) zu allen Arten gerichtlicher und außergerichtlicher Geschäfte und Rechtshandlungen, die für das Unternehmen erforderlich sind.
· beginnt sofort durch ausdrückliche Erteilung (formlos, d.h. sie kann mündlich oder schriftlich erteilt werden) · sie wird **nicht** ins Handelsregister eingetragen · kann jederzeit widerrufen werden	· beginnt durch ausdrückliche Erteilung (formlos, d.h. sie kann mündlich oder schriftlich erteilt werden) · sie wird ins Handelsregister eingetragen (deklaratorische Wirkung) · kann jederzeit widerrufen werden Im Innenverhältnis: Einschränkungen möglich Im Außenverhältnis: unbeschränkbar

Gesamtvollmacht	Artvollmacht (Teilvollmacht)	Einzelvollmacht	Einzelprokura	Gesamtprokura	Filialprokura
bevollmächtigt zu allen gewöhnlichen Rechtsgeschäften im betreffenden Handelsgewerbe z. B.: Geschäftsführer, Filialleiter	bevollmächtigt zur Vornahme von Rechtshandlungen einer bestimmten Art z. B.: Einkäufer, Verkäufer, Kassierer	bevollmächtigt zu einer einzelnen (einmaligen) Rechtshandlung z. B.: Angestellter	alleinige Vertretungsberechtigung hat ein Prokurist	mehrere (meist zwei) Prokuristen **gemeinsam** sind vertretungsberechtigt	die Vertretungsberechtigung ist auf eine bestimmte Filiale (Niederlassung) beschränkt
Office Experten GmbH i.V. Fohrbeck	Office Experten GmbH i.A. Fohrbeck	Office Experten GmbH i.A. Fohrbeck	Pia Korn KG Spirituosenfabrik ppa. Köpnik	Müller Flachs AG ppa. Haag ppa. Dirks	Müller Flachs AG ppa. Peters
i.V. (in Vollmacht)	i.A. (im Auftrag)	i.A. (im Auftrag)	ppa. oder auch pp. (per procura)	ppa. oder auch pp. (per procura)	ppa. oder auch pp. (per procura)
Erlischt bei Geschäftsverkauf, wenn der neue Inhaber die Vollmacht widerruft.		Erlischt, wenn die Rechtshandlung oder das Geschäft für das die Vollmacht galt durchgeführt wurde oder die vereinbarte Frist für die Vollmacht abgelaufen ist.	Die Prokura endet beim Verkauf oder der Auflösung des Unternehmens, bei Ausscheiden des Prokuristen aus dem Unternehmen, bei Konkurs oder Liquidation, nicht aber beim Tod des Geschäftsinhabers.		

Erlischt mit Beendigung des Dienstvertrages und mit der Auflösung des Unternehmens.

Handlungsbevollmächtigten ist es verboten:	Prokuristen ist es verboten:
· Grundstücke zu belasten und zu verkaufen · Prozesse für die Unternehmung zu führen · Darlehen aufzunehmen · Wechselverbindlichkeiten einzugehen · ranggleiche Vollmachten zu übertragen Des Weiteren sind ihnen alle Rechtsgeschäfte verboten, die auch der Prokurist nicht vornehmen darf (siehe rechts).	· Gesellschafter aufzunehmen oder zu entlassen · Prokura zu erteilen, zu entziehen, die eigene zu übertragen · Bilanzen, Steuerklärungen des Inhabers zu unterschreiben · für den Geschäftsinhaber einen Eid leisten · die Unternehmung aufzulösen oder zu ändern · Grundstücke zu verkaufen oder zu belasten (nur mit besonderer Befugnis erlaubt) · Anmeldungen und Eintragungen im Handelsregister vorzunehmen · Insolvenz anzumelden

Menschliche Arbeit im Betrieb

3.05 Aufbau- und Ablauforganisation

Die **Aufbauorganisation** bildet das hierarchische Gerüst eines Unternehmens. Man betrachtet die Aufgaben, z. B. Beschaffung, Produktion und Absatz und bildet die für die Aufgabenerledigung erforderlichen einzelnen Organisationsbereiche und Stellen. Unterschieden werden insbesondere Einlinien-, Mehrlinien- und Matrixorganisationen.

Unter **Ablauforganisation** versteht man die Gestaltung der Arbeitsprozesse im Unternehmen. Sie legt fest wer, was, wann und womit macht. Es wird z. B. geregelt wie eine Lieferantenrechnung in der Firma bearbeitet wird und wie der Ablauf ihrer Bearbeitung innerhalb des Unternehmens gestaltet wird. Ziel ist eine möglichst reibungslose und kostengünstige Aufgabenerledigung zwischen allen beteiligen Bereichen.

a)	Hier soll eine Stabstelle eingerichtet werden.	1
b)	Der Durchlauf der Rechnungen vereinfacht sich dadurch. Die meisten Fälle haben dadurch eine kürzere Bearbeitungszeit.	2
c)	„Einheitlichkeit der Auftragserteilung" bedeutet, dass ein einheitlicher Weisungsweg von oben nach unten und ein Berichtsweg von unten nach oben läuft. Das ist typisch für ein Einliniensystem.	1
d)	Das ist typisch für eine Matrixorganisation.	1
e)	Verringerung von Durchlaufzeiten ist ein typisches Ziel ablauforganisatorischer Untersuchungen.	2

3.06 Leitungssysteme

Teil I

Lösung **4.** ist richtig.   4

Zu 1. Die Struktur zeigt eine Stablinienorganisation.

Zu 2. Die Struktur zeigt eine Matrixorganisation.

Zu 3. Die Struktur zeigt ein Mehrliniensystem.

Teil II

a)	Bei einer Matrixorganisation müssen sich an den Schnittpunkten die Funktions- und Projektverantwortlichen zusammenraufen, um eine möglichst gute Lösung für das Gesamtunternehmen zu finden.	2
b)	Beim Mehrliniensystem erhält ein Mitarbeiter von mehreren Vorgesetzten Anweisungen, was zu Kompetenzstreitigkeiten führen kann.	3
c)	Beim Stabliniensystem werden die Instanzen durch Stäbe – z. B. eine Rechtsabteilung – unterstützt. Diese haben nur beratende Funktion, sind nicht weisungsbefugt und müssen auch keine unmittelbare Verantwortung für Entscheidungen übernehmen.	1

Menschliche Arbeit im Betrieb

3.07 Stellenbeschreibung

Lösung **5.** ist richtig. 5

Bei der Zurverfügungstellung eines Firmenwagens handelt es sich um eine spezifische einzelvertragliche Frage des Arbeitsvertrages, die höchstens in eine Stellen<u>aus</u>schreibung hinein gehört. Bei der Stellen<u>be</u>schreibung geht es ausschließlich um organisatorische Fragen.

3.08 Arbeits- und Geschäftsprozesse

a) **Managementprozesse** betreffen die Steuerung des Unternehmens und die strategischen Entscheidungen. 3

b) **Unterstützungs- oder Supportprozesse** wie Buchhaltung, Personalmanagement, IT-Leistungen, Bereitstellung von Maschinen und Materialien unterstützen die Kernprozesse. 2

c) **Kernprozesse** erbringen den Hauptbeitrag zum Wertschöpfungsprozess. Hier geht es also um die unmittelbare Produktion, die Auftragsbearbeitung, den Vertrieb aber auch um die Entwicklung neuer Produkte. 1

d) **Kernprozesse** – siehe Erläuterung zu c) 1

e) **Kernprozesse** – siehe Erläuterung zu c) 1

f) **Unterstützungsprozesse** – siehe Erläuterung zu b) 2

Die Abgrenzung zwischen den drei Prozessen ist dabei nicht immer ganz eindeutig.

3.09 Aufnahme der Prozesse

a) Bei einer **Multimomentaufnahme** handelt es sich um eine Stichprobenbeobachtung. Von der Häufigkeit der beobachteten Tätigkeiten schließt man auf den Anteil an der Gesamttätigkeit. 2

b) Bei der **Interviewmethode** erfolgt Aufnahme durch eine gezielte Befragung durch einen Interviewer. 3

c) Bei einer **Selbstaufschreibung** erfassen die Mitarbeiter selbst mehr oder weniger formfrei Art, Häufigkeit, Dauer und Anzahl ihrer einzelnen Tätigkeiten. 5

Zu 1. Bei einer **Dauerbeobachtung** wird der zu untersuchende Prozess über einen längeren Zeitraum beobachtet. Sie ist sehr zeitintensiv und ist gut geeignet, Störquellen ausfindig zu machen.

Zu 4. Bei der **Fragebogenmethode** erfolgt die Ist-Aufnahme durch vorstrukturierte Fragebogen, die von den Mitarbeitern selbstständig ausgefüllt werden. Sie ist für eine große Anzahl von Befragungen geeignet.

Lernen, wo und wann du willst!

U-FORM LERNKARTEN

Kennst du schon die u-form Lernkarten? Damit ist mobiles Lernen ganz unkompliziert! **Einfach mitnehmen und lernen, wo du willst.**

Die Lernkarten sind für viele verschiedene Ausbildungsberufe und kaufmännische Themen erhältlich – **in Papierform oder als App!**

Hier unsere persönliche Auswahl speziell für deinen Ausbildungsberuf:

Lernkarten Wirtschafts- und Sozialkunde
(Auszug aus Lernkarten Best.-Nr. 786)

Schritt für Schritt zum Erfolg
mit der wissenschaftlich erprobten Lernform

Überall und jederzeit lernen
mit allen gängigen Endgeräten

Motivation mit dabei
durch Levelsystem, Lernfortschritt und Erfolge

Grundlagen des Wirtschaftens — 19

Was versteht man unter dem „ökonomischen Prinzip"?

Frage

WiSo Basiswissen · Thomas Kurz © 2024 u-form Verlag

Grundlagen des Wirtschaftens — 30

Welche Marktformen ergeben sich in Abhängigkeit von der Anzahl der Anbieter und der Nachfrager?

Frage

WiSo Basiswissen · Thomas Kurz © 2024 u-form Verlag

Rechtliche Rahmenbedingungen — 38

Unterscheiden Sie Prokura und Handlungsvollmacht.

Frage

WiSo Basiswissen · Thomas Kurz © 2024 u-form Verlag

Rechtliche Rahmenbedingungen — 53

Welche Art von Geschäften können auch von beschränkt Geschäftsfähigen voll rechtswirksam ausgeführt werden?

Frage

WiSo Basiswissen · Thomas Kurz © 2024 u-form Verlag

Menschliche Arbeit im Betrieb — 156

In einem Betrieb gibt es u. a. die folgenden Personen. Wer darf in den Betriebsrat (BR) gewählt werden? (Hinweis: Alle genannten Mitarbeiter gehören dem Betrieb bereits länger als sechs Monate an.)

1. 15-jähriger Minijobber
2. 16-jährige Auszubildende
3. 24-jährige Teilzeitkraft
4. 22-jährige Angestellte
5. 30-jährige Angestellte
6. 26-jähriger Auszubildender

Frage

WiSo Basiswissen · Thomas Kurz © 2024 u-form Verlag

Wirtschaftsordnung und Wirtschaftspolitik — 242

Unterscheiden Sie Gleichgewichts-, Mindest- und Höchstpreis.

Frage

WiSo Basiswissen · Thomas Kurz © 2024 u-form Verlag

Antwort

Die **Prokura** berechtigt zu **allen** gerichtlichen und außergerichtlichen Geschäften und Rechtshandlungen, die der Betrieb eines Handelsgewerbes mit sich bringt (Ausnahme: Prokuraerteilung; Gesellschafteraufnahme; Insolvenzbeantragung; Auflösung, Veränderung oder Verkauf der Firma; Unterschreiben von Bilanzen oder Steuererklärungen)

Handlungsvollmacht ist jede im Rahmen eines Geschäftsbetriebes erteilte Vollmacht für Geschäfte, die das Handelsgewerbe **gewöhnlich** mit sich bringt (Allgemeine Handlungsvollmacht, Art- und Einzelvollmacht)

Antwort

Beim **Gleichgewichtspreis** sind Angebot und Nachfrage genau ausgeglichen.

Ein zum Schutz der Anbieter/Produzenten festgelegter **Mindestpreis** liegt oberhalb des Gleichgewichtspreises. Er führt normalerweise zu einem Angebotsüberhang.

Ein zum Schutz der Nachfrager/Konsumenten festgelegter **Höchstpreis** liegt unterhalb des Gleichgewichtspreises. Er führt normalerweise zu einem Nachfrageüberhang.

Antwort

	Ein Nachfrager	Wenige Nachfrager	Viele Nachfrager
Ein Anbieter	Zweiseitiges Monopol	Beschränktes Angebotsmonopol	Angebotsmonopol
Wenige Anbieter	Beschränktes Nachfragemonopol	Zweiseitiges Oligopol	Angebotsoligopol
Viele Anbieter	Nachfragemonopol	Nachfrageoligopol	Polypol

Antwort

Richtig sind: **3, 4, 5** und **6**

Nach § 8 Betriebsverfassungsgesetz (BetrVG) dürfen alle volljährigen Arbeitnehmer, die dem Betrieb wenigstens sechs Monate angehören, in den Betriebsrat gewählt werden. Dazu zählen auch Minijobber und Teilzeitkräfte.

Antwort

Als Ökonomisches oder Wirtschaftliches Prinzip bezeichnet man das Bemühen von Menschen und Unternehmen, knappe Wirtschaftsgüter sparsam einzusetzen.

Beim **Minimalprinzip** soll ein vorgegebenes Ergebnis mit möglichst geringem Aufwand erreicht werden, z. B. wird für eine Dienstreise nach Hamburg die preiswerteste Fahrtmöglichkeit gewählt.

Beim **Maximalprinzip** soll mit einem vorgegebenen Aufwand ein möglichst hohes Ergebnis erreicht werden. Es sollen z. B. 10.000 € für ein Jahr auf einem Festgeldkonto angelegt werden. Der Anleger wählt die Bank mit dem höchsten Zinssatz.

Antwort

Beschränkt Geschäftsfähige können Willenserklärungen in folgenden Ausnahmen voll rechtswirksam abgeben:

- Geschäfte, die lediglich einen rechtlichen Vorteil erbringen (z. B. Annahme einer Geldschenkung).
- Geschäfte, die mit Mitteln erfüllt werden, die vom gesetzlichen Vertreter zu diesem Zweck oder zur freien Verfügung überlassen wurden (Taschengeldparagraf).
- Geschäfte, die im Zusammenhang mit einem gesetzlichen Vertreter erlaubten Dienst- oder Arbeitsverhältnis stehen.
- Geschäfte, die im Zusammenhang mit dem Betreiben eines genehmigten Erwerbsgeschäftes stehen.

UNSER KOMPLETTES ANGEBOT FÜR DEINE PRÜFUNG FINDEST DU IM ONLINE-SHOP: WWW.U-FORM.DE

Menschliche Arbeit im Betrieb

3.10 Ereignisgesteuerte Prozesskette

a) Es handelt sich um eine **Organisationseinheit** wie z. B. das Lager oder die Lohn- und Gehaltsbuchhaltung, die für das Bearbeiten von Funktionen verantwortlich ist. — 2

b) Es handelt sich um ein **Informationsobjekt** wie z. B. eine Steuertabelle aus der wichtige Daten zur Ausführung einer Funktion hervorgehen. — 4

c) Es handelt sich um ein **Ereignis** wie z. B. die erfolgte Neueinstellung eines Mitarbeiters, dessen Daten für die Lohn- und Gehaltsabrechnung jetzt erfasst werden müssen. — 3

d) Es handelt sich um eine **Tätigkeit** wie z. B. die Erfassung der Steuerdaten des neuen Mitarbeiters. — 5

e) Es handelt sich um einen **Konnektor**, in diesem Falle eine „Entweder-oder-Situation". Entweder ist der neue Mitarbeiter gesetzlich oder privat versichert. — 1

Menschliche Arbeit im Betrieb

3.11 Ereignisgesteuerte Prozesskette

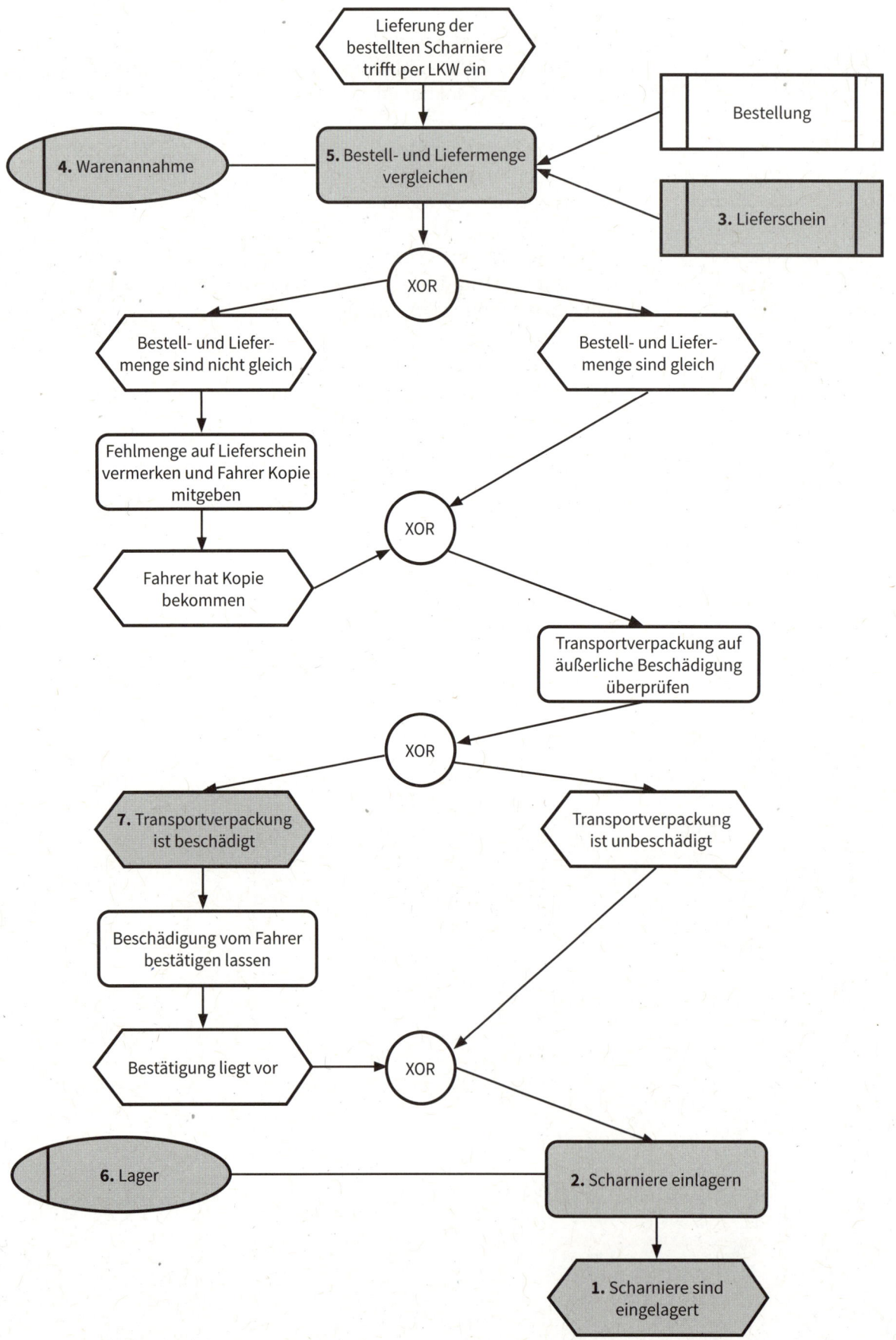

Menschliche Arbeit im Betrieb

3.12 Entscheidungsformen und Führungsstile

Aus der Sicht der **Entscheidungsfindung** lassen sich zwei Führungsstile unterscheiden:

1. Der **autoritäre Führungsstil** ist dadurch gekennzeichnet, dass ein oder mehrere Entscheidungsträger alleine (ohne Hinzuziehung anderer Personen) die Entscheidung finden. Ursachen autoritärer Führung liegen oft im Eigentumsrecht, im Wissen, in der Amtsstellung oder in Persönlichkeitsmerkmalen begründet.

2. Der **demokratische Führungsstil** eignet sich insbesondere bei schwierigen, schwerwiegenden und motivationsbedingten Entscheidungen. Werden andere Personen an der Entscheidungsfindung durch Anhörung beteiligt, spricht man von Konsultationsmanagement; wirken andere an der Entscheidungsfindung aktiv mit, handelt es sich um Partizipationsmanagement.

Aus der Sicht des **Treffens** und **Verantwortens** von Entscheidungen können zwei Entscheidungsformen unterschieden werden:

1. Wenn für bestimmte Entscheidungen kraft Gesetz oder Organisationsstatut eine Person befugt ist, Entscheidungen zu treffen und diese zu verantworten, spricht man von der **direktorialen Entscheidungsform** oder Singularinstanz.

2. Wenn mehrere Personen befugt sind, bestimmte Entscheidungen zu treffen, handelt es sich um eine **kollegiale Entscheidungsform** oder Pluralinstanz.

Lösungen

a) Ein für die Entscheidung einzig Verantwortlicher entscheidet allein (**direktoriale Entscheidungsform**), ohne dass andere Personen an der Entscheidungsfindung beteiligt waren (**autoritärer Führungsstil**). — 1

b) Eine bestimmte Personengruppe (hier: Gesellschafterversammlung) trifft die Entscheidung (**kollegiale Entscheidungsform**). Die Anhörung anderer (betroffener) Personen bei der Entscheidungsfindung kennzeichnet den **demokratischen Führungsstil**. — 4

c) **Kollegiale Entscheidungsform** und **autoritärer Führungsstil**. — 3

d) **Direktoriale Entscheidungsform** und **demokratischer Führungsstil**. — 2

Menschliche Arbeit im Betrieb

3.13 Führungsmethoden

a) **Management by exception (Mbe)**: Führung erfolgt nach dem Ausnahmeprinzip. Hierbei ist eine exakte Abgrenzung von Routine- und Ausnahmeaufgabe wichtig, damit keine Kompetenzüberschneidungen entstehen. In der Praxis werden als Abgrenzungskriterien oft quantitative und qualitative Limits in Kombination gewählt (z. B. Umsatzvolumen und Kundenwichtigkeit). | 1

b) **Management by objectives (Mbo)**: Führung durch Zielvereinbarungen. Während die Führungsverantwortung und die Zielkontrolle beim Vorgesetzen bleiben, erhält der Mitarbeiter eine meist quantifizierte Zielvorgabe, die er mit den zur Verfügung stehenden Mitteln und Kompetenzen innerhalb einer bestimmten Zeit bzw. bis zu einem bestimmten Datum erreichen muss (z. B. Umsatzsteigerung um 10 % bei bestimmten Kunden im III. Quartal eines Geschäftsjahres). Bei nicht erreichten Zielen erfolgt oft Beratung oder Nachqualifizierung durch den Vorgesetzen; im Falle einer angemessenen Zielvorgabe, kann diese Führungsmethode leistungssteigernd wirken. | 2

Zu 3. Das *Management by delegation* setzt bei der Abtretung von Aufgaben und Kompetenzen an. Der Mitarbeiter erhält Führungskompetenzen (z. B. Projektkompetenz), die ihm vom Vorgesetzten abgetreten wurden. Das Verantwortungsbewusstsein der Mitarbeiter soll damit gefördert werden, kann jedoch auch zu extremen Belastungen der Mitarbeiter führen.

3.14 Personalförderung

a) **Traineeprogramm** | 3

b) **Coaching** | 1

c) **Berufsbegleitendes Studium** | 4

Zu 2. Beim **Mentoring** geben erfahrene Personen, die Mentoren, ihr Wissen und ihre Erfahrungen an neue oder wenig erfahrene Mitarbeiter weiter und unterstützen damit deren persönliche und berufliche Entwicklung.

Zu 5. Beim **Jobenrichment** (Arbeitsbereicherung) werden verschiedene Arbeitsgänge zu einer höherwertigen Tätigkeiten zusammengefasst. Z. B. führt nach der Montage der Stühle derselbe Mitarbeiter zukünftig auch die Funktions- und Qualitätskontrolle aus.

3.15 Pyramide der Rechtsquellen

a) Gesetze	2
b) Grundgesetz	1
c) Individuelle Arbeitsverträge	5
d) Betriebsvereinbarungen	4
e) Tarifverträge	3

Die Pyramide ist nach dem sog. **Rangprinzip** aufgebaut, d. h. je weiter oben die Rechtsquelle steht, desto stärker ist sie. So wäre z. B. eine Vereinbarung von 21 Werktagen Urlaub im individuellen Arbeitsvertrag nicht wirksam, da das höherrangige BUrlG wenigstens 24 Werktage vorsieht.

BUrlG und JArbSchG stehen in der Pyramide auf einer Ebene – sind also eigentlich gleichgewichtig. Nach dem sog. **Spezialitätsprinzip** geht die speziellere Regelung der allgemeineren Regelung vor. Bei einem Jugendlichen müsste man also die Vorschriften des JArbSchG beachten, ansonsten die allgemeinen Vorschriften des BUrlG.

Das sog. **Ablösungsprinzip** besagt, dass eine neue Regelung eine alte Regelung ablöst. Regelmäßig passiert das z. B. bei einem neuen Tarifvertragsabschluss. Neue Regelungen können auch zu Verschlechterungen für die Arbeitnehmer führen – so sind in den letzten zehn Jahren Arbeitszeiten häufig ausgedehnt worden und ausgeuferte tarifvertragliche Urlaubsregelungen wieder eingeschränkt worden.

Menschliche Arbeit im Betrieb

3.16 Arbeitsgesetze

a)	Kündigungsverbot für Betriebsratsmitglieder → § 15 KSchG	10
b)	Zulassungsvoraussetzungen zur Abschlussprüfung → § 43 BBiG	2
c)	Kündigungsfristen für langjährige Arbeitsverhältnisse → § 622 BGB	1
d)	Urlaubsdauer für einen 16-Jährigen → § 19 JArbSchG	3
e)	Allgemeinverbindlichkeit → § 5 TVG	12
f)	Dauer der Elternzeit → § 15 BEEG	8
g)	Aufgaben der Jugend- und Auszubildendenvertretung → § 70 BetrVG	7
h)	Kündigungsverbot Schwangerer → § 17 MuSchG	11
i)	Anzeige- und Nachweispflichten bei Arbeitsunfähigkeit → § 5 EntgFG	9
j)	Ununterbrochene Ruhezeit von mindestens elf Stunden → § 5 ArbZG	5
k)	Verbot der Erwerbstätigkeit im Urlaub → § 8 BUrlG	4
l)	Güteverhandlung → § 54 ArbGG	6

Menschliche Arbeit im Betrieb

3.17 Beteiligte im Dualen System

a) Der **Schlichtungsausschuss** kann bei Streitigkeiten aus bestehenden Ausbildungsverträgen zwischen Auszubildenden und Ausbildenden hinzugezogen werden. Streitigkeiten aus nicht mehr bestehenden Ausbildungsverträgen landen direkt beim Arbeitsgericht, wo es allerdings zunächst eine Güteverhandlung gibt. Schlichtungsausschüsse werden bei den **Industrie- und Handelskammern** eingerichtet. Siehe § 111 Abs. 2 ArbGG. — 3 oder 6

b) Die Industrie- und Handelskammern organisieren nach §§ 39 ff BBiG **Prüfungsausschüsse** zur Aufgabenerstellung, Prüfungsabnahme und Prüfungsbewertung. — 4

c) Zur Überwachung der Berufsbildung werden durch die **Industrie- und Handelskammern** Ausbildungsberater bestellt. Siehe § 76 BBiG. — 6

d) und g) In größeren Firmen wird die Ausbildung vom Ausbildenden auf einen bestellten **Ausbilder** delegiert. Dieser plant und organisiert die Ausbildung und übernimmt vielleicht auch einige Ausbildungsabschnitte selber. Viele Teile der Ausbildung werden dann allerdings von den **Ausbildungsbeauftragten** in den einzelnen Abteilungen erbracht. — 5

e) Alle bestehenden Ausbildungsverhältnisse werden in das Verzeichnis der Ausbildungsverhältnisse bei der **Industrie- und Handelskammer** eingetragen. — 6

f) Nach § 45 BBiG können Auszubildende vor Ablauf der Ausbildungszeit zur Abschlussprüfung zugelassen werden, wenn ihre Leistungen dies rechtfertigen. Dazu müssen die Noten der betrieblichen und schulischen Beurteilung besser als 2,5 sein. Die Entscheidung trifft die **Industrie- und Handelskammer.** — 6

g) siehe Erläuterung zu d) — 1

h) Im Dualen System sind die Betriebe für die Vermittlung der praktischen und die **Berufsschulen** der firmenübergreifenden mehr theoretischen Kenntnisse, Fertigkeiten und Fähigkeiten zuständig. — 7

i) Die Hauptpflicht des **Ausbildenden** nach § 14 Abs. 1 BBiG ist dafür zu sorgen, dass dem Auszubildenden die berufliche Handlungsfähigkeit vermittelt wird, die zum Erreichen des Ausbildungsziels erforderlich ist. — 2

j) **Auszubildende** dürfen wegen Aufgabe der Ausbildung kündigen. Das Gleiche gilt, wenn sie sich für eine andere Berufstätigkeit ausbilden lassen wollen. Siehe § 22 Abs. 2 BBiG. — 8

Menschliche Arbeit im Betrieb

3.18 Rechte und Pflichten in der Ausbildung

a) Nach § 16 BBiG ist der Ausbildende verpflichtet, dem Auszubildenden ein einfaches und auf Verlangen auch ein qualifiziertes Zeugnis auszustellen. | 2

b) Nach § 15 BBiG haben Ausbildende Auszubildende für die Teilnahme am Berufsschulunterricht und an Prüfungen freizustellen. | 2

c) Nach § 13 BBiG muss der Auszubildende Werkzeuge, Maschinen und sonstige Einrichtungen pfleglich behandeln. | 1

d) Nach § 13 BBiG muss der Auszubildende die für die Ausbildungsstätte geltende Ordnung beachten. | 1

e) Nach § 14 BBiG muss der Ausbildende dafür sorgen, dass Auszubildende charakterlich gefördert sowie sittlich und körperlich nicht gefährdet werden. | 2

f) Nach § 17 BBiG haben Ausbildende dem Auszubildenden eine angemessene Vergütung zu gewähren. | 2

g) Das ist nicht im BBiG geregelt, sondern im Entgeltfortzahlungsgesetz (EntgFG). Nach § 5 EntgFG kann (nicht muss) der Ausbildende die Arbeitsunfähigkeitsbescheinigung bereits für den ersten Tag verlangen. Ansonsten ist die Vorlage erst verpflichtend, wenn die Arbeitsunfähigkeit länger als drei Kalendertage dauert. | 3

h) Nach § 13 BBiG muss der Auszubildende an Ausbildungsmaßnahmen teilnehmen, für die er freigestellt wird. | 1

i) Nach § 14 BBiG muss der Ausbildende seit 01.01.2020 neben Werkzeugen und Werkstoffen auch Fachliteratur kostenlos zur Verfügung stellen. | 2

j) Nach § 14 BBiG muss der Ausbildende dann Hard- und Software kostenlos zur Verfügung stellen, wenn im Betrieb auch digital mobil ausgebildet wird. | 2

Menschliche Arbeit im Betrieb

3.19 Ausbildungsvertrag

Fehlerhaft sind die Eintragungen in den Abschnitten **F, H und I**. F H I

Zu F: Die Eintragung ist fehlerhaft. Nach § 17 Abs. 1 BBiG muss die Ausbildungsvergütung mit fortschreitender Berufsausbildung, mindestens jährlich, ansteigen.

Zu H: Die Eintragung ist fehlerhaft. Da Frau Öner voraussichtlich in der zweiten Jahreshälfte des Jahres 2028 ausscheiden wird, steht ihr nach § 5 Abs. 1c BUrlG der komplette Jahresurlaub, also 29 Arbeitstage zu. Der genannte Paragraf sieht einen anteiligen Anspruch nur für das Ausscheiden in der ersten Jahreshälfte vor. Im Umkehrschluss bedeutet das, dass bei Ausscheiden in der zweiten Jahreshälfte ein kompletter Urlaubsanspruch entsteht.

Der Urlaub des Jahres 2025 bestimmt sich zwar noch nach den Vorschriften des JArbSchG. Nach § 19 Abs. 2 hat sie einen Anspruch auf 25 Werktage, da sie zu Beginn des Kalenderjahres noch nicht 18 Jahre alt. Da die einzelvertragliche Regelung mit 29 Arbeitstagen für die Auszubildende jedoch günstiger als die gesetzliche Regelung, geht diese vor. Anteilig sind das 12 Arbeitstage für die Monate August bis Dezember 2025.

$$\frac{29}{12} \times 5 = 12{,}08 \Rightarrow 12 \text{ Arbeitstage}$$

Nach § 5 Abs. 2 BUrlG wird der Urlaubsanspruch erst aufgerundet, wenn es sich um mindestens einen halben Tag handelt.

Zu I: Die Eintragung ist an zwei Stellen fehlerhaft.
1. Eine Verlängerung der Probezeit ist nicht möglich. Siehe auch Erläuterung zu B.
2. Die Verpflichtung, im Anschluss an die Ausbildung mindestens zwei Jahre bei den Office Experten zu arbeiten, ist nichtig. Nach § 12 Abs. 1 BBiG kann der Auszubildende sich erst in den letzten sechs Monaten der Ausbildung für die Zeit danach an den Ausbildenden binden.

Zu A: Die Eintragung ist richtig. Auch wenn Verkürzungsgründe wie Abitur oder mittlere Reife vorliegen sollten, so müsste keine Verkürzung beantragt werden. Auch die Dauer ist richtig eingetragen. Die Ausbildung endet im Regelfall zwar früher, nämlich nach § 21 Abs. 2 BBiG mit Bekanntgabe des Ergebnisses durch den Prüfungsausschuss. Dieses Datum ist aber zum Zeitpunkt des Vertragsabschlusses unbekannt.

Zu B: Die Eintragung ist richtig. Nach § 20 BBiG beginnt die Ausbildung mit einer Probezeit, die mindestens einen Monat und höchstens vier Monate beträgt.

Zu C: Die Eintragung ist richtig. Durch die Formulierung „… und mit dem Betriebssitz für die Ausbildung üblicherweise zusammenhängenden Bau-, Montage- und sonstigen Arbeitsstellen statt." sind damit natürlich auch Dienstreisen zu weiter entfernten Kunden, Lieferanten usw. abgedeckt.

Zu D: Die Eintragung ist richtig. Sie soll Auszubildende vor der Überraschung bewahren, dass die Ausbildung unter Umständen teilweise auch anderswo stattfindet.

Zu G: Die Eintragung ist richtig. Bei Beginn der Ausbildung ist die Auszubildende volljährig und unterliegt damit den Vorschriften des Arbeitszeitgesetzes. Als Jugendliche dürfte die Ausbildungszeit nur maximal 8 Stunden täglich bzw. 40 Stunden wöchentlich betragen.

Menschliche Arbeit im Betrieb

3.20 Arbeitszeiten – Pausen – Berufsschule

Teil I

Richtig sind die Lösungen **2.** und **4.**

| 2 | 4 |

Zu 2. Die Aussage ist richtig. Ruhepausen müssen nach § 4 ArbZG und § 11 Abs. 1 JArbSchG mindestens 15 Minuten umfassen.

Zu 4. Die Aussage ist richtig. Die erste Pause wäre dann nach weniger als 6 Stunden. Die 30 Minuten Mittagspause wären auch ausreichend, da 9 Stunden nicht überschritten würden.
Siehe § 4 ArbZG.

Zu 1. Die Aussage ist falsch. Am Freitag sind 7 Stunden Arbeit ohne Pause vorgesehen. Nach § 4 ArbZG dürfen Volljährige nicht mehr als 6 Stunden, nach § 11 Abs. 2 JArbSchG dürfen Jugendliche nicht mehr als 4,5 Stunden ohne Ruhepause beschäftigt werden.

Zu 3. Die Aussage ist falsch. Siehe Erläuterung zu 1.

Zu 5. Die Aussage ist falsch, denn dann würden die Jugendlichen ja erst nach 5,5 Stunden ihre erste Pause bekommen. Siehe Erläuterung zu 1.

Teil II

Richtig sind die Lösungen **2.** und **3.**

| 2 | 3 |

Zu 2. Die Aussage ist richtig. Siehe § 3 ArbZG.

Zu 3. Die Aussage ist richtig. Siehe § 8 Abs. 1 JArbSchG und Erläuterung zu 1.

Zu 1. Die Aussage ist falsch. Jugendliche dürfen nach § 8 Abs. 1 JArbSchG nicht mehr als 8 Stunden täglich und 40 Stunden wöchentlich beschäftigt werden. Eine Ausdehnung an einzelnen Tagen auf 8,5 Stunden ist zwar zulässig, die 40 Stunden dürfen dadurch trotzdem nicht regelmäßig überschritten werden. Siehe insbesondere § 8 Abs. 2 und 2a JArbSchG.

Zu 4. Die Aussage ist falsch. Auch Jugendliche können an gleitenden Arbeitszeiten teilnehmen, sofern die Vorschriften über Arbeitszeiten, Pausen, Nachtruhen etc. nach dem Jugendarbeitsschutzgesetz eingehalten werden.

Menschliche Arbeit im Betrieb

3.20 Arbeitszeiten – Pausen – Berufsschule

Teil III

Richtig sind die Anworten **2. und 4.** 2 4

Zu 2. Die Aussage ist richtig. Nach § 9 Abs. 1 JArbSchG bzw. § 15 Abs. 1 BBiG ist nur eine Beschäftigung vor einem vor 9 Uhr beginnenden Unterricht unzulässig.

Zu 4. Die Aussage ist richtig. Die Anrechnungen der Berufsschulzeiten erfolgen nach § 9 Abs. 2 JArbSchG ausschließlich auf die Arbeitszeit.

Zu 1. Die Aussage ist falsch. Nach § 15 BBiG geht das z. B. nicht in Blockschulwochen.

Zu 3. Die Aussage ist falsch. Nach § 15 Abs. 1 BBiG haben alle Auszubildenden in Berufsschulwochen mit einem planmäßigen Blockunterricht von mindestens 25 Stunden an mindestens fünf Tagen anschließend frei.

Zu 5. Die Aussage ist falsch. § 9 Abs. 1 JArbSchG sieht nur bis zu zwei Stunden zusätzliche Ausbildungsveranstaltungen – also kein Arbeiten – vor.

3.21 Pläne in der Ausbildung

a) Aus dem von der Kultusministerkonferenz beschlossenen **Rahmenlehrplan** gehen die in den Berufsschulen zu vermittelnden Unterrichtsinhalte hervor. 2

b) Aus dem **Ausbildungsberufsbild** geht nur sehr grob hervor, was dem Auszubildenden zu vermitteln ist. 4

c) Aus dem **individuellen Ausbildungsplan** ist erkennbar, wann der Auszubildende in welchen Abteilungen ausgebildet wird. 3

d) Aus dem **Ausbildungsrahmenplan** geht detailliert hervor, was in welcher Tiefe (sachliche Gliederung) und zu welchem Zeitpunkt (zeitliche Gliederung) den Auszubildenden im Betrieb zu vermitteln ist. 1

3.22 Ausbildungsnachweise

Richtig ist Antwort **2**. 2

Hierbei handelt es sich möglicherweise um Mängel in der Eignung der Ausbildungsstätte. Die zuständige Stelle für eine Kontaktaufnahme mit dem Betrieb ist die Industrie- und Handelskammer. Sie hat dafür zu sorgen, dass diese Mängel beseitigt werden.

Menschliche Arbeit im Betrieb

3.23 Zwischen- und Abschlussprüfungen

Die Aussagen **5.** und **6.** sind richtig.

| 5 | 6 |

Zu 5. § 21 Abs. 2 BBiG: „Bestehen Auszubildende vor Ablauf der Ausbildungszeit die Abschlussprüfung, so endet das Berufsausbildungsverhältnis mit Bekanntgabe des Ergebnisses durch den Prüfungsausschuss."

Zu 6. § 40 Abs. 1 BBiG: „Der Prüfungsausschuss besteht aus mindestens drei Mitgliedern."

Zu 1. und 3.
In Berufen, bei denen eine Zwischenprüfung vorgesehen ist, muss an dieser nur teilgenommen werden, um zur Abschlussprüfung zugelassen zu werden. Die Note spielt keine Rolle. In vielen Berufen (z. B. im Metall- und Elektrobereich) gibt es gar keine Zwischenprüfung mehr, dafür aber eine auf zwei Teile gestreckte Abschlussprüfung. Hier gehen beide Teile mit in die Gesamtnote ein.

Zu 2. Nach § 37 Abs. 1 BBiG gibt es insgesamt drei Versuche, also nur zwei Wiederholungen.

Zu 4. Nach § 45 Abs. 1 BBiG können die Kammern Auszubildende nach Anhörung der Ausbildenden und der Berufsschule vorzeitig zur Abschlussprüfung zulassen, wenn ihre Leistungen dies rechtfertigen.

3.24 Beendigung des Berufsausbildungsverhältnisses

Falsch ist Antwort **1**.

| 1 |

Das Berufsausbildungsverhältnis endet nicht immer mit dem Ablauf der vertraglichen Ausbildungszeit.
§ 21 Abs. 2 BBiG: „Bestehen Auszubildende vor Ablauf der Ausbildungszeit die Abschlussprüfung, so endet das Berufausbildungsverhältnis mit Bekanntgabe des Ergebnisses durch den Prüfungsausschuss."

Die Aussagen zu den übrigen Ziffern sind richtig!

Menschliche Arbeit im Betrieb

3.25 Beendigung des Berufsausbildungsverhältnisses

Die Aussagen **2.** und **5.** sind korrekt.

| 2 | 5 |

Zu 2. Das ist möglich, solange die Gesamtzeit von vier Monaten nach § 20 BBiG nicht überschritten wird.

Zu 5. Das ist nach § 22 Abs. 2 BBiG möglich, da er die Ausbildung in diesem Falle ja aufgibt.

Zu 1. Die Aussage ist falsch, da sich das Berufsausbildungsverhältnis nach § 21 Abs. 3 BBiG nur auf Verlangen des Auszubildenden verlängert.

Zu 3. Die Aussage ist falsch, da nach § 22 Abs. 2 BBiG nach Ablauf der Probezeit immer noch aus einem wichtigen Grund gekündigt werden kann. Z. B. ein Diebstahl beim Kunden oder eine schwere körperliche Tätlichkeit durch den Auszubildenden gegenüber dem Ausbildenden können dazu führen.

Zu 4. Die Aussage ist falsch, da alleine das Verlangen des Auszubildenden ausreicht.
Siehe § 21 Abs. 3 BBiG und die Ausführungen zu 1. Die Erfolgsaussichten spielen keine Rolle.

3.26 Zeugnis

Lösung **4.** ist richtig.

| 4 |

Nach § 16 BBiG muss der Ausbildende ein einfaches und auf Verlangen des Auszubildenden auch ein qualifiziertes Zeugnis ausstellen, aus dem auch Angaben über Verhalten und Leistung hervorgehen. Sobald also eine Bewertung einfließt, wie z. B. „hat uns durch seine Leistungen stets überzeugt" oder „haben sie als immer hilfsbereite und zuvorkommende Auszubildende kennengelernt" wird aus dem einfachen ein qualifiziertes Zeugnis.

3.27 Ärztliche Untersuchung

Die Aussagen **1.** und **3.** sind richtig.

| 1 | 3 |

Zu 1. Siehe § 33 Abs. 1 JArbSchG. Die Vorschrift gilt natürlich nur, sofern die Person ein Jahr nach Aufnahme der Beschäftigung immer noch Jugendliche ist. Das ist bei Jennifer Mey der Fall.

Zu 3. Siehe § 33 Abs. 3 JArbSchG.

Zu 2. Die evtl. Befreiung von der Untersuchungspflicht gilt nur für „geringfügige oder eine nicht länger als zwei Monate dauernde Beschäftigung mit leichten Arbeiten".
Siehe § 32 Abs. 2 JArbSchG.

Zu 4. Nein, denn dann ist sie volljährig und fällt nicht mehr unter das Jugendarbeitsschutzgesetz.

Zu 5. Nach § 33 Abs. 2 JArbSchG muss der Arbeitgeber den Jugendlichen auf ein evtl. Beschäftigungsverbot hinweisen, sollte die Bescheinigung nicht vorgelegt werden.

Menschliche Arbeit im Betrieb

3.28 Mutterschutz, Elternzeit und Elterngeld

a) Die sechswöchige Mutterschutzfrist nach § 3 Abs. 1 MuSchG beginnt am **01.03.**

TT MM
0 1 | 0 3

b) Wegen der Mehrlingsgeburt erhöht sich die Schutzfrist nach § 3 Abs. 2 MuSchG auf zwölf Wochen. Sie endet also am **07.07.**

TT MM
0 7 | 0 7

c) Richtig sind **1.** und **7.**

1 7

Zu 1. Jeder Elternteil hat einen Anspruch auf die volle Elternzeit, sie können somit auch gleichzeitig gehen. Dies ist i. d. R. eine finanzielle Entscheidung.

Zu 7. Das zwölfwöchige Beschäftigungsverbot gilt auch bei Frühgeburten.

Zu 2. Das Kündigungsverbot steht im Mutterschutzgesetz (§ 17 Abs. 1 MuSchG).

Zu 3. Elterngeld gibt es für maximal 14 Monate. Außerdem ist es auch möglich, ein reduziertes Elterngeld für einen längeren Zeitraum zu beziehen.

Zu 4. Jeder Elternteil kann seine Elternzeit nach § 16 Abs. 1 BEEG auf drei Zeitabschnitte verteilen.

Zu 5. Es besteht nur ein Anspruch auf einen gleichwertigen Arbeitsplatz.

Zu 6. Nach § 3 Abs. 1 MuSchG dürfen werdende Mütter sechs Wochen vor der Entbindung beschäftigt werden, wenn sie sich ausdrücklich dazu bereiterklären.

3.29 Urlaubsplanung

Mitarbeiter		Resturlaub aus Vorjahr	Neuer Urlaub aktuelles Jahr	Gesamturlaub aktuelles Jahr
...	...	...	...	...
Jan Frings	Alter: 15 Jahre Fachlagerist 1. Ausbildungsjahr wohnt bei den Eltern	4	29	33
Mariana Viskovic	Alter: 33 Jahre schwerbehindert verheiratet ohne Kinder	3	29 + 5	37
Ali Dahoud	Alter: 42 Jahre geschieden 3 schulpflichtige Kinder	0	29	29
Moritz Schmidt	Alter: 27 Jahre befristeter Arbeitsvertrag bis 30.04.	6	10	16
...	...	...	...	...

Erläuterungen:

Jan Frings ist zwar Jugendlicher und hat damit nach § 19 JArbSchG einen Urlaubsanspruch von 30 Werktagen, was bei einer 5-Tage-Woche aber nur 25 Arbeitstagen entspricht. Insofern gilt die für ihn günstigere Regelung bei den Office Experten.

Als Schwerbehinderte hat Frau Viskovic nach § 208 SGB (IX) einen zusätzlichen Urlaubsanspruch in Höhe von 5 Arbeitstagen.

Da Herr Schmidt Ende April ausscheidet, hat er nach § 5 Abs. 1 BUrlG nur einen anteiligen Urlaubsanspruch.

$\frac{29}{12} \times 4 = 9{,}6 \rightarrow 10$ Arbeitstage

Nach § 5 Abs. 2 BUrlG wird der Urlaub aufgerundet, wenn es sich um mindestens einen halben Tag handelt.

Menschliche Arbeit im Betrieb

3.30 Arbeitsmodelle

a) **Teilzeitarbeit** ist jede Arbeitszeit, die geringer ist als die wöchentliche Regelarbeitszeit. Das kann eine gleichbleibende Arbeitszeit pro Wochentag, aber genauso eine Arbeit nur an z. B. zwei oder drei Tagen in der Woche sein. Teilzeitmodelle sind in allen Funktionen denkbar, erfordern aber klare Absprachen und eine gute Arbeitsorganisation. | 2

b) Bei einer **Gleitzeit** können in Voll- oder Teilzeit beschäftigte Arbeitnehmer innerhalb bestimmter Grenzen Beginn, Ende und Länge der Arbeitszeit selbst bestimmen. In der Regel erfolgt eine elektronische Erfassung von Arbeits- und Pausenzeiten. Gleitzeit ist insbesondere im Verwaltungsbereich weit verbreitet, weniger im Produktionsbereich. Häufig gibt es Kernarbeitszeiten, innerhalb derer die Arbeitnehmer anwesend oder zumindest erreichbar sein müssen. | 4

c) Bei der **Vertrauensarbeitszeit** steht die Erbringung der Arbeitsleistung im Vordergrund und nicht die dafür aufgewendete Arbeitszeit. Dieses Modell ist insbesondere im Führungsbereich weit verbreitet. Eine Erfassung der Arbeitszeiten erfolgt nur, soweit dies aus gesetzlichen Gründen unbedingt notwendig ist. | 3

d) Zunehmend gewinnt das **Homeoffice** an Bedeutung. Dabei wird meist ein Teil der Arbeit von zu Hause aus erledigt. Geeignet ist das Modell für Arbeiten, für die keine ständige persönliche Anwesenheit erforderlich ist. Mithilfe von modernen Kommunikationsanlagen kann zu Hause oft das gleiche Arbeitsumfeld genutzt werden wie im Betrieb. | 1

e) Beim **Jobsharing** teilen sich in der Regel zwei Arbeitnehmer einen Arbeitsplatz. Sie stimmen die Arbeitszeiten häufig selbstständig untereinander ab. Das Modell erfordert eine hohe Teamfähigkeit und eine gute Arbeitsorganisation. | 6

f) Beim **Lebensarbeitszeitkonto** sparen die Mitarbeiter langfristig ein Arbeitszeitguthaben an, um dann vielleicht ein Jahr auszusetzen, eine dauerhafte Reduzierung der Arbeitszeit zu erreichen oder früher in Rente zu gehen. | 7

g) Bei **Schichtarbeit** wird die betriebliche Arbeitszeit in mehrere Zeitabschnitte aufgeteilt. Weit verbreitet ist sie im Produktionsbereich. Aber auch z. B. im Verkaufs- oder Servicebereich kann durch die Aufteilung in Früh- und Spätschicht eine Ausdehnung der Ansprechzeiten erreicht werden. Hier spricht man auch von versetzten Arbeitszeiten. | 5

Zunehmend sind die dargestellten Modelle nicht mehr nur in der Reinform zu finden. So sind in Großunternehmen oft alle Formen zu finden oder es gibt auch eine Fülle von **Mischlösungen**. So kann z. B. ein Teilzeitbeschäftigter im Homeoffice sein Lebensarbeitszeitkonto auffüllen.

Menschliche Arbeit im Betrieb

3.31 Jugend- und Auszubildendenvertretung

a) Wahlberechtigt sind Jennifer Mey (**1.**), Lukas Schlitt (**2.**) und Marc Rath (**4.**)   1 2 4

Zu 1. und 2.
Nach § 61 Abs. 1 i. V. m. § 60 Abs. 1 BetrVG sind nur Jugendliche oder Auszubildende wahlberechtigt.

Zu 4. Siehe Erläuterung zu 1. Die Befristung des Vertrages spielt keine Rolle.

Zu 3. und 5.
Kevin Berg und Nadine Esser sind weder Jugendliche noch Auszubildende.

b) Wählbar sind Jennifer Mey (**1.**), Lukas Schlitt (**2.**) und Marc Rath (**4.**)   1 2 4

Zu 1., 2. und 4.
Wählbar sind nach § 61 Abs. 2 BetrVG alle Personen, die das 25. Lebensjahr noch nicht vollendet haben oder die zu ihrer Berufsausbildung beschäftigt sind. Mitglieder des Betriebsrates sind nicht wählbar.

Zu 3. Kevin Berg ist zu alt. Siehe auch Erläuterung zu 1.

Zu 5. Obwohl erst 23 Jahre alt, ist Nadine Esser als Mitglied des Betriebsrates nicht wählbar. Siehe auch Erläuterung zu 1.

3.32 Betriebsrat

a) Nach § 7 BetrVG sind alle Arbeitnehmer des Betriebes wahlberechtigt, sofern sie das 16. Lebensjahr vollendet haben. Dabei bestimmt § 5 BetrVG, wer Arbeitnehmer im Sinne des BetrVG ist.

Nach § 8 BetrVG sind alle Wahlberechtigten des Betriebes wählbar, wenn sie das 18. Lebensjahr vollendet haben und dem Betrieb seit wenigstens sechs Monaten angehören.

Personen	wahl-berechtigt	wählbar
Jennifer Mey ist **wahlberechtigt**, da sie das 16. Lebensjahr vollendet hat. Wählbar ist sie allerdings erst ab 18.	X	
Lukas Schlitt ist **wahlberechtigt** – dass er Auszubildender ist, spielt keine Rolle. Aufgrund seiner erst viermonatigen Betriebszugehörigkeit ist er allerdings **nicht wählbar.**	X	
Kevin Berg ist sowohl **wahlberechtigt** als auch **wählbar**.	X	X
Moritz Schmidt ist sowohl **wahlberechtigt** als auch **wählbar** – die Befristung seines Arbeitsverhältnisses ist kein Hindernis. Sollte er allerdings in den Betriebsrat gewählt werden, endet sein Arbeitsverhältnis trotzdem mit Ablauf der Befristung.	X	X
Nadine Esser ist sowohl **wahlberechtigt** als auch **wählbar** – ihre Mitgliedschaft im alten Betriebsrat ist egal.	X	X
Jasmin Hauser ist **nicht wahlberechtigt** – sie steht als Geschäftsführerin klar auf Arbeitgeberseite. Deswegen ist sie nach § 5 Abs. 3 BetrVG keine Arbeitnehmerin im Sinne des BetrVG. Sie ist somit auch **nicht wählbar**.		

b) Die Office Experten haben 119 wahlberechtigte Arbeitnehmer (127 – 8 leitende Angestellte). Damit wird der Betriebsrat nach § 9 BetrVG aus **7 Mitgliedern** bestehen.

Menschliche Arbeit im Betrieb

3.32 Betriebsrat

c)

	Mitwir-kungsrecht	Mitbestim-mungsrecht
Personelle Einzelmaßnahmen wie Einstellungen, Entlassungen oder Versetzungen		X
Vorschläge zur Sicherung und Förderung der Beschäftigung	X	
Soziale Angelegenheiten wie Verteilung der Arbeitszeit auf die Woche, Fragen der Betriebsordnung, Aufstellung allgemeiner Urlaubsgrundsätze, vorübergehende Verlängerung der betriebsüblichen Arbeitszeit		X
Personalplanung	X	
Einrichtungen und Maßnahmen der Berufsbildung	X	
Auswahlrichtlinien bei Einstellungen, Versetzungen, Umgruppierungen und Kündigungen		X

Maßnahmen, bei denen der Betriebsrat ein **Mitbestimmungsrecht** hat, erfordern die Zustimmung des Betriebsrates, sonst können sie nicht realisiert oder eingeführt werden.

Maßnahmen, bei denen der Betriebsrat ein **Mitwirkungsrecht** hat, müssen mit dem Betriebsrat beraten werden, danach kann der Arbeitgeber dann trotzdem alleine entscheiden.

d) Nach § 21 BetrVG beträgt die regelmäßige Amtszeit des Betriebsrates **vier** Jahre.

3.33 Tarifverhandlungen

a)	Wiederaufnahme der Arbeit	9
b)	Aufnahme von Verhandlungen zwischen Gewerkschaft und Arbeitgeber oder Arbeitgeberverband	2
c)	Schlichtungsverfahren	4
d)	Erklärung des Scheiterns der Verhandlungen	3
e)	Urabstimmung und evtl. nachfolgender Streik der Arbeitnehmer	5
f)	Aussperrung durch die Arbeitgeber	6
g)	Kündigung eines Tarifvertrages	1
h)	Erneute Urabstimmung über das Ergebnis der neuen Tarifrunde	8
i)	Neue Verhandlungen während des Arbeitskampfes	7

Die Schritte 6 und 7 können auch umgekehrt ablaufen.

Menschliche Arbeit im Betrieb

3.34 Streik

Die erste richtige Aussage ist Antwort **3**.

Während eines Arbeitskampfes tragen die Arbeitnehmer (auch die nicht-streikenden) das Arbeitskampfrisiko (z. B die Nichtbeschäftigung oder Aussperrung).

Die zweite richtige Aussage ist Antwort **4**.

Nicht beteiligte Institutionen (wie hier die Bundesagentur für Arbeit) haben während eines Streikes kein Eingriffsrecht. Die Gewährung finanzieller Leistungen aus der Arbeitslosenversicherung ist somit nicht möglich.

Zu 1. Der rechtmäßige Streik setzt die Hauptleistungspflichten des Arbeitsvertrages für die Dauer des Arbeitskampfes aus (Aufhebung der Friedenspflicht). Zwar ist die Arbeitsniederlegung bzw. -verweigerung grundsätzlich ein Kündigungsgrund, jedoch nicht, wenn sie als Kampfmaßnahme während eines legalen Streiks eingesetzt wird.

Zu 2. Da während eines rechtmäßigen Streiks die Friedenspflicht vorübergehend aufgehoben ist (siehe auch Anmerkung zu Ziffer 1.), ist der Arbeitgeber nicht verpflichtet, den streikenden Arbeitnehmern Löhne weiter zu zahlen. Die streikenden gewerkschaftlich-organisierten Arbeitnehmer erhalten für die Dauer des Streiks finanzielle Unterstützung aus der Streikkasse der Gewerkschaft.

Zu 5. Arbeitswillige nicht-organisierte Arbeitnehmer haben während eines legalen Streiks weder Anspruch auf Lohnzahlung noch auf Streikgeld. Lediglich im Falle nachweislicher Bedürftigkeit ist ein Anspruch auf Sozialhilfe begründbar.

Zu 6. Die Tarifautonomie ist stets zu wahren. Ein Gericht kann grundsätzlich eine Kampfmaßnahme der Tarifpartner nicht untersagen. Nur in besonderen Krisensituationen (Abwendung eines nachhaltigen Schadens für die gesamte Volkswirtschaft) ist ein solches Vorgehen denkbar.

Menschliche Arbeit im Betrieb

3.35 Tarifverträge

a) Auswahlantworten **2.** und **3.** sind richtig.   `2` `3`

§ 2 Abs. 1 TVG besagt: Tarifvertragsparteien sind Gewerkschaften, einzelne Arbeitgeber sowie Vereinigungen von Arbeitgebern.

b) Auswahlantwort **3.** ist richtig.   `3`

75 % (3/4-Mehrheit) der abstimmungsberechtigten Gewerkschaftsmitglieder müssen sich für den Streik entscheiden.

c) Auswahlantwort **1.** ist richtig.   `1`

Ohne die erforderliche Zulieferung kann in den Produktionsbetrieben nicht gearbeitet werden. Es genügt also in der Regel das schwerpunktmäßige Bestreiken der Zulieferbetriebe, um der gewerkschaftlichen Forderung das entsprechende Gewicht zu verleihen. Überdies belastet ein Streik in nur wenigen wichtigen Betrieben nicht so sehr die Streikkasse der Gewerkschaften.

d) Auswahlantwort **2.** ist richtig.   `2`

Die Aussperrung von Arbeitnehmern im Tarifgebiet ist als arbeitskampfrechtliche Gegenmaßnahme der Arbeitgeber aufzufassen. Die Aussperrung ist nur zulässig in einem Umfang, der sich nach dem Grundsatz der Verhältnismäßigkeit richten muss. Das Aussperren von Arbeitnehmern in den Produktionsbetrieben stärkt die Position der Arbeitgeber in zweifacher Hinsicht. Einerseits spart der Arbeitgeber unnötige Lohnkosten, da die Arbeit in den Produktionsbetrieben mangels Zulieferungen lahmgelegt ist. Andererseits wird die Streikkasse der Gewerkschaften zusätzlich belastet, da ausgesperrte Gewerkschaftsmitglieder Anspruch auf Streikgeld haben.

e) Auswahlantwort **4.** ist richtig.   `4`

Die Lohnsätze sind Gegenstand des Lohn- oder Gehaltstarifvertrags, der im Gegensatz zum Rahmen- und Manteltarifvertrag meist eine kürzere Laufzeit hat.

3.36 Reisekostenabrechnung

Reisekostenabrechnung			
Name	Witte		
Vorname	Gereon		
Beginn (Datum/Uhrzeit)	06.04.2025	17:00 Uhr	
Ende (Datum/Uhrzeit)	08.04.2025	19:00 Uhr	
Reiseziel:	Zuffenhausen		
Anlass:	Aufbau in der Empfangshalle der Porsche AG		
			Beträge
Fahrtkosten			
Privat-PKW	772 km	à 0,30 €/km	231,60
Bahn			
Bus			
Sonstige			
Verpflegungsmehraufwand			
Eintägige Reise	Tag	à 14,00 €/Tag	
Mehrtägige Reise			
Anreisetag(e)	1 Tag(e)	à 14,00 €/Tag	14,00
Zwischentage(e)	1 Tag(e)	à 28,00 €/Tag	28,00
Abreisetag(e)	1 Tag(e)	à 14,00 €/Tag	14,00
Kürzungen			
Frühstück	2 Tag(e)	à 5,60 €/Tag	- 11,20
Mittagessen	Tag(e)	à 11,20 €/Tag	
Abendessen	Tag(e)	à 11,20 €/Tag	
Übernachtungskosten			
Hotelkosten lt. Rechnung			148,00
Pauschale	Tag(e)	à 30,00 €/Tag	
Summe			424,40
Datum/Unterschrift:	11.04.2025	Gereon Witte	

3.37 Gehaltsabrechnung

Gehaltsabrechnung		
Name		Mostakis
Vorname		Alexandrakis
Bruttogehalt		6.189,00 €
AG-Zuschuss vermögenswirksame Leistungen		25,00 €
Sozialversicherungspflichtiges Bruttoentgelt		6.214,00 €
Steuerfreibetrag	115,00 €	
Steuerpflichtiges Bruttoentgelt	6.099,00 €	
Lohnsteuer	1.152,75 €	
Kirchensteuer	103,74 €	
Solidaritätszuschlag	0,00 €	
Steuern gesamt		1.256,49 €
Krankenversicherung (8,5 % von 5.512,50 €)	468,56 €	
Pflegeversicherung (2,4 % von 5.512,50 €)	132,30 €	
Rentenversicherung (9,3 % von 6.214,00 €)	577,90 €	
Arbeitslosenversicherung (1,3 % von 6.214,00 €)	80,78 €	
Sozialversicherung gesamt		1.259,54 €
Nettogehalt		3.697,97 €
Vorschuss		400,00 €
Vermögenswirksame Leistungen		50,00 €
Auszahlungsbetrag		3.247,97 €

Menschliche Arbeit im Betrieb

Lohnsteuertabelle

Kinderfreibetrag ab €	StK	Steuer	SolZ	0 KiStr	SolZ	0,5 KiStr	SolZ	1 KiStr	SolZ	1,5 KiStr	SolZ	2 KiStr
6.099,00												
	1	1.152,75	-	103,74	-	90,20	-	77,26	-	64,94	-	53,22
	2	1.018,83	-	-	-	78,68	-	66,29	-	54,51	-	43,34
	3	681,83	-	61,36	-	51,39	-	41,71	-	32,33	-	23,27
	4	1.152,75	-	103,74	-	96,89	-	90,20	-	83,66	-	77,26
	5	1.702,16	4,72	153,19	-	-	-	-	-	-	-	-
	6	1.746,50	9,99	157,18	-	-	-	-	-	-	-	-
6.102,00												
	1	1.153,83	-	103,84	-	90,29	-	77,35	-	65,02	-	53,30
	2	1.019,83	-	-	-	78,77	-	66,38	-	54,59	-	43,41
	3	682,50	-	61,42	-	51,44	-	41,77	-	32,40	-	23,33
	4	1.153,83	-	103,84	-	96,98	-	90,29	-	83,74	-	77,35
	5	1.703,33	4,85	153,29	-	-	-	-	-	-	-	-
	6	1.747,58	10,12	157,28	-	-	-	-	-	-	-	-
6.189,00												
	1	1.184,33	-	106,58	-	92,91	-	79,85	-	67,41	-	55,56
	2	1.049,16	-	-	-	81,29	-	68,77	-	56,87	-	45,57
	3	704,83	-	63,43	-	53,39	-	43,66	-	34,22	-	25,11
	4	1.184,33	-	106,58	-	99,67	-	92,91	-	86,31	-	79,85
	5	1.736,41	8,79	156,27	-	-	-	-	-	-	-	-
	6	1.780,75	14,07	160,26	-	-	-	-	-	-	-	-
6.192,00												
	1	1.185,33	-	106,67	-	93,00	-	79,94	-	67,49	-	55,64
	2	1.050,16	-	-	-	81,38	-	68,86	-	56,94	-	45,65
	3	705,66	-	63,50	-	53,46	-	43,72	-	34,29	-	25,16
	4	1.185,33	-	106,67	-	99,77	-	93,00	-	86,40	-	79,94
	5	1.737,58	8,93	156,38	-	-	-	-	-	-	-	-
	6	1.781,91	14,21	160,37	-	-	-	-	-	-	-	-

Erläuterungen:

– Bei den Sozialversicherungsabzügen kann sich je nach gewähltem Rechenweg eine Abweichung von +/- 0,01 € ergeben.

– Die Sozialversicherungen werden vom sozialversicherungspflichtigen Bruttogehalt, höchstens aber von der Beitragsbemessungsgrenze, erhoben. Deswegen werden die KV- und PV-Beitragssätze nur auf 5.512,50 € bezogen.

– Arbeitgeber und Arbeitnehmer tragen die Sozialversicherung jeweils hälftig.

– Des Weiteren muss Herr Mostakis als Kinderloser alleine 0,6 % zusätzlich zur Pflegeversicherung bezahlen, so dass sich für ihn insgesamt 2,4 % ergeben.

– Der Steuerfreibetrag hat nur Auswirkung auf die Höhe der Steuern. Deswegen muss man in der Tabelle beim steuerpflichtigen Einkommen (**ab** 6.099,00 €) für die Steuerklasse I ohne Kinder nachschauen.

Der Arbeitgeberanteil zur Sozialversicherung errechnet sich wie folgt:

Krankenversicherung (8,5 % von 5.512,50 €)	468,56 €	
Pflegeversicherung (1,8 % von 5.512,50 €)	99,23 €	
Rentenversicherung (9,3 % von 6.214,00 €)	577,90 €	
Arbeitslosenversicherung (1,3 % von 6.214,00 €)	80,78 €	
AG-Anteil zur Sozialversicherung		1.226,47 €

Menschliche Arbeit im Betrieb

3.38 Bestandteile der Lohn- und Gehaltsabrechnung

Auswahlantwort **3.** ist richtig. 3

Die an die Berufsgenossenschaft abzuführende Prämie zur Unfallversicherung wird vom Arbeitgeber alleine getragen und ist nicht Gegenstand der Lohn- oder Gehaltsabrechnung.

3.39 Erfassung der Lohnsteuerdaten

a) Richtig ist die unter **2.** genannte Abkürzung. 2

Die Abkürzung ELStAM steht für das papierlose elektronische Verfahren zur Erhebung der Lohnsteuer (**E**lektronische **L**ohn**St**euer**A**bzugs**M**erkmale).

Bedeutung der übrigen Abkürzungen:
VEL = *Phantasieabkürzung* für Verfahren zur Erhebung der Lohnsteuer
INTRASTAT = Intrahandelsstatistik
EUSt = Einfuhrumsatzsteuer
ELSTER = Elektronische Steuererklärung

b) Richtig sind die unter **2.** aufgeführten Daten. 2

Neben dem Geburtsdatum muss dem Arbeitgeber die Steuer-Identifikationsnummer (IdNr) mitgeteilt werden. Die IdNr (internationale Abkürzung ist TIN = Tax identification number) ist eine bundeseinheitliche und dauerhafte Identifikationsnummer von in Deutschland gemeldeten Bürgern für Steuerzwecke.

c) Richtig ist die unter **4.** aufgeführte Stelle. 4

Per DFÜ (Datenfernübertragung) ruft der Arbeitgeber die Lohnsteuerabzugsmerkmale für den Arbeitnehmer beim Bundeszentralamt für Steuern ab und übernimmt diese in das Lohnkonto (vgl. dazu § 39 e Absatz 4 EStG).

Hinweis

> Für die Änderung von Steuermerkmalen wie Steuerklasse oder Freibeträge sind die Finanzämter zuständig. Melderechtliche Datenänderungen wie Heirat oder Geburt eines Kindes müssen den Meldebehörden mitgeteilt werden. Diese teilen die Änderungen automatisch dem Bundeszentralamt für Steuern mit.

Menschliche Arbeit im Betrieb

3.40 Lohnsteuerklassen

Ali Dahoud ist in Steuerklasse **II**. Diese gilt für Unverheiratete und dauernd getrennt Lebende mit Kindern.

Mariana Viskovic ist in Steuerklasse **III**. Diese gilt für Verheiratete, wenn der Ehepartner keinen Arbeitslohn bezieht oder in Steuerklasse V eingestuft ist.

Jan Frings ist in Steuerklasse **I**. Diese gilt für alle Ledigen.

Jasmin Hauser ist in Steuerklasse **IV**. Diese gilt für Verheiratete, wenn der Ehepartner ebenfalls Arbeitslohn bezieht und auch in Steuerklasse IV eingestuft ist.

Marc Rath ist in Steuerklasse **VI**. Diese gilt für Steuerpflichtige, die aus mehr als einem Arbeitsverhältnis Arbeitslohn beziehen oder deren Lohnsteuermerkmale ungeklärt sind.

Hendrike Metzger ist in Steuerklasse **V**. Diese gilt für Verheiratete, wenn der Ehepartner ebenfalls Arbeitslohn bezieht und in Steuerklasse III eingestuft ist.

3.41 Werbungskosten/Sonderausgaben

Die Auswahlantworten **2.** und **3.** sind richtig.   2   3

Werbungskosten sind Aufwendungen zur Erwerbung, Sicherung und Erhaltung der Einnahmen. Sie werden bei den Einkunftsarten abgezogen, bei denen sie entstanden sind.

Sonderausgaben sind Aufwendungen der privaten Lebensführung, die mit keiner Einkunftsart in einem wirtschaftlichen Zusammenhang stehen. Zu unterscheiden sind unbeschränkt und beschränkt abzugsfähige Sonderausgaben.

3.42 Leistungen der Sozialversicherungen

Reihenfolge im Lösungsbogen:

a)	b)	c)	d)	e)	f)	g)	h)	i)	j)	k)	l)	m)	n)
5	1	3	2	2	4	4	2	6	4	4	1	3	2

Zu a) und h): Die berufsgenossenschaftliche Unfallversicherung übernimmt nur Kosten in Folge von Arbeitsunfällen. Wegeunfälle müssen in der Regel auf dem direkten Weg zur Arbeitsstelle passieren. Wird ein schönerer, aber längerer Weg gewählt, so erlischt der Versicherungsschutz. Das Gleiche gilt für privat bedingte Stopps oder Umwege. Auch die Mittagspause ist Privatsache. Spätestens beim Verlassen des Firmengrundstückes endet der berufsgenossenschaftliche Versicherungsschutz. Dafür besteht dann Versicherungsschutz durch die gesetzliche oder private Krankenversicherung des Arbeitnehmers.

Menschliche Arbeit im Betrieb

3.43 Träger der Sozialversicherung

a) Die Pflegekassen, die den gesetzlichen Krankenkassen angegliedert sind, sind Träger der **Pflegeversicherung**. — 5

b) Die Deutsche Rentenversicherung in Berlin ist Träger der **Rentenversicherung**. — 1

c) Die Berufsgenossenschaften, z. B. Berufsgenossenschaft Holz und Metall oder Berufsgenossenschaft Handel und Warenlogistik, sind Träger der **Unfallversicherung**. — 4

d) Die Bundesagentur für Arbeit in Nürnberg ist Träger der **Arbeitslosenversicherung**. — 2

e) Die gesetzlichen Krankenkassen, z. B. AOK, Barmer oder TK, sind Träger der **Krankenversicherung**. — 3

3.44 Europass-Lebenslauf

a) B2-Niveau Verstehen, Sprechen und Schreiben in Englisch – **Sprachen** — 3

b) Souveräner Umgang mit allen Office-Anwendungen – **Digitale Kompetenz** — 5

c) Kontaktfreude und sicheres Auftreten – **Kommunikative Fähigkeiten** — 2

d) Großes Durchhaltevermögen bei der Lösung komplexer und komplizierter Aufgabenstellungen – **Sonstige Fähigkeiten** — 4

e) Schlagzeuger in einer Band – **Sonstige Fähigkeiten** — 4

f) Mehrjährige Erfahrung bei der Organisation von Kinder- und Jugendfreizeiten – **Organisations- und Führungstalent** — 1

Mithilfe des Europass-Lebenslaufs sollen EU-Bürgerinnen und Bürger unterstützt werden, ihre Fähigkeiten, Kompetenzen und Qualifikationen transparent darstellen zu können, um einen Ausbildungs- oder Arbeitsplatz in der EU zu finden. Neben dem Lebenslauf-Dokument gibt es derzeit vier weitere Pass-Dokumente (Sprachenpass, Mobilitätsnachweis, Zeugniserläuterungen und Diplomasupplement – die drei letztgenannten werden von Einrichtungen der allgemeinen und beruflichen Bildung ausgestellt). Lebenslauf- und Sprachenpass können selbst ausgefüllt werden; entsprechende Dokumente können im Internet heruntergeladen werden (https://europass.cedefop.europa.eu/de).

Menschliche Arbeit im Betrieb

3.45 Gesetzlicher Mindestlohn

Richtig sind die Aussagen **2.**, **5.** und **6.**

| 2 | 5 | 6 |

§ 1 des Mindestlohngesetz (MiLoG) besagt: „Jede Arbeitnehmerin und jeder Arbeitnehmer hat Anspruch auf Zahlung eines Arbeitsentgelts mindestens in Höhe des Mindestlohns durch den Arbeitgeber."
Die Höhe des Mindestlohns beträgt seit dem 1. Januar 2025 brutto 12,82 € je Zeitstunde.

Ausnahmen gibt es u. a. für Auszubildende, Langzeitarbeitslose, Jugendliche ohne abgeschlossene Berufsausbildung, Ehrenamtliche sowie vorübergehend für bestimmte Beschäftigte einiger Branchen.

Zu 2. Die Aussage ist richtig. Geringfügig Beschäftigte werden nur steuer- und sozialversicherungsrechtlich anders behandelt. Ansonsten handelt es sich um ganz normale Arbeitnehmer, denen neben Urlaub, Lohnfortzahlung im Krankheitsfalle etc. auch der gesetzliche Mindestlohn zusteht.

Zu 5. Die Aussage ist richtig. § 22 Abs. 4 MiLoG: „Für Arbeitsverhältnisse von Arbeitnehmerinnen und Arbeitnehmern, die unmittelbar vor Beginn der Beschäftigung langzeitarbeitslos ... waren, gilt der Mindestlohn in den ersten sechs Monaten der Beschäftigung nicht."

Zu 6. Die Aussage ist richtig. § 22 Abs. 3 MiLoG: „Von diesem Gesetz nicht geregelt wird die Vergütung von zu ihrer Berufsausbildung Beschäftigten sowie ehrenamtlich Tätigen."

Zu 1. Die Aussage ist **falsch**. § 22 Abs. 3 MiLoG: „Von diesem Gesetz nicht geregelt wird die Vergütung von zu ihrer Berufsausbildung Beschäftigten sowie ehrenamtlich Tätigen." Seit Anfang 2020 gibt es allerdings eine im BBiG geregelte Mindestausbildungsvergütung.

Zu 3. Die Aussage ist **falsch**. Der <u>Brutto</u>lohn beträgt im Jahr 2025 12,82 €/Stunde. Nach Abzug von Steuern und Sozialversicherungsbeiträgen bleibt also nur ein deutlich bescheidenerer Betrag übrig.

Zu 4. Die Aussage ist **falsch**. Ausgenommen vom Mindestlohn sind nach § 22 Abs. 2 MiLoG nur Jugendliche ohne abgeschlossene Berufsausbildung. Für einen 17-Jährigen ausgebildeten Koch gilt also der gesetzliche Mindestlohn.

Menschliche Arbeit im Betrieb

3.46 Kündigung

aa) Auswahlantwort **5.** ist richtig. | 5
Herr Meyer kann sich an den **Betriebsrat** wenden (§ 3 KSchG).

ab) Auswahlantwort **2.** ist richtig. | 2
Klage kann nur beim zuständigen **Arbeitsgericht** erhoben werden (§ 4 KSchG).

ac) Auswahlantwort **1.** ist richtig. | 1
Die Einspruchsfrist beträgt **1 Woche** nach Kündigung (§ 3 KSchG).

ad) Auswahlantwort **3.** ist richtig. | 3
Die Anrufung des Arbeitsgerichts muss binnen **3 Wochen** nach Kündigung erfolgen (§ 4 KSchG).

ba) Auswahlantwort **2.** ist richtig. | 2
Die Kündigungsklage hat als Rechtsquelle das Arbeitsrecht, welches als besonderer Teil der Rechtsordnung überwiegend dem **Privatrecht** zugehörig ist, da es die Beziehungen zwischen dem Arbeitgeber und dem einzelnen Arbeitnehmer regelt (individuelles Arbeitsrecht) sowie ihrer Zusammenschlüsse wie Gewerkschaft, Arbeitgeberverband und Betriebsrat (kollektives Arbeitsrecht).

bb) Auswahlantwort **3.** ist richtig. | 3
Die Arbeitsgerichtsbarkeit wird ausgeübt durch Arbeitsgerichte (erste Instanz), Landesarbeitsgerichte (zweite Instanz) und das Bundesarbeitsgericht in Erfurt (oberste Instanz).

3.47 Besonderer Kündigungsschutz

Richtig sind die Antworten **2.** und **5.** | 2 5

Arbeitnehmerinnen in Mutterschutz und Schwerbehinderte stehen unter einem besonderen gesetzlichen Kündigungsschutz.

Zu 4. § 22 Abs. 1 BBiG: „Während der Probezeit kann das Berufsausbildungsverhältnis jederzeit ohne Einhalten einer Kündigungsfrist gekündigt werden."

Menschliche Arbeit im Betrieb

3.48 Gesetzliche Kündigungsfrist

Auswahlantwort **4.** ist richtig.

| 4 |

Das Arbeitsverhältnis endet am 15. Februar 2025. Nach § 622 Abs. 1 BGB kann „... das Arbeitsverhältnis eines ... (Arbeitnehmers) ... mit einer Frist von vier Wochen zum Fünfzehnten oder zum Ende eines Kalendermonats gekündigt werden."

Für Beschäftigungszeiten ab zwei Jahren gelten erweiterte Kündigungsfristen (vgl. § 622 Abs. 2 Nr. 1 ff. BGB).

3.49 Qualifiziertes Zeugnis

Die Formulierung **5.** steht für ein qualifiziertes Zeugnis.

| 5 |

Die Angaben unter 1. bis 4. sind lediglich Bestandteile eines einfachen Arbeitszeugnisses.

Ein **einfaches Zeugnis** muss nur die Dauer des Arbeitsverhältnisses und eine kurze Stellenbeschreibung enthalten (vgl. 1. und 4.). Auch die persönlichen Angaben wie Geburtsdatum und Geburtsort sowie das Datum des Eintritts in das Unternehmen (siehe 3. bzw. 2.) sind Standardformulierungen eines einfachen Zeugnisses.

Das **qualifizierte Zeugnis** muss vielmehr auch Angaben über die Leistungen und Verhalten des Arbeitnehmers aufweisen. Die Zufriedenheit mit der Arbeit und die Akzeptanz im Betrieb aber auch erfolgreiche Fortbildungen gehören dazu.

3.50 Compliance

Compliance bezeichnet in der Wirtschaft ein regelgerechtes, ethisch korrektes Verhalten, wobei sich die Regeln aus Gesetzesvorschriften und aber auch firmeninternen Verhaltensstandards ableiten können.

Richtig sind: **1.** und **4.**

| 1 | 4 |

Zu 1. Auch wenn es keine feststehende Grenze für den Tatbestand der Bestechung gibt, handelt es sich bei 200 € mit Sicherheit um mehr als eine Aufmerksamkeit. Deswegen sollte Mitarbeitern generell verboten werden, persönliche Geschenke anzunehmen oder aber nur solche von sehr geringem Wert. So gibt es Unternehmen, die sagen, dass der Gegenwert einer Tafel Schokolade nicht überschritten werden dürfe.

Zu 4. Für den Vertrieb ist das Thema Compliance sicherlich besonders relevant. Grundsätzlich betrifft es jedoch auch Mitarbeiter anderer Bereiche, in denen es z. B. um Steuern, Datenschutz oder Arbeitssicherheit geht.

Zu 2. Wenn bekannt wird, dass Vorlieferanten z. B. gesetzliche Mindestlöhne umgehen oder gegen Umweltauflagen verstoßen, kann das für die Office Experten zum Imageproblem werden.

Zu 3. In großen Unternehmen wird das Thema Compliance häufig von einer der Geschäftsleitung zugeordneten Stabsstelle wahrgenommen. Das ist für kleine und mittelständische Unternehmen zu teuer. Deswegen werden die Aufgaben entweder von einem Mitarbeiter neben seiner normalen Tätigkeit „mitübernommen" oder z. B. an einen externen Rechtsanwalt übertragen.

Zu 5. Dieser Mitarbeiter kann in seiner Abteilung als Multiplikator wirksam werden. Langfristig sollten allerdings weitere Personen geschult werden.

Menschliche Arbeit im Betrieb

Lösungen Menschliche Arbeit im Betrieb:

Lösungswort

01. AUSBILDER
02. VORGESETZTER
03. ARBEITSGERICHT
04. JARBSCHG
05. ORGANIGRAMM
06. LOHNSTEUERKLASSE
07. WERBUNGSKOSTEN
08. ERSATZKASSEN
09. SOZIALVERSICHERUNG
10. SOLIDARITAETSZUSCHLAG
11. ALTERSRENTE
12. EINSPRUCHSFRIST
13. PROKURA
14. BETRIEBSVEREINBARUNG
15. ARBEITSVERTRAG
16. SONDERAUSGABEN
17. BERUFSGENOSSENSCHAFT
18. KUENDIGUNG
19. MUSCHG
20. ZEUGNIS
21. TARIFVERTRAG
22. BETRIEBSRAT
23. DEMOKRATISCH
24. STAEBE
25. PROBEZEIT

4 Arbeitssicherheit, Gesundheits- und Umweltschutz

Notizen

Arbeitssicherheit, Gesundheits- und Umweltschutz

4.01 Ergonomie

Lösungen **2.**, **3.** und **5.** sind richtig.

| 2 | 3 | 5 |

Nicht funktionale und nicht ergonomische Bürostühle können unter anderem Verspannungen im Schulter-Nacken- beziehungsweise Schulter-Arm-Bereich sowie der Rückenmuskulatur hervorrufen. Folgen sind unter anderem vorzeitige Ermüdung, Nervosität und Konzentrationsmängel und daraus folgend nachlassende Leistung, Fehlerhäufungen und sinkende Motivation. Deswegen ist es gut, wenn die Stühle individuell eingestellt werden können.

Zu 1. Ein ausgewogenes Preis-Leistungs-Verhältnis ist sicherlich wichtig, aber es ist kein ergonomisches Merkmal.

Zu 4. Mehrjährige garantierte Ersatzteillieferung ist ein wichtiges ökologisches und ökonomisches Merkmal.

4.02 Gesundheitsberatung Deutsche Rentenversicherung

a) Lösungen **1.**, **4.** und **5.** sind richtig.

| 1 | 4 | 5 |

Zu 1. Frühverrentungen führen zu einem längeren Rentenbezug und geringeren Einzahlungen in die gesetzliche Rentenversicherung.

Zu 4. Mehrere Milliarden Euro der Rentenversicherung fließen jährlich in Rehabilitationsmaßnahmen.

Zu 5. Die älter werdende Gesellschaft führt zu einem steigenden Anteil von Rentenbeziehern und damit tendenziell steigenden Beiträgen. Die Verlängerung der Einzahlungsdauer wirkt dem entgegen. Siehe auch Erläuterung zu 1.

Zu 2. Die Lohnfortzahlung im Krankheitsfalle wird nicht von der Deutschen Rentenversicherung, sondern von den Arbeitgebern bzw. in Form von Krankengeld von den Krankenkassen übernommen.

Zu 3. Die Arbeitslosenunterstützung wird nicht von der Deutschen Rentenversicherung, sondern von der Bundesagentur für Arbeit bezahlt.

Arbeitssicherheit, Gesundheits- und Umweltschutz

4.02 Gesundheitsberatung Deutsche Rentenversicherung

b) Lösungen **2.**, **3.** und **4.** sind richtig.   2   3   4

Zu 2. Mitarbeiter, die erkennen dass der Arbeitgeber sich um ihre Gesundheit kümmert, sind zufriedener und engagierter.

Zu 3. Insbesondere Langzeitausfälle können durch Präventionsmaßnahmen verringert werden.

Zu 4. Arbeitgeber, die sich um das Wohl ihrer Mitarbeiter sorgen, haben ein positives Image in der Öffentlichkeit und auch eine höhere Anziehungskraft auf potenzielle Arbeitnehmer. Siehe auch Hinweis zu 2.

Zu 1. Die Beratung hat keinen unmittelbaren Einfluss auf die Beitragssätze. Höchstens sehr langfristig könnte sich diese Auswirkung einstellen, dann allerdings auch für alle Arbeitgeber.

Zu 5. Krankengeld wird von der Krankenkasse bezahlt. Der Arbeitgeber übernimmt nur die Lohnfortzahlung für die ersten sechs Wochen der Arbeitsunfähigkeit.

c) Lösungen **1.** und **3.** sind richtig.   1   3

Zu 1. Die Aufstellung des Kickers führt zu ausgleichenden Bewegungen und ist mit relativ wenig Aufwand verbunden.

Zu 3. Der finanzielle Aufwand ist überschaubar. Die Rückengymnastik kann z. B. im kurzfristig umzuräumenden Pausenraum stattfinden.

Zu 2. Die Anschaffung ist mit hohen Kosten verbunden und ein geeigneter Raum muss dauerhaft zur Verfügung stehen.

Zu 4. Es handelt sich um eine erhebliche Investition und es ist auch fraglich, ob wirklich alle Arbeitsplätze damit ausgestattet werden sollten.

Zu 5. Zwangsmaßnahmen sind selten zielführend und die Mitarbeiter fühlen sich bevormundet.

Arbeitssicherheit, Gesundheits- und Umweltschutz

4.03 Work-Life-Balance

Lösungen **2.**, **3.** und **5.** sind richtig.   2 3 5

Zu 2. Homeoffice erhöht die zeitliche Flexibilität der Mitarbeiter stark. Weit entfernt wohnenden Arbeitnehmern bleibt darüber hinaus zumindest tageweise der stressige Weg zur Arbeit erspart.

Zu 3. Individuell passgenaue Teilzeitmodelle ermöglichen es Arbeitnehmern vielleicht erst, Kinder, pflegebedürftige Angehörige und Berufstätigkeit unter einen Hut zu bringen. Ansonsten könnte es sein, dass sie ihre Arbeit vielleicht ganz aufgeben müssten. Dadurch gingen den Office Experten unter Umständen wertvolle Mitarbeiter verloren.

Zu 5. Verbessertes Zeitmanagement hilft dabei, strukturiert und effektiv zu arbeiten und nicht ständig unter Stress zu stehen. Die angedachten Seminare dürfen allerdings bei den Mitarbeitern nicht als Versuch ankommen, den Arbeitsumfang weiter zu erhöhen.

Zu 1. Der Wegfall der gleitenden Arbeitszeit schränkt die zeitliche Flexibilität der Mitarbeiter deutlich ein.

Zu 4. Eine Einkommenserhöhung ist zwar immer willkommen, tröstet aber nur kurzfristig über nicht zufriedenstellende Arbeitsbedingungen hinweg.

4.04 Lebenslanges Lernen

Richtig ist Lösung **4.**   4

Zu 4. Insbesondere Standardlösungen aus dem Produktspektrum Büromöbel können international gehandelt werden. Das ist für die Office Experten Chance und Risiko zugleich.

Zu 1. Besonders IT-Berufe wie z. B. der Fachinformatiker unterliegen wegen der rasanten technischen Entwicklung einem besonders schnellen Wandel.

Zu 2. Noch vor zwei Generationen war das ein sehr häufiger Fall. Aber auch schon die Nachfolgegeneration musste sich ständig weiterbilden, um in ihrem Beruf tätig bleiben zu können. Heute gibt es zunehmend Menschen, die im Laufe der Zeit völlig verschiedene Berufe ausüben.

Zu 3. Die verkürzten Lebenszyklen verlangen eine ständige Anpassung und Weiterentwicklung der Unternehmen und ihrer Mitarbeiter, um am Markt bestehen zu können.

Zu 5. Der rasante Anstieg der Arbeiten, die im Homeoffice erbracht werden, stellt sehr hohe Anforderungen an neue technische Lösungen und an die Mitarbeiter, mit diesen neuen Gegebenheiten zurechtzukommen.

Arbeitssicherheit, Gesundheits- und Umweltschutz

4.05 Arbeitsunfälle

Lösung **2.** ist richtig. | 2

Zu 2. $\dfrac{806 - 637}{806} \times 100\,\% = 21\,\%$

Zu 1. Die Tendenz ist zwar rückläufig, aber es gab immer mal wieder Erhöhungen, wie z. B. zwischen 2013 und 2015 oder 2021 und 2022.

Zu 3. Die Aufteilung bezieht sich auf 2023.

Zu 4. Die Statistik gibt nur Auskunft über die *tödlichen* Arbeitsunfälle. Die Zahl *aller* Arbeitsunfälle liegt deutlich höher.

4.06 Mitarbeiterschulung Unfallverhütung

Als Erstes müssen die Inhalte mit den möglichen Referenten besprochen und festgelegt werden (g), bevor man sich für einen oder mehrere Referenten entscheidet und eine konkrete Terminvereinbarung trifft (a). Erst wenn die Teilnehmer eingeladen worden sind und sich angemeldet haben (e), macht es Sinn Namensschilder, Teilnehmerlisten, Unterlagen usw. zusammenzustellen (b). Die Raumvorbereitung (f) erfolgt erst kurz vor der Durchführung (d). Im Anschluss können die Teilnahmebestätigungen verteilt werden (c).

a)	2
b)	4
c)	7
d)	6
e)	3
f)	5
g)	1

4.07 Unfallmeldung

Lösung **3.** gehört nicht zur den 5 Ws. | 3

Es geht darum, möglichst schnell zu helfen und weitere Folgen zu vermeiden oder abzumildern. Die Frage des Schuldigen kann später geklärt werden.

Die korrekten 5 Ws lauten:

1. **W**o geschah es?
2. **W**as geschah?
3. **W**ie viele Verletzte?
4. **W**elche Art von Verletzungen?
5. **W**arten auf Rückfragen!

Siehe Musteraushang der Unfallversicherung auf der folgenden Seite.

Arbeitssicherheit, Gesundheits- und Umweltschutz

4.07 Unfallmeldung

Notfall-Rufnummern
Verhalten bei Unfällen
Ruhe bewahren

Unfall melden

Ersthelfer/in: _____

Wo geschah es?
Was geschah?
Wie viele Verletzte?
Welche Arten von Verletzungen?
Warten auf Rückfragen!

Erste Hilfe

Absicherung des Unfallortes
Versorgung der Verletzten
Auf Anweisungen achten

Rettungsdienst: _____
Arzt/Ärztin: _____
Durchgangsarzt/-ärztin: _____

Weitere Maßnahmen

Rettungsdienste einweisen

Sicherheitsbeauftragte/r: _____
Fachkraft für Arbeitssicherheit: _____
Betriebsarzt/-ärztin: _____

VBG
Ihre gesetzliche Unfallversicherung
www.vbg.de
Artikelnummer: 38-08-5402-1
Druck 2016-06/Auflage 15.000

Ihr zuständiger Unfallversicherungsträger: _____

DGUV Information 204-033, Ausgabe September 2015
Herausgeber: Deutsche Gesetzliche Unfallversicherung e.V. (DGUV), Glinkastraße 40, 10117 Berlin, www.dguv.de

Arbeitssicherheit, Gesundheits- und Umweltschutz

4.08 Brandschutz

Lösung **3.** ist richtig 3

Mit Hilfe eines auch von Laien bedienbaren Defibrillators soll im Falle von Kammerflimmern die normale Herztätigkeit wieder hergestellt werden, bis ein Notarzt vor Ort ist.

Zu 1., 2., 4. und 5.
Beim vorbeugenden Brandschutz geht es darum, die Entstehung von Bränden möglichst ganz zu verhindern oder die Ausbreitung zumindest so weit wie möglich einzudämmen.

4.09 Verhalten im Brandfall

Richtig sind **2.** und **3.** 2 3

Zu 2. Die „Belüftung" sorgt für eine Beschleunigung der Brandausbreitung, bewirkt also das genaue Gegenteil.

Zu 3. Dadurch bringt er sich in unnötige Gefahr. Alle materiellen Sachen sind ersetzbar.

Zu 1. Dies verhindert eine weitere Brandausbreitung. Diese Maßnahme sollte aber nur ergriffen werden, wenn dadurch keine Eigengefährdung besteht. Siehe auch Erläuterung zu 2.

Zu 4. und 5.
Der Schutz von Menschen hat absoluten Vorrang.

Zu 6. und 7.
So ist gewährleistet, dass möglichst schnell professionelle Hilfe kommt.

4.10 Zuständigkeiten beim Arbeitsschutz

a) **Betriebsärzte** beraten die Unternehmen bei der Verbesserung der Gesundheitsfürsorge und der Verhütung und Behandlung von Berufskrankheiten. 4

b) Die **Gewerbeaufsichtsämter/Ämter für Arbeitsschutz** überwachen die Einhaltung von Bestimmungen z. B. nach dem JArbSchG und dem MuSchG. 1

c) Die **Arbeitgeber** sind die Gesamtverantwortlichen für den Gesundheitsschutz im Betrieb. 5

d) Die **Berufsgenossenschaften** als Träger der gesetzlichen Unfallversicherung warnen durch Vorträge, Filme etc. vor Gefahren und verpflichten die Unternehmer zur Einführung von Schutzmaßnahmen. 2

e) **Sicherheitsbeauftragte** müssen in Unternehmen mit regelmäßig mehr als 20 Beschäftigten vom Unternehmer bestellt werden. 3

f) **Arbeitgeber** müssen das Aushängen der Unfallverhütungsvorschriften sicherstellen. 5

g) Die **Betriebsärzte** überprüfen regelmäßig die Erste-Hilfe-Ausstattungen. 4

h) Die **Arbeitnehmer** müssen Schutzbrillen, Schutzhelme, Arbeitshandschuhe etc. bei bestimmten Arbeiten tragen. 6

Arbeitssicherheit, Gesundheits- und Umweltschutz

4.11 Sicherheitszeichen

a) **Warnzeichen** sind Sicherheitszeichen, welche vor einem Risiko oder einer Gefahr warnen (hier: Warnung vor Hindernissen am Boden). | 2

b) **Brandschutzzeichen** sind Sicherheitszeichen, die Standorte von Feuermelde- und Feuerlöscheinrichtungen kennzeichnen (hier: Brandmelder). | 3

c) **Verbotszeichen** sind Sicherheitszeichen, die ein Verhalten, durch das eine Gefahr entstehen kann, untersagen (hier: Mit Wasser löschen verboten). | 1

d) **Rettungszeichen** sind Sicherheitszeichen, die den Flucht- und Rettungsweg oder Notausgang, den Weg zu einer Erste-Hilfe-Einrichtung oder diese Einrichtung selbst kennzeichnen (hier: Notruftelefon). | 5

e) **Gebotszeichen** sind Sicherheitszeichen, die ein bestimmtes Verhalten vorschreiben (hier: Gehörschutz benutzen). | 4

4.12 Sicherheitszeichen

a) Die Abbildung **1** mit der abwehrenden Hand signalisiert das **Zutrittsverbot für unbefugte Personen.** | 2

b) Abbildung **2** warnt mit dem Blitzzeichen vor Gefahren **elektrischer Spannung**. | 7

c) Mit der Abbildung **3** wird vor **giftigen Stoffen** gewarnt, von denen im Falle unsachgemäßer Handhabung auch Todesgefahren ausgehen können. | 3

4.13 Arbeitsschutzgesetze

Antwort **2.** ist richtig. | 2

In 2016 wurden die Bestimmungen zu Sicherheit und Gesundheitsschutz bei der Arbeit an Bildschirmgeräten (sog. Bildschirmarbeitsverordnung) in die **Arbeitsstättenverordnung** integriert.

Arbeitssicherheit, Gesundheits- und Umweltschutz

4.14 Duales System

Nicht richtig ist, dass der Begriff „Duales System" für die Teilung der Beiträge zur Sozialversicherung steht.

Der Begriff „Duales System" hat zwei Bedeutungen.

Zum einen versteht man darunter die unter Ziffer **1.** beschriebene privatwirtschaftliche Initiative, die die Produktverantwortung im Bereich der Verkaufsverpackungen wahrnimmt. Dabei steht der Begriff „dual" für ein zweites, die kommunale Abfallentsorgung ergänzendes System. Das Verpackungsgesetz (vgl. Ziffer **4.**) fordert, dass die Verwertung von Verkaufsverpackungen über ein flächendeckendes „duales System" organisiert werden soll.

Zum anderen meint „Duales System" aber auch die in Ziffer **2.** beschriebene Berufsausbildung gemäß Berufsbildungsgesetz (BBiG), die an den Lernorten „Betrieb" und „(Berufs-)Schule" oder „Betrieb" und „Hochschule/Berufsakademie" stattfindet.

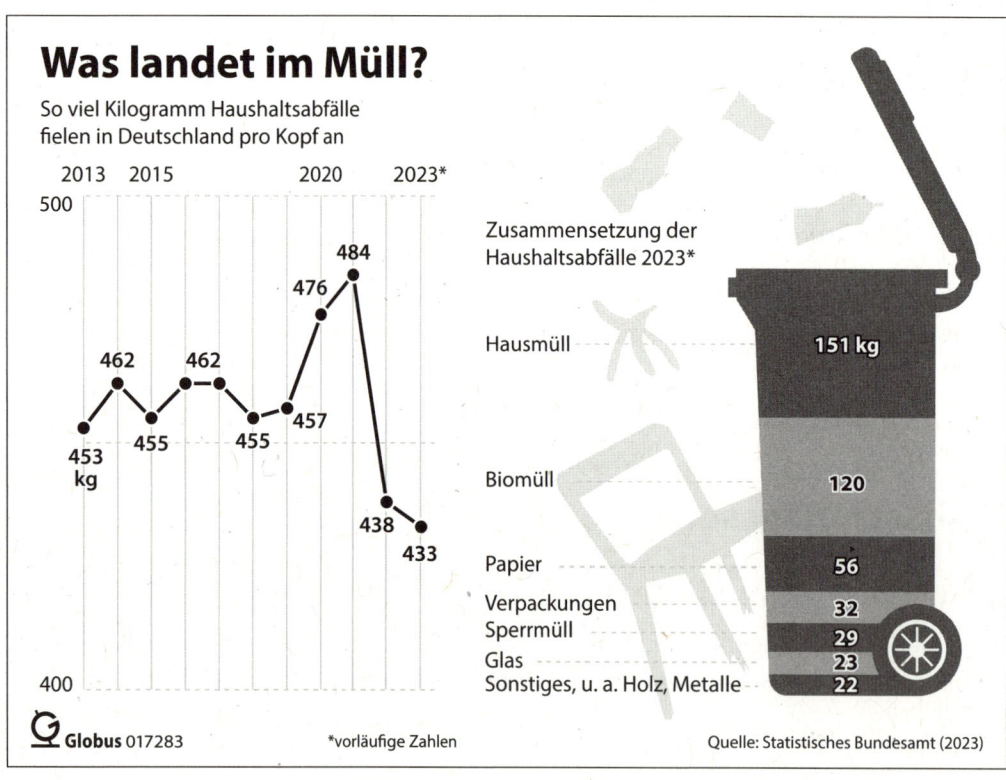

Arbeitssicherheit, Gesundheits- und Umweltschutz

4.15 Kreislaufwirtschaftsgesetz

Im Kreislaufwirtschaftsgesetz sind die Prioritäten klar geregelt.

§ 6 Abs. 1 KrWG legt fest: Maßnahmen der Vermeidung und der Abfallbewirtschaftung stehen in folgender Rangfolge:

1. Vermeidung
2. Vorbereitung zur Wiederverwendung
3. Recycling
4. Sonstige Verwertung, insbesondere energetische Verwertung und Verfüllung
5. Beseitigung

a)	5
b)	1
c)	3
d)	4
e)	2

4.16 Abfallbewirtschaftung

a) **Abfallumwandlung** bedeutet, dass Materialien durch Recycling entweder im eigenen oder in anderen Unternehmen wieder nutzbar gemacht werden. Z. B. können Pappverpackungen, Drucker- oder Toilettenpapier häufig mit einem großen Anteil Altpapier hergestellt werden.	3
b) **Abfallverminderung** bedeutet, dass der betriebliche Zweck zwar nicht ohne, aber mit weniger Abfall erfüllt wird. Z. B. verhindern unterschiedlich große Umverpackungen, dass unnötiges Füllmaterial verbraucht wird.	2
c) **Abfallbeseitigung** oder **Abfallentsorgung** ist meist die schlechteste mögliche Form der Abfallbewirtschaftung und sollte so erfolgen, dass die Umwelt möglichst wenig belastet wird. Das heißt, dass nach der Trennung die Müllsorten einer individuellen Beseitigung zugeführt werden.	4
d) **Abfallvermeidung** ist das oberste Ziel der Abfallbewirtschaftung. Hierzu gehören z. B. die Nutzung von Mehrwegverpackungen – die allerdings auch irgendwann zu Abfall werden – und der Verzicht auf unnötige Verpackungen.	1
e) **Abfallvermeidung** – siehe Erläuterung zu d) Die Abgrenzungen sind teilweise fließend. So führt die Neubefüllung von Tonerkartuschen zunächst einmal zu einer Abfallvermeidung. Da sich die Kartuschen aber nicht ewig nachfüllen lassen, könnte man langfristig auch nur von einer Abfallverminderung ausgehen.	1
f) **Abfallverminderung** – siehe Erläuterung zu b)	2

Arbeitssicherheit, Gesundheits- und Umweltschutz

4.17 Einkauf und Umweltbelastung

Lösungen **1.** und **5.** sind richtig.   `1` `5`

Zu 2., 3. und 4.
Es handelt sich um sinnvolle Maßnahmen, die aber nicht in der Hand des Einkaufs liegen. Die Langlebigkeit der Produkte (2) ist in erster Linie Sache der Produktion und des Vertriebes. Die Erstellung und Auflistung der Abfallströme (3) betrifft den Betrieb als Ganzes und hat als Konsequenz von späteren Maßnahmen vielleicht einmal Auswirkungen auf den Einkauf. Die Zusammenfassung der Auslieferungen (4) betrifft den Vertrieb und den Versand.

4.18 Energieverbrauch

Lösung **2.** trägt nicht zur Erreichung des Zieles bei.   `2`

Die kurzfristige Belieferung mag unter Vertriebsgesichtspunkten sinnvoll sein, wird aber vermutlich zu einer Zunahme der Auslieferungen und damit zu einem zusätzlichen Kraftstoffverbrauch führen.

4.19 Umweltlabel

Lösungen **2.** und **4.** sind richtig.   `2` `4`

Zu 2. Das insbesondere für Elektrogeräte, Leuchten, Haushaltsgeräte, Maschinen, Handwerkzeuge, Möbel etc. verwendete Zeichen für Geprüfte Sicherheit zeigt, dass das Produkt bestimmten gesetzlichen Sicherheits- und Gesundheitsschutzbestimmungen entspricht. Das Zeichen ist also vielleicht auf einem Schreibtischstuhl zu finden, nicht aber auf den Verpackungs- und Schutzmaterialien.

Zu 4. Das Siegel zeichnet Onlineshops aus, die höchste Anforderungen bezüglich Daten- und Liefersicherheit erfüllen.

Zu 1. Der Blaue Engel zeigt in diesem Fall, dass die Kartonagen zu 100 % aus Altpapier hergestellt sind und damit im Hinblick auf Ressourcenverbrauch, Abwasserbelastung, Wasser- und Energieverbrauch bei vergleichbaren Eigenschaften umweltverträglicher sind als Produkte aus Primärfasern. Die Einzelheiten gehen aus dem unter dem Logo stehenden Link hervor.

Zu 3. Das sogenannte Möbiusband zeigt an, dass man die Kartonagen wiederverwerten kann.

Zu 5. Das Zeichen des Dualen Systems bedeutet, dass die damit gekennzeichneten Verpackungen und Schutzfolien über die gelbe Tonne oder den gelben Sack der Wiederverwertung zugeführt werden können.

Arbeitssicherheit, Gesundheits- und Umweltschutz

4.20 Vermeidung von Umweltbelastungen

Lösung **2.** dient nicht der Verringerung von Umweltbelastungen.   2

Durch die deutlich verlängerten Transportwege entsteht eine zusätzliche Umweltbelastung.

4.21 Treibhausgas

Richtig ist Antwort **4.**   4

Natürlich verursacht auch die Industrie Treibhausgase. Der Verbrauch ist in den hier dargestellten Bereichen enthalten, z. B. bei der Produktion von Möbeln, Textilien und Autos.

Zu 1. $\dfrac{10{,}4\,t - 1\,t}{10{,}4\,t} \times 100\,\% = 90{,}4\,\%$

Zu 2. $10{,}4\,t \times 15\,\% = 1{,}56\,t$

Zu 3. $28\,\% + 22\,\% + 20\,\% = 70\,\%$ (66,7 % wären exakt 2/3)

Arbeitssicherheit, Gesundheits- und Umweltschutz

4.22 Klimawandel

a) Das Abschmelzen der Polkappen ist die offensichtlichste Folge steigender Temperaturen.	2
b) Recycling mindert in der Regel den Energie- und Ressourcenverbrauch und stellt somit eine sinnvolle Gegenmaßnahme dar.	3
c) Die Erzeugung von Wind- und Sonnenenergie ist langfristig in der Regel klimafreundlicher, selbst wenn bei der Produktion der Anlagen ggf. fossile Brennstoffe wie Kohle, Erdöl oder Erdgas verbraucht werden.	3
d) s. zu c)	3
e) Die Abholzung von Wäldern führt zu einem Absinken des Grundwasserspiegels und damit zu zunehmender Wüstenbildung.	1
f) Wüstenbildung ist unter anderem eine Folge von Abholzung von Wäldern (siehe zu e).	2
g) Die bei der Verbrennung fossiler Brennstoffe entstehenden Emissionen sind Mitverursacher des Treibhauseffekts.	1
h) Tierische Lebensmittel sind in der Herstellung viel energieaufwendiger als Obst und Gemüse und verursachen damit deutlich mehr CO_2.	1
i) Erhöhte Temperaturen führen zu einer steigenden Aufnahme von Wasser in der Luft, welches sich später unter Umständen sintflutartig abregnet.	2
j) Die Langlebigkeit von Produkten mindert den Energie- und Ressourcenverbrauch in der Herstellung.	3
k) Der Kauf regionaler Produkte verkürzt die Transportwege und spart damit Energie.	3

Arbeitssicherheit, Gesundheits- und Umweltschutz

4.23 Nachhaltigkeit

Die Lösungen **2.**, **3.**, **4.** und **6.** sind richtig.

| 2 | 3 | 4 | 6 |

Nachhaltiges Handeln bedeutet, dass unternehmerische Tätigkeiten wie Einkauf, Produktion und Vertrieb ökonomische, ökologische und soziale Aspekte so berücksichtigen, dass die Lebensgrundlagen zukünftiger Generationen erhalten werden.

Zu 2. Regionaler Einkauf ist meist ökologischer, da weite Transportwege und damit eine hohe CO_2-Belastung vermieden werden.

Zu 3. Abfallreduzierung ist ökologisch alternativlos.

Zu 4. Das ist ökologisch fast immer sinnvoll und auch ökonomisch kann sich das langfristig rechnen.

Zu 6. Wenn mehr Mitarbeiter den Weg zur Arbeit mit dem Fahrrad statt mit dem Auto zurücklegen, ist das ökologisch sinnvoll. Auch ökonomisch und sozial ist das nachhaltig, da sie gleichzeitig etwas für ihre Gesundheit tun und damit ggf. Krankheitstage reduziert werden.

Zu 1. Das mag zwar ökonomisch sinnvoll sein, ökologisch sinnvoll ist es keinesfalls.

Zu 5. und 7.
Das mag kurzfristig vielleicht zu einer Ergebnisverbesserung führen. Wenn dadurch aber die Qualität der Produkte und Dienstleistungen sinkt, ist das mittel- und langfristig auch ökonomisch nicht sinnvoll. Sozial nachhaltig ist es ebenfalls nicht, wenn Arbeitnehmer keine langfristigen Perspektiven haben.

Arbeitssicherheit, Gesundheits- und Umweltschutz

Lösungen Arbeitssicherheit, Gesundheits- und Umweltschutz:

Lösungswort

01. FEUERWEHR
02. RECYCLING
03. GEFAHRSTOFFE
04. BRANDSCHUTZ
05. SCHUTZBRILLEN
06. FLUCHTWEGE
07. RENTENVERSICHERUNG
08. WORK-LIFE-BALANCE
09. ERGONOMIE
10. SICHERHEIT
11. WEGEUNFAELLE
12. DUALES SYSTEM
13. VERBOTSZEICHEN
14. PAUSE
15. SOLARANLAGE
16. KRANKENGELD

5 Wirtschaftsordnung und Wirtschaftspolitik

Notizen

Wirtschaftsordnung und Wirtschaftspolitik

5.01 Sektoren der Wirtschaft

a) Zum **tertiären Sektor** gehören alle Dienstleistungsbetriebe wie die Bank, der Unternehmensberater, das Übersetzungsbüro, der Fußballverein, das Kino und der Kiosk. | 3

b) **Tertiärer Sektor** – siehe Erläuterung zu a) | 3

c) Zum **sekundären Sektor** gehören die Betriebe der Weiterverarbeitung wie Industrie- und Handwerksbetriebe, hier also der Büromöbelhersteller und Automobilhersteller. | 2

d) **Tertiärer Sektor** – siehe Erläuterung zu a) | 3

e) **Sekundärer Sektor** – siehe Erläuterung zu c) | 2

f) Zum **primären Sektor** gehören die Betriebe der Urerzeugung wie der Braunkohlebergbaubetrieb und der Getreidebauer. | 1

g) **Primärer Sektor** – siehe Erläuterung zu f) | 1

h) **Tertiärer Sektor** – siehe Erläuterung zu a) | 3

i) **Tertiärer Sektor** – siehe Erläuterung zu a) | 3

j) **Tertiärer Sektor** – siehe Erläuterung zu a) | 3

Das Statistische Bundesamt in Deutschland ermittelte für das Jahr 2024 folgende Anteile von inländischen Arbeitnehmern in den Sektoren:

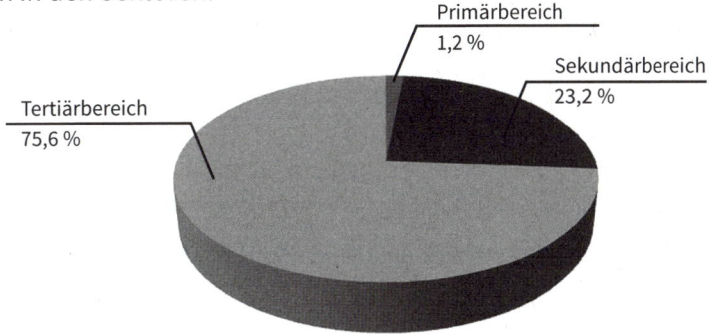

Primärbereich:

Die klassischen Vertreter der Urproduktion (Primärbereich) sind Land- und Forstwirtschaft, Fischerei, Jagd und Bergbau.

HINWEIS: Rechnet man auch die Energiegewinnung (primär aus Erdöl, Atom-, Wind-, Wasser- und Sonnenkraft) dem primären Sektor zu, dürfte die Quote von 1,2 % für den Primärbereich höher ausfallen.

Sekundärbereich:

Den Sekundärbereich bilden die Betriebe der Weiterverarbeitung und -bearbeitung von Gütern (Industrie und Handwerk).

Tertiärbereich:

Der Tertiärbereich besteht aus Handels- und Dienstleistungsbetrieben. Verkehrsbetriebe, Betriebe der Kredit- und Versicherungswirtschaft gehören genau so dazu wie Unternehmen und Organisationen aus dem Bereich Bildung, Kultur und Gesundheit.

Wirtschaftsordnung und Wirtschaftspolitik

5.02 Sektoren der Wirtschaft

a) Die **Ölbohrplattform**, das **Kernkraftwerk** und die **Windparks** sind konkrete Stätten des primären Sektors (Urerzeugung).

Siehe auch Erläuterung auf der vorigen Seite.

`01` `03` `07`

b) Die im Artikel genannten Tätigkeiten weiterverarbeitender Betriebe (sekundärer Sektor) sind die **Herstellung von LED-Leuchten**, die **Produktion von Elektromobilen bzw. umweltfreundlicher PKW**.

`08` `10` `14`

c) Ein klassischer Betrieb des tertiären Sektors (Handel und Dienstleistungen) ist der **Automobileinzelhandel**.

`14`

Zeile

Zeile	Text
01	„(…) so sind es der blowout auf der **Explorations-Ölbohrplattform** *deepwater*
02	*horizon* im Golf von Mexiko (April 2010) oder die Katastrophe von *Fukushima*
03	von 2011, bei der eine Kernschmelze und Explosion in einem **Kernkraftwerk**
04	die Welt aufschreckte.
05	Der Weg zu erneuerbaren Energien ist – global gesehen – ein zeitraubender
06	und noch mehrere Generationen dauernder Lernprozess, der eine starke
07	politische Willensbildung und Umsetzung verlangt. **Windparks** in Wüsten
08	oder auf hoher See sowie die **Herstellung von LED-Leuchten** sind ein
09	hoffnungsvoller Anfang für die Abkehr von traditioneller Energiewirtschaft.
10	Auch ist die **Produktion von Elektromobilen** ein richtiger Weg. Fahrzeuge,
11	die über einen Hybridantrieb verfügen, können nur als „Übergang" in eine
12	noch weiter zu entwickelnde Technologie gesehen werden. Hierbei muss in
13	marktwirtschaftlich ausgerichteten Staaten die Konsumnachfrage über den
14	**Automobileinzelhandel** langfristig die **Produktion umweltfreundlicher PKW**
15	motivieren und steuern. (…)"

Begriffserklärungen:

blowout = unkontrolliertes Austreten einer Bohrspülung mit Erdöl bzw. Erdgas aus einem Bohrloch, welches zu einer Explosion führen kann

LED = Light Emitting Diode (Leuchtdiode)

Wirtschaftsordnung und Wirtschaftspolitik

5.03 Wirtschaftszweige

Teil I

Die vom Statistischen Bundesamt unterschiedenen 21 Wirtschaftszweige wurden hier aus Vereinfachungsgründen auf 7 zusammengefasst.

a) Rohstoffbe- und verarbeitung findet z. B. in den Betrieben der Automobil- und der Chemieindustrie sowie zahlreichen Handwerksbetrieben wie Schreinereien, Klempnereien und Dachdeckerbetrieben statt. — 2

b) Beratung eines Unternehmens, Erbringung von sozialen Diensten, Weiterbildungsveranstaltungen, Friseurdienstleitungen, Vermietung von Autos, Betreiben von Gaststätten und Hotels werden von den sonstigen Dienstleistungsbetrieben erbracht. — 7

c) Sammlung und Verteilung von Wirtschaftsgütern wird von den zahlreichen Betrieben des Groß- und Einzelhandels wahrgenommen. — 3

d) Erstellung und Vertrieb von Informations- und Kulturangeboten werden unter anderem durch Verlage, Rundfunk- und Fernsehprogramme und Telekommunikationsbetriebe erbracht. — 5

e) Rohstoff- und Energiegewinnung wird von vielen land- und forstwirtschaftlichen Betrieben, Fischereien, Bergbautrieben und Energieversorgern betrieben. — 1

f) Abwicklung des Zahlungs- und Kreditverkehrs sowie Risikoübernahme durch Versicherungen wird insbesondere durch Banken, Versicherungen und Rückversicherer vorgenommen. — 6

g) Beförderung von Personen und Wirtschaftsgütern wird z. B. durch Eisenbahnbetriebe, Luftverkehrsgesellschaften und Speditionen erbracht. — 4

Teil II

a) In einem **Handwerksbetrieb** werden Güter und Leistungen meist in kleinen Mengen bei einem niedrigen Automatisierungsgrad erstellt. Die Leistung wird in der Regel individuell nach den Wünschen des Kunden erbracht (z. B. Maler- oder Dachdeckerarbeiten). — 3

b) In einem **Dienstleistungsbetrieb** werden in der Regel in enger Zusammenarbeit zwischen Kunde und Produzent nicht lagerfähige immaterielle Produkte erstellt (z. B. Unternehmensberatung oder Versicherungen). — 4

c) In einem **Handelsbetrieb** werden Güter eingekauft und unverändert weiterverkauft (z. B. Lebensmitteleinzelhandel oder Getränkegroßhandel). — 2

d) In einem **Industriebetrieb** werden Güter meist unter hohem Maschinen- und Kapitaleinsatz, häufig in großen Mengen für den anonymen Markt produziert (z. B. Elektro- oder Möbelindustrie). — 1

Die Abgrenzungen zwischen den Betrieben sind fließend. So erbringen die Office Experten sicherlich überwiegend industrielle Leistungen, handeln zur Abrundung ihres Produktspektrums aber auch mit Artikeln und sind mit der Konzepterstellung für Büros auch als Dienstleister tätig.

Wirtschaftsordnung und Wirtschaftspolitik

5.04 Arbeitslosigkeit

a) **Friktionelle Arbeitslosigkeit** liegt vor, wenn Arbeitnehmer einen Arbeitsplatz aufgeben mussten, vorübergehend aber noch keine andere neue Arbeit gefunden haben. 2

b) **Konjunkturelle Arbeitslosigkeit** ist durch die allgemeine zyklische Entwicklung der Wirtschaft begründet. In Boomzeiten sinkt die Arbeitslosigkeit, in Zeiten der Depression steigt sie. 3

c) **Strukturelle Arbeitslosigkeit** ist zum Beispiel durch Krisen im Bergbau und der Stahlindustrie begründet. 4

Zu 1.: Saisonale Arbeitslosigkeit ist jahreszeitlich bedingt. So nimmt insbesondere in der Baubranche die Arbeitslosigkeit im Winter zu.

Zu 5.: Technologische Arbeitslosigkeit wird durch Automatisierung und Rationalisierung verursacht. So fallen besonders häufig einfache manuelle Tätigkeiten weg und werden durch Fertigungsautomaten ersetzt.

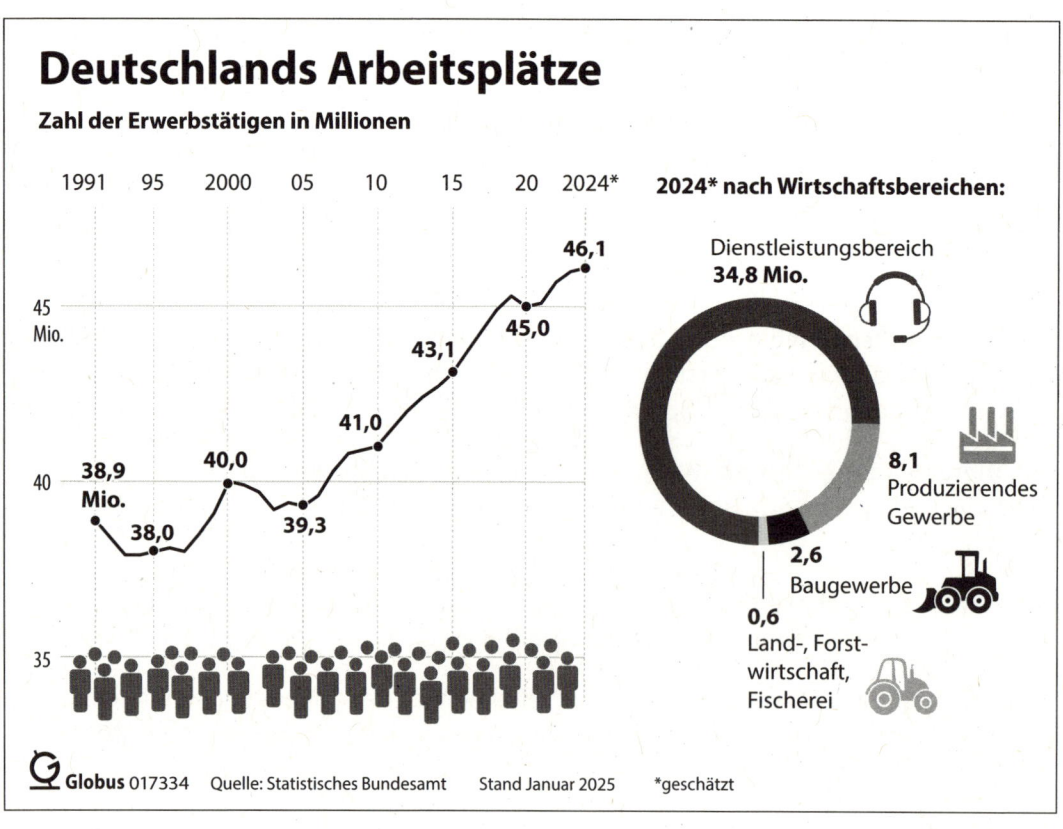

5.05 Wirtschaftsordnungen

a)	Alle Planungsaktivität geht von der zentralen Planungsbehörde aus (Zentralverwaltungswirtschaft).	2
b)	Freie Marktwirtschaft	1
c)	Laissez-faire-Prinzip; Staat überwacht lediglich die wirtschaftlichen Aktivitäten (Freie Marktwirtschaft)	1
d)	Nur wer am Markt erfolgreich war, erlangt entsprechendes Einkommen (Freie Marktwirtschaft).	1
e)	Z. B. Kredit- und Zinspolitik der Deutschen Bundesbank (Soziale Marktwirtschaft)	3
f)	Es gibt nur Staatseigentum (Zentralverwaltungswirtschaft).	2
g)	Ohne Rücksicht auf die Schutzbelange der Bevölkerung (z. B. Gesundheit, Sicherheit) kann jeder alles produzieren und konsumieren (Freie Marktwirtschaft).	1
h)	Soziale Marktwirtschaft	3
i)	Soziale Marktwirtschaft (z. B. GWB-Kartellgesetz)	3
j)	Zentralverwaltungswirtschaft	2

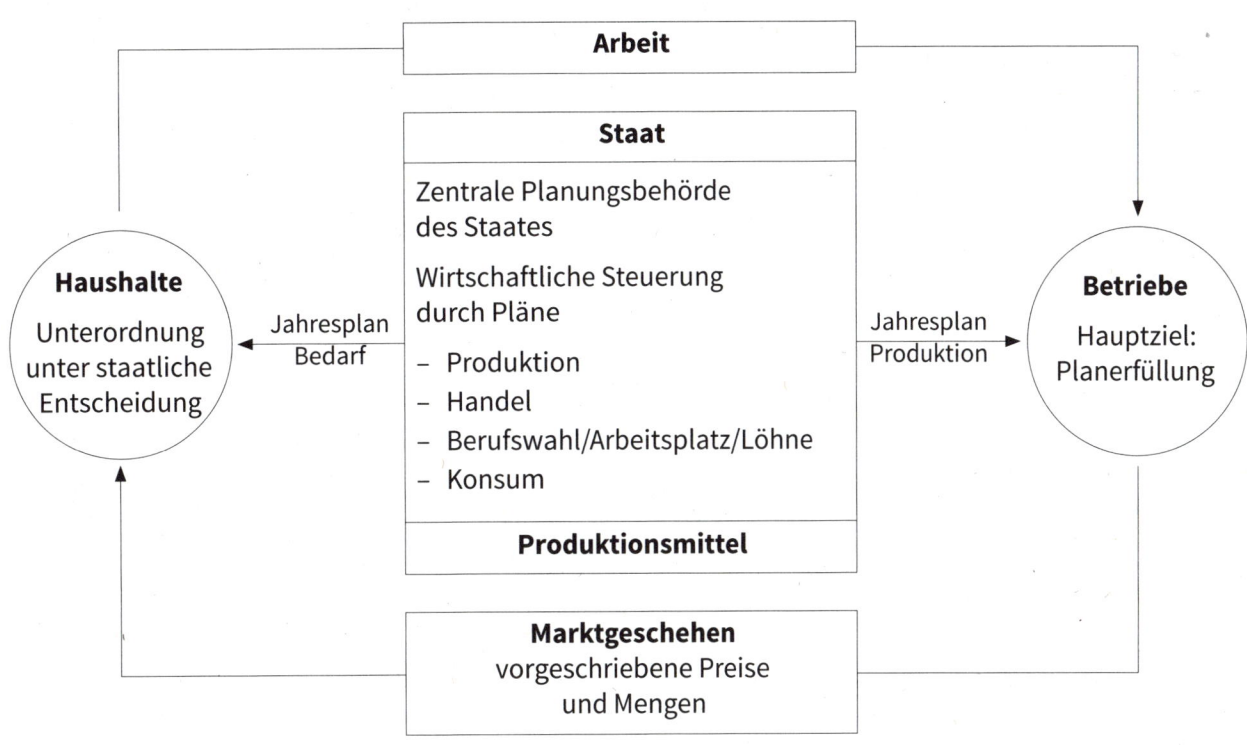

Wirtschaftsordnung und Wirtschaftspolitik

5.06 Kooperation und Konzentration

a) Beim **Kartell** behalten Unternehmen ihre rechtliche Selbstständigkeit, geben aber einen Teil ihrer wirtschaftlichen Selbstständigkeit auf, so z. B. beim Beschaffungs-, Preis-, Konditionen- oder Gebietskartell. | 4

b) Beim **Konzern** bleibt die rechtliche Selbstständigkeit der Unternehmen erhalten, sie verzichten jedoch unter einheitlicher Leitung auf ihre wirtschaftliche Unabhängigkeit. Unterschieden werden wechselseitig beteiligte Unternehmen, Unterordnungs- oder Gleichordnungskonzerne. | 2

c) Beim **Trust** – vereinigte oder verschmolzene Unternehmen – wird die rechtliche und wirtschaftliche Selbstständigkeit komplett aufgegeben. Unterschieden werden die Verschmelzung durch Aufnahme oder Verschmelzung durch Neubildung. | 3

d) **Trust** durch Neubildung, s. Erklärung zu c) | 3

e) Beim **Konsortium** handelt es sich um eine Gelegenheitsgesellschaft zur gemeinsamen Durchführung meist zeitlich befristeter Geschäfte auf der Grundlage eines Konsortialvertrages. Rechtsform ist i. d. R. die Gesellschaft bürgerlichen Rechts (GbR) oder auch BGB-Gesellschaft. Typische Beispiele sind Bankenkonsortien, z. B. bei Börseneinführung einer AG und Industriekonsortien, z. B. bei der Abwicklung von Großanlagengeschäften. Während geschäftsbedingt ein kleiner Teil der wirtschaftlichen Selbstständigkeit verloren geht, bleibt die rechtliche Selbstständigkeit vollends erhalten. | 1

f) Beim **Unternehmens- oder Unternehmerverband** gründen Unternehmen der gleichen Branche, z. B. Unternehmensverband der Metallindustrie, oder der gleichen Region, z. B. Essener Unternehmensverband, eine gemeinsame Interessenvertretung ohne ihre wirtschaftliche oder rechtliche Selbstständigkeit aufzugeben. | 7

g) Beim **Franchising** räumt der Franchisegeber dem Franchisenehmer bestimmte Nutzungs- und Verwendungsrechte langfristig gegen Entgelt ein. Der Franchisegeber ist dabei in der Regel prozentual am Umsatz des Franchisenehmers beteiligt. Beispiele sind McDonald's, Fressnapf oder Schülerhilfe. | 6

h) Bei der **Holding** handelt es sich um eine organisatorische Einheit, die lediglich Unternehmensbeteiligungen verwaltet, ohne selber Produkte oder Dienstleistungen anzubieten. | 5

i) **Kartell**, s. Erklärung zu a) | 4

5.07 Kooperation und Konzentration

Allgemeine Erläuterungen

Horizontale Konzentration:
Zusammenschluss von Unternehmen der gleichen Produktions- oder Dienstleistungsstufe (siehe Fälle a und c).

Vertikale Konzentration:
Zusammenschluss von Unternehmen nachgelagerter Produktions- oder Dienstleistungstufen (siehe Fälle d und e).

Diagonale (auch laterale, anorganische, konglomerate) Konzentration:
Zusammenschluss von Unternehmen verschiendenartiger Produktions- oder Dienstleistungsstufe (siehe Fall b).

a)	1
b)	3
c)	1
d)	2
e)	2

Zu a) Warenhaus 1 ——— Warenhaus 2 ——— Warenhaus 3 … ⟶

Zu b)

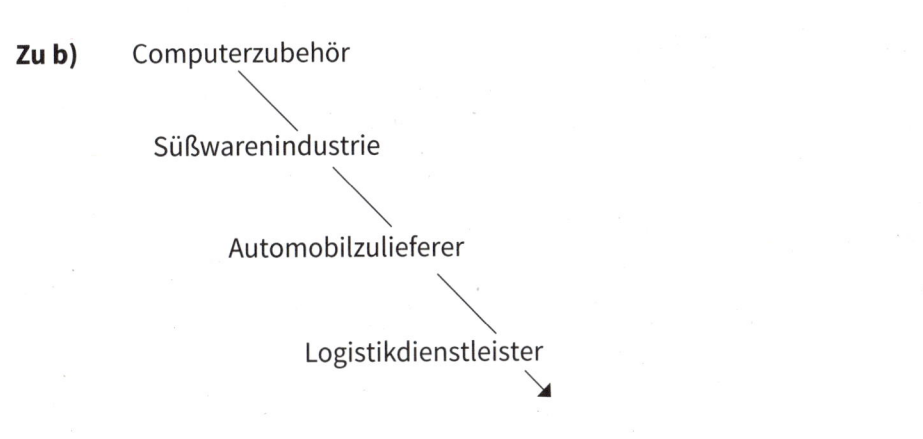

Zu c) Möbelhaus 1 ——— Möbelhaus 2 ——— Möbelhaus 3 … ⟶

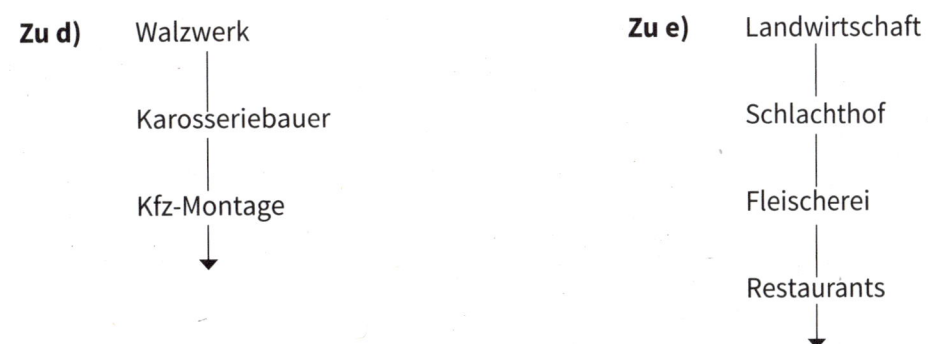

Wirtschaftsordnung und Wirtschaftspolitik

5.08 Wettbewerbgesetze

Unlauterer Wettbewerb liegt vor, wenn ein Betrieb zum Zwecke des Wettbewerbs Handlungen vornimmt, die gegen die guten Sitten verstoßen. Sie begründen einen Anspruch auf Unterlassung und Schadenersatz und können strafrechtlich verfolgt werden (vgl. § 1 UWG).

Solche unlauteren Handlungen sind z. B.:
- irreführende Werbung [siehe d)]
- strafbare Werbung, z. B. sogenannte Lockvogelangebote
- Verwendung fremder Firmen- und Warenzeichen [siehe e)]
- Bestechung von Angestellten [siehe f)]
- Anschwärzung, geschäftsschädigende Behauptungen über Mitbewerber
- Verrat von Geschäftsgeheimnissen [siehe a)]

Verträge, die Unternehmen für gemeinsame Zwecke schließen, sind unwirksam, wenn sie Marktverhältnisse durch Beschränkung des Wettbewerbs beeinflussen (vgl. § 1 GWB).

Das GWB verbietet grundsätzlich die Kartellbildung (insbesondere Preisabsprachen), lässt jedoch zahlreiche Ausnahmen zu (z. B. Normen und Typenkartelle, reine Exportkartelle).

Das GWB regelt auch die Missbrauchsaufsicht über marktbeherrschende Unternehmen (z. B. Monopolisten). Das Bundeskartellamt kann missbräuchliches Verhalten untersagen bzw. Verträge für unwirksam erklären (Fusionskontrolle).

a)	1
b)	2
c)	2
d)	1
e)	1
f)	1
g)	2
h)	2

Wirtschaftsordnung und Wirtschaftspolitik

5.09 Markteingriffe des Staates

Der Staat hat im Rahmen seiner Ordnungspolitik eine wirtschafts- und sozialpolitische Gestaltungsfunktion: Die Mittel, die er dazu einsetzt, sind nur insoweit marktkonform (marktgerecht), wie sie eine freie Preisbildung und den Wettbewerb nicht direkt beeinflussen. Mittel oder Maßnahmen, die den Preis- und Wettbewerbsmechanismus einschränken oder gar zu verhindern suchen, sind marktinkonform (marktwidrig).

Die Auswahlantworten **1., 2., 4., 8. und 9.** sind richtig. | 1 | 2 | 4 | 8 | 9 |

Zu 1. Höchstpreise schützen einseitig den Verbraucher, Mindestpreise schützen einseitig den Produzenten; beide politischen Preissetzungen sind **marktinkonform**.

Zu 2. Eine Kontrolle bzw. Bewirtschaftung der Devisen (= totale Regelung des Zahlungsverkehrs mit dem Ausland mittels direkter Verbote und Gebote) ist **marktinkonform**.

Zu 4. Im Gegensatz zu möglichen Investitionsprämien als Maßnahme zwecks Konjunkturbelebung ist eine staatliche Lenkung privatwirtschaftlicher Investitionen durch Investitionsgebote und -verbote **nicht** mehr **marktkonform**.

Zu 8. Ein Mietenstopp ist als direkte Preisbeeinflussung auf dem Wohnungsmarkt eine **marktinkonforme** Maßnahme des Staates.

Zu 9. Eine Gaspreisbremse ist ein Eingriff in die freie Marktpreisbildung im Energiemarkt und damit **marktinkonform**.

Zu 3. *Subventionen* sind als Steuervergünstigungen oder Geldleistungen des Staates an hilfsbedürftige Unternehmen *marktgemäße Gestaltungsmaßnahmen* des Staates.

Zu 5. Der Staat ist gesetzlich dazu ermächtigt, *Steuern erhöhen* bzw. senken zu können, um die Gesamtnachfrage *marktgerecht* beeinflussen zu können.

Zu 6. Der Staat kann durch *Abschreibungsvergünstigungen* (Sonderabschreibungen) die Investitionsbereitschaft der Unternehmen im Interesse der Gesamtwirtschaft stimulieren (*marktkonform*).

Zu 7. Das Zahlen von *Wohngeld* ist eine sozialpolitische Maßnahme des Staates, die mit der Konzeption der Sozialen Marktwirtschaft vereinbar (also *marktkonform*) ist.

5.10 Entscheidungsträger der Wirtschaft

a) Der Bundesminister der Finanzen gehört der Bundesregierung, und damit der **exekutiven** Gewalt des Staates an.	2
b) Arbeitgeberverbände und Gewerkschaften handeln als **Tarifpartner** Einzel- und Manteltarifverträge aus (Gesamtvereinbarungen).	4
c) Die Gesamtheit der Maßnahmen zur Steuerung des Geldumlaufs und der Kreditversorgung obliegt der **Zentralbank**. Die Deutsche Bundesbank ist die Zentralbank der Bundesrepublik Deutschland und integraler Bestandteil des Europäischen Systems der Zentralbanken (ESZB).	3
d) Gesetze, so auch das Umsatzsteuergesetz, werden vom Parlament verabschiedet (unberührt bleibt die Zustimmungsbedürftigkeit durch den Bundesrat). Die **Legislative** gehört neben der Judikative (Rechtsprechung) und Exekutive (siehe a)) zu den drei Gewalten des Staates.	1
e) Der Ecklohn bildet den tariflichen Bezugspunkt für Lohngestaltungen der **Tarifpartner**.	4

Wirtschaftsordnung und Wirtschaftspolitik

5.11 Wirtschaftskreislauf

a) Das disponible Einkommen beträgt 420 GE.

	Arbeitsentgelt	450 GE
+	Transferleistungen	90 GE
−	Steuern	120 GE
=	verfügbares Einkommen	420 GE

GE: 4 2 0

b) Das Steueraufkommen übersteigt die staatlichen Zuwendungen um 50 %.

Staatl. Zuwendungen
(Transferleistungen + Subventionen) = 150 GE
Steueraufkommen = 225 GE

150 GE ≙ 100 %
225 GE − 150 GE = 75 GE ≙ x %

$$x = \frac{100\ \% \cdot 75\ GE}{150\ GE} = \underline{\underline{50\ \%}}$$

%: 5 0

5.12 Erweiterter Wirtschaftskreislauf

a) Die Auszubildende gehört zu den privaten Haushalten, die einen großen Teil ihres Einkommens für konsumtive Zwecke ausgeben.	1
b) Der Staat unterstützt private Haushalte unter anderem mit Kinder-, Arbeitslosen- oder Elterngeld etc. sofern ein gesamtgesellschaftliches Interesse besteht.	8
c) Der Bund tätigt, wie hier im Bereich der Infrastruktur, umfangreiche Investitionen, die im öffentlichen Interesse sind.	10
d) Es handelt sich um den Export einer Dienstleistung nach Schweden.	12
e) Neben der Tilgung gehören auch die für den Kredit zu zahlenden Zinsen zu den Zahlungen von den Haushalten an die Banken.	4
f) Banken stellen den Unternehmen Kredite für Investitionen zur Verfügung.	6
g) Beim Großteil der deutschen Importe handelt es sich um Rohstoffe.	11
h) Für die von den Banken eingeräumten Kredite müssen die Unternehmen Zinsen bezahlen.	5
i) Lohn- und Gehaltszahlungen von Unternehmen an die Mitarbeiter stellen den größten Teil der Geldflüsse von den Unternehmen an die Haushalte dar.	2
j) Sollten die von der GmbH bereits monatlich abgeführten Steuerabzüge sich als zu gering herausstellen, muss die Geschäftsführerin die fällige Nachzahlung privat vornehmen.	7
k) Gewerbesteuer, Versicherungssteuer, Körperschaftssteuer, Grundsteuer, Grunderwerbsteuer etc. werden neben der Umsatzsteuer von den Unternehmen an den Staat abgeführt.	9
l) Neben der Zahlung von Tagesgeldzinsen an einen Privatkunden fallen auch Kreditauszahlungen oder das Abheben von Spaguthaben unter die Zahlungen von Banken an Haushalte.	3

Wirtschaftsordnung und Wirtschaftspolitik

5.13 Volkswirtschaftliche Gesamtrechnung

Das Bruttoinlandsprodukt ist die Summe der in Geld bewerteten jährlichen Güterproduktion (Sachgüter und Dienstleistungen) einer Volkswirtschaft.

Mittels dreier Verfahren kann das Bruttoinlandsprodukt berechnet werden:

1. **Entstehungsrechnung**

   Hierbei wird das Bruttoinlandsprodukt über die Summe der Wertschöpfung aller Wirtschaftsbereiche einer Volkswirtschaft bestimmt:
   - Landwirtschaft, Forstwirtschaft, Fischerei
   - Warenproduzierendes Gewerbe = c)
   - Handel und Verkehr = b)
   - Dienstleistungsunternehmen
   - Staat = f)
   - Private Haushalte = f)

   Die Erfassung des Bruttoinlandsproduktes am Ort der Entstehung zeigt den Beitrag, den der einzelne Wirtschaftsbereich zum Bruttoinlandsprodukt beigetragen hat. Hierdurch wird die Produktionsstruktur einer Volkswirtschaft erkennbar.

a)	3
b)	1
c)	1
d)	3
e)	2
f)	1
g)	3
h)	2

2. **Verwendungsrechnung**

   Das Bruttoinlandsprodukt kann auf vierfache Weise verwendet werden:
   - Privater Verbrauch = e)
   - Staatsverbrauch = e)
   - Anlage- und Vorratsinvestitionen = h)
   - Export(überschuss) = Außenbeitrag

3. **Verteilungsrechnung**

   Sie gibt Auskunft darüber, wem das bei der Produktion entstandene Einkommen zufließt:
   - Einkommen aus nichtselbstständiger Arbeit = d)
   - Einkommen aus Unternehmertätigkeit und Vermögen = a)
   - Indirekte Steuern (abzüglich Subventionen)
   - Abschreibungen = g)

Wirtschaftsordnung und Wirtschaftspolitik

5.14 Volkswirtschaftliche Gesamtrechnung

Die Aussagen **3.** und **4.** sind richtig.

3 4

Zu 3. 998,70 Mrd. € verhalten sich zu 199,74 Mrd. € wie 5 : 1 (998,7 : 199,74 = 5).

Zu 4. Der Außenbeitrag ist die positive bzw. negative Differenz zwischen den Aus- und Einfuhrleistungen. Überwiegen die Exporte die Importe, ist der Außenbeitrag positiv. Hier ist der Außenbeitrag negativ, da die Exporte um 59,3 Mrd. € niedriger als die Importe ausfallen (332,9 – 392,2 = – 59,3).

Zu 1. Lediglich die Exporte (nicht der Außenbeitrag) machen mit 332,9 Mrd. € 1/3 des Privatkonsums aus (998,7 : 332,9 = 3).

Zu 2. Der Außenbeitrag ist nur positiv, wenn die Exporte die Importe übertreffen.

Zu 5. Die Bruttoinvestitionen betragen lediglich 50 % des Exportes (und nicht des Außenbeitrages).

Zu 6. Die 725,1 Mrd. € ergeben sich als Summe aus Import und Export. Dies ist aber nicht der Außenbeitrag.

Wirtschaftsordnung und Wirtschaftspolitik

5.15 Zahlungsbilanz

Die Aktivseite der Handelsbilanz erfasst die Warenexporte, die Passivseite die Warenimporte. Da die Warenexporte höher als die Importe sind, befindet sich der Saldo auf der Passivseite.

a)

A	Handelsbilanz		P
Warenexporte	150	Warenimporte	80
		Saldo	**70**
	150		150

+/− Mrd. GE
+ 7 0

b)

A	Dienstleistungsbilanz		P
Einnahmen aus Dienstleistungsexporten	40	Ausgaben für Dienstleistungsimporte	70
Saldo	**30**		
	70		70

+/− Mrd. GE
− 3 0

c)

A	Übertragungsbilanz		P
Empfangene Übertragungen	10	Geleistete Übertragungen	20
Saldo	**10**		
	20		20

+/− Mrd. GE
− 1 0

d)

A	Kapitalbilanz		P
Forderungen des Auslands	40	Forderungen des Inlands	65
Saldo	**25**		
	65		65

+/− Mrd. GE
− 2 5

e)

A	Veränderungen der Auslandsaktiva		P
Devisenverbindlichkeiten	10	Devisenforderungen	15
Saldo	**5**		
	15		15

+/− Mrd. GE
− 0 5

Wirtschaftsordnung und Wirtschaftspolitik

5.16 Konjunkturverlauf

a) Zeit in Jahren	2
b) Expansion	5
c) Depression	8
d) Trend	4
e) Konjunktur	3
f) Bruttoinlandsprodukt	1
g) Rezession	7
h) Boom	6

5.17 Konjunkturphasen – Begriffe

Für jede der vier Konjunkturphasen gibt es zwei übliche Begriffe:

Aufschwung = Expansion
Hochkonjunktur = Boom
Abschwung = Rezession
Tiefstand = Depression

a)	2
b)	1
c)	1
d)	2
e)	2

5.18 Konjunktur und Konjunkturindikatoren

a)	Vollauslastung der Kapazitäten ist ein Kennzeichen für eine **sehr gute Konjunktur**.	2
b)	Abnehmende Beschäftigung, also sinkende Kapazitätsauslastung sind kennzeichnend für einen **Abschwung**.	3
c)	Investitionen in Anlagen sprechen für einen **Boom** oder eine weit **fortgeschrittene Expansion**.	2 oder 1
d)	Im **Boom** werden verstärkt Kredite nachgefragt, was zu einem Anstieg der Zinsen führt. Häufig versucht auch die EZB das Zinsniveau zu erhöhen, um einer Überhitzung der Konjunktur entgegen zu wirken.	2
e)	Im Angesicht **positiver Konjunktur- und damit Einkommenserwartungen** nimmt die Neigung zum Sparen für schlechtere Zeiten ab.	1
f)	Hohe Lagerbestände an Erzeugnissen in der Gesamtwirtschaft – nicht bei einzelnen Unternehmen – sind Zeichen einer **Depression**.	4
g)	Zunehmende Auftragsbestände deuten auf eine sich **verbessernde oder schon sehr gute Konjunktur** hin. Die Auftragsbestände von heute sind die Umsätze der näheren Zukunft.	1 oder 2

Wirtschaftsordnung und Wirtschaftspolitik

5.19 Konjunkturindikatoren

Frühindikatoren sollen helfen, die zukünftige Entwicklung der gesamten Wirtschaft, einer Branche oder auch einzelner Unternehmen einzuschätzen. Der Ifo-Geschäftsklimaindex ergibt sich aus Befragungen von Unternehmen, der Konsumklimaindex aus der Befragung von Konsumenten über ihre Zukunftserwartungen. Steigende oder sinkende Auftragseingänge weisen auf eine zukünftig voraussichtlich wachsende oder zurückgehende wirtschaftliche Entwicklung hin. In Aktienkursen schlägt sich oft die zukünftige Entwicklung der Wirtschaft oder einer einzelnen Unternehmung nieder.

Spätindikatoren zeigen vergangene wirtschaftliche Entwicklungen auf. Dazu gehören die Arbeitslosenquote und die Körperschaftssteuereinnahmen, also Steuern auf Gewinne der Vergangenheit aber auch die Inflationsrate und das Bruttoinlandsprodukt des *Jahres*.

a)	1
b)	2
c)	1
d)	1
e)	2
f)	1
g)	1
h)	2

Präsenzindikatoren (nicht Gegenstand der Aufgabe) wie das Bruttoinlandsprodukt des *Monats*, die Entwicklung der Überstunden oder der Kurzarbeit geben Auskunft über die aktuelle konjunkturelle Lage. Ein Ansteigen der Überstunden oder ein Rückgang der Kurzarbeit deutet auf eine sich gerade verbessernde Konjunktur hin.

Wirtschaftsordnung und Wirtschaftspolitik

5.20 Konjunkturpolitik

Die Auswahlantworten **3.**, **5.** und **6.** sind richtig. | 3 | 5 | 6 |

Zu 3. Die Senkung der Abschreibungssätze oder die Abschaffung von Sonderabschreibungen verringert die Investitionsneigung der Unternehmer und wirkt insofern konjunkturdämpfend.

Zu 5. Durch Steuererhöhungen wird Kaufkraft abgeschöpft, die Konjunktur wird gedämpft.

Zu 6. Vom Staat gebildete Haushaltsrücklagen beschränken die Nachfrageausweitung. Die Bildung einer Konjunkturausgleichsrücklage (Hinterlegung bei der Bundesbank) soll staatliche Ausgaben stabilisieren bzw. verlagern und ist damit ein restriktiv wirkendes Konjunkturinstrument.

Zu 1. Durch Senkung der Steuern stehen den Privathaushalten mehr Einkommen zur Verfügung, die über eine konsumtive Verwendung die Nachfrage steigern sollen.

Zu 2. Staatliche Investitionen beleben die Konjunktur über Einkommenseffekte und beabsichtigte Kapazitätseffekte (Schaffung zusätzlicher Einkommen und Erweiterung des betrieblichen Leistungsumfangs).

Zu 4. Durch Erhöhung von Transferleistungen (Sozialrenten, Pensionen u. dgl.) entsteht mehr Einkommen, das die Nachfrage steigern soll.

Zu 7. Die Möglichkeit zur Sonderabschreibung erlaubt den Unternehmen eine Schmälerung von Gewinn und Steuerschuld (überhöhte Abschreibungen führen zu einer Steuerverschiebung und sollen besonders in Rezessionsphasen die Investitionsneigung der Unternehmer steigern).

Zu 8. Durch Abbau der Sparförderung steigt die Konsumquote der Privathaushalte in Ergänzung zur sinkenden Sparquote: die Nachfrage steigt, die Konjunktur wird belebt.

5.21 Fiskalpolitik (antizyklisch)

Die Auswahlantworten **2.** und **3.** sind richtig. | 2 | 3 |

In der Entwicklung des Bruttoinlandsproduktes spiegelt sich der Konjunkturverlauf wider. Das Bruttoinlandsprodukt ist die Summe aller im Land in einer Periode erzeugten Güter und erbrachten Dienstleistungen, bewertet in Landeswährung, unabhängig davon, ob die Leistung von Inländern oder von Ausländern erbracht worden ist.

Maßnahmen des Staates, über Einnahmen und Ausgaben die Konjunktur zu beeinflussen, bezeichnet man als Fiskalpolitik. Eine antizyklische Fiskalpolitik verlangt, dass der Staat im Konjunkturaufschwung die Einnahmen (Steuern) erhöht und die Ausgaben kürzt, um eine Überhitzung der Konjunktur zu vermeiden. Um die Konjunktur zu beleben, senkt er im Konjunkturabschwung die Einnahmen und erhöht die Ausgaben. Verschuldet sich der Staat, um die Konjunktur zu fördern, spricht man von deficit spending (Politik des Haushaltsdefizits).

Wirtschaftsordnung und Wirtschaftspolitik

5.22 Neuverschuldung

Die Neuverschuldung in diesem Jahr beträgt: **4,3 %**

Da der Schuldenstand insgesamt 78 % des BIP entspricht, lässt sich die Höhe des BIP wie folgt errechnen:

78 % – 1.248 Mrd. €
100 % –   ? Mrd. € (BIP)

$$? \text{ Mrd. €} = \frac{1.248 \times 100}{78} = 1.600 \text{ Mrd. €}$$

Das Staatsdefizit in Höhe von 68,80 Mrd. € ist in Prozent vom BIP auszurechnen:

1.600 Mrd. € – 100 %
68,80 Mrd. € –   ? %

$$? \% = \frac{100 \times 68,80}{1.600} = \underline{\underline{4,3 \%}}$$

5.23 Stabilitätsgesetz - Ziele

Richtig sind **2.** und **6.**   **2 6**

§ 1 StabG lautet: „Bund und Länder haben bei ihren wirtschafts- und finanzpolitischen Maßnahmen die Erfordernisse des gesamtwirtschaftlichen Gleichgewichts zu beachten. Die Maßnahmen sind so zu treffen, dass sie im Rahmen der marktwirtschaftlichen Ordnung gleichzeitig zur **Stabilität des Preisniveaus**, zu einem **hohen Beschäftigungsstand** und **außenwirtschaftlichem Gleichgewicht** bei stetigem und **angemessenem Wirtschaftswachstum** beitragen".

Man spricht in diesem Zusammenhang auch vom „Magischen Viereck".

Zu 2. Es handelt sich sicherlich um ein erstrebenswertes Ziel, welches aber nicht im StabG genannt ist. Im Übrigen muss der Staat zur Unterstützung der Wirtschaft im gesamtgesellschaftlichen Interesse auch häufig mehr Geld ausgeben als er einnimmt.

Zu 6. In permanenter Diskussion ist die Erweiterung der Ziele um z. B. eine **gerechte Einkommens- und Vermögensverteilung** oder die **Erhaltung einer lebenswerten Umwelt**. So spricht man häufig auch vom „Magischen Fünf- oder Sechseck".

Wirtschaftsordnung und Wirtschaftspolitik

5.24 Stabilitätsgesetz – Zielbeziehungen

a) Eine wachsende Wirtschaft ist durch Erhöhung der Beschäftigtenzahlen möglich. Mehr Beschäftigte erzielen mehr Einkommen, welches wiederum die Nachfrage und damit das Wachstum vergrößert (Zielharmonie zwischen Wachstum und Vollbeschäftigung).

1 - 4 : 6
auch
4 - 1 : 6

b) Um das außenwirtschaftliche Gleichgewicht wiederherstellen zu können, muss der Exportüberschuss abgebaut werden. Arbeitskräfte werden freigesetzt, der Nachfrage geht Einkommen verloren; das Wachstum verringert sich und wird im Extremfall negativ (Zielkonflikt zwischen außenwirtschaftlichem Gleichgewicht und dem Wachstum einer Volkswirtschaft).

3 - 4 : 5
auch
4 - 3 : 5

c) Der Aufbau eines Exportüberschusses führt zu Wachstum und damit zu steigender Beschäftigung (Zielkonflikt zwischen außenwirtschaftlichem Gleichgewicht und dem hohen Beschäftigungsstand).

1 - 3 : 5
auch
3 - 1 : 5

d) Durch die aufgrund des Wachstums steigende Nachfrage steigen die Preise (Zielkonflikt zwischen Wachstum und Geldwertstabilität). Durch das Wachstum steigt die Beschäftigung (Zielharmonie zwischen Wachstum und hohem Beschäftigungsgrad).

4 - 2 : 5
2 - 4 : 5
auch
4 - 1 : 6
1 - 4 : 6

Zielkonflikte – und Zielharmonien + im „Magischen Viereck":

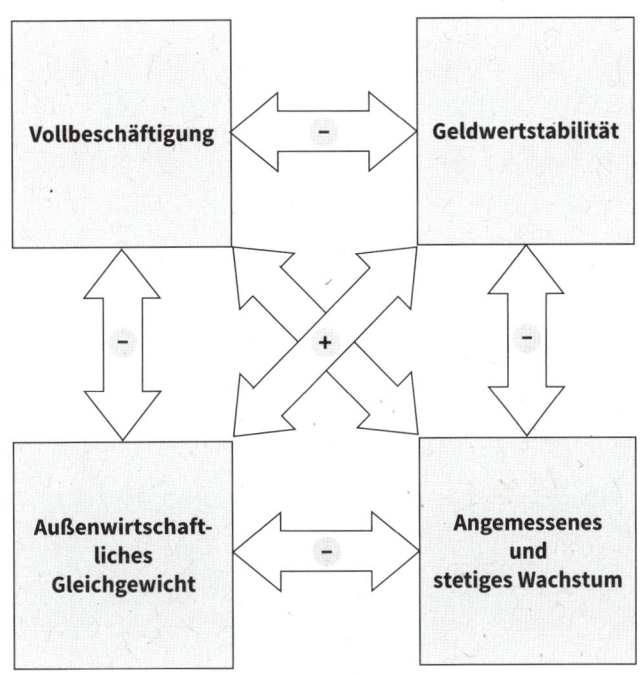

Wirtschaftsordnung und Wirtschaftspolitik

5.25 Konjunkturausblick – Wirtschaftswachstum

Richtig sind **4.** und **5.**   **4** **5**

Zu 4. Die Aussage ist richtig. Der private Konsum wird voraussichtlich um 1,1 % ansteigen.

Zu 5. Die Aussage ist richtig. Es wird ein Rückgang von 5,6 % auf 5,5 % erwartet.

Zu 1. Die Aussage ist falsch, da prozentuale Steigerungen sich jeweils auf das Vorjahr beziehen. Eine einfache Addition der Prozentsätze (6,9 % + 6,1 % + 2,6 % = 15,6 %) ist nicht möglich. Die wirkliche Veränderung ist etwas größer. (106,9 % x 106,1 % x 102,6 %) – 100 % = 16,37 %

Zu 2. Die Aussage ist falsch, da es sich bei der erwarteten Steigerung der Verbraucherpreise um 2,6 % um einen durchschnittlichen Wert für einen ganzen Warenkorb handelt. So werden vielleicht Elektronikartikel um 3 % preiswerter, während die Preise für Lebensmittel um 8 % steigen.

Zu 3. Die Aussage ist so nicht möglich, da aus der Darstellung nur die prozentualen Veränderungen der Im- und Exporte hervorgehen. Für die Ermittlung des Außenhandelsüberschusses müssten absolute Werte herangezogen werden.

Wirtschaftsordnung und Wirtschaftspolitik

5.26 Auswirkungen von Inflation und Deflation

Die Auswahlantworten **4.**, **6.**, **7.**, **10.**, **12.** und **13.** sind richtig.

| 4 | 6 | 7 | 10 | 12 | 13 |

Deflation:

Verfügt eine Volkswirtschaft über ungleich größere Gütermengen, als die vorhandene Geldmenge zu kaufen imstande ist, spricht man von Deflation. Aufgrund des hohen Güterangebotes sinken die Preise (**12.**); die Kaufkraft steigt (**13.**); da der Kostendruck der Anbieter immer unerträglicher wird, müssen Arbeitskräfte freigesetzt werden (**4.**); Schuldner müssen kaufkräftigeres Geld für einst kaufkraftschwächeres Geld zurückzahlen (**7.**) (**10.**); wegen der geringen Einkünfte sinkt das Steueraufkommen des Staates (**6.**)

Inflation:

Ist in einer Volkswirtschaft die Geldmengenausstattung der Nachfrage ungleich größer als die Gütermengenausstattung des Angebots, herrscht Inflation. Auf den Angebotsmärkten steigen die Preise in verstärktem Maße an (**3.**); um der hohen Nachfrage gerecht zu werden, arbeitet die Güterproduktion auf Hochtouren, der Beschäftigtenstand ist hoch (**1.**), das Steueraufkommen des Staates steigt (**2.**), hohe Lohnkosten verteuern die Produkte, die Kaufkraft schwindet (**5.**); Sparer verlieren, was sie an Zinsen gewinnen, Schuldner zahlen einst „gutes" Geld mit „schlechtem" Geld zurück (**8.**) (**11.**); um Werte zu sichern, flüchten die Menschen in die Sachwerte (**9.**).

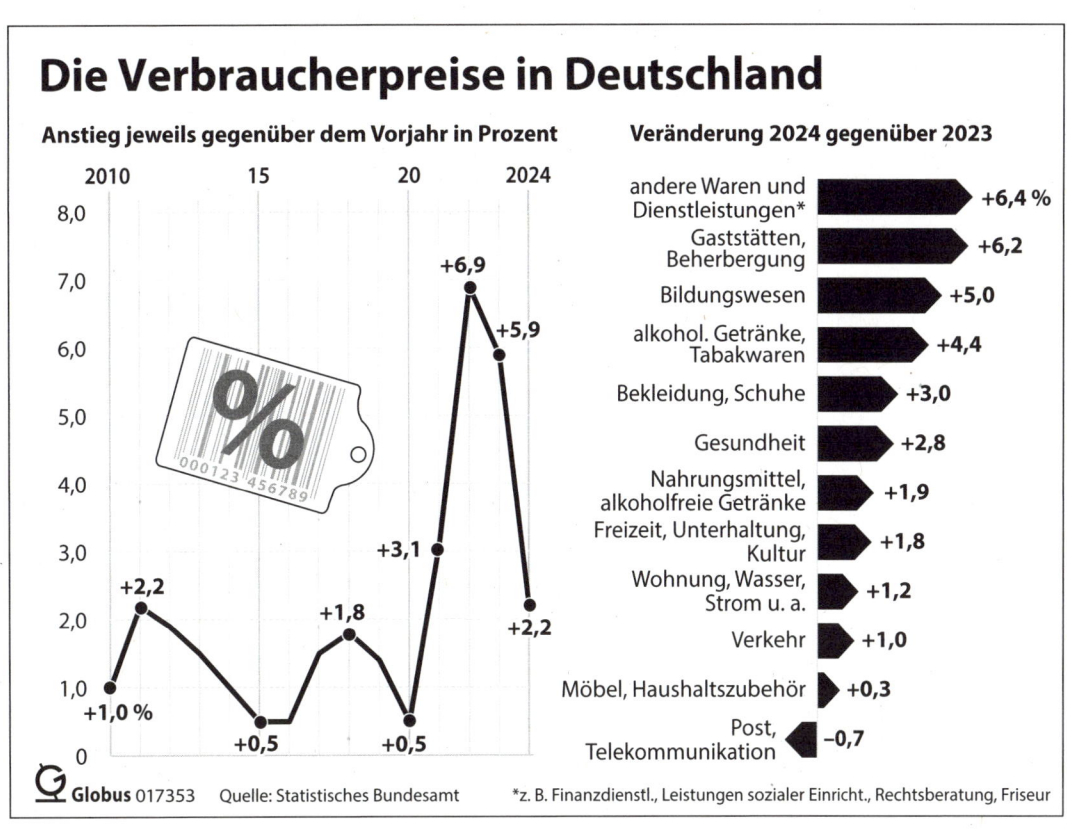

Wirtschaftsordnung und Wirtschaftspolitik

5.27 Inflationsarten

a) Sind Preiserhöhungen nicht Folge einer verstärkten Nachfrage, sondern in der Ausübung von einer Angebotsmarktmacht begründet, so spricht man von einer **Gewinninflation**. | 2

b) Eine **Fiskal- oder Staatsinflation** liegt vor, wenn über das normale Steueraufkommen hinaus vom Fiskus noch verstärkt Kredite im Bankensystem aufgenommen werden. Führen die dadurch finanzierten Staatsausgaben vorwiegend zu Einkommenseffekten (also ohne nennenswerte Vergrößerung des Güterangebotes), tritt eine inflatorische Entwicklung ein. | 4

c) Führt die Preissteigerung bei der Entlohnung der Produktionsfaktoren (Löhne, Zinsen, Grundrenten) nicht zu einer gleichzeitigen Produktivitätssteigerung, liegt eine **Kosteninflation** vor. | 1

d) Exportüberschüsse verkleinern die Güter- und vergrößern die Geldmenge (Devisenzufluss) im Inland; Zahlungsbilanzüberschüsse entstehen. Verstärkt werden kann die **importierte Inflation** auch durch Kapitalzuflüsse aus dem Ausland infolge eines höheren inländischen Zinsniveaus. | 6

e) Investieren die Unternehmen verstärkt in produzierte Produktionsmittel (z. B. Maschinen), kann dieser Nachfrageanstieg zu Preiserhöhungen in der **Investition**sgüterindustrie führen, die auch auf die Konsumgüterindustrie durchschlagen können. | 5

f) Da sich Spar- und Konsumquote zum verfügbaren Einkommen der privaten Haushalte ergänzen, bedeutet das Sinken der Sparquote die Ausweitung des privaten Konsums, der über Lohnerhöhungen, gestiegene Sozialleistungen oder Kreditaufnahme verstärkt werden kann. Kann nun das Güterangebot wegen Kapazitätsauslastung nicht mehr erhöht werden (Güterlücke), kommt es zu einer **Konsuminflation**. | 3

g) vgl. Erklärung zu b)! | 4

Wirtschaftsordnung und Wirtschaftspolitik

5.28 Bekämpfung von Inflation und Deflation

Die Bekämpfung wirtschaftlicher Ungleichgewichtslagen ist im Wesentlichen Geldmengensteuerung, d. h., Geldmenge und Kreditvolumen sollen im Falle der Inflationsbekämpfung verringert, im Falle der Deflationsbekämpfung ausgeweitet werden.

a) Zur Bekämpfung einer Inflation eignen sich die Maßnahmen unter Punkt **2.** und **4.** | 2 | 4 |

   Zu 2. Die Zentralbank führt An- und Verkäufe von Staatspapieren (festverzinsliche Wertpapiere) durch. Bei verstärktem Verkauf dieser Papiere **entzieht sie der Wirtschaft Geld**. Bei diesen Transaktionen ist die Zentralbank auf die Kaufwilligkeit der potenziellen Erwerber angewiesen.

   Zu 4. Erhöhte Mindestreserven treffen die Liquidität der Banken sehr empfindlich. **Geld wird knapp**, die Kredite werden teurer.

b) Zur Bekämpfung einer Deflation eignen sich die Maßnahmen unter Punkt **1.** und **3.** | 1 | 3 |

   Zu 1. Die Geschäftsbanken der Länder müssen einen bestimmten Satz ihrer Verbindlichkeiten aus Einlagengeschäften als Guthaben bei der Zentralbank halten. Senkt die Zentralbank die Mindestreservesätze, *steht den Banken mehr Geld zur Verfügung*, welches sie über Kredite der Wirtschaft weitergeben können.

   Zu 3. Durch Rückkauf von Offenmarkttiteln *fließt der Wirtschaft Geld zu*.

Inflation		Deflation	
Geldwert sinkt	–	Geldwert steigt	+
Güter knapp	–	Güter im Überangebot	+
Nachfrage steigt	+	Nachfrage sinkt	–
Produktion wird erhöht	+	Produktion wird verringert	–
Steigende Umlaufgeschwindigkeit	+	Sinkende Umlaufgeschwindigkeit	–
Maßnahmen		Maßnahmen	
▼		▼	
Verringerung der Geldmenge		Schaffung zusätzlicher Nachfrage	

Wirtschaftsordnung und Wirtschaftspolitik

5.29 Inflationsrate

Auswahlantwort **4.** ist richtig. ⟶ 4

Mit dem Begriff Inflation wird der Prozess allgemeiner Preissteigerung von Gütern und Dienstleistungen bezeichnet. Die Inflationsrate drückt die Preissteigerungsrate von Gütern und Dienstleistungen in % aus.

Zu 1. Die Exportquote bezeichnet den prozentualen Anteil aller Exporte einer Volkswirtschaft, gemessen an dessen Bruttoinlandsprodukt zu Marktpreisen.

Zu 2. Mit Konsum bezeichnet man den Ge- und Verbrauch von Gütern und Dienstleistungen. Die Ausgaben für den Konsum bewirken eine Verringerung des Geldvermögens bei den Endverbrauchern.

Zu 3. Das Bruttoinlandsprodukt ist die Summe aller in einer Volkswirtschaft produzierten Güter und Dienstleistungen bezogen auf einen bestimmten Zeitraum.

Zu 5. Die Sparquote bezeichnet den prozentualen Anteil des gesamten Sparens am Volkseinkommen (Das Volkseinkommen ist die Summe aller aus der Produktionstätigkeit entstandenen Einkommen einer Volkswirtschaft, bestehend aus dem Erwerbseinkommen (Löhne, Gehälter usw.) und dem Vermögenseinkommen (Miete, Pacht, Gewinne, Zinsen usw.), das die Bewohner eines Landes innerhalb eines Zeitraumes aus dem In- und Ausland beziehen.

5.30 Indikatoren

a) Szenario A zeigt eine Erholung bzw. einen konjunkturellen Aufschwung an. Hohe Auftragseingänge, rege Nachfrage nach Exportprodukten, Anstieg der Investitionen und der Inlandnachfrage kennzeichnen im Wesentlichen diese Entwicklung. ⟶ 2

b) Szenario B lässt nur geringe Wachstumszuwächse bzw. ein leichtes Schrumpfen der Wirtschaft erkennen. Die Veränderungen der Indikatoren zum Vorjahr sind minimal. ⟶ 1

c) Szenario C hat auffällige Steigerungsraten bei der umlaufenden Geldmenge und den Verbraucherpreisen. Dies deutet auf eine inflationäre Entwicklung hin. ⟶ 3

d) Szenario D ist durch eine sinkende Geldmenge und sinkende Verbraucherpreise gekennzeichnet. Der Konsum geht zurück, die Sparquote steigt. Dies lässt auf eine deflatorische Entwicklung schließen. ⟶ 4

e) Szenario E zeigt (wie Szenario A) positive Veränderungen der Indikatoren. Die leicht gesunkene Sparquote und die sinkende Arbeitslosigkeit können als Anzeichen eines wirtschaftlichen Aufschwungs gewertet werden. ⟶ 2

Wirtschaftsordnung und Wirtschaftspolitik

5.31 Kaufkraft, Konsum und Preisindex

Die Auswahlantworten **2.**, **3.** und **4.** sind richtig.   2   3   4

Zu 2. Die Kaufkraft wird größer.

Zu 3. Die Kaufkraft wird größer.

Zu 4. Eine deflatorische Entwicklung bedeutet, dass in einer Volkswirtschaft eine Überversorgung mit Gütern erfolgt, sodass der gleich gebliebenen Geldmenge mehr Güter als zuvor gegenüberstehen. Für eine Geldeinheit erhalte ich also jetzt mehr Güter als vorher, der Wert des Geldes ist gestiegen.

Zu 1. Die Kaufkraft wird kleiner.

Zu 5. Steigen die Preise, muss ich für die gleiche Gütermenge mehr Geld als vorher aufwenden, d. h. die Kaufkraft sinkt.

Zu 6. Eine inflatorische Entwicklung bedeutet, dass in einer Volkswirtschaft eine Unterversorgung mit Gütern vorliegt. Einer höheren Geldmenge steht somit eine niedrigere Gütermenge gegenüber. Erhöht sich die Umlaufgeschwindigkeit des Geldes wird der inflatorische Effekt noch verstärkt. Für eine Geldeinheit erhalte ich also jetzt weniger Güter als vorher; der Wert des Geldes ist gesunken.

Zu 7. Der stärkere Anstieg der Exportquote bedeutet, dass mehr Güter aus- als eingeführt wurden. Es kommt zur Unterversorgung der Volkswirtschaft mit Gütern. Vgl. auch Erläuterungen zu 6.

Wie viel von einer Gütermenge man für eine Geldeinheit kaufen kann, hängt vom Kauf- oder Tauschwert des Geldes ab.

Beispiel:

1 Liter Milch kostet 1,00 €. Steigt der Literpreis auf 2,00 €, so erhalte ich jetzt für die gleiche Menge Geld (1,00 €) nur noch eine geringere Menge Milch als zuvor (½ Liter), d. h., steigt das Preisniveau um 100 % (von 1,00 € auf 2,00 €), so sinkt die Kaufkraft des Geldes um 50 % (halbe Menge zum selben Preis oder: der Euro ist jetzt nur noch 50 Cent wert).

Somit steht die Kaufkraft im umgekehrten Verhältnis zum Preisniveau:

$$\text{Geldwert} = \frac{1}{\text{Preisniveau}}$$

GE = Geldeinheiten
GW = Geldwert
t = Zeit

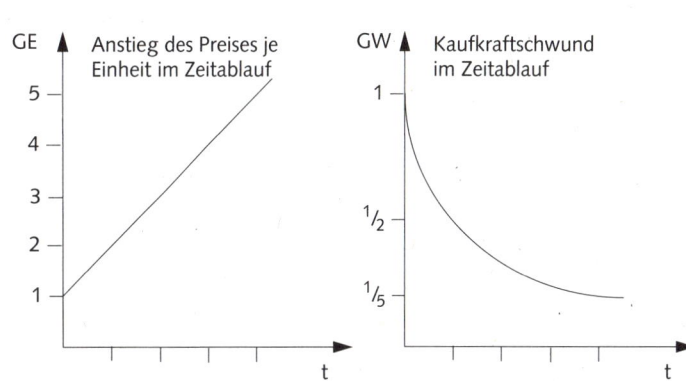

Steigt der Literpreis bei Milch von 1 auf 2, 3, 4 oder 5 € je Zeiteinheit, so fällt der Geldwert schließlich auf $1/5$.

Wirtschaftsordnung und Wirtschaftspolitik

5.32 Kaufkraft, Konsum und Preisindex

aa) Die Konsumquote des Jahres 2023 betrug **88,8 %**.

$$\text{Konsumquote (\%)} = \frac{(\text{Verfügbares Einkommen} - \text{Ersparnisse}) \times 100}{\text{Verfügbares Einkommen}}$$

$$= \frac{(1.588,2 - 178,5) \times 100}{1.588,2}$$

$$= \underline{88,8}$$

	%	,	
	8	8	8

ab) Die Konsumausgaben für 2022 lagen bei **1.374,7 Mrd. €**.

Konsumausgaben = Verfügbares Einkommen − Ersparnisse

$$\text{Verfügbares Einkommen (2022) in Mrd. €} = \frac{\text{Verfügbares Einkommen (2023)} \times 100}{100 + 3,1}$$

$$= \frac{1.588,2 \times 100}{103,1}$$

$$= 1.540,4$$

$$\text{Ersparnisse (2022) in Mrd. €} = \frac{\text{Ersparnisse (2023)} \times 100}{100 + 7,7}$$

$$= \frac{178,5 \times 100}{107,7}$$

$$= 165,7$$

	Mrd. €	,	
1	3 7 4	7	

Verfügbares Einkommen (2022):   1.540,4 Mrd. €
− Ersparnisse (2022):   165,7 Mrd. €
= Konsumausgaben (2022): =   <u>1.374,7 Mrd. €</u>

ac) Die Sparquote für 2022 betrug **10,8 %**.

$$\text{Sparquote (\%)} = \frac{\text{Ersparnisse} \times 100}{\text{Verfügbares Einkommen}}$$

$$= \frac{165,7 \times 100}{1.540,4}$$

$$= \underline{10,8}$$

	%	,	
	1	0	8

Wirtschaftsordnung und Wirtschaftspolitik

5.32 Kaufkraft, Konsum und Preisindex

b) Die Aussage **4.** ist **nicht** zutreffend! 4

Das Realeinkommen (2024) lag bei 1.490,5 Mrd. € (Siehe Erläuterungen zu Aussage 2.).

$$\text{Realeinkommen (2023) in Mrd. €} = \frac{1.588,2 \times 100}{106,6}$$

$$= 1.489,9 \text{ Mrd. €}$$

Die Realeinkommen differieren demnach um 0,6 Mrd. € (1.490,5 – 1.489,9). Das sind 0,04 % Veränderung und nicht 0,4 %:

1.489,9 Mrd. € = 100 %
0,6 Mrd. € = ? %

$$? \% = \frac{100 \times 0,6}{1.489,9}$$

$$= 0,04 \%$$

Die zufällig gleich hohe prozentuale Veränderung beim verfügbaren Einkommen und bei dem Preisindex lässt nicht auf einen gleich hohen Anstieg des Realeinkommens schließen.

Zu 1. Die Aussage ist zutreffend.

	Verfügbares Einkommen (2024):	1.594,8 Mrd. €
–	Ersparnisse (2024):	180,1 Mrd. €
=	Konsumausgaben (2024)	1.414,7 Mrd. €

	Verfügbares Einkommen (2023):	1.588,2 Mrd. €
–	Ersparnisse (2023):	178,5 Mrd. €
=	Konsumausgaben (2023)	1.409,7 Mrd. €

	Konsumausgaben (2024):	1.414,7 Mrd. €
–	Konsumausgaben (2023):	1.409,7 Mrd. €
=	Anstieg	5,0 Mrd. €

Fortsetzung auf der nächsten Seite

Wirtschaftsordnung und Wirtschaftspolitik

5.32 Kaufkraft, Konsum und Preisindex

Fortsetzung

Zu 2. Die Aussage trifft ebenfalls zu.

$$\text{Realeinkommen in Mrd. €} = \frac{\text{Verfügbares (nominales) Einkommen} \times 100}{\text{Preisindex}}$$

$$= \frac{1.594,8 \times 100}{107,0}$$

$$= 1.409,5$$

Zu 3. Die Aussage stimmt.

$$\text{Konsumquote (\%)} = \frac{(\text{Verfügbares Einkommen} - \text{Ersparnisse}) \times 100}{\text{Verfügbares Einkommen}}$$

$$= \frac{(1.594,8 - 180,1) \times 100}{1.594,8}$$

$$= 88,7$$

88,7 % von 1.000 € sind 887 €.

Zu 5. Die Aussage trifft zu.

Als Basisjahr für die Preisentwicklung wurde das Jahr 2020 gewählt. Hier beträgt der Ausgangspreisindex 100 (%). Da der Index im Jahr 2024 bei 107,0 (%) lag, sind die Preise der Verbrauchsgüter um 7 % gestiegen:

100 % = 500 €
7 % = ? €

$$? \, € = \frac{500 \times 7}{100}$$

$$= 35 \, €$$

Wirtschaftsordnung und Wirtschaftspolitik

5.33 Wechselkurse

a) Die Auswahlantworten **1.** und **4.** sind richtig. `1` `4`

Zu 1. und 4.
Durch das staatlich garantierte Austauschverhältnis zweier Währungen zueinander, können die am internationalen Handel beteiligten Importeure und Exporteure ihre Aufträge sicherer kalkulieren, da sie nicht mit Kursschwankungen zu rechnen brauchen (kein Kursrisiko).

Zu 2. Flexible Wechselkurse bilden sich nach dem Gesetz von Angebot und Nachfrage, verhindern somit wettbewerbsverzerrende Über- bzw. Unterbewertungen einzelner Währungen.

Zu 3. Angenommen, der Export der Bundesrepublik Deutschland in die Schweiz steigt bei gleichbleibendem Import an, dann erhöht sich das Angebot an Schweizer Franken auf dem deutschen Devisenmarkt. Dies führt zum Sinken des Wechselkurses. Durch den gesunkenen Wechselkurs wird nun der Import günstiger, was zu einer Ausweitung der Einfuhr führt.

Wenn der Import steigt, dann steigt auch die Nachfrage nach Euro auf dem Devisenmarkt, während das Angebot unverändert bleibt. Der Wechselkurs steigt für den Schweizer Franken. Dadurch wird nun der Export günstiger, was zu einer Ausweitung der Ausfuhr führt. Hieraus lässt sich die Tatsache ableiten, dass flexible Wechselkurse für einen Ausgleich von Export und Import sorgen. Dies begünstigt das Gleichgewicht der sich verändernden Auslandsaktiva (Devisenbilanz).

Zu 5. und 6.
Es besteht kein zwingender Zusammenhang zwischen der Verbilligung von Ex- bzw. Importen und festen Wechselkursen. Über die Verbilligung (Preissenkung) entscheidet das Kräftespiel zwischen Angebot und Nachfrage nach Export- bzw. Importgütern. Grundsätzlich aber gilt: Je stärker der Euro gegenüber einer Fremdwährung ist, desto preiswerter sind die im Fremdwährungsland angebotenen Importgüter. Je schwächer der Euro gegenüber einer Fremdwährung ist, desto preiswerter sind die im Euroland angebotenen Exportgüter.

b) Die Auswahlantworten **3.** und **4.** sind richtig. `3` `4`

Zu 3. Bei flexiblen Wechselkursen stört das Kursrisiko den Handels- und Kapitalverkehr. Es entstehen kursbedingte Zufallsgewinne bzw. Zufallsverluste.

Zu 4. Die unter 3. beschriebene Wirkung überträgt sich auch auf die Investitions- und Produktionsplanung außenhandelsabhängiger Unternehmen.

Zu 1. Bei festen Wechselkursen haben Staaten mit unterbewerteten Währungen Vorteile im Wettbewerb, da sie Ausfuhrüberschüsse erzielen, weil sie ihre Produkte zu billig verkaufen.

Zu 2. Staaten mit überbewerteten Währungen haben analog zu Antwort 1. Wettbewerbsnachteile. Das Land mit der überbewerteten Währung wird mehr importieren als exportieren.

Zu 5. und 6.
Zwischen der Verteuerung von Ex- bzw. Importen und festen Wechselkursen besteht auch kein zwingender Zusammenhang. Über die Verteuerung (Preisanstieg) entscheiden die Marktteilnehmer mit ihrem Angebot und ihrer Nachfrage nach Export- bzw. Importgütern. Vgl. auch die Erläuterungen zu 5. und 6. im Teil a).

Wirtschaftsordnung und Wirtschaftspolitik

5.34 Wechselkurse

a) Lösung mittels Dreisatz:

$$1\ € = 1{,}1037\ \$$$
$$2.250\ € = x\ \$$$

$$x\ \$ = \frac{1{,}1037\ \$ \cdot 2.250\ €}{1\ €}$$

$$= 2.483{,}33$$

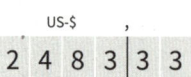

b) Richtig sind **1.** und **2.** | 1 | 2 |

Die Grafik zeigt die Veränderung des Kurswertes von Euro zum US-Dollar, d. h., steigen diese Wechselkurse, so steigt der Wert des Euro, sinken sie, so sinkt auch der Wert des Euro zum US-Dollar.

Zu 1. Konnten z. B. noch Ende 2019 für 1 € 1,1221 $ gezahlt werden, mussten Ende 2020 bereits 1,2239 $ aufgewendet werden. Dies entspricht aus US-amerikanischer Sicht einer Verteuerung von etwa 9,1 %. Der Wert des US-Dollars hat folglich in dieser Zeit gegenüber dem Euro abgenommen und der Euro demnach gegenüber dem US-Dollar zugenommen.

Zu 2. 2021 kostete 1 € 1,1374 $, 2022 nur noch 1,0703 $. Da das Produkt zu einem unveränderten Euro-Preis angeboten wird, musste ein amerikanischer Importeur also weniger US-Dollar aufwenden.

Zu 3. bis 5.
Siehe Erläuterungen zu 1. und 2.

c) Lösung mittels Dreisatz:

$$1{,}1037\ \$ = 1\ €$$
$$1\ \$ = x\ €$$

$$x\ € = \frac{1\ € \cdot 1\ \$}{1{,}1037\ \$}$$

$$= 0{,}90604\ldots \approx \underline{0{,}9060\ €}$$

€ , 0 | 9 0 6 0

5.35 Geld

a) Bei der Preisauszeichnung wird der Warenwert in Geldeinheiten ausgedrückt, das Geld fungiert hierbei als Wertmesser, Rechen- und **Ausdruckmittel**. | 1

b) Durch Sparen und Horten von Geld werden Werte **aufbewahrt** bzw. gesichert. Beim Sparen tragen die Zinsen zur Wertsicherung bei, beim Horten erfolgt kein Wertzuwachs (über längere Zeit droht Kaufkraftschwund). | 3

c) Durch die Gewährung von Krediten wird Kaufkraft **übertragen**. Der Preis für die Überlassung von Kaufkraft ist – wie beim Sparen – der Zins. | 2

d) Die Zahlungsbilanz enthält in Mrd. € **ausgedrückte** Leistungs-, Kapital- und Transaktionswerte. | 1

Wirtschaftsordnung und Wirtschaftspolitik

5.36 Steuerarten

Die Einteilung der Steuerarten in Besitz-, Verkehr- und Verbrauchsteuern erfolgt unter dem Gesichtspunkt der Steuerquelle. So knüpfen die Besitzsteuern an Einkommen, Ertrag und Vermögen, die Verkehrsteuern an Vorgänge des Rechts- und Wirtschaftsverkehrs an, die Verbrauchsteuern haben die Erstellung von Gütern und Diensten zum Steuergegenstand. Verbrauchsteuern werden auch als „Ausgabesteuern" bezeichnet, da sie nicht an den Verbrauch, sondern an die Ausgabe von Einkommen anknüpfen, Verbrauchsteuern sind sehr ergiebig, weil sie auch denjenigen treffen, der nicht zur Einkommensteuer herangezogen wird.

Als „indirekt" bezeichnet man die Steuern, die der Steuerschuldner auf eine andere Person abwälzen kann (z. B. ist die Umsatzsteuer eine Endverbrauchersteuer); sind dagegen Steuerschuldner und Steuerträger identisch (z. B. bei der Einkommensteuer, die ja nicht auf Dritte abgewälzt werden kann), spricht man von „direkter" Besteuerung.

Stellt man die Frage nach der Ertragshoheit (wem fließt die Steuer zu?), teilt man die Steuern in Bundes-, Länder- bzw. Gemeindesteuern ein. Teilen sich Bund, Länder und Gemeinden die Steuern, spricht man von Gemeinschaftssteuern.

		A	B	C
a)	Die Grundsteuer steht als direkte Besitzsteuer den jeweiligen Gemeinden zu.	1	3	8
b)	Der Erwerb von Grund und Boden ist ein Vorgang des Rechts- und Wirtschaftsverkehrs; diese direkte Verkehrsteuer vereinnahmt das Land.	1	4	7
c)	Die Kfz-Steuer ist eine direkte Verkehrsteuer des Bundes.	1	4	6
d)	Die Biersteuer ist eine abwälzbare Verbrauchsteuer, die den Ländern zusteht.	2	5	7
e)	Wie fast alle Verbrauchsteuern, steht die Energiesteuer als abwälzbare (indirekte) Steuer dem Bund zu.	2	5	6
f)	Bund, Länder und Gemeinden teilen sich diese direkte Besitzsteuerart.	1	3	9
g)	Abwälzbare Verkehrsteuer, die sich Bund, Länder und Gemeinden teilen.	2	4	9
h)	Direkte Besitzsteuer, die auf Bund und Länder aufgeteilt wird.	1	3	9
i)	Landessteuer (direkte Besitzsteuer).	1	3	7
j)	Direkte Besitzsteuer, die der Gemeinde zusteht.	1	3	8

Kurze Begriffs- erläuterung Steuerempfänger	Besitzsteuer Grundlage zur Berechnung der Steuer sind das Vermögen, das Einkommen oder der Ertrag		Verkehrsteuer Grundlage zur Berechnung der Steuer sind Vorgänge des Rechts- oder Wirtschaftsverkehrs	Verbrauchsteuer Abgaben für den Verbrauch oder Gebrauch bestimmter Waren, Steuerlast trägt der Verbraucher
Bund	Einkommensteuer, Gewerbesteuerumlage, Kapitalertragsteuer, Körperschaftsteuer	Solidaritätszuschlag	Kraftfahrzeug-, Versicherungsteuer	Alkopop-, Branntwein-, Energie-, Kaffee-, Schaumwein-, Strom-, Tabak-, Zwischenerzeugnissteuer
Länder		Erbschafts- und Schenkungsteuer	Grunderwerbsteuer, Lotteriesteuer, Spielbankabgabe	Biersteuer
Gemeinden	Anteil an der Kapitalertragsteuer, Einkommensteueranteil, Gewerbeertragsteuer, Grundsteuer		Anteil am Umsatzsteueraufkommen, Schankerlaubnissteuer	Getränke-, Hunde-, Vergnügungs-, Zweitwohnsitzsteuer

Wirtschaftsordnung und Wirtschaftspolitik

5.37 Merkmale bestimmter Steuerarten

a) Die Kirchensteuer wird prozentual von der **Lohnsteuer/Einkommensteuer** berechnet. | 3

b) Auf die Gewinne der juristischen Personen des privaten Rechts wie AG und GmbH wird **Körperschaftssteuer** erhoben. | 4

c) Die **Mehrwertsteuer** (Vorsteuer bei Verbindlichkeiten, Umsatzsteuer bei Forderungen) ist Bestandteil der Rechnungsbeträge umsatzsteuerpflichtiger Lieferungen und Leistungen. | 1

d) Die **Grundsteuer** ist eine Gemeindesteuer. | 2

e) Die **Einfuhrumsatzsteuer** (EUSt) fällt an, wenn Waren bzw. Leistungen aus dem Ausland bezogen werden. Die Einfuhrumsatzsteuer zählt neben den Verbrauchsteuern, Zöllen und Abschöpfungen (für land- und forstwirtschaftliche Erzeugnisse) zu den sog. Eingangsabgaben. | 5

5.38 Europäische Union

Richtig sind **2.** und **3.** | 2 3

Zu 2. Großbritannien hat die EU 2020 verlassen.

Zu 3. Die Schweiz verhält sich überwiegend neutral und hat der EU nie angehört.

Zu 1., 4. und 5.
Zur EU gehören im Januar 2024 27 Länder nämlich Belgien, Bulgarien, Dänemark, Deutschland, Estland, Finnland, Frankreich, Griechenland, Niederlande, Italien, Irland, Kroatien, Lettland, Litauen, Luxemburg, Malta, Österreich, Polen, Portugal, Rumänien, Schweden, Slowakei, Slowenien, Spanien, Tschechien, Ungarn und Zypern.

Wirtschaftsordnung und Wirtschaftspolitik

Kreuzworträtsel Wirtschaftsordnung und Wirtschaftspolitik:

Lösungswort

01. SUBVENTION
02. KONJUNKTUR
03. STABILITAETSGESETZ
04. GELDPOLITIK
05. HANDELSBETRIEBE
06. TERTIAERER
07. DEPRESSION
08. NEUVERSCHULDUNG
09. FRANCHISING
10. UMSATZSTEUER
11. FRIKTIONELLE
12. KAUFKRAFT
13. MARKTWIRTSCHAFT
14. DEFLATION
15. GWB
16. AUFSCHWUNG
17. KONZERN
18. VERTEILUNGSRECHNUNG

Notizen

Notizen

Notizen

Thomas Kurz

Fit in WiSo
Wirtschafts- und Sozialkunde für
kaufmännische Ausbildungsberufe

Prüfungstrainer Abschlussprüfung
Übungsaufgaben und erläuterte Lösungen

Aufgabenteil

Bestell-Nr. 2784

u-form Verlag · Hermann Ullrich GmbH & Co. KG

Deine Meinung ist uns wichtig!

Du hast Fragen, Anregungen oder Kritik zu diesem Produkt?

Das u-form Team steht dir gerne Rede und Antwort.

Einfach eine kurze E-Mail an

feedback@u-form.de

Änderungen, Korrekturen und Zusatzinfos findest du übrigens hier:

2784.dp.u-form.de

BITTE BEACHTEN:

Zu diesem Prüfungstrainer gehören auch noch ein **Lösungsteil** und ein heraustrennbarer **Lösungsbogen**.

7. Auflage 2025 · ISBN 978-3-95532-784-2

Alle Rechte liegen beim Verlag bzw. sind der Verwertungsgesellschaft Wort, Untere Weidenstr. 5, 81543 München, Telefon 089 514120, zur treuhänderischen Wahrnehmung überlassen. Damit ist jegliche Verbreitung und Vervielfältigung dieses Werkes – durch welches Medium auch immer – untersagt.

© u-form Verlag | Hermann Ullrich GmbH & Co. KG
Cronenberger Straße 58 | 42651 Solingen
Telefon: 0212 22207-0 | Telefax: 0212 22207-63
Internet: www.u-form.de | E-Mail: uform@u-form.de

Vorwort

Der vorliegende Prüfungstrainer eignet sich für eine umfassende Vorbereitung auf die Prüfungsinhalte der Wirtschafts- und Sozialkunde in kaufmännischen Ausbildungsberufen. Die Bearbeitung der Aufgaben setzt ein erweitertes Basiswissen in Wirtschafts- und Sozialkunde voraus.

Bei der Zusammenstellung der Aufgaben wurden fächerübergreifende Lerninhalte berücksichtigt. Die Aufgabensammlung deckt die wirtschafts- und sozialkundlichen Lerngebiete des länderübergreifenden Rahmenlehrplans für Allgemeine Wirtschaftslehre ab. Sie bietet zu Lern- und Prüfungsinhalten sowohl der Zwischen- als auch der Abschlussprüfung entsprechend geeignete Aufgaben, die in ihrer Art, ihrem Aufbau und Anspruch den Anforderungen der IHK-Aufgabensätze entsprechen.

Aufbau und Hinweise zum Umgang mit dem Prüfungstrainer:

Der Prüfungstrainer besteht aus drei Teilen: einem Aufgabenteil, einem Lösungs- und Erläuterungsteil sowie einem Lösungsbogen. Zur selbstständigen Bearbeitung der Aufgaben und zum Feststellen eventueller Wissenslücken empfiehlt es sich, den Lösungsteil zunächst zur Seite zu legen. Du solltest ihn erst zur Hand nehmen, nachdem du die erste Arbeitsphase abgeschlossen hast. In den meisten Berufen müssen die Prüflinge die Lösungen der (programmierten) Aufgaben in einen separaten Lösungsbogen eintragen. Wir haben daher diesem Prüfungstrainer einen Lösungsbogen beigefügt, damit du dich mit diesem Verfahren besser vertraut machen kannst.

Jedes Kapitel schließt mit einem Kreuzworträtsel ab, das zentrale Begriffe aus dem jeweiligen Themenbereich abfragt.

Bei den Erläuterungen zu jeder Lösung wurde auf eine ausführliche Darstellung geachtet.

Die in den Aufgaben vorkommenden Personennamen und Unternehmen sind frei erfunden.

Verlag und Autor wünschen dir viel Erfolg für deine Prüfung!

Inhaltsverzeichnis Aufgabenteil

Bereich	Seite
Lösungsbogen zum Heraustrennen	nach Seite 8
Musterunternehmung	9

1 Grundlagen des Wirtschaftens

1.01	Bedürfnis – Bedarf – Nachfrage	13
1.02	Güterbeziehungen	13
1.03	Güterarten	14
1.04	Ziele des Betriebes	15
1.05	Zielbeziehungen	16
1.06	Betriebswirtschaftliche Funktionen	17
1.07	Betriebswirtschaftliche Produktionsfaktoren	17
1.08	Betriebswirtschaftliche Produktionsfaktoren	18
1.09	Austausch von Produktionsfaktoren	19
1.10	Arbeitsteilung	19
1.11	Arbeitsteilung	20
1.12	Volkswirtschaftliche Produktionsfaktoren	20
1.13	Güter- und Finanzbewegungen	21
1.14	Finanzierungsarten	23
1.15	Einlagenfinanzierung	23
1.16	Finanzierungsarten	24
1.17	Insolvenzvoraussetzungen	24
1.18	Insolvenzantrag	25
1.19	Insolvenz	25
1.20	Finanzierungsarten und Leverage-Effekt	26
1.21	Finanzierung und Kreditsicherung	27
1.22	Leasing	28
1.23	Kreditarten	28
1.24	Factoring	29
1.25	Kreditsicherungen	29
1.26	Akkreditiv	30
1.27	Akkreditiv	31
1.28	Lieferantenkredit	32
1.29	Kreditgewährung	33
1.30	Darlehen	34
1.31	Electronic Banking	35
1.32	Zahlungswege	35
1.33	Zahlungen im Onlinehandel	36
1.34	Zinsrechnung	37
1.35	Zinsrechnung	37
1.36	Barzahlung	37
1.37	Marktformenschema	38
1.38	Marktformen	39
1.39	Marktgleichgewicht	40
1.40	Vollkommener/Unvollkommener Markt	40
1.41	Ökonomisches Prinzip	41
1.42	Investitionen	41
1.43	Kapitalbildung	42
1.44	Rentabilität – Wirtschaftlichkeit – Produktivität	43
	Kreuzworträtsel	44

Inhaltsverzeichnis Aufgabenteil

Bereich	Seite

2 Rechtliche Rahmenbedingungen

2.01	Rechtsgebiete	49
2.02	Rechtspersonen	49
2.03	Rechtliche Handlungsfähigkeiten	50
2.04	Geschäftsfähigkeit	51
2.05	Rechtsbegriffe	53
2.06	Rechtsgeschäfte	54
2.07	Nichtigkeit und Anfechtung	55
2.08	Nichtigkeit und Anfechtung	56
2.09	Besitz und Eigentum	57
2.10	Eigentumsvorbehalt	58
2.11	Besitz und Eigentum	59
2.12	Vertragsarten, -inhalte und -beispiele	60
2.13	Vertragsarten, -inhalte und -beispiele	61
2.14	Kaufarten	62
2.15	Vertragsabschluss	63
2.16	Sonderangebot	64
2.17	Angebot	65
2.18	Kaufvertrag	67
	2.18.1 Anfrage	67
	2.18.2 Angebotsvergleich und Angebot	69
	2.18.3 Angebotsvergleich und Angebot	70
	2.18.4 Bestellung	72
	2.18.5 Mängelrüge	74
2.19	Verbraucherschutzgesetze	76
2.20	Zustandekommen/Widerruf eines Kaufvertrages	77
2.21	Nationale Lieferungsbedingungen	78
2.22	Internationale Lieferungsbedingungen	79
2.23	Pflichtverletzungen beim Kaufvertrag	80
2.24	Kaufvertragsstörungen	81
2.25	Mangelhafte Lieferung	82
2.26	Zahlungsverzug	83
2.27	Zahlungsverzug	84
2.28	Lieferungsverzug	85
2.29	Erfüllungsort	86
2.30	Verjährung	87
2.31	Verjährung	88
2.32	Firma	88
2.33	Handelsregister	89
2.34	Handelsregister	90
2.35	Unternehmensformen	91
2.36	Gesellschaftsformen	92
2.37	Gesellschaftsformen	92
2.38	Gesellschaftsformen	92
2.39	Gesellschaftsformen	93
2.40	Gesellschaftsformen	93

Inhaltsverzeichnis Aufgabenteil

Bereich **Seite**

2 Rechtliche Rahmenbedingungen

- 2.41 Privatentnahmen..93
- 2.42 Personengesellschaften..94
- 2.43 Offene Handelsgesellschaft..95
- 2.44 Gewinnverteilung OHG...96
- 2.45 Gewinnverteilung KG..97
- 2.46 Aktiengesellschaft (Gründung, Organe)............................98
- 2.47 GmbH...99
- 2.48 Unternehmergesellschaft (UG).....................................99
-      Kreuzworträtsel..100

3 Menschliche Arbeit im Betrieb

- 3.01 Prokura und Handlungsvollmacht..................................105
- 3.02 Prokura und Handlungsvollmacht..................................105
- 3.03 Befugnisse bei einer GmbH & Co. KG..............................107
- 3.04 Zeichnung der Bevollmächtigten..................................109
- 3.05 Aufbau- und Ablauforganisation..................................109
- 3.06 Leitungssysteme...110
- 3.07 Stellenbeschreibung...111
- 3.08 Arbeits- und Geschäftsprozesse..................................111
- 3.09 Aufnahme der Prozesse...112
- 3.10 Ereignisgesteuerte Prozesskette.................................113
- 3.11 Ereignisgesteuerte Prozesskette.................................113
- 3.12 Entscheidungsformen und Führungsstile...........................115
- 3.13 Führungsmethoden..116
- 3.14 Personalförderung...117
- 3.15 Pyramide der Rechtsquellen......................................117
- 3.16 Arbeitsgesetze..118
- 3.17 Beteiligte im Dualen System.....................................119
- 3.18 Rechte und Pflichten in der Ausbildung..........................120
- 3.19 Ausbildungsvertrag..124
- 3.20 Arbeitszeiten – Pausen – Berufsschule...........................127
- 3.21 Pläne in der Ausbildung...128
- 3.22 Ausbildungsnachweise..129
- 3.23 Zwischen- und Abschlussprüfungen................................129
- 3.24 Beendigung des Berufsausbildungsverhältnisses...................129
- 3.25 Beendigung des Berufsausbildungsverhältnisses...................130
- 3.26 Zeugnis...130
- 3.27 Ärztliche Untersuchung..131
- 3.28 Mutterschutz, Elternzeit und Elterngeld.........................132
- 3.29 Urlaubsplanung..134
- 3.30 Arbeitsmodelle..136
- 3.31 Jugend- und Auszubildendenvertretung............................137
- 3.32 Betriebsrat...138
- 3.33 Tarifverhandlungen..140
- 3.34 Streik..140
- 3.35 Tarifverträge...141

Bereich	Seite

3 Menschliche Arbeit im Betrieb

- 3.36 Reisekostenabrechnung 142
- 3.37 Gehaltsabrechnung 144
- 3.38 Bestandteile der Lohn- und Gehaltsabrechnung 146
- 3.39 Erfassung der Lohnsteuerdaten 146
- 3.40 Lohnsteuerklassen 147
- 3.41 Werbungskosten/Sonderausgaben 147
- 3.42 Leistungen der Sozialversicherungen 148
- 3.43 Träger der Sozialversicherung 149
- 3.44 Europass-Lebenslauf 149
- 3.45 Gesetzlicher Mindestlohn 150
- 3.46 Kündigung 150
- 3.47 Besonderer Kündigungsschutz 151
- 3.48 Gesetzliche Kündigungsfrist 152
- 3.49 Qualifiziertes Zeugnis 152
- 3.50 Compliance 152
- Kreuzworträtsel 153

4 Arbeitssicherheit, Gesundheits- und Umweltschutz

- 4.01 Ergonomie 157
- 4.02 Gesundheitsberatung Deutsche Rentenversicherung 157
- 4.03 Work-Life-Balance 158
- 4.04 Lebenslanges Leben 158
- 4.05 Arbeitsunfälle 159
- 4.06 Mitarbeiterschulung Unfallverhütung 160
- 4.07 Unfallmeldung 160
- 4.08 Brandschutz 160
- 4.09 Verhalten im Brandfall 161
- 4.10 Zuständigkeiten beim Arbeitsschutz 161
- 4.11 Sicherheitszeichen 162
- 4.12 Sicherheitszeichen 162
- 4.13 Arbeitsschutzgesetze 163
- 4.14 Duales System 163
- 4.15 Kreislaufwirtschaftsgesetz 164
- 4.16 Abfallbewirtschaftung 164
- 4.17 Einkauf und Umweltbelastung 165
- 4.18 Energieverbrauch 165
- 4.19 Umweltlabel 166
- 4.20 Vermeidung von Umweltbelastungen 166
- 4.21 Treibhausgas 167
- 4.22 Klimawandel 168
- 4.23 Nachhaltigkeit 169
- Kreuzworträtsel 170

Inhaltsverzeichnis Aufgabenteil

Bereich	Seite

5 Wirtschaftsordnung und Wirtschaftspolitik

- 5.01 Sektoren der Wirtschaft 175
- 5.02 Sektoren der Wirtschaft 176
- 5.03 Wirtschaftszweige 177
- 5.04 Arbeitslosigkeit 178
- 5.05 Wirtschaftsordnungen 179
- 5.06 Kooperation und Konzentration 180
- 5.07 Kooperation und Konzentration 181
- 5.08 Wettbewerbsgesetze 182
- 5.09 Markteingriffe des Staates 182
- 5.10 Entscheidungsträger der Wirtschaft 183
- 5.11 Wirtschaftskreislauf 183
- 5.12 Erweiterter Wirtschaftskreislauf 184
- 5.13 Volkswirtschaftliche Gesamtrechnung 185
- 5.14 Volkswirtschaftliche Gesamtrechnung 186
- 5.15 Zahlungsbilanz 187
- 5.16 Konjunkturverlauf 188
- 5.17 Konjunkturphasen – Begriffe 189
- 5.18 Konjunktur und Konjunkturindikatoren 189
- 5.19 Konjunkturindikatoren 190
- 5.20 Konjunkturpolitik 190
- 5.21 Fiskalpolitik (antizyklisch) 191
- 5.22 Neuverschuldung 192
- 5.23 Stabilitätsgesetz – Ziele 192
- 5.24 Stabilitätsgesetz – Zielbeziehungen 193
- 5.25 Konjunkturausblick – Wirtschaftswachstum 194
- 5.26 Auswirkungen von Inflation und Deflation 195
- 5.27 Inflationsarten 196
- 5.28 Bekämpfung von Inflation und Deflation 197
- 5.29 Inflationsrate 197
- 5.30 Indikatoren 198
- 5.31 Kaufkraft, Konsum und Preisindex 199
- 5.32 Kaufkraft, Konsum und Preisindex 200
- 5.33 Wechselkurse 201
- 5.34 Wechselkurse 202
- 5.35 Geld 203
- 5.36 Steuerarten 204
- 5.37 Merkmale bestimmter Steuerarten 205
- 5.38 Europäische Union 205
- Kreuzworträtsel 206

Abkürzungsverzeichnis 208

Lösungsbogen

2784

Fit in WiSo

Trenne diesen Lösungsbogen vor Bearbeitung der Aufgaben heraus.

© u-form Verlag, Hermann Ullrich GmbH & Co. KG
Cronenberger Straße 58 · 42651 Solingen
Telefon: 0212 22207-0 · Telefax: 0212 22207-63
Internet: www.u-form.de · E-Mail: uform@u-form.de

7. Auflage 2025 · ISBN 978-3-95532-784-2

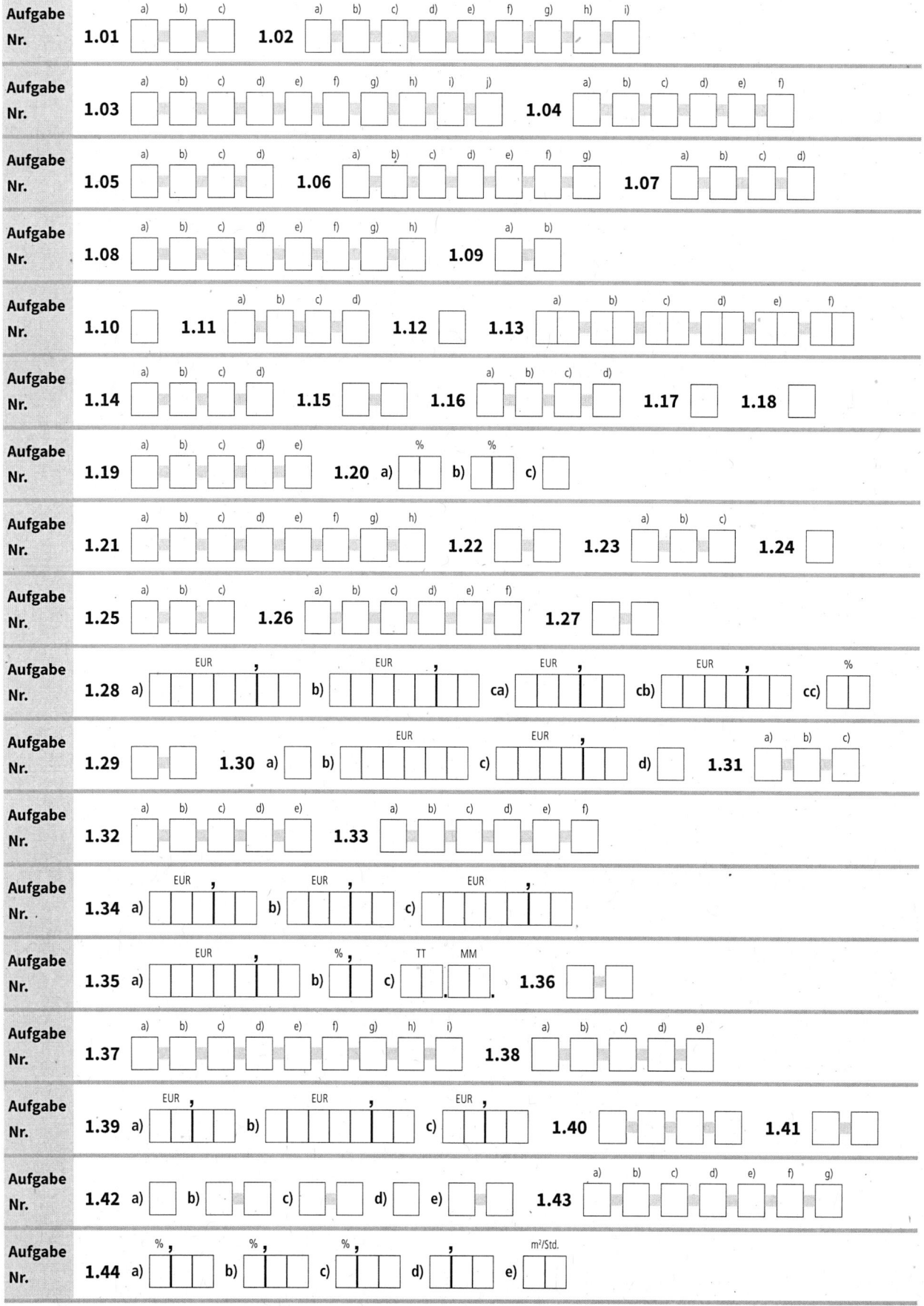

Rechtliche Rahmenbedingungen 2

Aufgabe Nr.															
2.01 ☐	2.02 a)☐ b)☐ c)☐ d)☐ e)☐ f)☐ g)☐							2.03 a)☐ b)☐ c)☐ d)☐ e)☐ f)☐ g)☐							

Aufgabe Nr. 2.04 a)☐ b)☐ c)☐ d)☐ e)☐ f)☐ g)☐ 2.05 a)☐ b)☐ c)☐ d)☐

Aufgabe Nr. 2.06 a)☐ b)☐ c)☐ d)☐ e)☐ f)☐ g)☐ h)☐ i)☐ 2.07 a)☐ b)☐ c)☐ d)☐ e)☐

Aufgabe Nr. 2.08 a)☐ b)☐ c)☐ d)☐ e)☐ f)☐ 2.09 ☐ 2.10 ☐ 2.11 a)☐ b)☐ c)☐ 2.11 a)☐ b)☐ c)☐ d)☐ e)☐

Aufgabe Nr. 2.12 a)☐ b)☐ c)☐ d)☐ e)☐ 2.13 a)☐ b)☐ c)☐ d)☐ 2.14 a)☐ b)☐ c)☐ d)☐ e)☐ f)☐

Aufgabe Nr. 2.15 ☐ 2.16 a)☐ b) ☐☐,☐ % 2.17 ☐☐ 2.18.1 ☐☐

Aufgabe Nr. 2.18.2 ☐☐☐☐,☐☐ EUR 2.18.3 a)☐ b)☐ 2.18.4 ☐ 2.18.5 ☐ 2.19 ☐ 2.20 ☐

Aufgabe Nr. 2.21 a)☐ b)☐ c)☐ d)☐ e)☐ f)☐ g)☐ h)☐ i)☐ j)☐ k)☐ 2.22 a)☐ b)☐ c)☐ d)☐ e)☐ f)☐

Aufgabe Nr. 2.23 Teil I a)☐ b)☐ c)☐ d)☐ 2.23 Teil II ☐ 2.24 ☐☐☐

Aufgabe Nr. 2.25 Teil I a)☐ b)☐ c)☐ d)☐ e)☐ 2.25 Teil II c) ☐☐.☐☐.☐☐☐☐ TT.MM.JJJJ 2.26 a)☐ b)☐ c)☐ d)☐

Aufgabe Nr. 2.27 Teil I ☐ 2.27 Teil II ☐ 2.28 Teil I ☐ 2.28 Teil II ☐ 2.29 a)☐ b)☐ c)☐ d)☐

Aufgabe Nr. 2.31 a) ☐☐.☐☐.☐☐☐☐ b) ☐☐.☐☐.☐☐☐☐ c) ☐☐.☐☐.☐☐☐☐

Aufgabe Nr. 2.32 aa)☐ ab)☐ ac)☐ ad)☐ ae)☐ 2.33 ☐☐ 2.34 a)☐ b)☐ c)☐

Aufgabe Nr. 2.35 Teil I a)☐ b)☐ c)☐ d)☐ e)☐ f)☐ g)☐ h)☐ 2.35 Teil II a)☐ b)☐ c)☐ d)☐ e)☐ 2.36 ☐

Aufgabe Nr. 2.37 ☐ 2.38 ☐ 2.39 ☐ 2.40 ☐ 2.41 ☐ 2.42 a)☐ b)☐ c)☐ d)☐ e)☐ f)☐

Aufgabe Nr. 2.43 a)☐ b)☐ c)☐ 2.44 a) ☐☐☐☐ EUR b) ☐☐☐☐☐ EUR

Aufgabe Nr. 2.45 a) ☐☐☐☐☐ EUR b) ☐☐☐☐ EUR c) ☐☐☐☐ EUR 2.46 Teil I ☐☐

Aufgabe Nr. 2.46 Teil II a)☐ b)☐ c)☐ d)☐ e)☐ f)☐ g)☐ h)☐ 2.47 a)☐ b)☐ c)☐ d)☐

Aufgabe Nr. 2.48 ☐☐

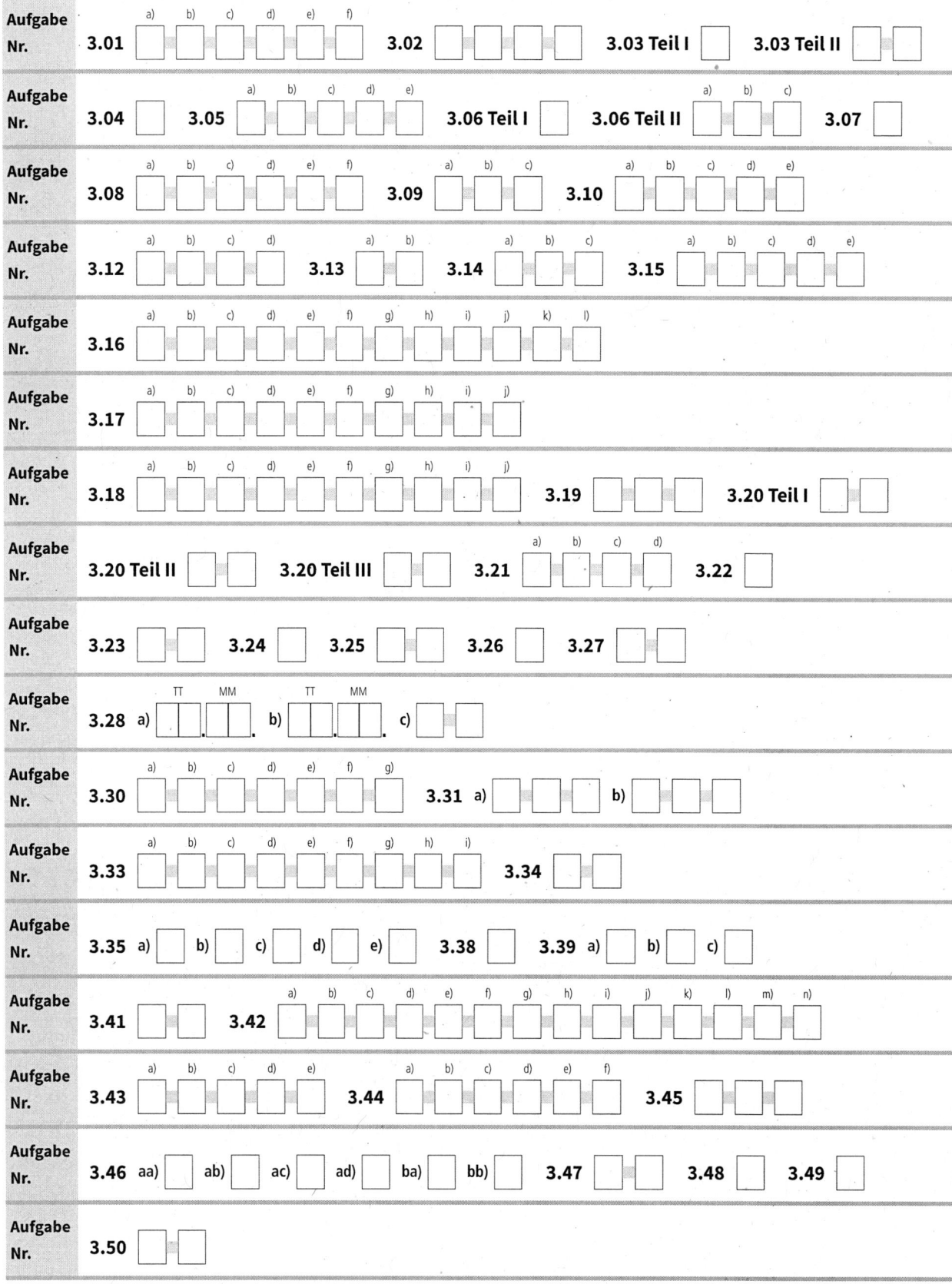

Arbeitssicherheit, Gesundheits- und Umweltschutz 4

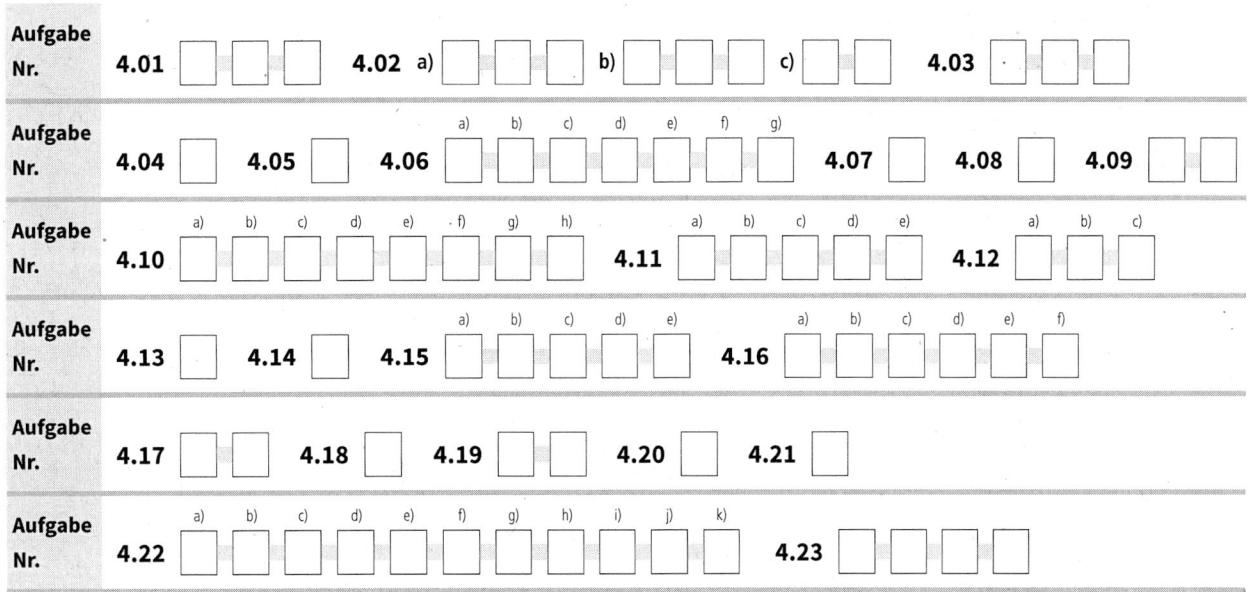

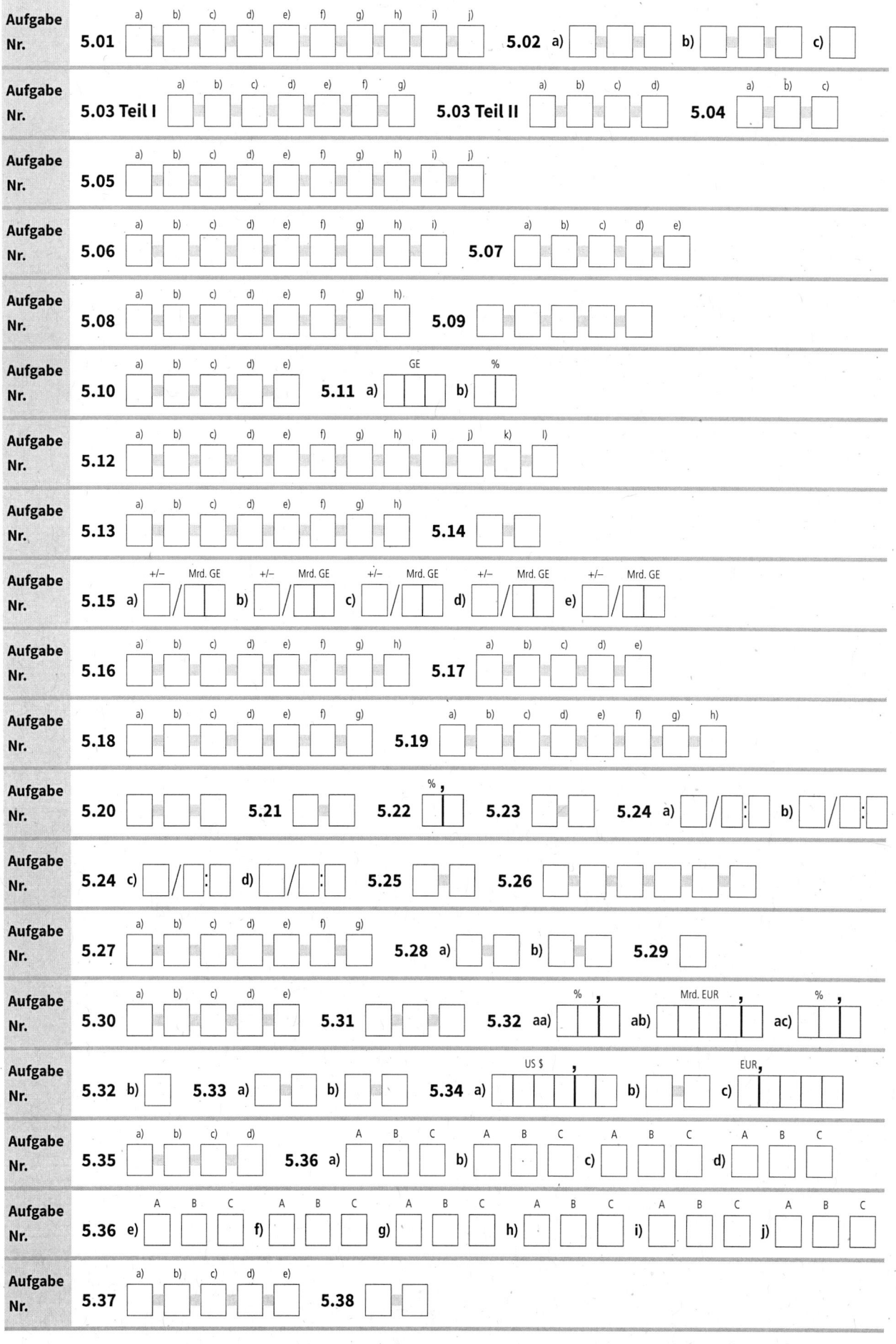

Musterunternehmung

Hinweis: Ab hier wirst du wie in der Abschlussprüfung gesiezt.

Mehrere Aufgaben dieses Prüfungstrainers beziehen sich auf die **Office Experten GmbH**. Beachten Sie bei diesen Aufgaben die folgende Unternehmensbeschreibung und versetzen Sie sich in die Lage eines Mitarbeiters/einer Mitarbeiterin.

Firma	Office Experten GmbH
Geschäftsfelder	Herstellung und Vertrieb von Büromöbeln und Bürozubehör Planung und Realisierung kompletter Büro- und Konferenzraumeinrichtungen
Geschäftssitz	40764 Langenfeld, Leibnizstr. 14
Registergericht	HRB-Nr. 56910, Registergericht Düsseldorf USt.Id-Nr. DE 816740602 Steuernummer: 135/5790/8038
Geschäftsführerin	Jasmin Hauser
Prokurist	Alexandrakis Mostakis (Einzelprokura)
Gesellschafter/Stammeinlagen	Jasmin Hauser 150.000,00 € Frederic Hauser 150.000,00 € Benjamin Klein 200.000,00 €
Geschäftsjahr	1. Januar bis 31. Dezember
Bankverbindungen	Commerzbank Langenfeld IBAN: DE46 3424 0050 0838 6838 00 BIC: COBADEFFXXX Postbank Köln IBAN: DE58 3701 0050 0704 1945 02 BIC: PBNKDEFFXXX
Kommunikation	Telefon: 02173 612-0 Telefax: 02173 612-106 Internet: www.office-experten-gmbh.de E-Mail: info@office-experten-gmbh.de
Mitarbeiter/innen	127 Beschäftigte, davon 12 Auszubildende
Arbeitsrechtliche Vorschriften	Es ist sowohl ein Betriebsrat als auch eine Jugend- und Auszubildendenvertretung eingerichtet. Es besteht keine Tarifbindung. Die Regelarbeitszeit liegt bei 41 Stunden. Es werden 29 Arbeitstage Urlaub bezogen auf eine Fünf-Tage-Woche gewährt.
Auszug aus dem Absatzprogramm	Produktionsprogramm (Eigene Erzeugnisse): Schreibtische, Aktenschränke, Regalsysteme, Schreibtischstühle, Konferenzstühle, Konferenztische Handelswaren: Stehpulte, Aktenvernichter, Whiteboards, Smartboards, Pinnwände, Flipcharts, Beamer, Visualizer, Leinwände, Schreibtischlampen Dienstleistungen: Planung der gesamten Einrichtung, Montage der gelieferten Möbel, Entsorgung von Alteinrichtungen
Fertigungsart	Einzel- und Serienfertigung, Reihen- und Werkstättenfertigung
Stoffe	**Rohstoffe:** Holz, Aluminium, Kunststoffe **Hilfsstoffe:** Schrauben, Nägel, Dübel, Leim, Lacke, diverse Kleinteile **Betriebsstoffe:** Schmierstoffe, Wasser, Strom, Heizöl, Gas **Vorprodukte:** Tür- und Möbelschlösser, Scharniere, diverse Kleinteile **Energie:** Gas, Strom, Sonnenenergie

Trennen Sie diese Seite ggf. zur einfacheren Bearbeitung der Aufgaben heraus.

Notizen

1 Grundlagen des Wirtschaftens

Notizen

Grundlagen des Wirtschaftens

1.01 Bedürfnis – Bedarf – Nachfrage

Der Auszubildende Lukas Schlitt verlässt in der Mittagspause mit knurrendem Magen den Betrieb und steuert zielstrebig den nächsten Schnellimbiss an, um seinen Hunger durch einen Döner-Teller mit Kalbfleisch zu stillen. Das nötige Kleingeld dafür hat er morgens extra eingesteckt. Angekommen gibt er die Bestellung, inklusive einer Cola, zum Preis von 8 € auf.

Ordnen Sie die Begriffe

1. Nachfrage   **2.** Bedarf   **3.** Bedürfnis

den folgenden Auszügen aus der Situationsbeschreibung zu. Übertragen Sie anschließend Ihre senkrecht angeordneten Lösungsziffern von links nach rechts in den Lösungsbogen.

a) … mit knurrendem Magen …

b) … seinen Hunger durch einen Döner-Teller zu stillen.

c) … gibt er die Bestellung auf.

1.02 Güterbeziehungen

Güter besitzen die Eigenschaft, sich gegenseitig ersetzen oder im Güterverbund sinnvoll ergänzen zu können. Man spricht dann von Substitutions- bzw. Komplementärgütern.

Ordnen Sie zu, indem Sie die Kennziffern der 2 Güterbeziehungen in die Kästchen neben den Güterarten eintragen. Übertragen Sie anschließend Ihre senkrecht angeordneten Lösungsziffern in dieser Reihenfolge von links nach rechts in den Lösungsbogen.

Güterbeziehungen

1. Substitutionsgüter   **2.** Komplementärgüter

Güterarten

a) Füllfederhalter/Tintenkiller

b) Glasflasche/Plastikflasche

c) Butter/Margarine

d) Auto/Benzin

e) Elektrogeräte/Strom

f) Holzrahmen/Kunststoffrahmen

g) Zugmaschine/Anhänger

h) Pfeife/Tabak

i) Ölheizung/Gasheizung

Grundlagen des Wirtschaftens

1.03 Güterarten

Ordnen Sie zu, indem Sie die Kennziffern der nachfolgend genannten Gütereinteilungsmerkmale in die Kästchen hinter den unten stehenden Beispielen eintragen. Übertragen Sie anschließend Ihre senkrecht angeordneten Lösungsziffern von links nach rechts in den Lösungsbogen.

Gütereinteilungsmerkmale

1. Konsum- und Verbrauchsgut
2. Konsum- und Gebrauchsgut
3. Produktions- und Verbrauchsgut
4. Produktions- und Gebrauchsgut

Beispiele

a) Die Tonerkartuschen des Laserdruckers im Vertrieb werden erneuert.

b) Jasmin Hauser, Geschäftsführerin der Office Experten, kauft einen Schreibtisch für das Zimmer ihres Sohnes.

c) Prokurist Alexandrakis Mostakis erwirbt für sein Ferienhäuschen in Griechenland eine Einbauküche.

d) Nadja Lopez aus der Abteilung Rechnungswesen bucht für ihren Jahresurlaub eine 7-tägige Kreuzfahrt durch das Mittelmeer.

e) Die Office Experten ordern 30 Kartons Druckerpapier zu je 2.500 Blatt.

f) Benjamin Klein, Gesellschafter der Office Experten, lässt sich wegen eines Rechtsstreits mit seinem Nachbarn von einem Fachanwalt kostenpflichtig beraten.

g) Alexandrakis Mostakis kauft für die Office Experten einen neuen Gabelstapler für das Auslieferungslager.

h) Die Office Experten schließen mit einem Regionalstromanbieter einen Vertrag über die Mindestabnahme eines Stromkontingents.

i) Geschäftsführerin Jasmin Hauser tankt Benzin für eine Geschäftsreise mit dem Firmen-PKW.

j) Nadine Esser, Mitarbeiterin der IT-Abteilung, kauft Tintenpatronen für ihren Drucker im häuslichen Arbeitszimmer, den sie auch für private Ausdrucke nutzt.

1.04 Ziele des Betriebes

Die Office Experten verfolgen

1. sachliche Ziele
2. ökonomische Ziele
3. ökologische Ziele
4. soziale Ziele

Ordnen Sie zu, indem Sie die Kennziffern der Ziele in die Kästchen hinter den Beispielen eintragen. Übertragen Sie anschließend Ihre senkrecht angeordneten Lösungsziffern in dieser Reihenfolge von links nach rechts in den Lösungsbogen.

Beispiele

a) Zukünftig soll verstärkt auf die Verwendung von recycelten Stoffen geachtet werden. Deren Anteil soll in den nächsten fünf Jahren auf 30 % ansteigen.

b) Durch gezielte innerbetriebliche Fortbildung sollen den Mitarbeitern Aufstiegschancen eröffnet und die Zufriedenheit gesteigert werden.

c) Durch flexible Arbeitszeitmodelle sollen den Mitarbeitern mehr eigene Gestaltungsmöglichkeiten gegeben werden.

d) Durch die Beschränkung auf wenige Zulieferer bei den Materialien sollen die Konditionen verbessert werden.

e) In den kommenden Jahren soll ein besonderer Fokus auf die Ausweitung der Auslandsmärkte gelegt werden.

f) Die Eigenkapitalrentabilität soll durch die neuen Auslandskunden langfristig verdoppelt werden.

Grundlagen des Wirtschaftens

1.05 Zielbeziehungen

Bei den Zielen des Betriebes kann es sich um

1. komplementäre Ziele
2. konkurrierende Ziele
3. indifferente Ziele

handeln.

Ordnen Sie zu, indem Sie die Kennziffern der Zielbeziehungen in die Kästchen hinter den Beispielen eintragen. Übertragen Sie anschließend Ihre senkrecht angeordneten Lösungsziffern in dieser Reihenfolge von links nach rechts in den Lösungsbogen.

Beispiele

a) Ziel 1: Die Kosten sollen im folgenden Jahr um 7 % gesenkt werden.
   Ziel 2: Die Gesamtkapitalrentabilität soll um 2 % erhöht werden.

b) Ziel 1: Die Ausschussquote soll auf 3 % abgesenkt werden.
   Ziel 2: Der Jahresabschluss soll zukünftig bereits Ende Januar fertiggestellt sein.

c) Ziel 1: Der durchschnittliche Lagerbestand bei den Waren soll um 20 % gesenkt werden.
   Ziel 2: Die Lieferfähigkeit soll um 10 % erhöht werden.

d) Ziel 1: Erhöhung der Kundenzufriedenheit auf 90 %.
   Ziel 2: Absenkung der Rückläuferquote auf 5 %.

Grundlagen des Wirtschaftens

1.06 Betriebswirtschaftliche Funktionen

Bei den Office Experten werden die folgenden betriebswirtschaftlichen Funktionen wahrgenommen:

1. Absatz   **2.** Beschaffung   **3.** Leitung   **4.** Finanzierung   **5.** Produktion

Ordnen Sie zu, indem Sie die Kennziffern der Funktionen in die Kästchen hinter den Einzelaufgaben eintragen. Übertragen Sie anschließend die senkrecht angeordneten Lösungsziffern in dieser Reihenfolge von links nach rechts in den Lösungsbogen.

Einzelaufgaben

a) Der Lieferant von Aluminiumprofilen für die Regalsysteme wird in Lieferungsverzug gesetzt.

b) Die Schreibtischstühle werden vor dem Versand auf ihre Funktionsfähigkeit überprüft.

c) Der Bedarf an Buchenholz für die nächsten drei Monate wird disponiert.

d) Aktualisierung der Verkaufspreise im Internetshop.

e) Bezahlung der fälligen Lieferantenverbindlichkeiten.

f) Testen einer neuen Hydraulik für Schreibtischstühle.

g) Entscheidung über die Schaffung einer Stabsstelle für Rechtsfragen wird getroffen.

1.07 Betriebswirtschaftliche Produktionsfaktoren

Die Office Experten verfügen u. a. über folgende Vermögensgegenstände:

1. Betriebs- und Geschäftsausstattung

2. Warenvorräte

und haben folgende Beschäftigte:

3. Geschäftsführerin u. leitende Angestellte

4. weisungsgebundene Angestellte u. Auszubildende

Ordnen Sie die zutreffenden Kennziffern der vorstehenden Angaben den unten aufgeführten Produktionsfaktoren zu. Übertragen Sie anschließend die senkrecht angeordneten Lösungsziffern von links nach rechts in den Lösungsbogen.

Produktionsfaktoren (aus betrieblicher Sicht)

a) Dispositiver Faktor

b) Werkstoffe

c) Betriebsmittel

d) (ausführende) Arbeit

Grundlagen des Wirtschaftens

1.08 Betriebswirtschaftliche Produktionsfaktoren

Zur Herstellung eines Holzschrankes benötigen die Office Experten folgende Produktionsfaktoren:

1. Rohstoffe
2. Hilfsstoffe
3. Betriebsstoffe
4. Betriebsmittel

Ordnen Sie zu, indem Sie die Kennziffer des jeweiligen Produktionsfaktors in die Kästchen neben den Beispielen eintragen. Übertragen Sie anschließend Ihre senkrecht angeordneten Lösungsziffern in dieser Reihenfolge von links nach rechts in den Lösungsbogen.

Beispiele

a) Tischkreissäge

b) Nägel

c) Gummipuffer

d) Holz

e) Bohrmaschine

f) Öl zum Versiegeln der Holzporen

g) Leim

h) Schmierfett der Tischkreissäge

Grundlagen des Wirtschaftens

1.09 Austausch von Produktionsfaktoren

In welchen der unten beschriebenen Fällen handelt es sich um eine

a) Ersatzinvestition innerhalb desselben Produktionsfaktors?

b) Investition, bei der ein Produktionsfaktor durch einen anderen ersetzt wird?

Fälle

1. Heinz Knecht, Mitarbeiter der Personalabteilung bei den Office Experten, scheidet zum Quartalsende aus Altersgründen aus; als Nachfolgerin wird die 22-jährige Ann-Kathrin Weber eingestellt.
2. Der Auszubildende Lukas Schlitt soll nach Ende der Ausbildung eine Stelle im Einkauf übernehmen.
3. Die frei werdende Teilzeitstelle für Registraturtätigkeiten soll nicht neu besetzt werden.
4. Die Office Experten wollen ihre Hard- und Software stärker ausbauen, um den Verkauf über ihren Online-Shop weiter voranzutreiben. Eine zu einem Mitbewerber gewechselte Vertriebsmitarbeiterin soll deswegen nicht ersetzt werden.

1.10 Arbeitsteilung

Bei welchem der folgenden Sachverhalte bei den Office Experten handelt es sich um eine betriebliche Arbeitsteilung?

1. Einige tropische Holzsorten werden aus Wiederaufforstungen aus Indonesien bezogen.
2. Bürostühle durchlaufen die Abteilungen Metallbearbeitung, Polsterei und Montage.
3. Die Hydraulik für höhenverstellbare Schreibtische wird bei einem Hersteller im Hunsrück gekauft.
4. Der Verkauf ins Ausland erfolgt über selbstständige Importgesellschaften des jeweiligen Landes.
5. Die Implementierung einer neuen Software in ein vorhandenes Netzwerk wird durch ein spezialisiertes Softwarehaus vorgenommen.

Grundlagen des Wirtschaftens

1.11 Arbeitsteilung

Durch Arbeitsteilung lässt sich die Effizienz des Produktionsfaktors Arbeit wesentlich verbessern. Je nach Arbeitsbereich unterscheidet man folgende

Arten der Arbeitsteilung

1. Berufsbildung
2. Berufsspaltung
3. Produktionsteilung
4. Arbeitszerlegung

Ordnen Sie zu, indem Sie die Kennziffern der Arbeitsteilungsarten in die Kästchen neben den nachstehenden Aussagen eintragen. Übertragen Sie anschließend Ihre senkrecht angeordneten Lösungsziffern in dieser Reihenfolge von links nach rechts in den Lösungsbogen.

Aussagen

a) Die Arbeit eines Tischlers zur Herstellung eines Büromöbels (z. B. Schreibtisch) kann zum Zwecke der industriellen Fertigung in folgende Teilleistungen aufgeteilt werden: Holzzuschnitt, Holzfeinschnitt, Hobeln, Schleifen, Leimen, Furnieren, Lackieren, Beschlagen etc.

b) Aufgrund individueller Fähigkeiten und Neigungen entstanden Grundberufe wie Bäcker, Mechaniker, Kaufmann oder akademische Berufe wie Lehrer, Ärzte, Juristen.

c) Mit zunehmender Technisierung und Spezialisierung sind dann später kaufmännische Ausbildungsberufe wie Informatikkaufleute oder Kaufleute für Büromanagement bzw. gewerbliche wie Mechatroniker und Industriemechaniker oder freie Berufe wie Augenärzte und Zahnärzte oder Rechtsanwälte und Notare entstanden.

d) Ein Montagebetrieb der Automobilindustrie bezieht Reifen, Elektronikteile und Schrauben von verschiedenen Zulieferbetrieben; ein Schraubenproduzent beliefert Automobilbauer, Baumärkte und Küchenhersteller.

1.12 Volkswirtschaftliche Produktionsfaktoren

Boden – Arbeit – Kapital heißen die drei volkswirtschaftlichen Produktionsfaktoren.
Welches der folgenden Beispiele bezeichnet eine Vorstufe zu einem dieser Faktoren?

Beispiele

1. Bebaute Grundstücke
2. Unbebaute Grundstücke
3. Werkzeuge
4. Maschinen
5. Verkaufspersonal
6. Personalchef
7. Bankguthaben
8. Warenvorräte

1.13 Güter- und Finanzbewegungen

Die folgende Abbildung ist Grundlage für die Aufgabe auf der nächsten Seite.

Die Office Experten stehen – wie jede andere Unternehmung auch – durch verschiedene Finanz- und Güterbewegungen in Beziehung mit dem Staat und den Märkten (Modell mit den Sektoren A, B, K, S und U):

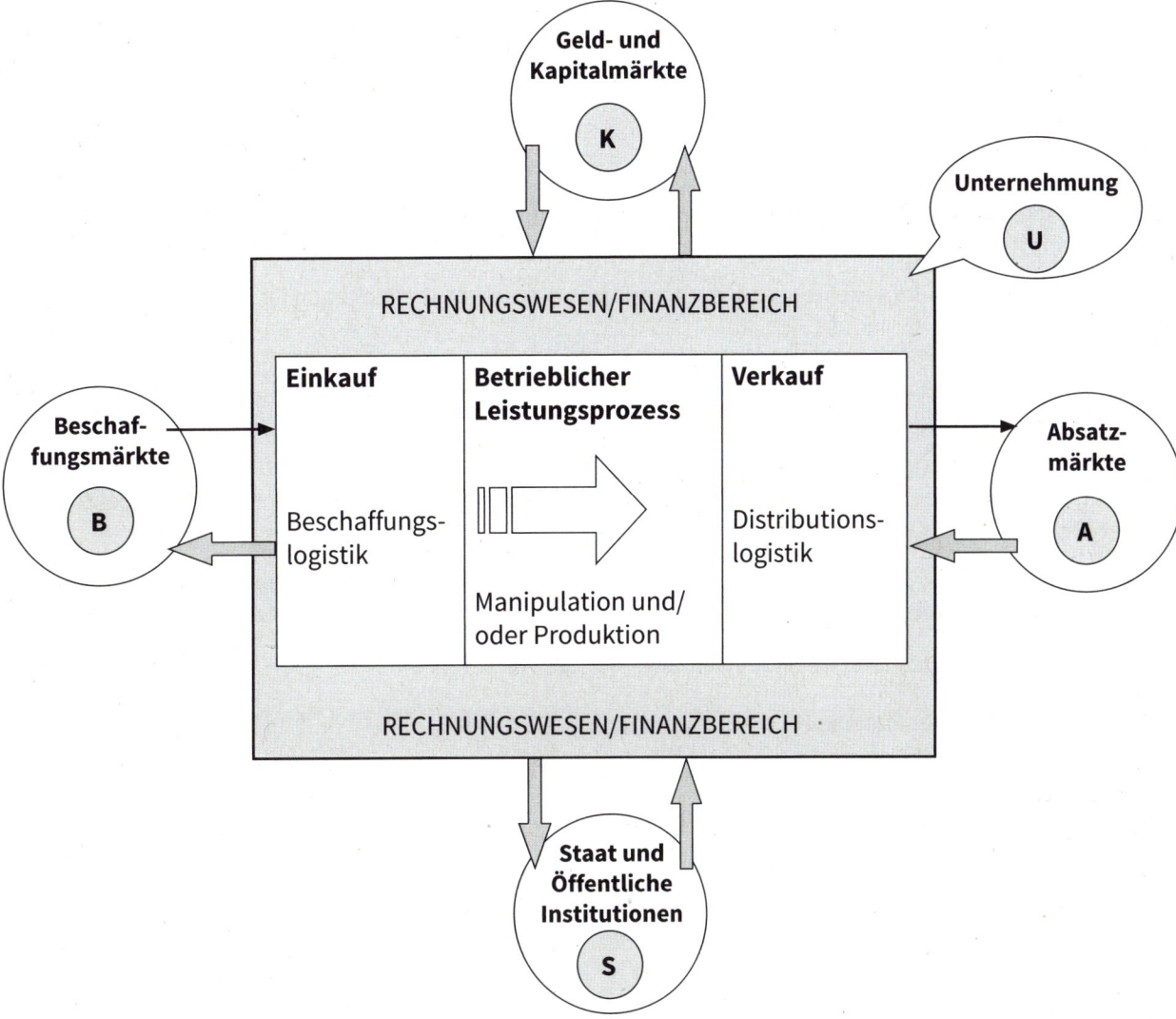

→ Güterbewegungen (auch Arbeitsleistungen des Personals i. S. v. Leistungsgütern)
⇒ Finanzbewegungen

Fortsetzung auf der nächsten Seite

Grundlagen des Wirtschaftens

1.13 Güter- und Finanzbewegungen

Fortsetzung

In der vorstehenden Abbildung sind mit eingekreisten Buchstaben (A), (B), (K) und (S) die Märkte und der Staat (sowie öffentl. Institutionen) markiert, mit denen die Unternehmung (U) im Güter- und Finanzaustausch steht.

> **Beispiel:**
>
> Die Unternehmung kauft ein Grundstück und zahlt Grunderwerbsteuer an das Land bzw. die Kommune.
>
> Die Unternehmung kauft das Grundstück (Immobilie) auf einem Beschaffungsmarkt (hier: Immobilienmarkt). Dies ist eine Güterbewegung von **B** nach **U**.
>
> Die Zahlung der Grunderwerbsteuer an das Land bzw. die Kommune hingegen ist eine Finanzbewegung von **U** nach **S**.

Ordnen Sie den folgenden Güter- und Finanzbewegungen die Kennbuchstaben der abgebenden und empfangenden Sektoren zu. Tragen Sie in das erste Kästchen den Kennbuchstaben des Sektors ein, der die Güter bzw. Gelder bereitstellt. In das zweite Kästchen tragen Sie den Kennbuchstaben des Sektors ein, der die Güter bzw. Gelder empfängt.

Güter- und Finanzbewegungen	abgebender Sektor	empfangender Sektor
a) Die Office Experten stellen zwei Möbelschreiner für die Werkstatt ein.		
b) Der Zwischenhändler Mahnke KG erhält von den Office Experten eine Lieferung von 35 Schreibtischen zum Weiterverkauf.		
c) Frederic Hauser erhöht seine Stammeinlage um 50.000,00 €.		
d) Die Office Experten zahlen ein Darlehen an die Commerzbank zurück.		
e) Die Office Experten zahlen ihren IHK-Mitgliedsbeitrag.		
f) Die Office Experten nehmen die steuerlich günstige Möglichkeit der Vollabschreibung von Geringwertigen Wirtschaftsgütern (GWG) in Anspruch.		

Grundlagen des Wirtschaftens

1.14 Finanzierungsarten

1		2	
Finanzierung aus Abschreibungen	Finanzierung aus nicht entnommenen Gewinnen	Finanzierung über Einlagen	Finanzierung über Kredite
3			4

Ordnen Sie die Kennziffern für die fehlenden Begriffe den nachfolgenden Finanzierungsarten zu. Übertragen Sie anschließend Ihre senkrecht angeordneten Lösungsziffern in dieser Reihenfolge von links nach rechts in den Lösungsbogen.

a) Außenfinanzierung

b) Fremdfinanzierung

c) Eigenfinanzierung

d) Innenfinanzierung

1.15 Einlagenfinanzierung

Die Office Experten überprüfen verschiedene Möglichkeiten der Teilfinanzierung einer vollautomatischen Fertigungsstraße für Regalteile.

Bei welchen **2** Alternativen handelt es sich um eine Einlagenfinanzierung?

1. Bei der Commerzbank Langenfeld soll ein Darlehen über 150.000 € aufgenommen werden.
2. Ein neuer Gesellschafter würde 180.000 € ins Unternehmen einbringen.
3. Jasmin Hauser und Benjamin Klein könnten ihre Beteiligungen um 45.000 € und 120.000 € erhöhen.
4. Auf die Gewinnausschüttung soll verzichtet werden und stattdessen 145.000 € den Gewinnrücklagen zugeführt werden.
5. Die über die Umsätze zurückgeflossenen Abschreibungen in Höhe von 196.000 € sollen in die Fertigungsstraße investiert werden.

Grundlagen des Wirtschaftens

1.16 Finanzierungsarten

Für ihre Kapitalbeschaffung haben die Unternehmen verschiedene Möglichkeiten der Finanzierung.

Welche der folgenden Maßnahmen stellt eine der vorgenannten Finanzierungsarten dar?

Ordnen Sie zu, indem Sie die Kennziffer der jeweils zutreffenden Finanzierungsart in das Kästchen neben der Maßnahme eintragen. Übertragen Sie anschließend Ihre Lösungsziffern von links nach rechts in den Lösungsbogen.

Mögliche Finanzierungsarten

1. Außenfinanzierung
2. Innenfinanzierung

Finanzierungsmaßnahmen

a) Die Gesellschafter einer GmbH nehmen gegen Leistung einer Kapitaleinlage von 100.000,00 € den Diplom-Ingenieur Jörg Haetzold als Teilhaber auf.

b) Mit einer qualifizierten Mehrheit von 75 % beschließt die Hauptversammlung der Bruckner AG die Erhöhung des Grundkapitals durch Ausgabe neuer Aktien.

c) Der von einer OHG erwirtschaftete Gewinn wird gemäß Gesellschafterbeschluss nur zu 40 % an die Gesellschafter ausgezahlt. Der nicht entnommene Gewinn wird den Kapitalkonten der Gesellschafter zugeschlagen.

d) Der Einzelhändler Julius Liebig bezieht für insgesamt 80.000,00 € Ware. Das Zahlungsziel von 60 Tagen nutzt er dabei voll aus.

1.17 Insolvenzvoraussetzungen

Ein Lieferant der Office-Experten, die Helmich GmbH, muss Insolvenz anmelden.

Welcher der folgenden Gründe stellt eine allgemeine Voraussetzung für die Eröffnung eines Insolvenzverfahrens dar?

Gründe

1. Zahlungsunwilligkeit
2. Kreditunwürdigkeit
3. Geschäftsunfähigkeit
4. Zahlungsunfähigkeit
5. Kreditunfähigkeit

Grundlagen des Wirtschaftens

1.18 Insolvenzantrag

Bei welchem der folgenden Gerichte muss die Helmich GmbH Antrag auf Eröffnung eines Insolvenzverfahrens stellen?

Gericht

1. Finanzgericht
2. Arbeitsgericht
3. Sozialgericht
4. Amtsgericht
5. Verwaltungsgericht

1.19 Insolvenz

Die Folgen falscher Finanzierungsentscheidungen können eine freiwillige Auflösung, zwangsweise Auflösung oder Sanierung eines Unternehmens zur Folge haben. Ordnen Sie zu, indem Sie die nachstehenden Maßnahmen in die Kästchen neben den unten stehenden Aussagen eintragen. Übertragen Sie anschließend Ihre Lösungsziffern von links nach rechts in den Lösungsbogen.

Maßnahmen

1. freiwillige Auflösung
2. zwangsweise Auflösung
3. Sanierung

Aussagen

a) Die Firmenbezeichnung trägt den Zusatz „i. L."

b) Durch Kapitalherabsetzung wird das Grundkapital einer AG vermindert (Herabstempelung von Aktiennennwerten).

c) Ein vom Insolvenzgericht bestellter Insolvenzverwalter übernimmt die Verwaltung des Schuldnervermögens.

d) Um eine Insolvenzquote zu ermitteln, müssen vorher bestimmte Vermögensgegenstände aus- und abgesondert werden.

e) Gemäß § 146 HGB muss ein sog. Liquidator bestellt werden.

Grundlagen des Wirtschaftens

1.20 Finanzierungsarten und Leverage-Effekt

Die Wagenknecht & Weyer OHG hat ihr Unternehmen ausschließlich aus Eigenkapital finanziert. Mit 1 Mio. € erzielt die OHG eine Rendite von 20 %.

Die Gesellschafter überlegen, wie es sich auf die Rentabilität des Eigenkapitals auswirkt, wenn sie 50 % des Eigenkapitals durch Fremdkapital ersetzen würden. Für Fremdmittel müssten derzeit 10 % Zinsen gezahlt werden.

a) Berechnen Sie die Rentabilität des Eigenkapitals unter der Annahme, dass 50 % des Eigenkapitals durch Fremdmittel zu 10 % Schuldzins ersetzt und die gleiche Gewinnsituation gelten würde.

b) Berechnen Sie die Rentabilität des Eigenkapitals auch für den Fall, dass 250.000 € Eigenkapital und 750.000 € Fremdkapital unter den gleichen Bedingungen wie oben im Unternehmen eingesetzt werden.

c) Bei welcher der unten genannten Aussagen erhöht sich beim Ersatz von Eigen- durch Fremdkapital die Rentabilität des Eigenkapitals?

Aussagen

1. Gesamtkapitalrendite ist niedriger als der Fremdkapitalzins
2. Fremdkapitalzins ist niedriger als die Gesamtkapitalrendite
3. Fremdkapitalzins entspricht der Gesamtkapitalrendite

1.21 Finanzierung und Kreditsicherung

Ordnen Sie folgende Begriffe aus der Finanzierung und Kreditsicherung den unten aufgeführten Aussagen zu. Übertragen Sie anschließend Ihre Lösungsziffern in dieser Reihenfolge von links nach rechts in den Lösungsbogen.

1. Leasing
2. Globalzession
3. Besitzkonstitut
4. Factoring
5. Akzessorietät
6. Einrede der Vorausklage
7. Annuität

Aussagen

a) Die Barwerte kurzfristiger Forderungen aus Lieferungen und Leistungen werden vom Kreditgeber angekauft.

b) Einem Unternehmen werden bewegliche oder unbewegliche Wirtschaftsgüter des Anlagevermögens zur Nutzung gegen Entgelt überlassen.

c) Der Kreditgeber übernimmt neben der Delkredere- und Finanzierungsfunktion auch eine Dienstleistungsfunktion.

d) Die jährliche Belastung, bestehend aus Tilgung und Zinsen, ist für die gesamte Laufzeit des Darlehens konstant.

e) Es besteht ein untrennbarer rechtlicher Zusammenhang zwischen dem persönlichen Anspruch aus einer Darlehensgewährung und dem dinglichen Anspruch aus einer Hypothek.

f) Die Übergabe des Sicherungsgutes wird durch einen Vertrag ersetzt, der den Kreditnehmer weiterhin zum unmittelbaren Besitz berechtigt.

g) Hierauf verzichtet der Bürge im Rahmen einer selbstschuldnerischen Bürgschaft.

h) Die Sicherungsabtretung der Forderung geschieht bereits zum Zeitpunkt der Forderungsentstehung. Die Debitorenliste hat lediglich deklaratorischen Charakter.

Grundlagen des Wirtschaftens

1.22 Leasing

Die Geschäftsleitung überlegt, die Firmenwagen zukünftig nicht mehr zu kaufen, sondern zu leasen. Welche **2** Vorteile verspricht sie sich davon?

1. Gleichmäßige monatliche Liquiditätsbelastung.
2. Leasing ist in jedem Falle kostengünstiger als ein Kauf.
3. Leasingverträge können jederzeit gekündigt werden, um den Fuhrpark immer mit den neuesten Modellen auszustatten.
4. Volle steuerliche Absetzbarkeit der Leasingraten.
5. Am Ende der Grundmietzeit geht das Auto in das Eigentum der Firma über.

1.23 Kreditarten

Im Einkauf verfolgt der Auszubildende Lukas Schlitt eine Diskussion über verschiedene Arten der Kreditfinanzierung. Dabei fallen die Begriffe

1. Darlehen
2. Lieferantenkredit
3. Kontokorrentkredit

Ordnen Sie zu, indem Sie die Kennziffern der Kreditarten in die Kästchen hinter den Umschreibungen eintragen. Übertragen Sie anschließend die Kennziffern in dieser Reihenfolge von links nach rechts in den Lösungsbogen.

a) Es handelt sich um einen kurzfristigen Kredit, der den Office Experten von ihrem Holzgroßhändler im Zusammenhang mit dem Einkauf von Material gewährt wird.

b) Diesen kurzfristigen Kredit gewährt die Postbank Köln den Office Experten für die Überziehung des Geschäftskontos.

c) Mit diesem langfristigen Kredit der Commerzbank Langenfeld wurde eine neue Drehbank finanziert. Die Rückzahlung erfolgt monatlich in gleichbleibenden Raten.

Grundlagen des Wirtschaftens

1.24 Factoring

Die Office Experten überlegen, ob sie einen Vertrag mit einem Factor abschließen sollen.
Welche Funktion wird dieser **nicht** übernehmen?

1. Liquiditätsplanung
2. Delkrederefunktion
3. Finanzierungsfunktion
4. Dienstleistungsfunktion

1.25 Kreditsicherungen

Zur Absicherung von Krediten stehen folgende Möglichkeiten zur Verfügung:

1. Ausfallbürgschaft
2. Eigentumsvorbehalt
3. Sicherungsübereignung
4. Lombardkredit
5. Grundpfandrecht
6. Selbstschuldnerische Bürgschaft
7. Zessionskredit

Ordnen Sie zu, indem Sie die Kennziffern von 3 der 7 Kreditsicherungen in die Kästchen hinter den Auszügen aus den Vertragsbedingungen eintragen. Übertragen Sie anschließend die Kennziffern in dieser Reihenfolge von links nach rechts in den Lösungsbogen.

Auszüge aus den Vertragsbedingungen

a) … wird auf das Recht zur Einrede der Vorausklage verzichtet …

b) … ist der Kreditnehmer Besitzer, der Kreditgeber Eigentümer der beweglichen Sache …

c) … werden die Wertpapiere zur Sicherheit bei der Bank hinterlegt …

Grundlagen des Wirtschaftens

1.26 Akkreditiv

Eine auch von den Office Experten genutzte Zahlungsform im internationalen Handel ist die Zahlung mittels **Akkreditiv**.

Die folgende Grafik skizziert den üblichen Ablauf eines unbestätigten Akkreditivs:

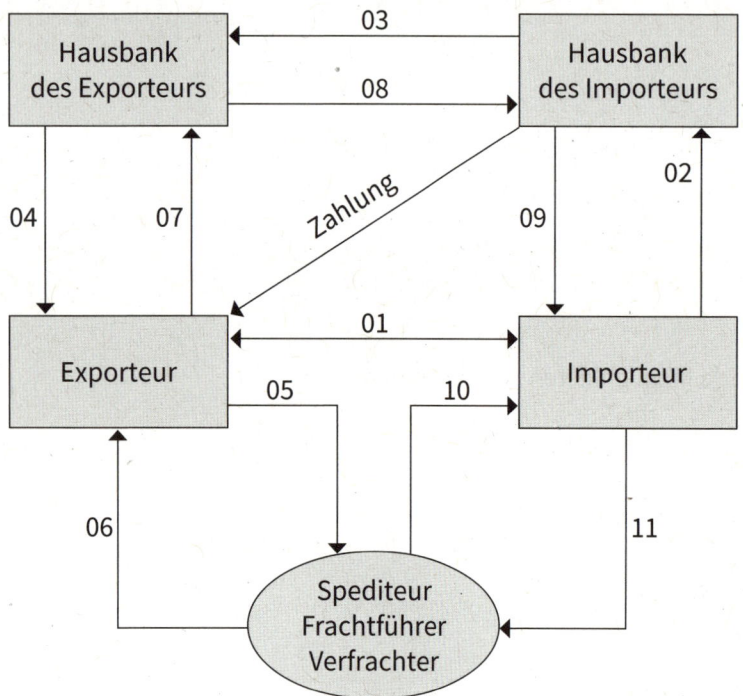

Ordnen Sie zu, indem Sie die Kennziffern der dargestellten Schritte des Verfahrens (Ziffern 01 bis 11) hinter den folgenden Umschreibungen eintragen. Übertragen Sie anschließend die Kennziffern in dieser Reihenfolge von links nach rechts in den Lösungsbogen.

Umschreibungen

a) Anlass für die Eröffnung eines Akkreditivs bildet der Abschluss eines Kaufvertrages.

b) Die sog. Akkreditivbank belastet das Konto ihres Kunden und händigt ihm die Dokumente (z. B. ein Konnossement) aus, um sie bei Ankunft der Ware vorlegen zu können.

c) Die sog. Akkreditivstelle avisiert ihrem Kunden, dass das Akkreditiv eröffnet wurde und sendet ihm eine Kopie zu.

d) Der Käufer beantragt bei seiner Bank die Eröffnung eines Akkreditivs.

e) Nachdem der Verkäufer die Akkreditivbedingungen geprüft hat, beauftragt er einen Spediteur mit dem Versand der Ware und übergibt ihm eine Kopie des Akkreditivs.

f) Nachdem der Käufer die Ware erhalten hat, händigt er dem Verfrachter (ggf. Kapitän der Reederei) die Dokumente aus.

1.27 Akkreditiv

Welche **2** Aussagen zum Dokumenten-Akkreditiv sind **falsch**?

Aussagen

1. Ein Dokumenten-Akkreditiv ist von dem Kaufvertrag, auf dem es wirtschaftlich beruht, völlig getrennt.
2. Das sicherste und zugleich teuerste Akkreditiv ist das bestätigte, unwiderrufliche und befristete Akkreditiv.
3. Rechtliche Grundlage für die Abwicklung eines Dokumentenakkreditivs bilden die sog. ERI, die von der für den Exporteur zuständigen Industrie- und Handelskammer (IHK) verfasst wurden.
4. Im Gegensatz zum Dokumenteninkasso wird die Eröffnung des Dokumentenakkreditivs vom Verkäufer beantragt.
5. Die am Akkreditivverfahren teilnehmende Bank des Importeurs heißt Akkreditivbank.
6. Bei einem bestätigten Akkreditiv gibt die Akkreditivstelle (i. d. R. die Hausbank des Exporteurs) ein zusätzliches abstraktes Schuldversprechen.

Grundlagen des Wirtschaftens

1.28 Lieferantenkredit

Die Wuttke OHG aus Aachen erhält folgende Rechnung (Auszug):

Office Experten GmbH, Leibnizstr. 14, 40764 Langenfeld

Wuttke OHG
Debeystr. 233
D-52078 Aachen

Telefon: 02173 612-0
Telefax: 02173 612-106
Mail: info@office-experten-gmbh.de
Web: www.office-experten-gmbh.de

Kundennummer: 1487
Datum: 20..-03-09

Rechnung Nr. 556/88

Wir lieferten Ihnen 200 Spezialcontainer der Bauart XC 3000 mit den Maßen:
450 mm x 446 mm x 1755 mm à 400,00 € zuzüglich 19 % MwSt.

Menge	Artikelbezeichnung	Stückpreis (netto) in Euro	Gesamtpreis (netto) in Euro
200	S-Cont. XC 3000	400,00	80.000,00
		zuzüglich 19 % MwSt	15.200,00
		Rechnungsbetrag:	95.200,00

Die Rechnung ist zahlbar binnen 30 Tagen netto Kasse oder binnen 10 Tagen unter Abzug von 3 % Skonto. Der Betrag ist auf eines der unten aufgeführten Konten zu überweisen.

---

a) Die Rechnung wird am 06.04. durch Banküberweisung beglichen.
   Über wie viel Euro lautet der Überweisungsbetrag?

b) Die Rechnung soll vorzeitig am 19.03. beglichen werden.
   Über welchen Betrag lautet die Überweisung jetzt?

c) Um die Rechnung skontieren zu können, müsste die Wuttke OHG vorübergehend ihren Kontokorrentkredit in Anspruch nehmen. Die Hausbank berechnet 11 % Sollzinsen.

   Klären Sie, ob die Wuttke OHG den Bankkredit zu 11 % Zinsen in Anspruch nehmen soll, um 3 % Skonto auszunutzen, indem Sie folgende Beträge ermitteln:

   ca) Höhe der Kreditkosten (Bankzinsen)
   cb) Höhe des Finanzierungserfolges (Differenz zwischen Skontoertrag und Kreditkosten)
   cc) Höhe der Effektivverzinsung (Finanzierungserfolg als Jahreszinssatz)

1.29 Kreditgewährung

Welche **2** der folgenden Aussagen sind **falsch**?

Aussagen

1. Grundvoraussetzung jeder Kreditgewährung ist das Vertrauen in die Kreditwürdigkeit und die Leistungsfähigkeit eines Unternehmens.
2. Kredite zur Finanzierung des Anlagevermögens müssen kurzfristige Laufzeiten haben.
3. Die Frage der Rentabilität eines Kredites sollte in jedem Fall bereits vor Kreditaufnahme geprüft werden.
4. Die Kreditgewährung darf beim Kreditgeber auf keinen Fall dazu führen, dass seine eigene Zahlungsbereitschaft (Liquidität) gefährdet wird.
5. Nicht jeder Kreditwürdige ist auch kreditfähig. Dies gilt auch umgekehrt.
6. Der Kreditgeber ist der Kreditor (= Gläubiger), der Kreditnehmer der Debitor (= Schuldner).
7. Zu den verstärkten Personalkrediten zählen neben den Zessionskrediten auch die Bürgschaftskredite.
8. Realkredite, also dinglich gesicherte Kredite, sind dadurch gekennzeichnet, dass neben der Person des Kreditnehmers noch mindestens eine weitere Person für die Rückzahlung des Kredites haftet.
9. Beim Kontokorrentkredit gestattet die Bank ihrem Kunden, sein laufendes Geschäftskonto einmalig für einen bestimmten Zweck oder auch laufend bis auf Widerruf zu überziehen.
10. Bei Krediten, die in gleichbleibenden Jahresleistungen zurückgezahlt werden, sinkt im Laufe der Rückzahlungsjahre der Zinsanteil zugunsten eines verstärkten Tilgungsanteils.

Grundlagen des Wirtschaftens

1.30 Darlehen

Die Office Experten GmbH plant den Bau einer neuen Lagerhalle. Mit der Bauunternehmung wurde ein Bauträgervertrag geschlossen, wonach die Halle mit sämtlichen Innenausbauten und Einrichtungen gemäß Baubeschreibung schlüsselfertig zu übergeben ist. Die Vorkalkulation ergibt ein Finanzierungsvolumen von insgesamt 605.000,00 € (einschließlich aller Anschaffungsnebenkosten). Die Finanzierung soll nach folgendem Plan durchgeführt werden:

- Erhöhung der Stammeinlagen um insgesamt 120.000,00 € Barmittel
- Veräußerung von Wertpapieren des Umlaufvermögens, Reinerlös 95.000,00 €
- Auflösung diverser Festgeldkonten bei der Commerzbank Langenfeld, Gesamtbetrag 155.000,00 €
- Darlehen bei der Commerzbank Langenfeld zu folgenden Konditionen:

> Aufnahme am 30. Juni d. J.
> Kreditsicherung durch Grundschuld
> Zinsfuß: 2,75 % p. a.
> Tilgung: 1,5 % p. a.
> Zinsen und Tilgung sind halbjährlich zahlbar

a) Welche der folgenden Positionen zählt **nicht** zu den Anschaffungsnebenkosten der Lagerhalle?
   1. Grunderwerbsteuer
   2. Kosten der Grundbucheintragung
   3. Notargebühren
   4. Grundsteuer
   5. Erschließungskosten

b) Ermitteln Sie die Höhe des benötigten Darlehensbetrages!

c) Mit wie viel Euro wird die Office Experten GmbH am 31.12. d. J. für Zinsen und Tilgung von der Commerzbank belastet?

d) Welche der folgenden Aussagen trifft **nicht** auf die Art der vereinbarten Kreditsicherung zu?
   1. Die Grundschuld zählt zu den Grundpfandrechten.
   2. Die Grundschuld wird in Abteilung II des Grundbuches eingetragen.
   3. Die Grundschuld ist nicht vom Bestand des Darlehens abhängig.
   4. Die Grundschuld wird verzinst.
   5. Die Grundschuld kann als Brief- oder Buchgrundschuld eingetragen werden.

Grundlagen des Wirtschaftens

1.31 Electronic Banking

Beim Online-Banking wird aus Sicherheitsgründen mit folgenden Nummern gearbeitet:

1. PIN
2. TAN

Ordnen Sie zu, indem Sie die Kennziffern der zutreffenden Nummern den folgenden Aussagen zuordnen.

Aussagen

a) Um sich in das System der Bank einzuloggen und als Berechtigter zu identifizieren, muss diese dauerhaft gültige Nummer eingegeben werden.

b) Diese einmalig gültige Nummer ist erforderlich, um Aufträge im Online-Banking freizugeben (z. B. Überweisung).

c) Diese Nummer erhalten Bankkunden z. B. über eine App auf ihr Smartphone oder können sie selber mithilfe eines Generators erstellen.

1.32 Zahlungswege

Die Zahlungsvorgänge bei den Office Experten laufen in der Regel über die nachfolgenden Zahlungswege.

1. Kreditkarte
2. Dauerauftrag
3. SEPA-Lastschriftverfahren
4. Überweisung per Online-Banking
5. Barzahlung

Ordnen Sie den folgenden Zahlungsvorgängen jeweils einen sinnvollen Zahlungsweg zu.

a) Bezahlung der Umsatzsteuerzahllast zum Fälligkeitszeitpunkt

b) Bezahlung der monatlichen Rate für eine angemietete Parkfläche für die Mitarbeiter

c) Bezahlung einer Rechnung für einen neuen Gabelstapler

d) Kauf eines Päckchens Kaffee für die Gästebewirtung

e) Bezahlung einer Hotelrechnung am Morgen der Abreise

Grundlagen des Wirtschaftens

1.33 Zahlungen im Onlinehandel

Bis zum Ende des Jahres wollen die Office Experten ihren Vertrieb um einen Onlineshop erweitern, über den zunächst nur Serienprodukte wie Schreibtische und Schreibtischstühle verkauft werden sollen. Schrittweise soll dann das ganze Produktspektrum angeboten werden und über ein Konfigurationsprogramm soll es den Kunden möglich sein, Einrichtungen individuell zu planen.

Ordnen Sie den unten stehenden Beschreibungen/Aussagen die folgenden Zahlungsmöglichkeiten zu.

1. Vorauszahlung
2. PayPal
3. Klarna „Sofort"
4. SEPA-Lastschriftverfahren
5. Kauf auf Rechnung
6. Kreditkarte

Beschreibungen/Aussagen

a) ………… ist für die Office Experten eine völlig risikolose und vor allem auch preiswerte Variante. Die Ware wird erst nach Zahlungseingang versendet.

b) Bei ………… loggt sich der Käufer über einen Dienstleister mit seinen normalen Onlinebanking Zugangsdaten bei seiner Bank ein und führt die Geldtransaktion durch. Die Office Experten bekommen dann sofort eine Transaktionsbestätigung.

c) Bei der Bezahlung mit ………… haben die Office Experten sofort eine Garantie für die Bezahlung, werden allerdings in der Regel mit einer umsatzabhängigen Provision und einer Bearbeitungsgebühr belastet.

d) Bei der Bezahlung mit ………… meldet sich der Kunde mit E-Mail-Adresse und Passwort an. Der zu bezahlende Betrag wird dann vom verknüpften Bankkonto oder der Kreditkarte eingezogen.

e) Beim ………… werden die Office Experten ermächtigt, den jeweiligen Forderungsbetrag einzuziehen.

f) Beim ………… muss der Kunde die Waren erst nach Erhalt und Prüfung bezahlen.

Grundlagen des Wirtschaftens

1.34 Zinsrechnung

Bei der Commerzbank in Langenfeld haben die Office Experten am 16.01. einen Investitionskredit über 45.000,00 € zu 4,5 % aufgenommen. Zinszahlungen sind immer am Ende eines Quartales zusammen mit einer Tilgung von jeweils 3.000,00 € fällig.

a) Wie viel Zinsen müssen am Ende des 1. Quartals gezahlt werden?

b) Wie viel Zinsen müssen am Ende des 4. Quartals bezahlt werden?

c) Wie groß ist das Restdarlehen am 31.12. des ersten Jahres?

1.35 Zinsrechnung

a) Ein Kunde bezahlt inklusive vereinbarter Verzugszinsen in Höhe von 6 % für 30 Tage einen Betrag von 21.527,10 €.

   Wie hoch war der ursprüngliche Rechnungsbetrag?

b) Ein weiterer Kunde zahlt für 17 Tage verspätete Begleichung einer Rechnung über 31.000,00 € vereinbarte 73,19 € Verzugszinsen.

   Welcher Prozentsatz liegt der Zahlung zugrunde?

c) Einem Mitarbeiter wurde vor einigen Monaten ein Kredit über 6.000,00 gewährt. Er wird mit 6.056,00 € inklusive der vereinbarten 3,5 % Zinsen am 15.5. getilgt.

   An welchem Datum wurde der Kredit ausgezahlt?

1.36 Barzahlung

Die Auszubildende Janina Körner kauft im nahegelegenen Kiosk das dringend für einen Kundenbesuch benötigte Päckchen Kaffee. Welche zwei der folgenden Belege kommen als Bestätigung für die erfolgte Barzahlung in Frage?

1. Zahlschein
2. Kassenbon
3. Lieferschein
4. Rechnung
5. Quittung
6. Lastschrift

Grundlagen des Wirtschaftens

1.37 Marktformenschema

Die folgende Darstellung (Matrix) zeigt neun Kombinationsfelder der wichtigsten Marktformen (nach der Zahl der Marktteilnehmer):

Anbieter \ Nachfrager	einer	wenige	viele
einer	1	2	3
wenige	4	5	6
viele	7	8	9

Welche Marktform wird durch das jeweilige Kombinationsfeld (**1** bis **9**) dargestellt?

Ordnen Sie zu, indem Sie die Kennziffern der oben stehenden Kombinationsfelder in die Kästchen hinter den entsprechenden Marktformen eintragen. Übertragen Sie anschließend die Kennziffern in dieser Reihenfolge von links nach rechts in den Lösungsbogen.

Marktformen

a) Angebotsmonopol

b) Nachfragemonopol

c) zweiseitiges Oligopol

d) zweiseitiges Monopol

e) Angebotsoligopol

f) Nachfrageoligopol

g) beschränktes Angebotsmonopol

h) beschränktes Nachfragemonopol

i) Polypol

1.38 Marktformen

Nach der Anzahl der Marktteilnehmer auf Anbieter- und Nachfragerseite werden verschiedene Marktformen unterschieden.

Kennzeichnen Sie die folgenden Aussagen

mit einer **1**, wenn die Aussage **richtig** und

mit einer **2**, wenn die Aussage **falsch** ist.

Übertragen Sie anschließend die Kennziffern in dieser Reihenfolge von links nach rechts in den Lösungsbogen.

a) Beim Markt für Maler- und Lackierarbeiten handelt es sich um ein Polypol.

b) Beim Markt für Passagierflugzeuge handelt es sich um ein Angebotsmonopol.

c) Beim Markt für Dieselkraftstoff handelt es sich um ein Angebotsoligopol.

d) Beim Markt für ein patentiertes Arzneimittel handelt es sich um zweiseitiges Monopol.

e) Beim Markt für Unterhaltungselektronik der absoluten Spitzenklasse handelt es sich um ein beschränktes Angebotsmonopol.

Grundlagen des Wirtschaftens

1.39 Marktgleichgewicht

Aus der nachstehenden unvollständigen Tabelle geht hervor, wie sich Angebot und Nachfrage eines Gutes in Abhängigkeit vom Preis verändern. Mit jedem weiteren Euro sinkt die Nachfrage um jeweils 1.000 Stück. Das Angebot steigt um jeweils 1.000 Stück.

Preis in €	Nachfrage in Stück	Angebot in Stück	Verkaufte Menge
10,00	10.000	4.000	
11,00			
12,00			
13,00			
14,00			
15,00			

a) Wie hoch ist der Gleichgewichtspreis?

b) Welcher Umsatz wird bei einem Preis von 11,00 € erzielt?

c) Bei welchem Preis gibt es einen Angebotsüberhang in Höhe von 2.000 Stück?

1.40 Vollkommener/Unvollkommener Markt

Die Produkte der Office Experten werden auf einem unvollkommenen Markt gehandelt. Welche **vier** der folgenden Situationsbeschreibungen belegen dies?

1. Bei der Neu- und Weiterentwicklung von Produkten sind die Office Experten den Mitbewerbern häufig etwas voraus.
2. Alle Kunden und Mitanbieter haben immer einen Überblick über den gesamten Markt.
3. Kundenzufriedenheitsanalysen haben gezeigt, dass sich die Vertriebsmitarbeiter im Hinblick auf Freundlichkeit und Kundenorientierung deutlich positiv von der Konkurrenz absetzen.
4. Für gleichartige Produkte werden am Markt Preise erzielt, die nur um 2 % bis 3 % auseinander liegen.
5. Gängige Artikel können die Office Experten häufig schneller liefern als die Konkurrenz.
6. Alle Marktteilnehmer handeln rational.

Grundlagen des Wirtschaftens

1.41 Ökonomisches Prinzip

In welchen **2** der folgenden Fälle handeln die Office Experten nach dem Maximalprinzip?

1. Für die Kundenbetreuung soll ein neuer Kaffeevollautomat angeschafft werden, der für möglichst wenig Geld möglichst viele verschiedene Kaffeesorten brüht.
2. Ein besonders großer Auftrag soll so terminiert werden, dass die Produktion am besten ganz ohne Überstunden auskommt.
3. Für die Umgestaltung der Außenanlagen stehen 40.000 € zur Verfügung. Dafür soll aus mehreren Angeboten das mit der höchsten ökologischen Nachhaltigkeit gewählt werden.
4. Für die überschüssige Liquidität wird für drei Monate eine sichere Anlagemöglichkeit mit möglichst hoher Verzinsung gesucht.
5. Für den Besuch einer internationalen Möbelmesse wird für die Mitarbeiter eine möglichst günstige Unterbringung in einem 3-Sterne Hotel gesucht.

1.42 Investitionen

Lesen Sie den unten stehenden Lückentext aufmerksam durch und vervollständigen Sie die Lücken durch das Einsetzen der jeweiligen Kennziffer(n) folgender Begriffe.

Begriffe

1. Bruttoinvestitionen
2. Investition
3. Geldkapital
4. Konsumverzicht
5. Lagerinvestitionen
6. Vorstufe
7. Erweiterungsinvestitionen
8. Sachkapital

Lückentext

a) Geldkapital ist die _____ zum Sachkapital.

b) Investition ist die Umwandlung von _____ in _____.

c) Die beiden Voraussetzungen zur Schaffung von Sachkapital sind _____ und _____.

d) Die Gesamtheit aller Investitionen eines Jahres bezeichnet man als _____.

e) Nettoinvestitionen bestehen aus _____ und _____.

Grundlagen des Wirtschaftens

1.43 Kapitalbildung

Bringen Sie die Stufen des folgenden Kapitalbildungsprozesses durch Einsetzen der Ziffern **1** bis **7** in die richtige zeitliche Reihenfolge.

Übertragen Sie anschließend Ihre senkrecht angeordneten Lösungsziffern in dieser Reihenfolge von links nach rechts in den Lösungsbogen.

Prozessstufen

a) Die Zinsen sinken.

b) Die Privathaushalte leisten Konsumverzicht.

c) Das Angebot an Sparkapital nimmt zu.

d) Die Privathaushalte bringen ihr Geld zur Bank.

e) Die Investitionsbereitschaft der Unternehmer nimmt zu.

f) Die Unternehmer investieren.

g) Investitionskredite werden verstärkt nachgefragt.

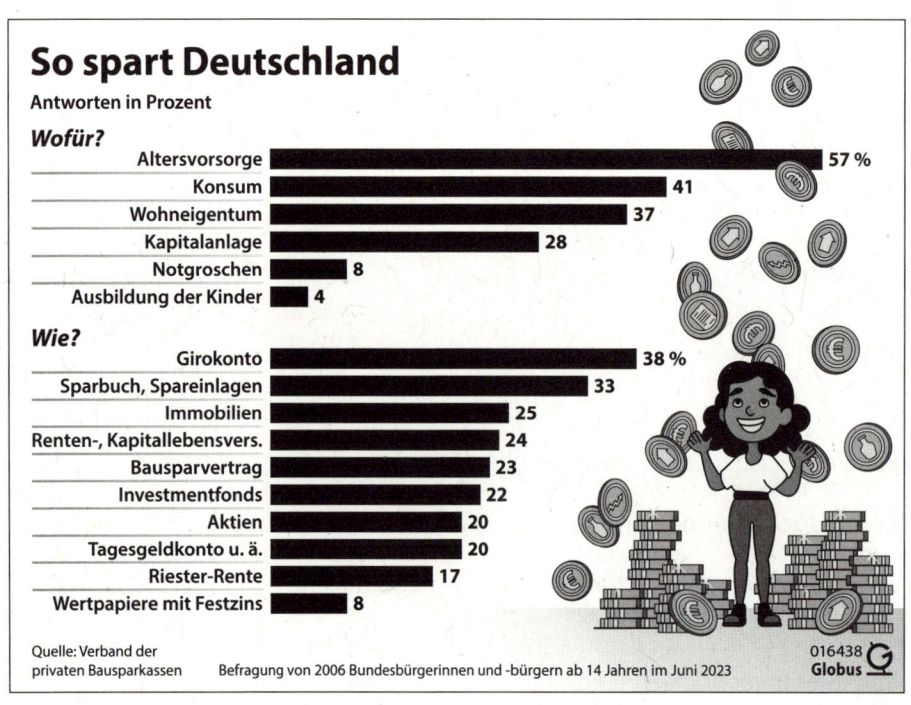

Grundlagen des Wirtschaftens

1.44 Rentabilität – Wirtschaftlichkeit – Produktivität

Zur Erweiterung des Produktspektrums überlegen die Office Experten, sich an einem Hersteller von Messeeinrichtungen zu beteiligen und diesen zu einem späteren Zeitpunkt vielleicht ganz zu übernehmen. Der Leiter des Rechnungswesens, Matthias Zwerg, wurde deswegen von den Gesellschaftern aufgefordert, die Bilanz, Gewinn- und Verlustrechnung und weitere Datenquellen des vergangenen Jahres (Zahlen in Tsd. €) dieses Unternehmens zu analysieren.

	Vorjahr
Summe aller Aufwendungen lt. GuV	2.488
Summe aller Erträge lt. GuV (ausschließlich Umsatzerlöse)	2.600
Durchschnittliches Eigenkapital	1.300
Durchschnittliches Fremdkapital	2.100
Gezahlte Fremdkapitalzinsen	220

Ermitteln Sie für das vergangene Jahr die

a) Eigenkapitalrentabilität
b) Gesamtkapitalrentabilität
c) Umsatzrentabilität
d) Wirtschaftlichkeit
e) Für den Aufbau eines 450 m² großen Messestandes brauchen 3 Mitarbeiter 7,5 Stunden. Ermitteln Sie die Produktivität je Mitarbeiter und Stunde.

Grundlagen des Wirtschaftens

Schreiben Sie die passenden Begriffe zu den nachfolgenden Umschreibungen in die Kästchen des Kreuzworträtsels. Umlaute ä, ö und ü werden als ae, oe und ue geschrieben. Von oben nach unten gelesen ergibt sich in der durch einen Pfeil markierten Senkrechten ein Lösungswort. Die **grau** gekennzeichneten Kästchen enthalten gleiche Buchstaben.

01. Preis, bei dem die größtmögliche Übereinstimmung von Angebot und Nachfrage besteht

02. Verhältnis von Output zu Input

03. Im Onlinehandel häufig verwendete besonders schnelle Zahlungsform

04. Sich ersetzende Produkte wie Butter und Margarine

05. Preis für die Überlassung von Geld

06. Planvoller Umgang mit knappen Mitteln

07. Verpflichtung, für die Schulden eines Anderen einzustehen

08. Zahlung bestehend aus einem Tilgungs- und einem Zinsanteil

09. Wichtige betriebswirtschaftliche Funktion

10. Werkstoffe, die in ein Produkt eingehen ohne wesentlicher Bestandteil zu sein

11. Danach handelt jemand, der versucht, mit einem vorgegebenen Einsatz ein bestmögliches Ergebnis zu erzielen.

12. Bezeichnung für Boden, Arbeit und Kapital bzw. Werkstoffe, Arbeit und Betriebsmittel

13. Kurzlebiges Produkt, das bei Verwendung untergeht

14. Wesentliche Bestandteile eines Produktes

15. Häufige Zahlungsform/Sicherungsmittel bei internationalen Geschäften

16. Konkretisiertes Bedürfnis

17. Prozentualer Anteil des Gewinns zu einer Bezugsgröße wie Umsatz oder Kapital

18. Ge- oder Verbrauchsgut, welches betrieblichen Zwecken dient

Grundlagen des Wirtschaftens

Kreuzworträtsel Grundlagen des Wirtschaftens:

Lösungswort

01.
02.
03.
04.
05.
06.
07.
08.
09.
10.
11.
12.
13.
14.
15.
16.
17.
18.

Notizen

Rechtliche Rahmenbedingungen

Notizen

Rechtliche Rahmenbedingungen

2.01 Rechtsgebiete

Verschiedene Rechtsgebiete können dem öffentlichen bzw. privaten Recht zugeordnet werden, **4** der folgenden 5 Zuordnungen sind jedoch **falsch**.

In welcher Zeile sind die jeweiligen Rechtsgebiete richtig zugeordnet?

	Privates Recht	Öffentliches Recht
1.	Handelsrecht	Bürgerliches Recht
2.	Strafrecht	Handelsrecht
3.	Verwaltungsrecht	Handelsrecht
4.	Bürgerliches Recht	Strafrecht
5.	Strafrecht	Verfassungsrecht

2.02 Rechtspersonen

Nach deutschem Recht können folgende juristische Personen unterschieden werden:

Rechtspersonen

1. Juristische Personen des privaten Rechts
2. Körperschaften des öffentlichen Rechts
3. Anstalten des öffentlichen Rechts

Ordnen Sie zu, indem Sie die Kennziffern der jeweiligen Rechtspersonen in die Kästchen neben den Rechtsgebilden eintragen.

Rechtsgebilde

a) Land Nordrhein-Westfalen

b) Westdeutscher Rundfunk (WDR)

c) Office Experten GmbH

d) Industrie- und Handelskammer (IHK)

e) Berufsgenossenschaft

f) Footballverein Solingen Scorpions e. V.

g) Winzergenossenschaft eG

Rechtliche Rahmenbedingungen

2.03 Rechtliche Handlungsfähigkeiten

Ordnen Sie den folgenden (jeweils vollendeten) Altersangaben den Erhalt der unten stehenden Rechte zu.

1. Geburt
2. 7 Jahre
3. 14 Jahre
4. 16 Jahre
5. 18 Jahre
6. 21 Jahre

Rechte

a) Beschränkte Geschäftsfähigkeit

b) Ehemündigkeit

c) Recht, an Betriebsratswahlen teilzunehmen

d) Rechtsfähigkeit

e) Testierfähigkeit (Fähigkeit, ein Testament zu verfassen)

f) Unbeschränkte Geschäftsfähigkeit

g) Unbeschränkte Religionsmündigkeit

Rechtliche Rahmenbedingungen

2.04 Geschäftsfähigkeit

Die Willenserklärung eines **beschränkt Geschäftsfähigen** bedarf in der Regel der Zustimmung des gesetzlichen Vertreters:

0. Es handelt sich um ein zustimmungsbedürftiges Rechtsgeschäft

Das Bürgerliche Gesetzbuch (BGB) unterscheidet allerdings vier besondere Fälle, in denen auch die von einem Minderjährigen abgeschlossenen Rechtsgeschäfte ohne Zustimmung wirksam sein können:

1. rechtlicher Vorteil
2. Erwerbsgeschäft
3. Taschengeld
4. Dienst- oder Arbeitsverhältnis

Entscheiden Sie in den folgenden Fällen, ob das Rechtsgeschäft zustimmungsbedürftig oder von der Zustimmungsbedürftigkeit ausgenommen ist. Beachten Sie dazu auch den folgenden Gesetzesauszug.

Ordnen Sie zu, indem Sie die Kennziffern von **0** bis **4** in die Kästchen neben den Fallbeispielen eintragen.

Fallbeispiele

a) Die 13-jährige Nadja kauft in einem Bahnhofsbuchhandel eine Zeitschrift für 3,50 €.

b) Die 16-jährige Helena kauft bei einem Motorradhändler einen Motorroller für 1.860 €.

c) Der Musikfan Ercan, 15 Jahre, der aber wesentlich älter wirkt, kauft im Elektronik-Fachmarkt eine Anlage für 1.800 €. Den Kaufpreis will er in bequemen Monatsraten von seinem Taschengeld finanzieren.

d) Der 14-jährige Benjamin erhält von seiner Patentante ein Sparbuch, auf dem bereits 8.000 € angespart sind.

e) Der 17-jährige Daniel übernimmt mit Zustimmung der Eltern und des Vormundschaftsgerichts den elterlichen Betrieb, da der Vater aus gesundheitlichen Gründen das Geschäft nicht mehr führen kann.

f) Die 17-jährige Jasmin arbeitet seit einem halben Jahr mit Zustimmung der Eltern in einer Fabrik. Da ihr die Arbeit nicht mehr zusagt, kündigt sie fristgerecht.

g) Mehmet, 17 Jahre, beginnt mit Zustimmung seiner Eltern eine Ausbildung zum Kaufmann für Spedition und Logistikdienstleistung. Nach einem halben Jahr kündigt er, da er Berufskraftfahrer werden will.

Fortsetzung auf der nächsten Seite

Rechtliche Rahmenbedingungen

2.04 Geschäftsfähigkeit

Fortsetzung

Auszüge aus dem Bürgerlichen Gesetzbuch (BGB)

§ 106 Beschränkte Geschäftsfähigkeit Minderjähriger

Ein Minderjähriger, der das siebente Lebensjahr vollendet hat, ist nach Maßgabe der §§ 107 bis 113 in der Geschäftsfähigkeit beschränkt.

§ 107 Einwilligung des gesetzlichen Vertreters

Der Minderjährige bedarf zu einer Willenserklärung, durch die er nicht lediglich einen rechtlichen Vorteil erlangt, der Einwilligung seines gesetzlichen Vertreters.

§ 108 Vertragsschluss ohne Einwilligung

(1) Schließt der Minderjährige einen Vertrag ohne die erforderliche Einwilligung des gesetzlichen Vertreters, so hängt die Wirksamkeit des Vertrags von der Genehmigung des Vertreters ab.

(2) Fordert der andere Teil den Vertreter zur Erklärung über die Genehmigung auf, so kann die Erklärung nur ihm gegenüber erfolgen; eine vor der Aufforderung dem Minderjährigen gegenüber erklärte Genehmigung oder Verweigerung der Genehmigung wird unwirksam. Die Genehmigung kann nur bis zum Ablauf von zwei Wochen nach dem Empfang der Aufforderung erklärt werden; wird sie nicht erklärt, so gilt sie als verweigert.

(3) Ist der Minderjährige unbeschränkt geschäftsfähig geworden, so tritt seine Genehmigung an die Stelle der Genehmigung des Vertreters.

§ 109 Widerrufsrecht des anderen Teils

(1) Bis zur Genehmigung des Vertrags ist der andere Teil zum Widerruf berechtigt. Der Widerruf kann auch dem Minderjährigen gegenüber erklärt werden.

(2) Hat der andere Teil die Minderjährigkeit gekannt, so kann er nur widerrufen, wenn der Minderjährige der Wahrheit zuwider die Einwilligung des Vertreters behauptet hat; er kann auch in diesem Falle nicht widerrufen, wenn ihm das Fehlen der Einwilligung bei dem Abschluss des Vertrags bekannt war.

§ 110 Bewirken der Leistung mit eigenen Mitteln

Ein von dem Minderjährigen ohne Zustimmung des gesetzlichen Vertreters geschlossener Vertrag gilt als von Anfang an wirksam, wenn der Minderjährige die vertragsmäßige Leistung mit Mitteln bewirkt, die ihm zu diesem Zweck oder zu freier Verfügung von dem Vertreter oder mit dessen Zustimmung von einem Dritten überlassen worden sind.

§ 112 Selbständiger Betrieb eines Erwerbsgeschäfts

(1) Ermächtigt der gesetzliche Vertreter mit Genehmigung des Familiengerichts den Minderjährigen zum selbständigen Betrieb eines Erwerbsgeschäfts, so ist der Minderjährige für solche Rechtsgeschäfte unbeschränkt geschäftsfähig, welche der Geschäftsbetrieb mit sich bringt. Ausgenommen sind Rechtsgeschäfte, zu denen der Vertreter der Genehmigung des Familiengerichts bedarf.

(2) Die Ermächtigung kann von dem Vertreter nur mit Genehmigung des Familiengerichts zurückgenommen werden.

§ 113 Dienst- oder Arbeitsverhältnis

(1) Ermächtigt der gesetzliche Vertreter den Minderjährigen, in Dienst oder in Arbeit zu treten, so ist der Minderjährige für solche Rechtsgeschäfte unbeschränkt geschäftsfähig, welche die Eingehung oder Aufhebung eines Dienst- oder Arbeitsverhältnisses der gestatteten Art oder die Erfüllung der sich aus einem solchen Verhältnis ergebenden Verpflichtungen betreffen. Ausgenommen sind Verträge, zu denen der Vertreter der Genehmigung des Familiengerichts bedarf.

(2) Die Ermächtigung kann von dem Vertreter zurückgenommen oder eingeschränkt werden.

…

(4) Die für einen einzelnen Fall erteilte Ermächtigung gilt im Zweifel als allgemeine Ermächtigung zur Eingehung von Verhältnissen derselben Art.

2.05 Rechtsbegriffe

Im Rechtsverkehr existieren zahlreiche Fachbegriffe. In den sechs aufgeführten Begriffsbestimmungen sind vier Umschreibungen enthalten, die den aufgeführten Rechtsbegriffen zuzuordnen sind.

Ordnen Sie zu, indem Sie die Kennziffern von vier der sechs aufgeführten Begriffsbestimmungen in die Kästchen hinter den entsprechenden Rechtsbegriffen eintragen.

Begriffsbestimmungen

1. Zwei oder mehrere übereinstimmende Willenserklärungen
2. Tatsächliche Verfügungsgewalt über eine Sache
3. Vereinigung mit eigener Rechtspersönlichkeit
4. Fähigkeit, Rechtsgeschäfte rechtswirksam vornehmen zu können
5. Rechtliche Verfügungsgewalt über eine Sache
6. Fähigkeit, Träger von Rechten und Pflichten zu sein

Rechtsbegriffe

a) Eigentum

b) Vertrag

c) Juristische Person

d) Geschäftsfähigkeit

Rechtliche Rahmenbedingungen

2.06 Rechtsgeschäfte

Rechtsgeschäfte sind Willenserklärungen, die eine Rechtsfolge herbeiführen sollen.

Nach der Anzahl der beteiligten Personen ist folgende Einteilung üblich:

1. Einseitige Rechtsgeschäfte, die empfangsbedürftig sind
2. Einseitige Rechtsgeschäfte, die nicht empfangsbedürftig sind
3. Zwei- oder mehrseitige Rechtsgeschäfte

Ordnen Sie zu, indem Sie die Kennziffern der oben aufgeführten Rechtsgeschäfte in die Kästchen hinter den folgenden Beispielen eintragen.

Beispiele

a) Vereinssatzung

b) Vertragsrücktritt

c) Kündigung

d) Aussetzen einer Belohnung durch Zeitungsinserat

e) Kaufvertrag

f) Testament

g) Anfechtung

h) Beschluss einer Gesellschafterversammlung

i) Eigentumsübertragung

2.07 Nichtigkeit und Anfechtung

Unter bestimmten Voraussetzungen (Rechtsmängel) sind Willenserklärungen von Anfang an nichtig.

Ordnen Sie zu, indem Sie die Kennziffern der folgenden Rechtsmängel in die Kästchen hinter den unten stehenden Fällen eintragen.

Rechtsmängel

1. Mangel in der Geschäftsfähigkeit
2. Mangel im Inhalt des Rechtsgeschäftes
3. Mangel im rechtskräftigen Willen
4. Mangel in der Form

Fälle

a) Herr Mänke bietet einem Bekannten sein ein Jahr altes Luxusauto zum Preis von 1 € an.

b) Patricia Hahn kündigt innerhalb der Probezeit telefonisch ihr Ausbildungsverhältnis, da sie noch in derselben Woche ein Studium aufnehmen möchte.

c) Ein Vermieter teilt seinen Mietern eine Erhöhung des monatlichen Mietzinses um 300 % mit.

d) Der sechsjährige Tobias kauft im Supermarkt eine Tüte Gummibärchen für 1,20 €.

e) Ein Arzt unterschreibt einen Kaufvertrag über ein 800 m² großes Grundstück; der Vertrag wird jedoch nicht notariell beurkundet.

Rechtliche Rahmenbedingungen

2.08 Nichtigkeit und Anfechtung

Beurteilen Sie folgende Rechtsgeschäfte dahingehend, ob diese

1. gültig
2. anfechtbar
3. nichtig

sind.

Rechtsgeschäfte

a) Frederic Hauser kauft Aktien in der Annahme, dass die Kurse dieser Aktien steigen werden. Tatsächlich aber fallen die Kurse.

b) Per Handschlag verkauft Alexandrakis Mostakis sein Reihenhaus an eine junge Familie.

c) Ein wegen Unterschlagung Vorbestrafter wird nach dessen schriftlicher Versicherung, nicht vorbestraft zu sein, als Kassierer eingestellt.

d) Annika Wenner, die erstmals eine Versteigerung besucht, winkt ihrer Freundin Lucy zu. Der Makler deutet das als Höher-Gebot und gibt Frau Wenner den Zuschlag.

e) Für die geplante Hochzeit mit ihrem Freund Niklas Müller kauft Nadja Lopez ein Hochzeitskleid. Als die Beziehung kurz darauf in die Brüche geht, versucht sie den Kaufvertrag rückgängig zu machen.

f) Christa Kiesel wird von Herrn Flanzen genötigt, einen Schuldschein in Höhe von 4.000 € zu unterschreiben; andernfalls würde er freizügige Fotos von Frau Kiesel ins Netz stellen.

2.09 Besitz und Eigentum

Das Eigentum an beweglichen Sachen kann durch Einigung und Übergabe übertragen werden. Entscheiden Sie, welche der nachfolgenden Aussagen zu den Fällen A und B jeweils die richtige ist.

Fälle

A Nicole hat sich von ihrer Freundin Friederike deren neues Fahrrad ausgeliehen. Da Nicole dringend Geld benötigt, verkauft sie kurzerhand das geliehene Fahrrad an ihre nichts ahnende Nachbarin.

B Eric hat sich das Smartphone seines Freundes Harry geliehen und nimmt es mit ins Freibad, wo es ihm prompt gestohlen wird. Der Dieb verkauft das Gerät an Herrn Wellmann, der nicht weiß, dass das Smartphone gestohlen ist.

Aussagen

1. In beiden Fällen wurde das Eigentum rechtswirksam übertragen.
2. Nur im Fall A wurde das Eigentum rechtswirksam übertragen.
3. Nur im Fall B wurde das Eigentum rechtswirksam übertragen.
4. In keinem der beiden Fälle wurde das Eigentum rechtswirksam übertragen.
5. Die Eigentumsübertragung der Fälle A und B ist ausdrücklich im HGB geregelt.

Rechtliche Rahmenbedingungen

2.10 Eigentumsvorbehalt

Bewegliche Waren, die zwar schon geliefert, aber noch nicht oder nur teilweise bezahlt wurden, können unter …

1. einfachem Eigentumsvorbehalt
2. erweitertem Eigentumsvorbehalt
3. verlängertem Eigentumsvorbehalt

stehen.

Entscheiden Sie, welche Art von Eigentumsvorbehalt jeweils auf folgende Fälle zutrifft.

Ordnen Sie zu, indem Sie die Kennziffern der Vorbehalte in die Kästchen neben den Aussagen eintragen.

Fälle

a) Auf den Rechnungen der Office Experten steht standardmäßig der Satz „Die gelieferte Ware bleibt bis zur vollständigen Bezahlung Eigentum der Office Experten GmbH.".

b) Der Anwalt der Office Experten schlägt vor, die Formulierung um den Satz „Im Falle des Weiterverkaufs der Ware wird die dadurch entstehende Forderung an die Office Experten GmbH abgetreten." zu ergänzen.

c) Als zusätzliche Absicherung schlägt er vor, dass „…die Vorbehaltsrechte sich auch auf andere von den Office Experten an den Käufer gelieferte Waren …" beziehen sollen.

2.11 Besitz und Eigentum

Der Eigentumserwerb kann, je nach Situation oder Objekt, durch folgende Übertragungsformen vollzogen werden:

Übertragungsformen

1. Einigung und Übergabe
2. Einigung
3. Einigung (Auflassung) und Eintragung ins Grundbuch
4. Einigung und Abtretung des Herausgabeanspruchs
5. Einigung und Besitzkonstitut

Prüfen Sie, welche Form des Eigentumserwerbs in folgenden Fallbeispielen zutrifft.

Ordnen Sie zu, indem Sie die Kennziffern der Übertragungsformen in die Kästchen neben den Fallbeispielen eintragen.

Fallbeispiele

a) Die Office Experten kaufen 150 m² eines an das Firmengelände angrenzenden Grundstückes.

b) Nadja Lopez schenkt ihrer Freundin eine Handtasche, die diese bereits seit einiger Zeit benutzt.

c) Mariana Viskovic schenkt ihrer in Münster studierenden Nichte Lisa ein Fahrrad, das momentan noch bei Frau Viskovics Schwester steht.

d) Der Kauf einer neuen Breitbandschleifmaschine wird durch ein Bankdarlehen finanziert. Zur Absicherung soll der Bank das Eigentum übertragen, die Maschine aber von den Office Experten bereits genutzt werden.

e) Claudia Förster verkauft für 50 € auf dem Flohmarkt eine Armbanduhr an Nicole Jäger.

Rechtliche Rahmenbedingungen

2.12 Vertragsarten, -inhalte und -beispiele

Ordnen Sie die aufgeführten fünf Vertragsarten den unten stehenden Vertragsinhalten zu.

Vertragsarten

1. Mietvertrag
2. Leihvertrag
3. Pachtvertrag
4. Dienstvertrag
5. Werkvertrag

Vertragsinhalte

a) Überlassung von Sachen zum Gebrauch gegen Entgelt

b) Überlassung von Sachen oder Rechten zum Gebrauch und zur Nutzung (Fruchtgenuss) gegen Entgelt

c) Herstellung eines Werks oder Verrichtung einer Dienstleistung gegen Entgelt, wobei der Erfolg geschuldet wird

d) Unentgeltliche Überlassung von Sachen zum Gebrauch

e) Entgeltliche Verrichtung einer Tätigkeit ohne geschuldeten Erfolg

2.13 Vertragsarten, -inhalte und -beispiele

Ordnen Sie den folgenden Vertragsbeispielen die jeweiligen Kennziffern der zutreffenden Vertragsart zu.

Vertragsarten

1. Kaufvertrag
2. Schenkungsvertrag
3. Mietvertrag
4. Leihvertrag
5. Pachtvertrag
6. Dienstvertrag
7. Werkvertrag

Vertragsbeispiele

a) Die Office Experten bestellen bei der WCV Computer Vertriebs GmbH 5 Notebooks und verschiedene Komponenten zur Aufrüstung der betrieblichen EDV-Anlagen. Die WCV Computer Vertriebs GmbH sagt sofortige Lieferung zu.

b) Die WCV Computer Vertriebs GmbH beauftragt die Transportunternehmung Schuster & Sohn KG mit der Durchführung des Transportes.

c) Frau Lopez aus der Buchhaltung möchte sich privat eventuell ein identisches Notebook kaufen. Die Office Experten erlauben ihr, eines der gelieferten Geräte zwei Wochen zuhause zu testen.

d) Anlässlich ihres Geburtstages erhält Frau Wenner von ihren Kollegen einen 25 €-Gutschein eines Internetshops.

Rechtliche Rahmenbedingungen

2.14 Kaufarten

Entscheiden Sie in den folgenden Fällen, um welche Kaufart es sich jeweils handelt.

Tragen Sie die zutreffende Kennziffer in das entsprechende Kästchen hinter dem Fall ein.

Kaufarten

1. Bestimmungskauf (Spezifikationskauf)
2. Kauf auf Probe
3. Fixkauf
4. Kauf auf Abruf
5. Kauf zur Probe
6. Kauf nach Probe

Fälle

a) Die Office Experten möchten am letzten Arbeitstag vor den Weihnachtsferien Geschenke an ihre Mitarbeiter verteilen. Sie ordern diese bei einem Geschenkeservice unter folgender Vorgabe: „Lieferung am 20. Dezember."

b) Die Transportunternehmung Clorinth & Rasanzki bestellt 100 Metallcontainer und behält sich den genauen Lieferzeitpunkt aufgrund vorübergehender Lagerengpässe vor.

c) Herr Schmorenberg unterschreibt einen Kaufauftrag über einen PC. Im Vertrag ist ausdrücklich festgehalten, dass Herr Schmorenberg den Computer bei Nichtgefallen binnen 14 Tagen zurückgeben darf.

d) Die Kleiderfabrik Geffroy bestellt bei dem Textilhersteller Lukowicz 300 Ballen Stoff. Farbe und Musterung der Tuche sollen zu Beginn der nächsten Modesaison bestimmt werden.

e) Die Office Experten bestellen bei einem Zulieferer 500 Schubladeneinsätze für Stifte „entsprechend dem uns zur Verfügung gestellten Muster".

f) Ein Restaurant kauft eine neue Geschmacksrichtung einer Fassbrause. Sollte sie bei den Gästen ankommen, soll sie fest in die Getränkekarte übernommen werden.

2.15 Vertragsabschluss

In welchen **2** der folgenden Fälle ist es zu einem Vertragsabschluss gekommen?

Vorgänge

1. Angebot eines Verkäufers zum Verkauf einer Maschine und Bestellung des Käufers innerhalb der Gültigkeitsdauer des Angebotes.
2. Bestätigung des Verkaufs eines Grundstückes zwischen Käufer und Verkäufer durch Handschlag unter Zeugen.
3. Zusendung unbestellter Waren an eine Privatperson und Gebrauch der Waren durch den Empfänger der Sendung.
4. Bestellung einer Sitzgarnitur aufgrund des Werberundschreibens eines Möbelhändlers.
5. Auftrag eines langjährigen Kunden an einen Spediteur zum Versand einer Maschine; der Spediteur bestätigt den Auftrag nicht.
6. Schriftliche Bestellung eines Aktenvernichters durch einen Käufer per Post aufgrund eines verbindlichen Angebots eines Verkäufers innerhalb der Gültigkeitsdauer. Widerruf der Bestellung durch den Käufer eine Stunde nach der Bestellung per E-Mail.
7. Aufgrund der Anfrage des Herrn Wendling nach hochwertigen TV-Geräten, liefert der Elektronikfachmarkt „Medienmarkt" ein HDTV-Gerät frei Haus.

Rechtliche Rahmenbedingungen

2.16 Sonderangebot

Am 14.02. des Jahres stellen die Office Experten folgenden Text auf ihrer Website ein:

Sonderangebot

Schreibtische für **119,99 €** (brutto)

Bewährte Qualität zu günstigem Preis!

Aus unserem Büromöbelprogramm CLASSIC 2000 bieten wir Restbestände zu niedrigem Preis:

400 Schreibtische des Modells S-0887, Buche furniert mit 3 Schubladen zum sensationellen Preis von je **119,99 €**.

Verkauf an Gewerbetreibende und Endverbraucher

---

a) Am 18.02. d. J. bestellt die Hartmann OHG unter Bezug auf das Sonderangebot 25 Schreibtische. Entscheiden Sie mithilfe des folgenden Gesetzesauszuges, ob die Office Experten liefern müssen!

1. Nein, weil am 18.02. d. J. die Bindungsfrist des Angebotes überschritten ist.
2. Ja, da die Bestellung die rechtlich wirksame Annahme des Angebotes ist.
3. Ja, da die Hartmann OHG als Gewerbetreibende zum Käuferkreis zählt.
4. Nein, weil das Sonderangebot rechtlich kein Antrag ist.
5. Ja, weil innerhalb der Angebotsbindungsfrist bestellt wurde.

Auszug aus dem Bürgerlichen Gesetzbuch (BGB)

§ 145 Bindung an den Antrag
Wer einem anderen die Schließung eines Vertrags anträgt, ist an den Antrag gebunden, es sei denn, dass er die Gebundenheit ausgeschlossen hat.

§ 147 Annahmefrist
(1) Der einem Anwesenden gemachte Antrag kann nur sofort angenommen werden. Dies gilt auch von einem mittels Fernsprechers oder einer sonstigen technischen Einrichtung von Person zu Person gemachten Antrag.
(2) Der einem Abwesenden gemachte Antrag kann nur bis zu dem Zeitpunkt angenommen werden, in welchem der Antragende den Eingang der Antwort unter regelmäßigen Umständen erwarten darf.

b) Gegen Ende der Verkaufsaktion bleiben 17 Schreibtische übrig, die für insgesamt 1.213,80 € (einschließlich 19 % MwSt.) verkauft werden. Errechnen Sie den Preisnachlass in Prozent für diesen Restposten!

2.17 Angebot

Am 09.04. unterbreiten die Office Experten der Mahnke KG folgendes **Angebot**:

Office Experten GmbH
Herstellung und Vertrieb von Büromöbeln und -zubehör

Office Experten GmbH, Leibnizstr. 14, 40764 Langenfeld

Mahnke KG
Wollwaschweg 15
D-60437 Frankfurt

Telefon: 02173 612-0
Telefax: 02173 612-106
Mail: info@office-experten-gmbh.de
Web: www.office-experten-gmbh.de

Kundennummer: 5567
Datum: 20..-04-09

Angebot

Sehr geehrte Damen und Herren,

aufgrund Ihrer Anfrage unterbreiten wir folgendes Angebot:

150 Stück	Seminarstühle K-4339	Stückpreis 169,00 €

Die Preise verstehen sich zuzüglich der gesetzlichen Umsatzsteuer.
Auf den Stückpreis aller Artikel gewähren wir bei einer Mindestbestellmenge von 100 Stück einen Mengenrabatt von 10 %. Die Verpackungskosten sind im Preis enthalten.

Lieferungs- und Zahlungsbedingungen:
Die Lieferung erfolgt unter Eigentumsvorbehalt frei Haus binnen Wochenfrist nach Eingang der Bestellung.
Die Rechnung ist nach Erhalt zahlbar binnen 7 Tagen unter Abzug von 2 % Skonto oder 30 Tagen netto Kasse

Ihren Auftrag nehmen wir gerne entgegen.

Mit freundlichen Grüßen

Office Experten GmbH

i.A. Woldt

Jan Woldt
Verkauf

Rechtliche Rahmenbedingungen

2.17 Angebot

Welche **3** der folgenden Aussagen treffen auf das vorangehende Angebot der Office Experten zu?

Aussagen

1. Das Angebot der Office Experten ist ohne zeitliche Begrenzung verbindlich.
2. Wenn die Mahnke KG am 11.04. d. J. die 150 Seminarstühle zum Gesamtpreis von 22.815,00 € (netto) bestellt, kommt ein gültiger Kaufvertrag zustande.
3. Die Versandkosten der Stühle werden der Mahnke KG gesondert in Rechnung gestellt.
4. Wenn die Mahnke KG innerhalb von 30 Tagen nach Rechnungserhalt zahlt, muss sie den Office Experten 22.815,00 € zahlen.
5. Die Mahnke KG wird erst nach vollständiger Bezahlung des vereinbarten Kaufpreises Eigentümerin der gelieferten Schreibtische.
6. Wenn die Mahnke KG innerhalb einer Woche nach Rechnungserhalt per Banküberweisung zahlt, muss sie 26.606,85 € auf das Konto der Office Experten überweisen.
7. Wenn die Mahnke KG innerhalb von 30 Tagen nach Rechnungserhalt zahlt, muss sie die Rechnungssumme von 27.149,85 € bar zahlen.

Rechtliche Rahmenbedingungen

2.18 Kaufvertrag

Ausgangssituation zu den Aufgaben 2.18.1 bis 2.18.4

Die Mahnke KG ist ein mittelständisches Unternehmen, das für Großveranstalter, Theater und Aussteller Messe- und Konstruktionsbauten plant und realisieren hilft. Zur Einrichtung eines Großraumbüros benötigt die Gesellschaft u. a. 35 Schreibtische mit Sonderausstattung.

Am 04.03.20.. richtet sich der geschäftsführende Komplementär der Gesellschaft, Herr Jochen Mahnke, persönlich mit einer Anfrage an die Office Experten (s. nachfolgendes Schreiben).

2.18.1 Anfrage

Welche **2** der folgenden Aussagen treffen auf die Anfrage von Herrn Mahnke zu?

Aussagen

1. Im Text der Anfrage verspricht Herr Mahnke eine Bestellung von 35 Schreibtischen.
2. Die Anfrage an die Office Experten ist völlig unverbindlich.
3. In der Anfrage wird deutlich, dass die Mahnke KG unter Vorbehalt eines für sie günstigen Preises an einer baldigen Bestellung interessiert ist.
4. Die Office Experten dürfen aufgrund des hohen Interesses eine sofortige Lieferung preisgünstiger Schreibtische veranlassen.
5. Die Anfrage ist eine Willenserklärung des Käufers und daher ein Antrag zum Abschluss eines Kaufvertrages.
6. Die Office Experten müssen die Anfrage umgehend beantworten und ein verbindliches Angebot erstellen.

Rechtliche Rahmenbedingungen

2.18.1 Anfrage

Mahnke Kommanditgesellschaft
Messe- und Konstruktionsbau – Bauplanungsbüro

Mahnke KG, Wollwaschweg 15, D-60437 Frankfurt

Office Experten GmbH
Leibnizstr. 14
40764 Langenfeld

Ihr Auftrag, Ihre Nachricht vom	Unser Zeichen	Telefon-Durchwahl	Datum
	Ma-we	-189	04.03.20..

Anfrage

Guten Tag,

wir interessieren uns für Ihr Schreibtischmodell S-0887 aus dem gleichnamigen Möbelprogramm S-08. Zwecks Ausstattung eines Großraumbüros benötigen wir voraussichtlich 35 Tische mit den in Ihrem Prospekt beschriebenen Sonderausstattungskomponenten.

Unterbreiten Sie uns bitte ein Angebot mit einer möglichst attraktiven Preisgestaltung, die uns zu einer zeitnahen Bestellung motivieren könnte.

Auf Ihre Nachricht freuen wir uns und grüßen Sie freundlichst.

J. Mahnke
Jochen Mahnke

Rechtliche Rahmenbedingungen

2.18.2 Angebotsvergleich und Angebot

Die Office Experten beabsichtigen den Kauf von Spezialcontainern, die sie als Einbaumodule für die Ausstattung ihrer Schreibtische (Produkt Nr. S-0887) verwenden möchte. Bis dato liegen drei Angebote über baugleiche Container vor:

Angebote (Übersicht)

Anbieter / Konditionen	BÜROTEC GmbH Bürotechnik und Apparatebau Vilshofener Str. 86 81679 München	STAHLBAU AG Spezialmaschinen und Containerbau Trierer Str. 1001 52076 Aachen	PITZKOW & RIEL GmbH & Co. KG Behälterbau Im Steinpilz 14 03130 Spremberg
Gewicht je Container ohne Verpackung	3.350 g	2.980 g	3.150 g
Listenpreis	18,95 €	20,15 €	17,50 €
Preisnachlässe	Staffelrabatte ab 100 St. 3 % ab 300 St. 5 % ab 500 St. 7 % ab 1000 St. 10 % 2 % Skonto bei Zahlung binnen 10 Tagen oder zahlbar binnen 30 Tagen netto Kasse	Artikelrabatt 15 % Zahlbar nach 30 Tagen ohne Abzug	ohne Rabatt 1,5 % Skonto bei Zahlung innerhalb 14 Tagen oder ohne Abzug zahlbar binnen 30 Tagen
Lieferungsbedingungen	Bezugskosten 5,20 € je 100 kg Nettogewicht	Lieferung frei Haus	Bezugskosten 25,00 € je 100 Stück

Die Office Experten planen die Anschaffung von 2.000 Stück und wollen unter Ausnutzung von Skonto maximal 35.000,00 € an liquiden Mitteln investieren. Die Umsatzsteuer bleibt – als durchlaufender Posten – unberücksichtigt!

Ermitteln Sie den Einstandspreis (Bezugspreis) des preisgünstigsten Anbieters.

Rechtliche Rahmenbedingungen

2.18.3 Angebotsvergleich und Angebot

Am 08.03.20.. unterbreiten die Office Experten der Mahnke KG das auf der folgenden Seite abgebildete Angebot.

a) Welche Angebotsart wurde von den Office Experten abgegeben?

Angebotsarten
1. Ein befristetes Angebot
2. Ein unverbindliches Angebot
3. Ein freibleibendes Angebot
4. Ein verbindliches Angebot
5. Ein Angebot mit Freizeichnungsklauseln

b) Welche der folgenden Aussagen zum vorliegenden Angebot trifft zu?

Aussagen
1. Dieses Angebot zählt im juristischen Sinne nicht als Antrag, da es nicht an eine bestimmte Person gerichtet ist.
2. Im Fall einer Skontierung müsste die Mahnke KG den Office Experten einen Betrag von 19.516,70 € überweisen.
3. Das Angebot muss sofort angenommen werden. Falls Die Mahnke KG ein oder zwei Tage mit der Bestellung wartet, sind die Office Experten nicht mehr an das Angebot gebunden.
4. Das Angebot ist rechtlich nicht bindend, da es nicht von der Geschäftsführerin der Office Experten, Jasmin Hauser, unterschrieben wurde.
5. Bei den Office Experten handelt es sich um eine juristische Person des privaten Rechts, die in Abteilung B des Handelsregisters eingetragen ist.

2.18.3 Angebotsvergleich und Angebot

Office Experten GmbH
Herstellung und Vertrieb von Büromöbeln und -zubehör

Office Experten GmbH, Leibnizstr. 14, 40764 Langenfeld

Mahnke KG
Wollwaschweg 15
D-60437 Frankfurt

Telefon: 02173 612-0
Telefax: 02173 612-106
Mail: info@office-experten-gmbh.de
Web: www.office-experten-gmbh.de

Kundennummer: 5567
Datum: 20..-03-08

Angebot

Sehr geehrte Damen und Herren,

aufgrund Ihrer Anfrage unterbreiten wir folgendes Angebot:

35 Stück	Schreibtisch Nr. S-0887 Nussbaum furniert	Stückpreis 569,00 €

Die Preise verstehen sich zuzüglich der gesetzlichen Umsatzsteuer.
Auf alle Artikel gewähren wir 10 % Rabatt. Die Verpackungskosten sind im Preis enthalten.

Lieferungs- und Zahlungsbedingungen:
Die Lieferung erfolgt binnen Wochenfrist. Die Rechnung ist zahlbar 30 Tage netto oder binnen 7 Tagen unter Abzug von 2 % Skonto. Ansonsten gelten die gesetzlichen Bestimmungen.

Ihren Auftrag nehmen wir gerne entgegen.

Mit freundlichen Grüßen

Office Experten GmbH

i.A. Doldt

Jan Woldt
Verkauf

Rechtliche Rahmenbedingungen

2.18.4 Bestellung

Am 15.03.20.. gibt die Prokuristin der Mahnke KG, Frau Inge Jensen, nebenstehende Bestellung auf.

Kommt durch diese Bestellung der Kaufvertrag zwischen den Office Experten und der Mahnke KG rechtswirksam zustande?

1. Nein, da nicht der ursprünglich anfragende Geschäftsführer, Herr Jochen Mahnke, persönlich bestellt hat.
2. Nein, weil die Prokura für diese Art von Rechtshandlungen nicht ausreicht.
3. Ja, weil Frau Jensen aufgrund ihrer Rechtsstellung befugt ist und die Inhalte der Bestellung mit dem Angebot der Office Experten übereinstimmen.
4. Ja, weil Frau Jensen mit zur Geschäftsführung gehört.
5. Nein, da der Stückpreis nicht dem Angebot entspricht.

2.18.4 Bestellung

Mahnke Kommanditgesellschaft
Messe- und Konstruktionsbau – Bauplanungsbüro

Mahnke KG, Wollwaschweg 15, D-60437 Frankfurt

Office Experten GmbH
Leibnizstr. 14
40764 Langenfeld

Ihr Auftrag, Ihre Nachricht vom	Unser Zeichen	Telefon-Durchwahl	Datum
08.03.20..	Je-we	-188	15.03.20..

Bestellung

Guten Tag,

wir bestellen 35 Schreibtische des Modells S-0887 zu einem rabattierten Nettopreis von 512,10 Euro je Stück (zuzüglich der gesetzlichen Mehrwertsteuer) zu den Bedingungen Ihres Angebotes vom 08.03. d. J.

Wir bitten um umgehende Lieferung und grüßen Sie freundlichst

Inge Jensen ppa.

Inge Jensen ppa.

Rechtliche Rahmenbedingungen

2.18.5 Mängelrüge

Am 20.03.20.. erhält die Mahnke KG die bestellte Lieferung, die von einem Frachtführer an der Frankfurter Zieladresse zugestellt wird. Bei näherer Besichtigung fällt dem mit der Annahme beschäftigten Mitarbeiter auf, dass zwei Schreibtische beschädigt sind. Die Mängel werden in den Frachtpapieren vermerkt und vom Fahrer des Frachtführers bestätigt.

Am 22.03.20.. reklamiert die Mahnke KG den Schaden bei den Office Experten mit nebenstehendem Schreiben.

Wie ist diese Mängelrüge zu beurteilen? Beachten Sie auch den vorangehenden Schriftverkehr zwischen den Vertragspartnern.

1. Die Mängelrüge ist berechtigt. Nach dem Produkthaftungsgesetz haftet der Verkäufer für alle Schäden, die mit der Ware und deren Zustellung verbunden sind.
2. Die Mängelrüge ist nicht berechtigt. Der Fahrer als Erfüllungsgehilfe des Frachtführers hat den Schaden zu vertreten und muss eine Ersatzlieferung bewirken.
3. Die Mängelrüge ist berechtigt, weil die Lieferung und das Transportrisiko beim Verkäufer liegt.
4. Die Mängelrüge ist nicht berechtigt, da die Mahnke KG als Käufer das Transportrisiko trägt.
5. Die Mängelrüge ist berechtigt, da der gesetzliche Erfüllungsort für die Lieferung der Wohn- bzw. Firmensitz des Käufers ist.

2.18.5 Mängelrüge

Mahnke Kommanditgesellschaft
Messe- und Konstruktionsbau – Bauplanungsbüro

Mahnke KG, Wollwaschweg 15, D-60437 Frankfurt

Office Experten GmbH
Leibnizstr. 14
40764 Langenfeld

Ihr Auftrag, Ihre Nachricht vom	Unser Zeichen	Telefon-Durchwahl	Datum
	Je-we	-188	22.03.20..

Mängelrüge

Guten Tag,

wir bestellten am 15.03.20.. 35 Schreibtische des Modells S-0887 zu einem rabattierten Nettopreis von 512,10 Euro je Stück (zuzüglich der gesetzlichen Mehrwertsteuer) zu den Bedingungen Ihres Angebotes vom 08.03.20.. Die Lieferung erfolgte am 20.03.20..
Bei der Warenannahme wurde festgestellt, dass die Versandverpackung zweier Tische eingerissen war und die Tischplatten bei beiden Tischen an den Ecken während des Transportes beschädigt wurden. Der Fahrer führt den Schaden auf mangelnde Ladungssicherung (fehlende Spanngurte) zurück.

Wir bitten um kostenfreie Ersatzlieferung zweier Tische binnen einer Woche in einwandfreiem Zustand an unsere Adresse.

Inge Jensen ppa.
Inge Jensen ppa.

Anlagen
Schadenprotokoll, Frachtbrief

Rechtliche Rahmenbedingungen

2.19 Verbraucherschutzgesetze

Welches der folgenden Gesetze regelt speziell die Belange des **Verbraucherschutzes** beim E-Commerce und anderen **Fernabsatzgeschäften?**

Gesetze

1. AGB-Gesetz
2. Verbraucherkreditgesetz (VerbrKrG)
3. Bürgerliches Gesetzbuch (BGB)
4. Haustürgeschäftswiderrufsgesetz
5. Produkthaftungsgesetz
6. Produktsicherheitsgesetz

Rechtliche Rahmenbedingungen

2.20 Zustandekommen/Widerruf eines Kaufvertrages

Am 5. Februar kauft Julia Glawe einen Prüfungstrainer zur Vorbereitung auf die Zwischenprüfung bei einem virtuellen Buchhändler durch „Mausklick" im Internet. Sekunden später wird ihr durch E-Mail des Händlers die Bestellung bestätigt. Die Auftragsbestätigung enthält auch alle notwendigen Verbraucherinformationen zu Fernabsatzverträgen.

Da Julia am Folgetag unverhofft ein ihr besser geeignet erscheinendes Buch von ihrer Freundin Saskia geschenkt bekommt, will sie ihren „Fernkauf" widerrufen.

Welche der folgenden Aussagen ist richtig?

Aussagen

1. Vertrag ist Vertrag – und Verträge müssen gehalten werden. Julia hat kein Widerrufsrecht, da die Bestellung bereits angenommen wurde.
2. Julia hat zwar ein Widerrufsrecht, muss davon aber am selben Tag der Bestellungsannahme Gebrauch machen.
3. Da der Händler per E-Mail über alle erforderlichen Verbraucherinformationen berichtet hat, steht Julia eine Widerrufsfrist von 14 Tagen zu, also bis einschließlich 19. Februar.
4. Julia hat ein Widerrufsrecht von 14 Tagen. Es beginnt jedoch erst an dem Tag, an dem der bestellte Prüfungstrainer geliefert wird.
5. Julia hat kein Widerrufsrecht, da durch ihren „Mausklick" (noch) kein gültiger Kaufvertrag zustande gekommen ist.

Rechtliche Rahmenbedingungen

2.21 Nationale Lieferungsbedingungen

Ordnen Sie die nachfolgenden Aufteilungen der Versandkosten den unten stehenden Lieferungsbedingungen zu.

Aufteilung der Versandkosten

1. der Käufer trägt alle Versandkosten
2. der Verkäufer trägt die Kosten für Anfuhr, Verladung und Fracht bis zum Bestimmungsbahnhof
3. der Verkäufer trägt alle Versandkosten
4. der Verkäufer trägt die Kosten für Anfuhr zum Versandbahnhof und Verladung
5. der Verkäufer trägt die Kosten für Anfuhr bis zur Versandstation

Lieferungsbedingungen

a) Ab Werk

b) Unfrei

c) Frei Bestimmungsort

d) Frachtfrei

e) Ab Lager

f) Frei Haus

g) Frei Lager

h) Frei Werk

i) Frei

j) Ab hier

k) Frei Waggon

Rechtliche Rahmenbedingungen

2.22 Internationale Lieferungsbedingungen

Die Angebotsbedingungen vieler Händler und Hersteller, die auch ins Ausland liefern, enthalten vorwiegend international gebräuchliche Handelsklauseln, so z. B. die:

Incoterms 2020 (hier 4 Beispiele)

1. EXW Frankfurt am Main
2. CIF New York
3. DAP Terminal Hamburg Altenwerder
4. FOB Hamburg

Ordnen Sie zu, indem Sie die Kennziffern der Incoterms in die Kästchen neben den Aussagen eintragen.

Aussagen

a) Bei dieser Klausel handelt es sich um eine sog. „Zweipunktklausel", d. h., Kosten und Gefahren gehen an verschiedenen Orten auf den Käufer über.

b) Bei dieser Klausel muss der Verkäufer auf eigene Kosten zugunsten des Käufers eine Transportversicherung im Umfang der Mindestdeckung der „Institute Cargo Clauses" (ICC) abschließen.

c) Bei dieser „Einpunktklausel" hat der Verkäufer die Ware auf seine Kosten und Gefahren zum vereinbarten Zeitpunkt dem Käufer am benannten Ort entladebereit zur Verfügung zu stellen; erst am Lieferort gehen Kosten und Gefahr auf den Käufer über.

d) Wird diese Klausel vereinbart, gehen die Gefahr der Beschädigung oder des Untergangs der Ware und die Kosten nach der Verladung im Verschiffungshafen auf den Käufer über.

e) Diese Klausel wird auch als „Abholklausel" bezeichnet. Der Verkäufer stellt die Ware auf seinem Grundstück zur Verfügung. Gefahren und Kosten gehen bei der Bereitstellung ab Werk durch den Verkäufer auf den Käufer über.

f) Bei dieser „Einpunktklausel" hat der Käufer den Schiffsraum zu besorgen, die Seefracht zu zahlen und die Ware für den Seetransport zu versichern.

Rechtliche Rahmenbedingungen

2.23 Pflichtverletzungen beim Kaufvertrag

Die Aufgabe besteht aus **2** Teilen.

Teil I

Auf welche der folgenden Kaufvertrags-Pflichtverletzungen nehmen die unten stehenden Zitate aus Geschäftsbriefen Bezug?

Ordnen Sie zu, indem Sie die Kennziffern der Kaufvertrags-Pflichtverletzungen neben den entsprechenden Auszügen aus Geschäftsbriefen eintragen.

Pflichtverletzungen

1. Mangelhafte Lieferung (Schlechtleistung)
2. Lieferungsverzug (Nicht-Rechtzeitig-Lieferung)
3. Annahmeverzug
4. Zahlungsverzug (Nicht-Rechtzeitig-Zahlung)

Zitate aus Geschäftsbriefen

a) „Sollten Sie auch diese Frist verstreichen lassen, werde ich den Erlass eines Mahnbescheides beantragen."

b) „Da Sie in der Sache nichts mehr unternommen haben, wurde der Selbsthilfeverkauf durchgeführt."

c) „Da die gesetzliche Gewährleistungspflicht bereits abgelaufen ist, können wir Ihren Ansprüchen leider nicht mehr nachkommen."

d) „... außerdem kämen im Fall eines Deckungskaufes erhebliche Kosten auf Sie zu."

Teil II

In den oben stehenden Brief-Aussagen werden Verkäufer bzw. Käufer als jeweilige Vertragspartner zitiert.

Welchen Briefauszug hat der Käufer geschrieben? Tragen Sie den Lösungsbuchstaben in das nebenstehende Kästchen ein und übertragen Sie Ihr Ergebnis in den Lösungsbogen.

Rechtliche Rahmenbedingungen

2.24 Kaufvertragsstörungen

Bei der Erfüllung des Kaufvertrages kann es zu Störungen kommen, bei denen BGB bzw. HGB den Vertragspartnern bestimmte Rechte und Pflichten zuweisen.

Welche **4** der nachstehenden Aussagen sind **falsch**?

Aussagen

1. Offene Mängel müssen spätestens 6 Wochen nach ihrer Entdeckung angezeigt werden.
2. Die Gewährleistungsansprüche des Käufers bei Qualitätsmängeln der gelieferten Ware verjähren beim einseitigen Handelskauf nach 6 Monaten vom Tage der Annahme an gerechnet.
3. Im Fall eines Annahmeverzuges trägt der Lieferer die eventuell anfallenden Lagerkosten.
4. Infolge des Annahmeverzuges haftet der Lieferer nur für Vorsatz und grobe Fahrlässigkeit.
5. Hat ein Lieferer schuldhaft innerhalb der vereinbarten Lieferfrist nicht geliefert, so kann der Käufer in jedem Falle sofort vom Kaufvertrag zurücktreten.
6. Der Schuldner einer Geldforderung kommt 30 Tage nach Fälligkeit und Zugang einer Rechnung automatisch in Zahlungsverzug.
7. Bei einem Basiszinssatz in Höhe von 2,27 % darf der Gläubiger einer Geldforderung mangels besonderer Vereinbarung vom Schuldner (Verbraucher) 7,27 % Verzugszinsen fordern.
8. Wenn die Office Experten der in Zahlungsverzug geratenen Müther & Co. OHG mangels besonderer Absprache Verzugszinsen in Höhe von 11,27 % berechnen, liegt der Basiszinssatz derzeit bei 2,27 %.

Rechtliche Rahmenbedingungen

2.25 Mangelhafte Lieferung

Die Aufgabe besteht aus **2** Teilen.

Teil I

Folgende Mängel bei einer gelieferten Ware lassen sich unterscheiden:

1. Qualitätsmängel
2. Quantitätsmängel
3. Mängel in der Montageanleitung
4. Mängel in der Art
5. Mängel im Recht

Ordnen Sie zu, indem Sie die Kennziffern der Mängel in die Kästchen hinter den entsprechenden Beispielen eintragen.

Beispiele

a) Ein spiegelverkehrt gedrucktes Piktogramm in der Aufbauanleitung hat zur Folge, dass die gelieferten Teile beim Aufbau scheinbar nicht zusammenpassen.

b) Statt der vereinbarten Beschläge „Aluminium eloxiert" wurde „Edelstahl matt gebürstet" geliefert.

c) Die neue Breitbandschleifmaschine der Office Experten war vom Lieferanten an eine Bank zur Sicherheit eines Darlehens übereignet worden.

d) Statt der vereinbarten 25 Stühle wurden nur 24 geliefert.

e) Die Polsterung eines Schreibtischstuhles weist einen kleinen Riss auf.

Teil II

a) Ein Kunde der Office Experten erhält einen Bürostuhl mit gerissener Polsterung. Welche vorrangigen Rechte hat der Käufer?

b) Welche nachrangigen Rechte hat der Käufer bei mangelhafter Lieferung?

c) Der wegen der defekten Polsterung reklamierte Bürostuhl wurde am 01.04.2025 ausgeliefert. Die Rechnung vom 02.04.2025 wurde am 22.04.2025 bezahlt. Mit Ablauf welchen Tages verjähren die Mängelansprüche?

Rechtliche Rahmenbedingungen

2.26 Zahlungsverzug

Befindet sich der Käufer in Zahlungsverzug, hat der Verkäufer verschiedene Möglichkeiten, den Kaufpreis einzufordern:

Möglichkeiten

1. Kaufmännisches Mahnverfahren
2. Gerichtliches Mahnverfahren
3. Klageverfahren
4. Zwangsvollstreckung

Welche dieser Möglichkeiten leitet der Verkäufer in folgenden Fällen ein?

Ordnen Sie zu, indem Sie die Kennziffern der Möglichkeiten in die Kästchen neben den Fällen eintragen.

Fälle

a) Das in einem Kaufvertrag vereinbarte Zahlungsziel betrug 60 Tage. Nach Ablauf dieser Frist stellt der Verkäufer fest, dass die Rechnung immer noch offen ist.

b) Die längst fällige Rechnung wurde von einem Käufer nicht beglichen. Der Verkäufer hat bis dato alle möglichen Schritte unternommen, die aber erfolglos blieben. Jetzt liegt ein entsprechender Titel vor.

c) Einem Käufer, der in Zahlungsverzug geraten ist, wurden mehrere Briefe zur Zahlungsaufforderung geschickt. Eine Reaktion blieb jedes Mal aus.

d) Dem Käufer wurde ein gerichtlicher Mahnbescheid zugestellt. Daraufhin legt er beim zuständigen Gericht Widerspruch ein.

Rechtliche Rahmenbedingungen

2.27 Zahlungsverzug

Die Aufgabe besteht aus **2** Teilen.

Teil I

Am 05.03.20.. geht den Office Experten eine Rechnung der Büromöbel GmbH zu. Die Rechnung über 5.950,00 € (einschl. Umsatzsteuer) enthält die folgende vereinbarte Zahlungsbedingung:

> „Zahlbar ab Rechnungserhalt binnen 10 Tagen unter Abzug von 3 % Skonto, spätestens am 4. April des Jahres netto Kasse."

Die Kreditoren-Buchhaltung der Office Experen, in der Sie tätig sind, ist zurzeit personell unterbesetzt. Die Rechnung wird innerhalb des Zahlungsziels nicht beglichen. Am 29.04.20.. trifft eine Mahnung der Büromöbel GmbH ein.

Sie werden beauftragt zu überprüfen, ob die Mahnung gerechtfertigt ist. Was stellen Sie fest?

Aussagen

1. Die Office Experen befinden sich erst ab dem 15.03.20.. (Ende der Skontofrist) in Zahlungsverzug.
2. Die Mahnung am 29.04.20.. bewirkt einen Neubeginn der Verjährungsfrist.
3. Die Büromöbel GmbH ist berechtigt, ab dem 29.04.20.. Verzugszinsen zu berechnen, die 9 % über dem Basiszinssatz der EZB liegen.
4. Die Büromöbel GmbH ist berechtigt, ab dem 05.04.20.. Verzugszinsen zu berechnen, die 5 Prozentpunkte über dem Basiszinssatz der EZB liegen.
5. Bei einem Basiszinssatz der EZB von derzeit +2,27 % darf die Büromöbel GmbH am 29.04.20.. Verzugszinsen in Höhe von 46,57 € berechnen (nach kaufmännischer Zinsmethode).

Teil II

Am 05.03.20.. erhalten die Office Experten eine weitere Rechnung der Kellermann OHG. Die Rechnung datiert vom 03.03.20.. und lautet über 17.255,00 € (einschl. Umsatzsteuer). Die Rechnung enthält keine Vereinbarung eines Zahlungsziels und wird zunächst nicht beglichen.

Welche **2** der folgenden Aussagen sind richtig?

Aussagen

1. Die Office Experten befinden sich seit dem 03.03.20.. (Datum der Rechnung) in Zahlungsverzug.
2. Der Zahlungsverzug beginnt erst am 05.03.20.. (Tag des Rechnungserhalts).
3. Die am 03.03.20.. ausgestellte Rechnung ist sofort fällig. Verzug tritt grundsätzlich jedoch erst ein, wenn die Office Experten die Rechnung erhalten haben, diese nicht begleichen und von der Kellermann OHG angemahnt werden.
4. Falls die Office Experten am 20.03.20.. von der Kellermann OHG angemahnt werden, darf diese Verzugszinsen ab dem Tag der Rechnungserstellung berechnen.
5. Falls die Office Experten nicht angemahnt werden, geraten sie ab dem 05.04.20.. (00:00 Uhr) automatisch in Verzug.
6. Falls die Office Experten nicht angemahnt werden, geraten sie ab dem 04.04.20.. (00:00 Uhr) automatisch in Verzug.

Rechtliche Rahmenbedingungen

2.28 Lieferungsverzug

Die Aufgabe besteht aus **2** Teilen.

Teil I

Für eine Feier zu Ehren langjähriger Mitarbeiter bestellen die Office Experten am 10.07. ein Büfett für 1.000 €, anzuliefern am 14.08. um 16 Uhr. Zum vereinbarten Zeitpunkt ist vom Caterer weit und breit nichts zu sehen. Als die Fahrerin vier Stunden später erscheint, entschuldigt sie sich damit, in einen Verkehrsstau geraten zu sein.

Welche der folgenden Aussagen ist richtig?

Aussagen

1. Eine Annahme des gelieferten Büffets ist zwingend, da es ja noch am 14.08. geliefert wurde.
2. Es liegt kein Lieferungsverzug vor, weil die Fahrerin den Verkehrsstau nicht zu vertreten hat (höhere Gewalt).
3. Die Office Experten müssen die Speisen annehmen, weil hier die vier Stunden als angemessene Nachfrist für die Lieferung aufzufassen sind.
4. Die Speisen müssen nicht mehr angenommen werden, da sie zu spät angeliefert wurden.
5. Das kalte Büfett muss nur dann nicht angenommen werden, wenn die Speisen durch die verspätete Lieferung verdorben sind.

Teil II

Da gegen 17:30 Uhr bei der BLITZFOOD GmbH ein „Notbüffet" vergleichbarer Speisen für 1.250 € abgeholt wurde, weigern sich die Office Experten nicht nur, das bestellte Büfett abzunehmen, sondern möchten außerdem Schadensersatz in Höhe von 250 € plus aufgewendeter Beschaffungskosten geltend machen.

Welche der folgenden Aussagen ist richtig?

Aussagen

1. Schadensersatz kann nicht verlangt werden, da das „Ersatzbüffet" ohne Absprache und außerdem viel zu teuer gekauft wurde.
2. Schadensersatz kann nur in Höhe der Beschaffungskosten (also ggf. Bestelltelefonat und Transportkosten bei der Abholung des Notbüffets) gefordert werden.
3. Schadensersatz kann nicht verlangt werden, da der Verkehrsstau nicht von der Fahrerin des Partyservices zu vertreten ist.
4. Schadensersatz kann verlangt werden, wenn der Verkehrsstau absehbar war, d. h., der Partyservice auf dieser Fahrtstrecke damit rechnen musste.
5. Schadensersatz kann verlangt werden, auch dann, wenn die Feiernden das verspätet eingetroffene kalte Büfett abnehmen.

Rechtliche Rahmenbedingungen

2.29 Erfüllungsort

Die Mahnke KG (Frankfurt am Main) und die Office Experten GmbH (Langenfeld) haben einen Kaufvertrag über Schreibtische abgeschlossen.

Ordnen Sie zu, indem Sie die Kennziffern der Erfüllungsorte in die Kästchen neben den Fragen eintragen.

Erfüllungsorte

1. Frankfurt am Main
2. Langenfeld
3. Jeder Ort mit Sitz eines Gerichts

Fragen

a) An welchem Ort kann die Mahnke KG die Office Experten auf Lieferung verklagen, wenn kein Erfüllungsort vertraglich vereinbart wurde?

b) Welcher Ort ist Gerichtsstand für eine Klage der Office Experten gegen die Mahnke KG auf Zahlung des Kaufpreises, wenn als Erfüllungsort der Sitz der Lieferfirma vertraglich vereinbart war?

c) An welchem Ort ist das Gericht zuständig für eine Klage der Mahnke KG gegen die Office Experten auf Lieferung, wenn der Sitz der Lieferfirma als Erfüllungsort vereinbart war?

d) An welchem Ort können die Office Experten von der Mahnke KG die Zahlung des Kaufpreises einklagen, wenn vertraglich kein Erfüllungsort vereinbart war?

Rechtliche Rahmenbedingungen

2.30 Verjährung

Anfang Dezember 2024 beauftragt der Rechnungswesenleiter Matthias Zwerg seine Mitarbeiterin Nadja Lopez mit der Zusammenstellung aller Forderungen, die seit mehr als drei Jahren offen sind.

a) Erläutern Sie den vermutlichen Hintergrund dieser Aufforderung.

b) Was versteht man unter Verjährung?

c) Unterscheiden Sie Hemmung und Neubeginn der Verjährung.

d) Ordnen Sie die folgenden Ansprüche den Verjährungsfristen zu.

	2 Jahre	3 Jahre	10 Jahre	30 Jahre
Herausgabe von Eigentum				
Forderungen von Privatleuten				
Vollstreckbare Ansprüche				
Mängelrügen aus Kaufverträgen				
Ansprüche auf Übertragung des Eigentums an einem Grundstück				

e) Ordnen Sie den folgenden Handlungen ihre Auswirkung auf den Lauf der Verjährung zu.

	Hemmung der Verjährung	Neubeginn der Verjährung	Keine Änderung der Verjährung
Mahnung per Einschreiben mit Rückschein			
Schuldner leistet eine Abschlagszahlung			
Zustellung eines Mahnbescheides			
Stundungsgesuch des Schuldners			
Erhebung einer Klage			

Rechtliche Rahmenbedingungen

2.31 Verjährung

Ein Rechnungsbetrag, der am 11.08.2020 fällig war, wurde vom Schuldner nicht beglichen. Am 18.11.2023 wurde dem säumigen Schuldner deswegen ein gerichtlicher Mahnbescheid zugestellt. Da der Schuldner diesem widersprochen hatte, haben die Office Experten am 05.04.2024 Klage gegen den Widerspruch des Schuldners erhoben. Nach Abschluss des Rechtsstreites führte dies am 23.08.2024 zu einem rechtskräftigen Urteil auf Zahlung.

a) Wann verjährt im vorgenannten Fall der Anspruch auf Zahlung?

b) Wann würde die Verjährung eintreten, wenn statt des Mahnbescheides am 18.11.2023 lediglich ein kaufmännisches Mahnverfahren angestrengt worden wäre?

c) Wann würde die Verjährung eintreten, wenn es am 05.04.2024 nicht zur Klageerhebung gekommen wäre, sondern ein vom Gläubiger beantragter Vollstreckungsbescheid Rechtskraft bekommen hätte?

Geben Sie jeweils den Tag an, mit dessen Ablauf die Verjährung eintritt.

2.32 Firma

Die Firma ist der Name eines Kaufmanns, unter dem er seine Geschäfte betreibt, unterschreibt, klagen und verklagt werden kann.

a) Ordnen Sie zu, indem Sie die Kennziffern der Rechtsformen in die Kästchen neben den Firmen eintragen.

Rechtsform

1. Einzelunternehmung
2. Personengesellschaft
3. Kapitalgesellschaft

Firmen

aa)	Office Experten GmbH	
ab)	Loretta Profitlich e.Kfr.	
ac)	Hasselt & Pängler OHG	
ad)	Rimbach GmbH & Co. KG	
ae)	Maschinenbau Aktiengesellschaft	

b) Welche **2** der oben aufgeführten Firmen von aa) bis ae) sind nicht in der Handelsregisterabteilung A eingetragen?

Rechtliche Rahmenbedingungen

2.33 Handelsregister

Das Handelsregister ist das amtliche Verzeichnis der Kaufleute eines Amtsgerichtsbezirks und wird beim Amtsgericht geführt. Es unterrichtet die Öffentlichkeit über grundlegende Rechtsverhältnisse der Unternehmungen.

Das Handelsregister (HR) kann Eintragungen unterschiedlichster Art enthalten. Je nach Wirkung dieser Eintragungen unterscheidet man zwischen **rechtserklärenden (deklaratorischen) Eintragungen** und **rechtserzeugenden (konstitutiven) Eintragungen**.

Bei welchen beiden nachstehend genannten Tatbeständen handelt es sich um konstitutive Eintragungen?

Tatbestände

1. Der Inhaber eines Einzelhandelsgeschäftes widerruft mündlich die Prokura seines Filialleiters.
2. Die Gesellschafter einer neu gegründeten GmbH lassen ihre Gesellschaft ins Handelsregister eintragen.
3. Die Herabsetzung der Kapitaleinlage des Kommanditisten Erwin Lotterbach wird registerlich eingetragen.
4. Der Eintritt des neuen Gesellschafters Claus Pinhuber in die Bärwagner OHG wird zum Handelsregister angemeldet.
5. Die Geschäftsführerin der BGA GEURTS GmbH erwähnt anlässlich des Firmenjubiläums in ihrer Ansprache an die Belegschaft, dass Herr Mauro Bellini mit sofortiger Wirkung zum Prokuristen ernannt wurde.
6. Die Geschäftsführerin widerruft zwei Monate später die im vorigen Fall erteilte Prokura mittels Rundschreiben an die Belegschaft.

Rechtliche Rahmenbedingungen

2.34 Handelsregister

Benjamin Klein, Jasmin und Fredric Hauser haben zusammen die Office Experten GmbH gegründet.

a) Das Handelsregister teilt sich in die Abteilungen A und B. In welche Abteilung mussten sie die GmbH eintragen lassen?

   1. Abteilung A
   2. Abteilung B

b) Welcher der folgenden sechs Punkte muss **nicht** ins Handelsregister eingetragen werden?

   1. Name der Geschäftsinhaber bzw. Gesellschafter
   2. Niederlassungsort
   3. Art des Geschäfts
   4. Anzahl der Beschäftigten
   5. Prokura-Erteilung
   6. Datum der Eintragung und Unterschrift

Die drei Gründungsgesellschafter beschlossen am 14. August, die Office Experten GmbH zu gründen. Einen Monat später, am 14. September, unterschrieben sie den Gesellschaftsvertrag. Die Eintragung ins Handelsregister erfolgte am 22. September. Am 2. Oktober nahmen sie die Geschäfte auf.

c) Ab welchem Tag ist die GmbH rechtswirksam?

   1. 14. August
   2. 14. September
   3. 22. September
   4. 23. September
   5. 1. Oktober
   6. 2. Oktober

2.35 Unternehmensformen

Von seiner Ausbilderin Hendrike Metzger erfährt der Auszubildende Lukas Schlitt, dass die Office Experten vor einigen Jahren von einer Kommanditgesellschaft in eine Gesellschaft mit beschränkter Haftung umgewandelt wurden. Dabei kommen sie auf die grundlegende Unterscheidung der Unternehmensformen in

1. Personengesellschaften und
2. Kapitalgesellschaften

zu sprechen.

Teil I

Ordnen Sie zu, indem Sie die Kennziffer der jeweils zutreffenden Unternehmensform in die Kästchen hinter den Rechtsformen eintragen.

Rechtsformen

a) Offene Handelsgesellschaft

b) Kommanditgesellschaft

c) Aktiengesellschaft

d) GmbH & Co. KG

e) Gesellschaft mit beschränkter Haftung

f) Gesellschaft bürgerlichen Rechtes

g) Unternehmergesellschaft

h) Eingetragener Kaufmann

Teil II

Ordnen Sie zu, indem Sie die Kennziffer der jeweils zutreffenden Unternehmensform in die Kästchen hinter den Kennzeichnungen und Umschreibungen eintragen.

Merkmale

a) Der Gewinn unterliegt in der Regel der Einkommensteuerpflicht der Gesellschafter.

b) Die Geschäftsführer sind Angestellte des Unternehmens.

c) Es handelt sich um eine juristische Person.

d) Mindestens ein Gesellschafter haftet mit seinem gesamten Privatvermögen.

e) Die Eintragung erfolgt in der Abteilung des B des Handelsregisters.

Rechtliche Rahmenbedingungen

2.36 Gesellschaftsformen

Welche Gesellschaftsform hat das nachfolgend skizzierte Unternehmen?

- Es gibt ausschließlich Vollhafter
- Es gibt mindestens zwei Gesellschafter
- Der Gewinn unterliegt der Einkommensteuer

Es handelt sich um eine

1. Offene Handelsgesellschaft
2. Gesellschaft mit beschränkter Haftung
3. Aktiengesellschaft
4. Kommanditgesellschaft
5. Unternehmergesellschaft

2.37 Gesellschaftsformen

Welche Gesellschaftsform hat das nachfolgend skizzierte Unternehmen?

- Die Vertretung erfolgt durch den Vorstand
- Ein Grundkapital von mindestens 50.000 € ist erforderlich
- Die Anteilseigner werden in Form einer Dividende am Gewinn beteiligt

Es handelt sich um eine

1. Offene Handelsgesellschaft
2. Gesellschaft mit beschränkter Haftung
3. Aktiengesellschaft
4. Kommanditgesellschaft
5. Unternehmergesellschaft

2.38 Gesellschaftsformen

Welche Gesellschaftsform hat das nachfolgend skizzierte Unternehmen?

- Die Vertretung erfolgt ausschließlich durch den Vollhafter
- Ein Mindestkapital ist nicht erforderlich
- Ein Gesellschafter haftet mit seinem Privatvermögen nur für den Betrag der noch nicht geleisteten Einlage

Es handelt sich um eine

1. Offene Handelsgesellschaft
2. Gesellschaft mit beschränkter Haftung
3. Aktiengesellschaft
4. Kommanditgesellschaft
5. Unternehmergesellschaft

2.39 Gesellschaftsformen

Welche Gesellschaftsform hat das nachfolgend skizzierte Unternehmen?

- Mindestens ein Gesellschafter
- Mindestkapital in Höhe von 1 €
- Vertretung erfolgt meist durch den angestellten Gesellschaftergeschäftsführer

Es handelt sich um eine

1. Offene Handelsgesellschaft
2. Gesellschaft mit beschränkter Haftung
3. Aktiengesellschaft
4. Kommanditgesellschaft
5. Unternehmergesellschaft

2.40 Gesellschaftsformen

Welche Gesellschaftsform hat das nachfolgend skizzierte Unternehmen?

- Mindestens ein Gesellschafter
- Mindestkapital in Höhe von 25.000 €
- Gewinnbeteiligung ist abhängig von den Geschäftsanteilen

Es handelt sich um eine

1. Offene Handelsgesellschaft
2. Gesellschaft mit beschränkter Haftung
3. Aktiengesellschaft
4. Kommanditgesellschaft
5. Unternehmergesellschaft

2.41 Privatentnahmen

Welcher der folgenden Gesellschafter hat ein Recht auf Privatentnahmen?

Gesellschafter

1. Aktionär im Vorstand einer AG
2. Jasmin Hauser, Geschäftsführerin der Office Experten GmbH
3. Komplementär einer KG
4. Kommanditist einer KG
5. Komplementär einer GmbH & Co. KG

Rechtliche Rahmenbedingungen

2.42 Personengesellschaften

Die unten stehenden Aussagen treffen teilweise auf die Offene Handelsgesellschaft (OHG) und die Kommanditgesellschaft (KG) zu.

Bestimmen Sie, ob die Aussagen

1. nur auf die OHG
2. nur auf die KG
3. auf keine der beiden Rechtsformen
4. auf die OHG und die KG

zutreffen, indem Sie die Kennziffern hinter den entsprechenden Aussagen eintragen.

Aussagen

a) Alle Gesellschafter haben die Pflicht zur Geschäftsführung.

b) Kein Gesellschafter haftet mit seinem Privatvermögen für die Schulden der Gesellschaft.

c) Die Gewinnbeteiligung erfolgt nach Vereinbarung, ersatzweise nach Köpfen.

d) Mindestens ein Gesellschafter haftet mit seinem Gesamtvermögen, mindestens ein Gesellschafter nur bis zur Höhe seiner Kapitaleinlage.

e) Der Gesellschaftsvertrag bedarf der notariell beglaubigten Schriftform.

f) Alle Gesellschafter haften solidarisch.

2.43 Offene Handelsgesellschaft

Bei einem wichtigen Kunden der Office Experten, die Weiss & Schwarz OHG, hat es Gesellschafterveränderungen gegeben, die auch Auswirkung auf die Haftung haben.

Der seit 8 Jahren für die Weiss & Schwarz OHG tätige Gesellschafter Emil Braun schied zum 31.12. des Jahres vertragsgemäß aus der Gesellschaft aus. Mit Wirkung zum 01.01. des Folgejahres ist dafür Josef Grün als neuer Gesellschafter eingetreten.

Welche der folgenden Aussagen trifft auf die gesetzliche Haftungsbestimmung der OHG-Gesellschafter zu?

a) In welcher Höhe haften die Gesellschafter einer OHG?

   Aussagen
   1. Die Gesellschafter haften mit ihrem Geschäftsvermögen.
   2. Die Gesellschafter haften im Verhältnis ihrer Einlagen.
   3. Die Gesellschafter haften in unbeschränkter Höhe.
   4. Die Haftung kann im Gesellschaftsvertrag begrenzt werden.
   5. Die Gesellschafter haften in Höhe des Gründungskapitals.

b) Welche Haftungsbestimmung trifft auf den ausscheidenden Gesellschafter Braun zu?

   Aussagen
   1. Braun haftet ab Austrittsdatum nicht mehr.
   2. Braun haftet noch weitere fünf Jahre für die Schulden der OHG.
   3. Braun haftet noch fünf Jahre für die bis zu seinem Ausscheiden entstandenen Schulden der OHG.
   4. Braun haftet noch weitere acht Jahre für die Schulden der OHG.
   5. Braun haftet nur noch für seine eigenen Schulden.

c) Welche Haftungsbestimmung trifft auf den neu eintretenden Gesellschafter Grün zu?

   Aussagen
   1. Grün haftet auch für die Schulden mit, die vor seinem Eintritt entstanden sind.
   2. Grün haftet für die ab dem Zeitpunkt seines Eintritts entstehenden Schulden der OHG mit.
   3. Grün haftet für die Schulden mit, die vor seinem Eintritt entstanden sind, jedoch nur mit seiner Geschäftseinlage.
   4. Grün haftet nur für die ab dem Eintrittszeitpunkt entstehenden Schulden, die er selbst verursacht hat.
   5. Grün haftet für die ab dem Eintrittszeitpunkt entstehenden Schulden bis zur Höhe seiner Geschäftseinlage.

Rechtliche Rahmenbedingungen

2.44 Gewinnverteilung OHG

In einer OHG soll der Gewinn des vergangenen Jahres in Höhe von 224.000 € nach den im Gesellschaftsvertrag getroffenen Vereinbarungen vorgenommen werden.

Diese sehen vor, dass jeder Gesellschafter zunächst 4 % Zinsen auf seinen Kapitalanteil erhält. Der Rest soll gleichmäßig verteilt werden, da alle im gleichen Umfang im Unternehmen tätig sind.

Folgende Kapitaleinlagen wurden durch die Gesellschafter getätigt:

	Kapitaleinlage	Kapitalverzinsung	Kopfanteil	Gesamtanteil
Gesellschafter A	200.000 €			
Gesellschafter B	500.000 €			
Gesellschafter C	400.000 €			

Im Laufe des Jahres gab es keine Veränderungen bei den Kapitaleinlagen.

a) Wie hoch ist die Kapitalverzinsung des Gesellschafters A?

b) Welchen Gewinnanteil erhält C insgesamt?

Hinweis zur Gewinn- und Verlustbeteiligung bei Personengesellschaften:

Mit Inkrafttreten des **Gesetzes zur Modernisierung des Personengesellschaftsrechts (MoPeG)** wurden frühere gesetzliche Regelungen zur Gewinn- und Verlustbeteiligung in OHGs und KGs zum 01.01.2024 novelliert (das betrifft u. a. §§ 120, 121 und 168 HGB, § 709 BGB).

Die im Gesellschaftsvertrag getroffenen Regelungen haben grundsätzlich Vorrang vor eventuellen gesetzlichen Regelungen. Die 4%-ige Verzinsung auf jeweilige Kapitalanteile ist keine gesetzliche Pflicht mehr.

2.45 Gewinnverteilung KG

In einer KG soll der Gewinn des vergangenen Jahres in Höhe von 236.000 € nach den im Gesellschaftsvertrag getroffenen Vereinbarungen vorgenommen werden.

Diese sehen vor, dass jeder Gesellschafter zunächst 4 % Zinsen auf seinen Kapitalanteil erhält. Der Rest soll so verteilt werden, dass der Anteil jedes Komplementärs viermal so hoch ist wie der Anteil jedes Kommanditisten.

Folgende Kapitaleinlagen wurden durch die Gesellschafter getätigt:

	Kapitaleinlage	Kapitalverzinsung	Anteile	Anteil in €	Gesamtanteil
Komplementär A	100.000 €				
Komplementär B	200.000 €				
Kommanditist C	400.000 €				
Kommanditist D	90.000 €				
Kommanditist E	160.000 €				

Im Laufe des Jahres gab es keine Veränderungen bei den Kapitaleinlagen.

a) Wie hoch ist der Anteil am Restgewinn des Komplementärs A?

b) Wie hoch ist der Verzinsungsanteil des Komplementärs B?

c) Wie hoch ist der Gesamtgewinn des Kommanditisten C?

Rechtliche Rahmenbedingungen

2.46 Aktiengesellschaft (Gründung, Organe)

Die Aufgabe besteht aus **2** Teilen.

Teil I

Die Gründung einer Aktiengesellschaft unterliegt besonderen gesetzlichen Vorschriften.

Welche **3** Aussagen zur Gründung einer AG sind richtig?

Aussagen

1. Das Gründungskapital muss mindestens 25.000,00 € betragen.
2. Die Satzung muss notariell beurkundet sein.
3. Mindestens zwei Gründer müssen vorhanden sein.
4. Die AG ist ins Handelsregister einzutragen.
5. Eine Aktie muss einen Mindestnennbetrag von 1 € haben.
6. Mindestens 5 Gründer müssen vorhanden sein.
7. Der Zusatz „AG" ist firmenrechtlich nicht zwingend.

Teil II

Die Aktiengesellschaft hat laut Vorschrift des Aktiengesetzes (AktG) folgende **Organe**:

1. Vorstand
2. Aufsichtsrat
3. Hauptversammlung

Ordnen Sie zu, indem Sie die Kennziffern der Organe einer Aktiengesellschaft in die Kästchen neben den nachstehend genannten Aufgaben eintragen.

Aufgaben

a) Satzungsänderung

b) Gerichtliche und außergerichtliche Vertretung der AG

c) Bestellung der Abschlussprüfer

d) Bestellung der Vorstandsmitglieder

e) Überprüfung der Gesellschaftskasse

f) Leitung der AG unter eigener Verantwortung

g) Auflösung der AG

h) Einberufung einer außerordentlichen Hauptversammlung, wenn das Wohl der Gesellschaft es erfordert

Rechtliche Rahmenbedingungen

2.47 GmbH

Benjamin Klein, Jasmin und Frederic Hauser sind Gründungsgesellschafter der Office Experten GmbH. Bestimmen Sie bei folgenden Fragen die jeweils zutreffende Aussage.

a) Welche Mindestzahl an Gründungsmitgliedern schreibt das GmbH-Gesetz vor?

   Aussagen
   1. einen
   2. zwei
   3. fünf
   4. sieben
   5. keine

b) Wie hoch muss das Haftungskapital bei der Gründung sein?

   Aussagen
   1. 50.000 €
   2. 25.000 €
   3. 10.000 €
   4. 5.000 €
   5. Keine Mindestsumme

c) Wie wird das Haftungskapital bei der Gründung bezeichnet?

   Aussagen
   1. Eigenkapital
   2. Gezeichnetes Kapital
   3. Stammkapital
   4. Grundkapital
   5. Gründungskapital

d) Welche **2** Firmierungen hätten die Gründer statt „Office Experten GmbH" auch wählen dürfen?

   Aussagen
   1. Benjamin Klein & Co.
   2. OE GmbH
   3. Office Experten
   4. Klein & Co. GmbH
   5. Office Experten Hauser & Co.
   6. Office Experten Ges.

2.48 Unternehmergesellschaft (UG)

Welche **2** der folgenden Aussagen zur UG (haftungsbeschränkt) sind richtig?

1. Es ist ein Stammkapital von mindestens 1.000 € erforderlich.
2. Der Jahresüberschuss darf in beliebiger Höhe entnommen werden.
3. Die Gesellschaft wird in Abteilung A des Handelsregisters eingetragen.
4. Wenn ein Stammkapital in Höhe von 25.000 € erreicht ist, kann die UG zur GmbH umfirmieren.
5. Die Gründung erfolgt formlos.
6. Die Haftung der UG ist auf das Gesellschaftsvermögen beschränkt.

Rechtliche Rahmenbedingungen

Schreiben Sie die passenden Begriffe zu den nachfolgenden Umschreibungen in die Kästchen des Kreuzworträtsels. Umlaute ä, ö und ü werden als ae, oe und ue geschrieben. Von oben nach unten gelesen ergibt sich in der durch einen Pfeil markierten Senkrechten ein Lösungswort. Die **grau** gekennzeichneten Kästchen enthalten gleiche Buchstaben.

01. Fähigkeit, Träger von Rechten und Pflichten zu sein

02. Incoterm, bei dem der Verkäufer Kosten, Versicherung und Fracht trägt

03. Rechtsfolge einer Anfechtung

04. Tatsächliche Verfügungsgewalt über eine Sache

05. Nachlass für vorfristige Zahlung

06. Vereinbarung über die Überlassung von Sachen zum Gebrauch gegen Entgelt

07. Einseitiges empfangsbedürftiges Rechtsgeschäft

08. Haftungskapital einer GmbH

09. Geschäftsführendes Organ einer AG

10. Inhaber der rechtlichen Verfügungsgewalt über eine Sache

11. Vom Gericht zugestellte Zahlungserinnerung

12. Kerngesetz des Privatrechtes (Abkürzung)

13. Unentgeltliche Gebrauchsüberlassung

14. Erster Schritt zum Abschluss eines Kaufvertrages

15. Ort, an dem Klage aus vertraglichen Ansprüchen erhoben werden kann

16. Nationale Lieferungsbedingung, bei der der Verkäufer die Kosten für die Anfuhr bis zur Versandstation trägt

17. Wegfall der gerichtlichen Durchsetzbarkeit eines Anspruches

18. Nur aus Vollhaftern bestehende Handelsgesellschaft (Abkürzung)

19. Anspruch des Verkäufers bei Zahlungsverzug des Käufers

20. Vollhafter in einer KG

21. Schuldnerverzug auf Käuferseite

Rechtliche Rahmenbedingungen

Kreuzworträtsel Rechtliche Rahmenbedingungen:

Lösungswort

01.
02.
03.
04.
05.
06.
07.
08.
09.
10.
11.
12.
13.
14.
15.
16.
17.
18.
19.
20.
21.

Notizen

3 Menschliche Arbeit im Betrieb

Notizen

Menschliche Arbeit im Betrieb

3.01 Prokura und Handlungsvollmacht

Überprüfen Sie anhand der folgenden Auszüge aus dem Handelsgesetzbuch (HGB), ob die Aussagen zu den Vollmachten bei den Office Experten

1. mit den gesetzlichen Vorschriften in Einklang stehen
2. nicht mit den gesetzlichen Vorschriften in Einklang stehen.

Tragen Sie die zutreffenden Kennziffern in die Kästchen hinter den Aussagen ein.

Aussagen

a) Ein neuer Mitarbeiter darf seine Stelle nicht antreten, da Alexandrakis Mostakis diesen nur mit Zustimmung der Geschäftsleitung einstellen durfte.

b) Die Auszubildende Jennifer Mey unterschreibt die Eingangsbestätigung für eine Bewerbung mit dem Zusatz i. A.

c) Jasmin Hauser kann einer weiteren Person Prokura erteilen.

d) Alexandrakis Mostakis darf einen Kredit für eine neue Schleifmaschine aufnehmen.

e) Der mit einer Artvollmacht ausgestattete Einkaufsleiter unterschreibt seine Bestellungen mit ppa.

f) Der mit allgemeiner Handlungsvollmacht ausgestattete Personalleiter ist der Meinung, dass er ohne weiteres einen Prozess vor dem Arbeitsgericht führen kann.

3.02 Prokura und Handlungsvollmacht

Welche **4** der nachstehenden Aussagen sind richtig?

Aussagen

1. Nur der Inhaber eines Handelsgeschäftes oder dessen gesetzlicher Vertreter dürfen Prokura erteilen.
2. Ein Prokurist darf auch Handlungsvollmacht erteilen.
3. Die Erteilung der Prokura ist an keine Form gebunden, d. h., sie darf auch stillschweigend erteilt werden.
4. Der Prokurist ist befugt, für das Unternehmen Darlehen aufzunehmen sowie Grundstücke zu erwerben.
5. Ein Handlungsbevollmächtigter darf mit einer Sondervollmacht für die Unternehmung einen Prozess führen; ohne besondere Vollmacht ist dies nicht möglich.
6. Die Prokura erlischt mit dem Tod des Firmeninhabers.
7. Handlungsbevollmächtigte und auch Prokuristen dürfen ohne besondere Vollmacht betriebliche Grundstücke veräußern.
8. Auch Privatpersonen dürfen Prokura erteilen.

Menschliche Arbeit im Betrieb

3.01 – 3.02 Gesetzesauszüge zu den Aufgaben

Auszüge aus dem Handelsgesetzbuch (HGB)

Prokura und Handlungsvollmacht

§ 48
(1) Die Prokura kann nur von dem Inhaber des Handelsgeschäfts oder seinem gesetzlichen Vertreter und nur mittels ausdrücklicher Erklärung erteilt werden.
(2) Die Erteilung kann an mehrere Personen gemeinschaftlich erfolgen (Gesamtprokura).

§ 49
(1) Die Prokura ermächtigt zu allen Arten von gerichtlichen und außergerichtlichen Geschäften und Rechtshandlungen, die der Betrieb eines Handelsgewerbes mit sich bringt.
(2) Zur Veräußerung und Belastung von Grundstücken ist der Prokurist nur ermächtigt, wenn ihm diese Befugnis besonders erteilt ist.

§ 50
(1) Eine Beschränkung des Umfangs der Prokura ist Dritten gegenüber unwirksam.
(2) Dies gilt insbesondere von der Beschränkung, dass die Prokura nur für gewisse Geschäfte oder gewisse Arten von Geschäften oder nur unter gewissen Umständen oder für eine gewisse Zeit oder an einzelnen Orten ausgeübt werden soll.
(3) Eine Beschränkung der Prokura auf den Betrieb einer von mehreren Niederlassungen des Geschäftsinhabers ist Dritten gegenüber nur wirksam, wenn die Niederlassungen unter verschiedenen Firmen betrieben werden. Eine Verschiedenheit der Firmen im Sinne dieser Vorschrift wird auch dadurch begründet, dass für eine Zweigniederlassung der Firma ein Zusatz beigefügt wird, der sie als Firma der Zweigniederlassung bezeichnet.

§ 51
Der Prokurist hat in der Weise zu zeichnen, dass er der Firma seinen Namen mit einem die Prokura andeutenden Zusatz beifügt.

§ 52
(1) Die Prokura ist ohne Rücksicht auf das der Erteilung zugrunde liegende Rechtsverhältnis jederzeit widerruflich, unbeschadet des Anspruchs auf die vertragsmäßige Vergütung.
(2) Die Prokura ist nicht übertragbar.
(3) Die Prokura erlischt nicht durch den Tod des Inhabers des Handelsgeschäfts.

§ 53
(1) Die Erteilung der Prokura ist von dem Inhaber des Handelsgeschäfts zur Eintragung in das Handelsregister anzumelden. Ist die Prokura als Gesamtprokura erteilt, so muss auch dies zur Eintragung angemeldet werden.
(2) Das Erlöschen der Prokura ist in gleicher Weise wie die Erteilung zur Eintragung anzumelden.

§ 54
(1) Ist jemand ohne Erteilung der Prokura zum Betrieb eines Handelsgewerbes oder zur Vornahme einer bestimmten zu einem Handelsgewerbe gehörigen Art von Geschäften oder zur Vornahme einzelner zu einem Handelsgewerbe gehöriger Geschäfte ermächtigt, so erstreckt sich die Vollmacht (Handlungsvollmacht) auf alle Geschäfte und Rechtshandlungen, die der Betrieb eines derartigen Handelsgewerbes oder die Vornahme derartiger Geschäfte gewöhnlich mit sich bringt.
(2) Zur Veräußerung oder Belastung von Grundstücken, zur Eingehung von Wechselverbindlichkeiten, zur Aufnahme von Darlehen und zur Prozessführung ist der Handlungsbevollmächtigte nur ermächtigt, wenn ihm eine solche Befugnis besonders erteilt ist.
(3) Sonstige Beschränkungen der Handlungsvollmacht braucht ein Dritter nur dann gegen sich gelten zu lassen, wenn er sie kannte oder kennen musste.

§ 57
Der Handlungsbevollmächtigte hat sich bei der Zeichnung jedes eine Prokura andeutenden Zusatzes zu enthalten; er hat mit einem das Vollmachtsverhältnis ausdrückenden Zusatz zu zeichnen.

§ 58
Der Handlungsbevollmächtigte kann ohne Zustimmung des Inhabers des Handelsgeschäfts seine Handlungsvollmacht auf einen anderen nicht übertragen.

Menschliche Arbeit im Betrieb

3.03 Befugnisse bei einer GmbH & Co. KG

Die Aufgabe besteht aus **2** Teilen.

Teil I

Sehen Sie sich die Handelsregister-Auszüge auf der folgenden Seite an.

Welche der folgenden Aussagen zur Bavarian Network-Service Waxner GmbH & Co. KG ist richtig?

Aussagen

1. Max Lundt kann die GmbH & Co. KG alleine rechtswirksam vertreten.
2. Die Gesellschafter der GmbH & Co. KG haften unbeschränkt für die Verbindlichkeiten des Unternehmens.
3. Die GmbH & Co. KG ist eine juristische Person des privaten Rechts.
4. Die GmbH & Co. KG ist eine juristische Person des öffentlichen Rechts.
5. Die CC Interweb GmbH haftet als Gesellschafterin der GmbH & Co. KG Dritten gegenüber unmittelbar.

Teil II

Ludmilla Kandowsky bestellt für die Bavarian Network-Service Waxner GmbH & Co. KG bei den Office Experten Waren im Gesamtwert von 66.000,00 €. Bei der Erteilung der Prokura an Frau Kandowsky wurde vereinbart, dass ihre Vertretungsbefugnis als Prokuristin auf 50.000,00 € je Geschäftsvorgang beschränkt ist.

Welche **2** der folgenden Aussagen im Zusammenhang mit der Bestellung durch Frau Kandowsky sind zutreffend?

Aussagen

1. Die Bestellung bei den Office Experten ist trotz der bei der Prokuraerteilung getroffenen Vereinbarung uneingeschränkt gültig.
2. Da Frau Kandowsky ihre Vertretungsbefugnis gemäß der Vereinbarung überschritten hat, ist das Rechtsgeschäft nur bis zu einem Bestellwert von 50.000,00 € rechtswirksam zustande gekommen.
3. Da Frau Kandowsky ihre Vertretungsbefugnis gemäß der Vereinbarung überschritten hat, ist das Rechtsgeschäft (Bestellung) nichtig.
4. Die Bavarian Network-Service Waxner GmbH & Co. KG kann dieses Rechtsgeschäft anfechten, da sich Frau Kandowsky nicht an die Vereinbarung gehalten hat.
5. Das Nichtbeachten der getroffenen Vereinbarung kann nur im Innenverhältnis sanktioniert werden.
6. Da der Wert der Bestellung die begrenzte Summe der getroffenen Vereinbarung um 16.000,00 € übersteigt, muss zusätzlich Vera Lundt ihre Willenserklärung für diese Bestellung abgeben.

Menschliche Arbeit im Betrieb

3.03 Befugnisse bei einer GmbH & Co. KG

Zu den Kunden der Office Experten zählt seit kurzem diese GmbH & Co. KG. Folgende Informationen (aus dem Handelsregister) sind bekannt:

Auszüge aus dem Handelsregister

Handelsregister A des Amtsgerichts München	Abteilung A Wiedergabe des aktuellen Registerinhalts Abruf vom 11.09.20.. 10:55	Nummer der Firma: HRA 177622
- Ausdruck -	Seite 1 von 1	

1. …
 2. a) **Firma:**
   Bavarian Network-Service Waxner GmbH & Co. KG
   b) **Sitz, Niederlassung, Zweigniederlassungen:**
   Puchheim, Landkreis Fürstenfeldbruck
 3. …
 4. **Gesellschafter:**
   Komplementärin: CC Interweb GmbH, Puchheim, Ldkr. FFB
   Kommanditist: Max Lundt, Wolfratshausen, Einlage: 30.000,00 EUR
 5. **Prokura:**
   Gesamtprokura: Vera Lundt, Wolfratshausen …
   Einzelprokura: Ludmilla Kandowsky, Murnau
 …		

Handelsregister B des Amtsgerichts München	Abteilung B Wiedergabe des aktuellen Registerinhalts Abruf vom 11.09.20.. 11:04	Nummer der Firma: HRB 135741
- Ausdruck -	Seite 1 von 1	

1. …
 2. a) **Firma:**
   CC Interweb GmbH
   b) **Sitz, Niederlassung, Zweigniederlassungen:**
   Puchheim, Landkreis Fürstenfeldbruck
   c) **Gegenstand des Unternehmens:**
   Betrieb von Internetportalen, Internet-Services aller Art, Entwicklung und Vertrieb von Software aller Art, Schulung, Support und Marketing, insbesondere im Bereich der Internet-Terminvereinbarung, Internet-Hosting sowie Betrieb einer Werbeagentur
 3. **Grund- oder Stammkapital:**
   30.000,00 EUR
 4. a) …
   b) **Geschäftsführer:**
   Waxner, Joseph, Fürstenfeldbruck, * 17.04.1971
   Herr Waxner hat Einzelvertretungsberechtigung
 5. **Prokura:**
   Einzelprokura: Vera Lundt, Wolfratshausen
 …		

Menschliche Arbeit im Betrieb

3.04 Zeichnung der Bevollmächtigten

Der Mitarbeiterin der Office Experten, Frau Katrin Fohrberk, wurde die allgemeine Handlungsvollmacht übertragen.

Welche der folgenden Unterschriftsvarianten ist korrekt?

Unterschriften

1. Office Experten GmbH i. A. Fohrberk
2. Office Experten GmbH ppa. Fohrberk
3. Office Experten GmbH Fohrberk
4. Office Experten GmbH i. V. Fohrberk
5. Office Experten GmbH Fohrberk p. a.

3.05 Aufbau- und Ablauforganisation

Die Geschäftsleitung der Office Experten überlegt, einige organisatorische Änderungen im Unternehmen vorzunehmen. Das betrifft Fragen der

1. Aufbauorganisation und der
2. Ablauforganisation.

Ordnen Sie zu, indem Sie die Kennziffern der Teilbereiche der Organisation in die Kästchen hinter den folgenden Änderungsvorschlägen eintragen.

Änderungsvorschläge

a) Um die hohen Beratungskosten durch externe Anwälte zu senken, soll eine eigene Stelle mit einem Juristen eingerichtet werden. Dieser soll jedoch keine Weisungsbefugnis haben.

b) Rechnungen bis zu einem Betrag von 5.000 € sollen zukünftig nicht mehr von der Geschäftsleitung sondern vom Einkauf selbstständig angewiesen werden können.

c) Auf das Prinzip der „Einheitlichkeit der Auftragserteilung" soll zukünftig verzichtet werden.

d) Zukünftig soll es Produktverantwortliche in der Firma geben, die sich für ihr Produkt mit den Abteilungen Beschaffung, Produktion und Absatz abstimmen müssen.

e) Der Fertigungsbereich soll dahingehend untersucht und umgestaltet werden, dass die Durchlaufzeiten der Produkte reduziert werden.

Menschliche Arbeit im Betrieb

3.06 Leitungssysteme

Teil I

Die Geschäftsleitung überlegt, die momentane Einlinienorganisation der Office Experten GmbH in eine Matrixstruktur zu ändern.

Welche der folgenden Strukturen entspricht der **derzeitigen** Organisationsform?

1.
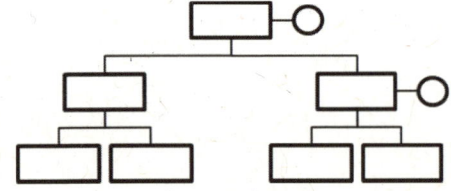

2.
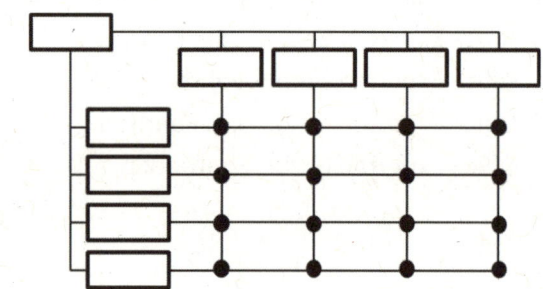

3.
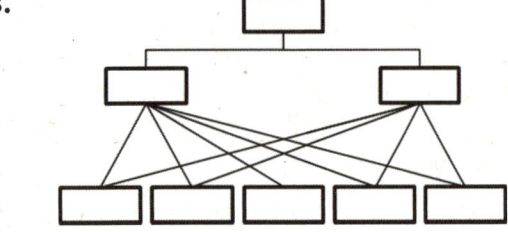

4.
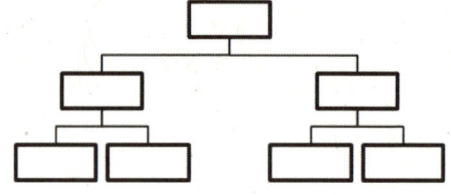

Teil II

Ordnen Sie zu, indem Sie die Kennziffern der in Teil I dargestellten Organisationsformen in die Kästchen hinter den Beschreibungen eintragen.

a) Es herrscht ein besonders hoher Kommunikationsbedarf und es werden besonders hohe Ansprüche an die Teamfähigkeit der Mitarbeiter gestellt.

b) Dem Vorteil der kurzen Wege steht der Nachteil einer uneinheitlichen Führung gegenüber.

c) Spezialkenntnisse können genutzt werden und die Instanzen werden entlastet.

Menschliche Arbeit im Betrieb

3.07 Stellenbeschreibung

In der Fertigung muss die Stelle des hauptverantwortlichen Mitarbeiters in der Qualitätskontrolle neu besetzt werden. Der Leiter der Fertigung überarbeitet deswegen zusammen mit einem Mitarbeiter aus der Personalabteilung die Stellenbeschreibung.

Welcher der folgenden Punkte gehört **nicht** in die Beschreibung.

1. Vorgesetzter ist der Leiter der Fertigung.
2. Qualifikation als Industriemeister Metall ist erforderlich.
3. Aufgabe ist insbesondere die Qualitätsprüfung zur Sicherstellung der Fertigungsqualität.
4. Stelleninhaber ist Vorgesetzter von zwei Gesellen, die ihn bei seiner Arbeit unterstützen.
5. Mit der Stelle ist die Bereitstellung eines Firmenwagens auch zur privaten Nutzung verbunden.

3.08 Arbeits- und Geschäftsprozesse

Zusammen mit einer Unternehmensberatung untersucht die Geschäftsleitung die einzelnen Geschäftsprozesse der Office Experten. Dabei handelt es sich um

1. Kernprozesse
2. Unterstützungsprozesse
3. Managementprozesse

Ordnen Sie zu, indem Sie die Kennziffern der Prozesse in die Kästchen hinter den den einzelnen Tätigkeiten eintragen.

Tätigkeiten

a) Die Geschäftsleitung diskutiert, ob man von Sortiment und Vertriebsweg her zukünftig auch die Privatkunden gezielt ansprechen sollte.

b) Die Kundenbuchhaltung erinnert alle Kunden, deren Zahlungsziel mehr als eine Woche überschritten ist, an die fälligen Rechnungen.

c) Der Verkauf verschickt ein Direkt-Mailing an alle Kunden.

d) In der Produktentwicklung wird ein neues höhenverstellbares Rednerpult getestet.

e) Die Aufträge werden verpackt und versandfertig gemacht.

f) Die Personalabteilung setzt auf die Homepage unter „Jobs bei den Office Experten" eine in der IT-Abteilung zu besetzende Stelle.

Menschliche Arbeit im Betrieb

3.09 Aufnahme der Prozesse

Zur Ist-Aufnahme der Prozesse schlägt die Unternehmensberatung folgende **Methoden** vor:

1. Dauerbeobachtung
2. Multimomentaufnahme
3. Interviewmethode
4. Fragebogenmethode
5. Selbstaufschreibung

Ordnen Sie zu, indem Sie die Kennziffern der Methoden in die Kästchen hinter den einzelnen Beschreibungen eintragen.

Beschreibungen

a) Es wird eine große Zahl von Stichprobenbeobachtungen gemacht. ☐

b) Durch gezieltes Nachfragen erhält man detaillierte Kenntnisse. ☐

c) Bei dieser unstrukturierten Erhebungsform ist keine andere Person anwesend. ☐

Menschliche Arbeit im Betrieb

3.10 Ereignisgesteuerte Prozesskette

Die Unternehmensberatung schlägt die Darstellung der Prozesse in Form einer Ereignisgesteuerten Prozesskette vor.

Dabei werden u. a. folgende **Grundelemente** unterschieden:

1. Konnektor
2. Organisationseinheit
3. Ereignis
4. Informationsobjekt
5. Funktion oder Tätigkeit

Ordnen Sie zu, indem Sie die Kennziffern der jeweils zutreffenden Grundelemente in die Kästchen neben den unten stehenden **Symbolen** eintragen.

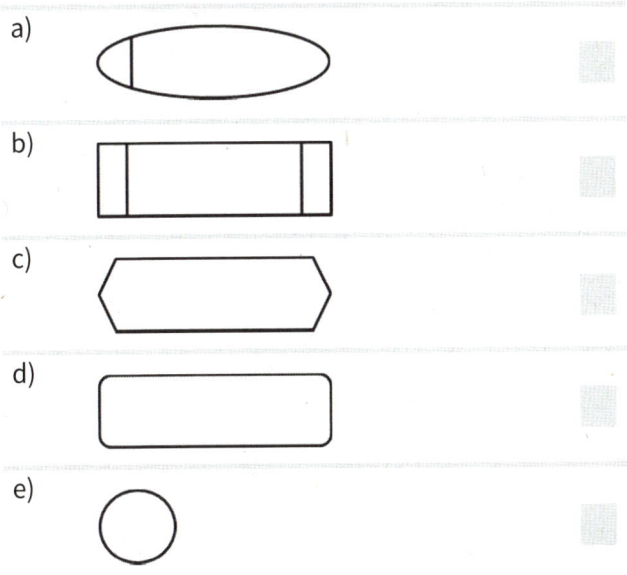

3.11 Ereignisgesteuerte Prozesskette

Beispielhaft wird auf der folgenden Seite der Ablauf einer Warenannahme stark verkürzt dargestellt. Tragen Sie die Kennziffern der folgenden Begriffe und Situationsbeschreibungen in die entsprechenden leeren Felder (grau hinterlegt) der Darstellung ein.

1. Scharniere sind eingelagert
2. Scharniere einlagern
3. Lieferschein
4. Warenannahme
5. Bestell- und Liefermenge vergleichen
6. Lager
7. Transportverpackung ist beschädigt

Menschliche Arbeit im Betrieb

3.11 Ereignisgesteuerte Prozesskette

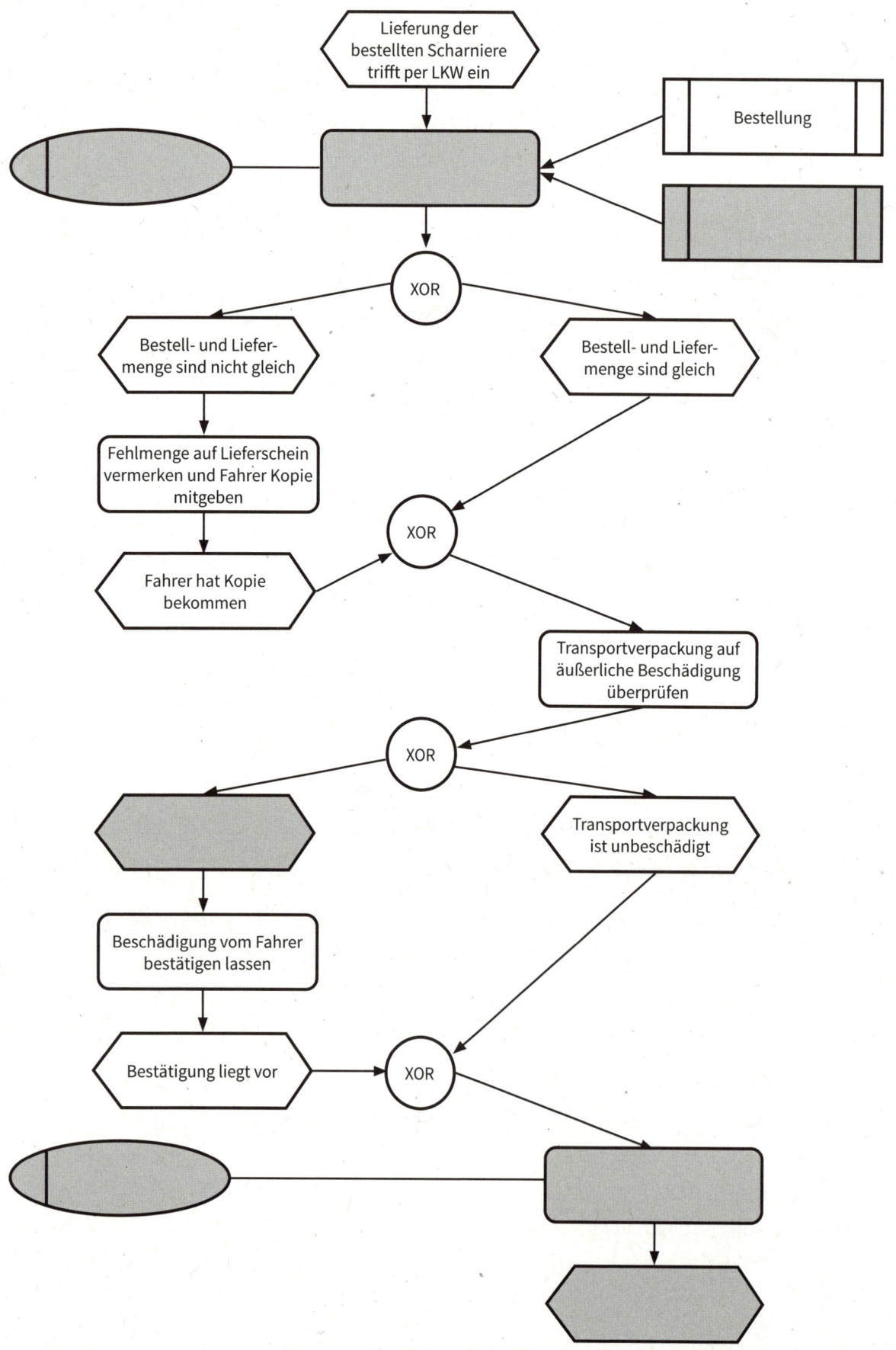

3.12 Entscheidungsformen und Führungsstile

Die Praxis der Unternehmensführung vollzieht sich in der Kombination von Entscheidungsformen (Wer trifft die Entscheidung?) und Führungsstilen (Auf welche Art und Weise werden die Entscheidungen gefunden?). Die wichtigsten Kombinationen zeigt die folgende Matrix:

Führungsstile / Entscheidungsformen	autoritär	demokratisch
direktorial	1	2
kollegial	3	4

Ordnen Sie zu, indem Sie die Kennziffern der oben dargestellten Kombinationsfelder neben den folgenden Beispielen eintragen.

Beispiele

a) Der Filialleiter einer großen Einzelhandelskette tätigt eine Investition zur Ausstattung einer Mitarbeiter-Kantine, ohne seine Mitarbeiter an der Entscheidungsfindung teilhaben zu lassen.

b) Die Gesellschafterversammlung der Office Experten GmbH entscheidet über die Erweiterung des betrieblichen Fuhrparks nach Anhörung mehrerer Abteilungsleiter.

c) Der Vorstand einer AG beschließt gemäß eigenen Informationen eine Auslandsinvestition.

d) Der Filialleiter aus dem Beispiel a) befragt erst das Personal und trifft dann die Entscheidung über die Ausstattung der Kantine.

Menschliche Arbeit im Betrieb

3.13 Führungsmethoden

In vielen Unternehmen erfolgt die Mitarbeiterführung konzeptionell. Folgende Führungsmethoden sind geläufig:

Führungsmethoden

1. Management by exception
2. Management by objectives
3. Management by delegation

Ordnen Sie zu, indem Sie die Kennziffern der jeweils zutreffenden Führungsmethode in die Kästchen neben den Aussagen eintragen.

Aussagen

a) Die Führungskraft (Vorgesetzter) befasst sich nur mit Vorgängen, die den Rahmen des „Tagesgeschäftes" sprengen; Routineaufgaben werden von den Mitarbeitern selbstständig erledigt.

b) Die Mitarbeiter erhalten klar umrissene Zielvorgaben, die sie in einem bestimmten Zeitintervall selbstständig und vorwiegend eigenverantwortlich erreichen sollen.

Menschliche Arbeit im Betrieb

3.14 Personalförderung

Um die berufliche und persönliche Entwicklung und Zufriedenheit ihrer Mitarbeiter im Rahmen der Personalförderung zu steigern, untersuchen die Office Experten verschiedene Wege:

1. Coaching
2. Mentoring
3. Traineeprogramme
4. Berufsbegleitendes Studium
5. Jobenrichment

Ordnen Sie zu, indem Sie die Kennziffern von drei der Formen der Personalförderung in die Kästchen neben den folgenden Beschreibungen eintragen.

a) Meist im Anschluss an eine universitäre Ausbildung sollen die Absolventen einen Überblick über viele verschiedene Tätigkeiten und deren Zusammenhänge bekommen, indem sie in verschiedenen Abteilungen und Projekten eingesetzt werden.

b) Es handelt sich um eine individuelle Unterstützung mit dem Ziel, dass der Mitarbeiter im Idealfall anstehende Probleme selbst erkennt und eigenständig löst. Oft geht es dabei um die Überwindung von Konflikten mit Kollegen und Vorgesetzten.

c) Diese Maßnahme erfolgt meist im Anschluss an eine berufliche Erstausbildung mit dem Ziel einen höherwertigen Abschluss zu erwerben.

3.15 Pyramide der Rechtsquellen

Ansprüche, Rechte und Pflichten können sich im Arbeitsrecht aus verschiedenen Rechtsquellen ergeben. Bringen Sie die folgenden Rechtsquellen in eine Reihenfolge, beginnend mit dem höchsten Rang.

a) Gesetze

b) Grundgesetz

c) Individuelle Arbeitsverträge

d) Betriebsvereinbarungen

e) Tarifverträge

Menschliche Arbeit im Betrieb

3.16 Arbeitsgesetze

Arbeitsrechtlich relevante Vorschriften sind in einer großen Anzahl **von Gesetzen** zu finden:

1. Bürgerliches Gesetzbuch
2. Berufsbildungsgesetz
3. Jugendarbeitsschutzgesetz
4. Bundesurlaubsgesetz
5. Arbeitszeitgesetz
6. Arbeitsgerichtsgesetz
7. Betriebsverfassungsgesetz
8. Bundeselterngeld- und Elternzeitgesetz
9. Gesetz über die Zahlung des Entgeltes an Feiertagen und im Krankheitsfall
10. Kündigungsschutzgesetz
11. Mutterschutzgesetz
12. Tarifvertragsgesetz

Ordnen Sie zu, indem Sie die Kennziffern der Gesetze in die Kästchen hinter den nachstehenden Inhalten eintragen.

Inhalte

a) Kündigungsverbot für Betriebsratsmitglieder

b) Zulassungsvoraussetzungen zur Abschlussprüfung

c) Kündigungsfristen für langjährige Arbeitsverhältnisse

d) Urlaubsdauer für einen 16-Jährigen

e) Allgemeinverbindlichkeit

f) Dauer der Elternzeit

g) Aufgaben der Jugend- und Auszubildendenvertretung

h) Kündigungsverbot Schwangerer

i) Anzeige- und Nachweispflichten bei Arbeitsunfähigkeit

j) Ununterbrochene Ruhezeit von mindestens elf Stunden

k) Verbot der Erwerbstätigkeit im Urlaub

l) Güteverhandlung

Menschliche Arbeit im Betrieb

3.17 Beteiligte im Dualen System

Im Dualen System sind verschiedene **Personen und Institutionen** an der Ausbildung beteiligt.

1. Ausbilder
2. Ausbildender
3. Schlichtungsausschuss
4. Prüfungsausschuss
5. Ausbildungsbeauftragter
6. Industrie- und Handelskammer
7. Berufsschule
8. Auszubildender

Ordnen Sie zu, indem Sie die Kennziffern der Beteiligten in die Kästchen hinter den entsprechenden Umschreibungen eintragen.

Umschreibungen

a) ... kann bei Streitigkeiten aus bestehenden Ausbildungsverträgen zwischen Auszubildenden und Ausbildenden hinzugezogen werden.

b) ... setzt sich aus mindestens je einem Arbeitgeber-, einem Arbeitnehmervertreter und einem Berufsschullehrer zusammen.

c) ... kann die Vorlage von Unterlagen verlangen und die Ausbildungsstätte besichtigen.

d) ... übernimmt als „Gehilfe" des Ausbilders Teile der Ausbildung.

e) ... führt das Verzeichnis der Berufsausbildungsverhältnisse.

f) ... entscheidet über eine vorzeitige Zulassung zur Abschlussprüfung wegen überdurchschnittlicher Leistungen.

g) ... plant und organisiert die Ausbildung, soweit dies nicht der Ausbildende selber macht.

h) ... übernimmt die Vermittlung der allgemeinen und firmenübergreifenden Inhalte der Ausbildung.

i) ... muss dafür zu sorgen, dass dem Auszubildenden die berufliche Handlungsfähigkeit vermittelt wird, die zum Erreichen des Ausbildungsziels erforderlich ist.

j) ... darf wegen Aufgabe der Ausbildung kündigen.

Menschliche Arbeit im Betrieb

3.18 Rechte und Pflichten in der Ausbildung

Unterscheiden Sie bei den folgenden Punkten, ob es sich laut Berufsbildungsgesetz (BBiG) um

1. Pflichten des Auszubildenden
2. Pflichten des Ausbildenden

handelt.

Kennzeichnen Sie Verpflichtungen, die **nicht** im BBiG geregelt sind, mit einer **3**.

Ordnen Sie zu, indem Sie die richtigen Kennziffern in die Kästchen hinter der entsprechenden Verpflichtung eintragen.

Verpflichtungen

a) Zeugniserstellung

b) Freistellung zur Berufsschule

c) Pflegliche Behandlung von Maschinen und sonstigen Einrichtungen

d) Beachtung der Betriebsordnung

e) Charakterliche Förderung

f) Bezahlung einer Ausbildungsvergütung

g) Vorlage eines ärztlichen Attestes auch schon für den ersten Tag der Arbeitsunfähigkeit

h) Besuch der Berufsschule

i) Kostenlose Zurverfügungstellung von Fachbüchern für die betriebliche Ausbildung

j) Kostenlose Zurverfügungstellung von Hard- und Software für das digitale mobile Ausbilden

Menschliche Arbeit im Betrieb

3.19 – 3.20 Gesetzesauszüge zu den Aufgaben

Auszug aus dem Bundesurlaubsgesetz (BUrlG)

§ 3 Dauer des Urlaubs

(1) Der Urlaub beträgt jährlich mindestens 24 Werktage.

(2) Als Werktage gelten alle Kalendertage, die nicht Sonn- oder gesetzliche Feiertage sind.

§ 4 Wartezeit

Der volle Urlaubsanspruch wird erstmalig nach sechsmonatigem Bestehen des Arbeitsverhältnisses erworben.

§ 5 Teilurlaub

(1) Anspruch auf ein Zwölftel des Jahresurlaubs für jeden vollen Monat des Bestehens des Arbeitsverhältnisses hat der Arbeitnehmer

a) für Zeiten eines Kalenderjahrs, für die er wegen Nichterfüllung der Wartezeit in diesem Kalenderjahr keinen vollen Urlaubsanspruch erwirbt;

b) wenn er vor erfüllter Wartezeit aus dem Arbeitsverhältnis ausscheidet;

c) wenn er nach erfüllter Wartezeit in der ersten Hälfte eines Kalenderjahrs aus dem Arbeitsverhältnis ausscheidet.

(2) Bruchteile von Urlaubstagen, die mindestens einen halben Tag ergeben, sind auf volle Urlaubstage aufzurunden.

(3) Hat der Arbeitnehmer im Falle des Absatzes 1 Buchstabe c bereits Urlaub über den ihm zustehenden Umfang hinaus erhalten, so kann das dafür gezahlte Urlaubsentgelt nicht zurückgefordert werden.

Menschliche Arbeit im Betrieb

3.19 – 3.20 Gesetzesauszüge zu den Aufgaben

Auszug aus dem Berufsbildungsgesetz (BBiG)

§ 12 Nichtige Vereinbarungen

(1) Eine Vereinbarung, die Auszubildende für die Zeit nach Beendigung des Berufsausbildungsverhältnisses in der Ausübung ihrer beruflichen Tätigkeit beschränkt, ist nichtig. Dies gilt nicht, wenn sich Auszubildende innerhalb der letzten sechs Monate des Berufsausbildungsverhältnisses dazu verpflichten, nach dessen Beendigung mit den Ausbildenden ein Arbeitsverhältnis einzugehen.

(2) Nichtig ist eine Vereinbarung über
1. die Verpflichtung Auszubildender, für die Berufsausbildung eine Entschädigung zu zahlen,
2. Vertragsstrafen,
3. den Ausschluss oder die Beschränkung von Schadensersatzansprüchen,
4. die Festsetzung der Höhe eines Schadensersatzes in Pauschbeträgen.

§ 15 Freistellung, Anrechnung

(1) Ausbildende dürfen Auszubildende vor einem vor 9 Uhr beginnenden Berufsschulunterricht nicht beschäftigen. Sie haben Auszubildende freizustellen
1. für die Teilnahme am Berufsschulunterricht,
2. an einem Berufsschultag mit mehr als fünf Unterrichtsstunden von mindestens je 45 Minuten, einmal in der Woche,
3. in Berufsschulwochen mit einem planmäßigen Blockunterricht von mindestens 25 Stunden an mindestens fünf Tagen,
4. für die Teilnahme an Prüfungen und Ausbildungsmaßnahmen, die auf Grund öffentlich-rechtlicher oder vertraglicher Bestimmungen außerhalb der Ausbildungsstätte durchzuführen sind, und
5. an dem Arbeitstag, der der schriftlichen Abschlussprüfung unmittelbar vorangeht.

Im Fall von Satz 2 Nummer 3 sind zusätzliche betriebliche Ausbildungsveranstaltungen bis zu zwei Stunden wöchentlich zulässig.

(2) Auf die Ausbildungszeit der Auszubildenden werden angerechnet
1. die Berufsschulunterrichtszeit einschließlich der Pausen nach Absatz 1 Satz 2 Nummer 1,
2. Berufsschultage nach Absatz 1 Satz 2 Nummer 2 mit der durchschnittlichen täglichen Ausbildungszeit,
3. Berufsschulwochen nach Absatz 1 Satz 2 Nummer 3 mit der durchschnittlichen wöchentlichen Ausbildungszeit,
4. die Freistellung nach Absatz 1 Satz 2 Nummer 4 mit der Zeit der Teilnahme einschließlich der Pausen und
5. die Freistellung nach Absatz 1 Satz 2 Nummer 5 mit der durchschnittlichen täglichen Ausbildungszeit.

(3) Für Auszubildende unter 18 Jahren gilt das Jugendarbeitsschutzgesetz.

§ 17 Vergütungsanspruch

(1) Ausbildende haben Auszubildenden eine angemessene Vergütung zu gewähren. Die Vergütung steigt mit fortschreitender Berufsausbildung, mindestens jährlich, an.

§ 20 Probezeit

Das Berufsausbildungsverhältnis beginnt mit der Probezeit. Sie muss mindestens einen Monat und darf höchstens vier Monate betragen.

§ 21 Beendigung

(1) Das Berufsausbildungsverhältnis endet mit dem Ablauf der Ausbildungszeit. Im Falle der Stufenausbildung endet es mit Ablauf der letzten Stufe.

(2) Bestehen Auszubildende vor Ablauf der Ausbildungszeit die Abschlussprüfung, so endet das Berufsausbildungsverhältnis mit Bekanntgabe des Ergebnisses durch den Prüfungsausschuss.

(3) Bestehen Auszubildende die Abschlussprüfung nicht, so verlängert sich das Berufsausbildungsverhältnis auf ihr Verlangen bis zur nächstmöglichen Wiederholungsprüfung, höchstens um ein Jahr.

3.19 – 3.20 Gesetzesauszüge zu den Aufgaben

Auszug aus dem Jugendarbeitsschutzgesetz (JArbschG)

§ 8 Dauer der Arbeitszeit

(1) Jugendliche dürfen nicht mehr als acht Stunden täglich und nicht mehr als 40 Stunden wöchentlich beschäftigt werden.

(2) Wenn in Verbindung mit Feiertagen an Werktagen nicht gearbeitet wird, damit die Beschäftigten eine längere zusammenhängende Freizeit haben, so darf die ausfallende Arbeitszeit auf die Werktage von fünf zusammenhängenden, die Ausfalltage einschließenden Wochen nur dergestalt verteilt werden, dass die Wochenarbeitszeit im Durchschnitt dieser fünf Wochen 40 Stunden nicht überschreitet. Die tägliche Arbeitszeit darf hierbei achteinhalb Stunden nicht überschreiten.

(2a) Wenn an einzelnen Werktagen die Arbeitszeit auf weniger als acht Stunden verkürzt ist, können Jugendliche an den übrigen Werktagen derselben Woche achteinhalb Stunden beschäftigt werden.

§ 9 Berufsschule

(1) Der Arbeitgeber hat den Jugendlichen für die Teilnahme am Berufsschulunterricht freizustellen. Er darf den Jugendlichen nicht beschäftigen
1. vor einem vor 9 Uhr beginnenden Unterricht; dies gilt auch für Personen, die über 18 Jahre alt und noch berufsschulpflichtig sind,
2. an einem Berufsschultag mit mehr als fünf Unterrichtsstunden von mindestens je 45 Minuten, einmal in der Woche,
3. in Berufsschulwochen mit einem planmäßigen Blockunterricht von mindestens 25 Stunden an mindestens fünf Tagen; zusätzliche betriebliche Ausbildungsveranstaltungen bis zu zwei Stunden wöchentlich sind zulässig.

(2) Auf die Arbeitszeit werden angerechnet
1. Berufsschultage nach Absatz 1 Nr. 2 mit acht Stunden,
2. Berufsschulwochen nach Absatz 1 Nr. 3 mit 40 Stunden,
3. im Übrigen die Unterrichtszeit einschließlich der Pausen und der notwendigen Wegezeiten zwischen Berufsschule und Ausbildungsstätte.

(3) Ein Entgeltausfall darf durch den Besuch der Berufsschule nicht eintreten.

§ 11 Ruhepausen, Aufenthaltsräume

(1) Jugendlichen müssen im Voraus feststehende Ruhepausen von angemessener Dauer gewährt werden. Die Ruhepausen müssen mindestens betragen
1. 30 Minuten bei einer Arbeitszeit von mehr als viereinhalb bis zu sechs Stunden,
2. 60 Minuten bei einer Arbeitszeit von mehr als sechs Stunden.
Als Ruhepause gilt nur eine Arbeitsunterbrechung von mindestens 15 Minuten.

(2) Die Ruhepausen müssen in angemessener zeitlicher Lage gewährt werden, frühestens eine Stunde nach Beginn und spätestens eine Stunde vor Ende der Arbeitszeit. Länger als viereinhalb Stunden hintereinander dürfen Jugendliche nicht ohne Ruhepause beschäftigt werden.

§ 19 Urlaub

(1) Der Arbeitgeber hat Jugendlichen für jedes Kalenderjahr einen bezahlten Erholungsurlaub zu gewähren.

(2) Der Urlaub beträgt jährlich
1. mindestens 30 Werktage, wenn der Jugendliche zu Beginn des Kalenderjahrs noch nicht 16 Jahre alt ist,
2. mindestens 27 Werktage, wenn der Jugendliche zu Beginn des Kalenderjahrs noch nicht 17 Jahre alt ist,
3. mindestens 25 Werktage, wenn der Jugendliche zu Beginn des Kalenderjahrs noch nicht 18 Jahre alt ist.

Menschliche Arbeit im Betrieb

3.19 – 3.20 Gesetzesauszüge zu den Aufgaben

Auszug aus dem Arbeitszeitgesetz (ArbZG)

§ 3 Arbeitszeit der Arbeitnehmer

Die werktägliche Arbeitszeit der Arbeitnehmer darf acht Stunden nicht überschreiten. Sie kann auf bis zu zehn Stunden nur verlängert werden, wenn innerhalb von sechs Kalendermonaten oder innerhalb von 24 Wochen im Durchschnitt acht Stunden werktäglich nicht überschritten werden.

§ 4 Ruhepausen

Die Arbeit ist durch im voraus feststehende Ruhepausen von mindestens 30 Minuten bei einer Arbeitszeit von mehr als sechs bis zu neun Stunden und 45 Minuten bei einer Arbeitszeit von mehr als neun Stunden insgesamt zu unterbrechen. Die Ruhepausen nach Satz 1 können in Zeitabschnitte von jeweils mindestens 15 Minuten aufgeteilt werden. Länger als sechs Stunden hintereinander dürfen Arbeitnehmer nicht ohne Ruhepause beschäftigt werden.

3.19 Ausbildungsvertrag

Die Office Experten haben mit der Bewerberin Sevinc Öner den Berufsausbildungsvertrag auf den folgenden Seiten abgeschlossen, Beginn der Ausbildung 1. August 2025.

In welche **3** Teile der Abschnitte **A** bis **I** des ausgefüllten Vertragsformulars haben sich Fehler eingeschlichen, die nicht mit den gesetzlichen Bestimmungen in Einklang stehen? Beachten Sie dazu die Gesetzesauszüge auf den vorangehenden Seiten.

A – Dauer der Ausbildung

B – Probezeit

C – Ausbildungsstätte

D – Pflichten des Ausbildenden

E – Pflichten der/des Auszubildenden

F – Vergütung

G – Ausbildungszeit

H – Urlaub

I – Sonstige Vereinbarungen

Der Ausbildungsbetrieb gewährt einen jährlichen Urlaub von 29 Arbeitstagen bezogen auf eine 5-Tage-Woche. Die Regelarbeitszeit liegt bei 41 Stunden.

3.19 Ausbildungsvertrag

Berufsausbildungsvertrag
(§§ 10, 11 des Berufsbildungsgesetzes – BBiG)

AUSFERTIGUNG FÜR **AUSBILDENDE**
BLATT 2 / SEITE 1 VON 4

Zwischen dem Ausbildenden (Ausbildungsbetrieb) und der/dem Auszubildenden wird nachstehender Berufsausbildungsvertrag zur Ausbildung im Ausbildungsberuf

Kauffrau für Büromanagement - Wahlqualifikationen: Kaufmännische Steuerung und Kontrolle / Personalwirtschaft

(wenn einschlägig, bitte einschließlich Fachrichtung, Schwerpunkt, Wahlqualifikation(en) und/oder Einsatzgebiet nach der Ausbildungsordnung bezeichnen)

nach Maßgabe der Ausbildungsordnung[1] geschlossen.

Berufskolleg Hilden, Am Holterhöfchen, 40724 Hilden
Zuständige Berufsschule

Änderungen des wesentlichen Vertragsinhaltes sind vom Ausbildenden unverzüglich zur Eintragung in das Verzeichnis der Berufsausbildungsverhältnisse bei der Industrie- und Handelskammer anzuzeigen. Die beigefügten Angaben zur sachlichen und zeitlichen Gliederung des Ausbildungsablaufes (Ausbildungsplan) sowie die beigefügten **weiteren Bestimmungen** sind Bestandteil dieses Vertrages.

Angaben zum Ausbildenden

Office Experten GmbH
Name des Ausbildenden (Ausbildungsbetriebes)[2]

Leibnizstr. 14
Straße, Haus-Nr.

40764   Langenfeld
PLZ   Ort

info@office-experten-gmbh.de
E-Mail-Adresse (Angabe freiwillig)

02173 612-0
Telefonnummer

Metzger, Hendrike
Name, Vorname verantwortliche/r Ausbilder/in

Angaben zum/zu gesetzlichen Vertreter(n)[3]

[ ] keiner [X] Eltern [ ] Mutter [ ] Vater [ ] Vormund

Öner, Hakan
Name, Vorname

Schützenstr. 45
Straße, Haus-Nr.

42799   Langenfeld
PLZ   Ort

[ ] keiner [X] Eltern [ ] Mutter [ ] Vater [ ] Vormund

Öner, Gözde
Name, Vorname

Schützenstr. 45
Straße, Haus-Nr.

42799   Langenfeld
PLZ   Ort

Angaben zur/zum Auszubildenden

Öner   Sevinc
Name   Vorname

Schützenstr. 45
Straße, Haus-Nr.

42799   Langefeld
PLZ   Ort

03.01.2007   oener.sevinc@posteo.de
Geburtsdatum   E-Mail-Adresse (Angabe freiwillig)

Mobil-/Telefonnummer (Angabe freiwillig)

§ 1 – Dauer der Ausbildung

Dauer

Die Ausbildungsdauer beträgt nach der Ausbildungsordnung

[ ] 24 Monate.   [X] 36 Monate.   [ ] 42 Monate.

Auf die Ausbildungsdauer wird die Berufsausbildung zur/zum[4]

bzw. eine berufliche Vorbildung in

mit   Monaten angerechnet.[5]

Die Berufsausbildung wird in

[X] Vollzeit   [ ] Teilzeit[6,7]   (% der Ausbildungszeit in Vollzeit)   durchgeführt.

Die Ausbildungsdauer verlängert sich aufgrund der Teilzeit um   Monate.

Die Ausbildungsdauer verkürzt sich vorbehaltlich der Entscheidung der zuständigen Stelle aufgrund

um   Monate.[7]

Soweit keine geschlechtsneutrale Formulierung gewählt wird, dient dies allein der Vereinfachung der Lesbarkeit. Auch dort werden alle Menschen angesprochen – unabhängig von ihrem Geschlecht (w/m/d).

Menschliche Arbeit im Betrieb

3.19 Ausbildungsvertrag

AUSFERTIGUNG FÜR **AUSBILDENDE**
BLATT 2 / SEITE 2 VON 4

☐ Die Berufsausbildung wird im Rahmen eines ausbildungsintegrierenden dualen Studiums absolviert.

☒ Das Ausbildungsverhältnis fällt nicht in den Geltungsbereich eines gültigen Tarifvertrages.

Das Berufsausbildungsverhältnis

beginnt am **01.08.2025** und endet am:[8] **31.07.2028**

Der Ausbildende zahlt der/dem Auszubildenden eine angemessene Vergütung; diese beträgt zurzeit monatlich brutto

EUR	1.008,00	1.008,00	1.199,00	
im	ersten	zweiten	dritten	vierten

Ausbildungsjahr.

[B] Probezeit

Die Probezeit beträgt in Monaten[9]

☐ einen ☐ zwei ☐ drei ☒ vier

☐ Die Vergütung setzt sich aus verschiedenen Bestandteilen zusammen, die dem Vertrag als Anlage beigefügt werden.

Überstunden[10]

Überstunden werden
☐ besonders vergütet.
☐ besonders vergütet **oder** in Freizeit ausgeglichen.
☐ in Freizeit ausgeglichen.
☒ besonders vergütet **und** in Freizeit ausgeglichen.

§ 2 – siehe S. 3 des Berufsausbildungsvertrages

[C] § 3 – Ausbildungsstätte

Die Ausbildung findet vorbehaltlich der Regelungen nach § 4 Nr. 12 dieses Vertrages in

Office Experten GmbH
Leibnizstr. 14
40764 Langenfeld

Name/Anschrift der Ausbildungsstätte

und den mit dem Betriebssitz für die Ausbildung üblicherweise zusammenhängenden Bau-, Montage- und sonstigen Arbeitsstellen statt.

[G] § 7 – Ausbildungszeit, Anrechnung und Urlaub

Tägliche und wöchentliche Ausbildungszeit[11]

Die regelmäßige tägliche Ausbildungszeit beträgt **8,20** Stunden.[12]

Die durchschnittliche wöchentliche Ausbildungszeit beträgt **41,00** Stunden.

[H] Urlaub

Es besteht ein Urlaubsanspruch

im Kalenderjahr	2025	2026	2027	2028	
Werktage					
Arbeitstage	12,0	29,0	29,0	17,0	

[D] § 4 – Pflichten des Ausbildenden

Ausbildungsmaßnahmen außerhalb der Ausbildungsstätte(n) sind für den folgenden Zeitraum in der/den folgenden Ausbildungsstätte(n) vorgesehen (hierzu zählen auch Auslandsaufenthalte)

im zweiten Ausbildungsjahr ca. 6 Monate in unserer Vertriebsniederlassung in Berlin

§§ 8 bis 11 – siehe S. 4 des Berufsausbildungsvertrages

[E] § 5 – Pflichten der/des Auszubildenden

Führung von schriftlichen oder elektronischen Ausbildungsnachweisen

Der Ausbildungsnachweis wird wie folgt geführt:
☐ schriftlich ☒ elektronisch

[I] § 12 – Sonstige Vereinbarungen[13]; Hinweis auf anzuwendende Betriebs- bzw. Dienstvereinbarungen

Bei unbefriedigenden Leistungen verlängert sich die Probezeit auf sechs Monate. Im Anschluss verpflichtet sich die Auszubildende mindestens zwei Jahre für den Ausbildenden zu arbeiten.

[F] § 6 – Bestandteile der Vergütung und sonstige Leistungen

Höhe und Fälligkeit

☐ Das Ausbildungsverhältnis fällt in den Geltungsbereich des folgenden Tarifvertrages:

☒ Anlage gemäß § 4 Nr. 1 des Berufsausbildungsvertrages[14]

Die beigefügten weiteren Bestimmungen (Blatt 2 / Ausfertigung für **Ausbildende** / S. 3 und S. 4) sind Gegenstand dieses Vertrages.

Ort, Datum

Unterschrift der/des Auszubildenden*

Stempel und Unterschrift des Ausbildenden*

Unterschrift(en) der/des gesetzlichen Vertreter/s*

* Bei elektronischer Abfassung ist die Vertragsabfassung so zu übermitteln, dass die Auszubildenden und ggf. deren gesetzliche Vertreter/in diese speichern und ausdrucken können. Ausbildende haben den Empfang durch die Auszubildende und ggf. deren gesetzliche Vertreter/in nachzuweisen (§ 11 Abs. 2 Satz 2 und 3 BBiG). Auszubildende sind verpflichtet den Empfang der Vertragsabfassung zu bestätigen (§ 13 S. 2 Nr. 8 BBiG).

Menschliche Arbeit im Betrieb

3.20 Arbeitszeiten – Pausen – Berufsschule

Beachten Sie bei der Lösung der nächsten drei Teilaufgaben die folgende Ausgangssituation sowie die Auszüge aus dem Berufsbildungsgesetz, dem Arbeitszeitgesetz und dem Jugendarbeitsschutzgesetz auf den vorangehenden Seiten.

Die Verteilung der 41 Stunden Arbeitszeit in der Woche soll neu aufgeteilt werden. Auch die Auszubildenden wurden aufgefordert, ihre Vorstellungen einzubringen. Sie haben zusammen mit der Jugend- und Auszubildendenvertretung folgenden Vorschlag gemacht:

	Mo. bis Do.	**Fr.**
Beginn	7:30	7:30
Frühstückspause	9:30 bis 9:45	---
Mittagspause	13:00 bis 13:30	---
Ende	16:45	14:30

Teil I

Welche **2** Aussagen zu den vorgeschlagenen Pausenregelungen sind zutreffend?

1. Die Pausenregelungen entsprechen für alle Mitarbeiter den gesetzlichen Mindestvorschriften.
2. Beim Vorschlag für Montag bis Donnerstag werden die Vorschriften über die Mindestdauer einer einzelnen Pause eingehalten.
3. Wegen des bevorstehenden Wochenendes ist der Verzicht auf eine Pause am Freitag zulässig.
4. Für volljährige Mitarbeiter könnte Montag bis Donnerstag auf die Frühstückspause auch verzichtet werden.
5. Statt der Frühstückspause könnten alle Mitarbeiter auch eine Kaffeepause am Nachmittag von 15:00 Uhr bis 15:30 Uhr machen.

Teil II

Welche **2** Aussagen zu den vorgeschlagenen Arbeitszeiten sind zutreffend?

1. Bei allen Mitarbeitern werden die gesetzlichen Höchstgrenzen eingehalten.
2. Bei volljährigen Arbeitnehmern wäre auch eine vorübergehende Ausdehnung auf bis zu 10 Stunden täglich möglich.
3. Für jugendliche Arbeitnehmer ist die Wochenarbeitszeit eine Stunde zu lang.
4. Die auch erwogene Einführung einer gleitenden Arbeitszeit ist für Jugendliche grundsätzlich unzulässig.

Menschliche Arbeit im Betrieb

3.20 Arbeitszeiten – Pausen – Berufsschule

Teil III

Welche **2** Aussagen zur Anrechnung von Berufsschulzeiten auf die Arbeitszeiten sind zutreffend?

1. Von volljährigen Auszubildenden kann verlangt werden, dass sie jeden Tag im Anschluss an den Berufsschulbesuch noch in den Betrieb kommen.
2. Wenn am Dienstag die Berufsschule regelmäßig erst um 10 Uhr beginnt kann der Betrieb verlangen, dass die Auszubildenden zunächst in den Betrieb kommen.
3. Wenn der Blockunterricht an fünf Tagen wenigstens 25 Stunden umfasst, kann sowohl von jugendlichen als auch von volljährigen Auszubildenden verlangt werden, dass sie im Anschluss an den Unterricht in den Betrieb kommen.
4. Wenn Jugendliche im Anschluss an den Unterricht in den Betrieb kommen, müssen ihnen trotzdem alle Pausen nach dem JArbSchG gewährt werden.
5. Im Blockschulunterricht können die Jugendlichen einmal in der Woche für zwei Stunden zum Arbeiten in den Betrieb geholt werden.

3.21 Pläne in der Ausbildung

Im Zusammenhang mit der Ausbildung werden die folgenden **Unterlagen** unterschieden:

1. Ausbildungsrahmenplan
2. Rahmenlehrplan
3. Individueller Ausbildungsplan
4. Ausbildungsberufsbild

Ordnen Sie zu, indem Sie die Kennziffern der oben stehenden Unterlagen in die Kästchen neben den unten stehenden Umschreibungen eintragen.

Umschreibungen

a) Er ist die Grundlage der in der Berufsschule vermittelten Unterrichtsinhalte.

b) Darin sind die Kenntnisse und Fertigkeiten des Ausbildungsberufes grob gekennzeichnet.

c) Aus ihm ist ersichtlich, wann der Auszubildende in welchen Abteilungen seines Ausbildungsbetriebes ausgebildet wird.

d) Hieraus geht die zeitliche und sachliche Gliederung der Ausbildung im Betrieb hervor.

Menschliche Arbeit im Betrieb

3.22 Ausbildungsnachweise

Der Prüfungsausschuss der Industrie- und Handelskammer stellt fest, dass die Ausbildungsnachweise der Auszubildenden eines Ausbildungsbetriebes vorwiegend ausbildungsfremde Tätigkeiten enthalten.

Wer muss in diesem Fall mit dem Ausbildungsbetrieb Kontakt aufnehmen?

1. Der Prüfungsausschuss
2. Die Industrie- und Handelskammer
3. Die Berufsschule
4. Die Berufsgenossenschaft
5. Der Betriebsrat

3.23 Zwischen- und Abschlussprüfungen

Welche **2** der folgenden Aussagen zu Zwischen- und Abschlussprüfungen sind richtig?

1. Das Ergebnis der Zwischenprüfung geht in die Gesamtnote der Abschlussprüfung ein.
2. Eine nicht bestandene Abschlussprüfung kann dreimal wiederholt werden.
3. Die erfolgreiche Teilnahme an der Zwischenprüfung ist Voraussetzung für die Zulassung zur Abschlussprüfung.
4. Bei besonders guten Leistungen können Betrieb und Berufsschule den Auszubildenden vorzeitig zur Abschlussprüfung zulassen.
5. Mit Bekanntgabe des Bestehens der Abschlussprüfung ist das Ausbildungsverhältnis beendet, selbst wenn der Vertrag noch bis zum Ende des Monats läuft.
6. Prüfungsausschüsse bestehen aus mindestens drei Mitgliedern.

3.24 Beendigung des Berufsausbildungsverhältnisses

Die neue Auszubildende hat einige Fragen zur Dauer und zum Verlauf ihrer Ausbildungszeit.

Welche der folgenden Aussagen hierzu ist **falsch**?

Aussagen

1. Das Berufsausbildungsverhältnis endet immer mit dem Ablauf der vertraglichen Ausbildungszeit.
2. Während der Probezeit kann das Berufsausbildungsverhältnis jederzeit ohne Einhalten einer Kündigungsfrist gekündigt werden.
3. Die Probezeit muss mindestens einen Monat und darf höchstens vier Monate betragen.
4. Die Ausbildungszeit kann nach Anhören des Ausbildenden und der Berufsschule verkürzt werden, wenn die Leistungen dies rechtfertigen.
5. Bei Nichtbestehen kann die Abschlussprüfung zweimal wiederholt werden.

Menschliche Arbeit im Betrieb

3.25 Beendigung des Berufsausbildungsverhältnisses

Welche **2** der folgenden Aussagen sind korrekt?

1. Der im ersten Versuch der Abschlussprüfung gescheiterte Prüfling Björn Ganz bleibt automatisch Auszubildender bei den Office Experten bis zum nächsten Prüfungstermin.
2. Eine mit einem Auszubildenden vereinbarte zweimonatige Probezeit kann im beiderseitigen Einvernehmen um zwei weitere Monate verlängert werden.
3. Nach Ablauf der Probezeit von Auszubildenden gibt es keine Kündigungsmöglichkeit mehr seitens des Ausbildenden.
4. Die Office Experten können die Verlängerung der Ausbildung nach einer gescheiterten Abschlussprüfung verweigern, wenn keine Aussicht auf Erfolg mehr besteht.
5. Ein Auszubildender darf auch nach Ablauf der Probezeit sein Ausbildungsverhältnis zugunsten eines zugewiesenen Studienplatzes kündigen.

Auszug aus dem Berufsbildungsgesetz (BBiG)

§ 20 Probezeit

Das Berufsausbildungsverhältnis beginnt mit der Probezeit. Sie muss mindestens einen Monat und darf höchstens vier Monate betragen.

§ 21 Beendigung

(1) Das Berufsausbildungsverhältnis endet mit dem Ablauf der Ausbildungszeit. Im Falle der Stufenausbildung endet es mit Ablauf der letzten Stufe.

(2) Bestehen Auszubildende vor Ablauf der Ausbildungszeit die Abschlussprüfung, so endet das Berufsausbildungsverhältnis mit Bekanntgabe des Ergebnisses durch den Prüfungsausschuss.

(3) Bestehen Auszubildende die Abschlussprüfung nicht, so verlängert sich das Berufsausbildungsverhältnis auf ihr Verlangen bis zur nächstmöglichen Wiederholungsprüfung, höchstens um ein Jahr.

§ 22 Kündigung

(1) Während der Probezeit kann das Berufsausbildungsverhältnis jederzeit ohne Einhalten einer Kündigungsfrist gekündigt werden.

(2) Nach der Probezeit kann das Berufsausbildungsverhältnis nur gekündigt werden
  1. aus einem wichtigen Grund ohne Einhalten einer Kündigungsfrist,
  2. von Auszubildenden mit einer Kündigungsfrist von vier Wochen, wenn sie die Berufsausbildung aufgeben oder sich für eine andere Berufstätigkeit ausbilden lassen wollen.

(3) Die Kündigung muss schriftlich und in den Fällen des Absatzes 2 unter Angabe der Kündigungsgründe erfolgen.

3.26 Zeugnis

Bei welchem der folgenden Inhalte handelt es sich um Angaben, die nur in einem qualifizierten Zeugnis stehen dürfen?

1. Dauer der Ausbildung
2. Erworbene berufliche Fertigkeiten, Kenntnisse und Fähigkeiten
3. Unterschrift des Ausbildenden
4. Angaben über Verhalten und Leistung
5. Durchlaufene Abteilungen

Menschliche Arbeit im Betrieb

3.27 Ärztliche Untersuchung

Jennifer Mey ist bei den Office Experten Auszubildende zur Kauffrau für Büromanagement am Ende des 1. Lehrjahres. Zu Beginn der Ausbildung war sie 16 Jahre alt. Sie möchte wissen, welche Vorschriften hinsichtlich der ärztlichen Untersuchung nach dem Jugendarbeitsschutzgesetz (JArbSchG) für sie zur Anwendung kommen.

Welche **2** Aussagen sind richtig?

1. Die erste Nachuntersuchung ist zwingend vorgeschrieben.
2. Die Erstuntersuchung im letzten Jahr war nicht erforderlich, da eine Kauffrau für Büromanagement nicht mit Arbeiten beschäftigt wird, von denen gesundheitliche Nachteile zu befürchten sind.
3. Wenn das Ergebnis der Nachuntersuchung nicht rechtzeitig vorliegt, darf die Auszubildende nicht weiterbeschäftigt werden.
4. Im kommenden Jahr kann sie eine weitere Nachuntersuchung nach dem JArbSchG verlangen.
5. Die Office Experten müssen im Hinblick auf die anstehende Nachuntersuchung keinesfalls etwas unternehmen.

Auszug aus dem Jugendarbeitsschutzgesetz (JArbSchG)

§ 32 Erstuntersuchung

(1) Ein Jugendlicher, der in das Berufsleben eintritt, darf nur beschäftigt werden, wenn

1. er innerhalb der letzten vierzehn Monate von einem Arzt untersucht worden ist (Erstuntersuchung) und
2. dem Arbeitgeber eine von diesem Arzt ausgestellte Bescheinigung vorliegt.

(2) Absatz 1 gilt nicht für eine nur geringfügige oder eine nicht länger als zwei Monate dauernde Beschäftigung mit leichten Arbeiten, von denen keine gesundheitlichen Nachteile für den Jugendlichen zu befürchten sind.

§ 33 Erste Nachuntersuchung

(1) Ein Jahr nach Aufnahme der ersten Beschäftigung hat sich der Arbeitgeber die Bescheinigung eines Arztes darüber vorlegen zu lassen, dass der Jugendliche nachuntersucht worden ist (erste Nachuntersuchung). Die Nachuntersuchung darf nicht länger als drei Monate zurückliegen. Der Arbeitgeber soll den Jugendlichen neun Monate nach Aufnahme der ersten Beschäftigung nachdrücklich auf den Zeitpunkt, bis zu dem der Jugendliche ihm die ärztliche Bescheinigung nach Satz 1 vorzulegen hat, hinweisen und ihn auffordern, die Nachuntersuchung bis dahin durchführen zu lassen.

(2) Legt der Jugendliche die Bescheinigung nicht nach Ablauf eines Jahres vor, hat ihn der Arbeitgeber innerhalb eines Monats unter Hinweis auf das Beschäftigungsverbot nach Absatz 3 schriftlich aufzufordern, ihm die Bescheinigung vorzulegen. Je eine Durchschrift des Aufforderungsschreibens hat der Arbeitgeber dem Personensorgeberechtigten und dem Betriebs- oder Personalrat zuzusenden.

(3) Der Jugendliche darf nach Ablauf von 14 Monaten nach Aufnahme der ersten Beschäftigung nicht weiterbeschäftigt werden, solange er die Bescheinigung nicht vorgelegt hat.

§ 34 Weitere Nachuntersuchungen

Nach Ablauf jedes weiteren Jahres nach der ersten Nachuntersuchung kann sich der Jugendliche erneut nachuntersuchen lassen (weitere Nachuntersuchungen). Der Arbeitgeber soll ihn auf diese Möglichkeit rechtzeitig hinweisen und darauf hinwirken, dass der Jugendliche ihm die Bescheinigung über die weitere Nachuntersuchung vorlegt.

Menschliche Arbeit im Betrieb

3.28 Mutterschutz, Elternzeit und Elterngeld

Nehmen Sie zur Beantwortung der folgenden Fragen den unten stehenden Auszug aus dem Mutterschutzgesetz sowie den Kalenderauszug auf der folgenden Seite zu Hilfe.

a) Annika Wenner – zuständig für Empfang und Telefonzentrale der Office Experten – ist schwanger. Der vom Arzt prognostizierte Entbindungstermin ist der 12.04. An welchem Tag beginnt die Schutzfrist nach dem Mutterschutzgesetz (MuSchG)?

b) Frau Wenner bekommt am 14.04. Zwillinge. Mit Ablauf welchen Tages endet die Schutzfrist nach dem MuSchG?

c) Welche **2** der folgenden Aussagen sind korrekt?

1. Vater und Mutter können gleichzeitig in die Elternzeit gehen.
2. Nach dem Kündigungsschutzgesetz ist die Kündigung einer Schwangeren unzulässig.
3. Elterngeld gibt es für maximal 12 Monate.
4. Vater und Mutter können sich beliebig oft bei der Elternzeit abwechseln, solange die maximale Zeit von drei Jahren nicht überschritten wird.
5. Mit Ablauf der Elternzeit hat der Mitarbeiter einen Anspruch darauf, an seinen alten Arbeitsplatz zurückzukehren.
6. Werdende Mütter dürfen sechs Wochen vor der Entbindung keinesfalls beschäftigt werden.
7. Bei Frühgeburten gilt ein zwölfwöchiges Beschäftigungsverbot nach der Entbindung.

Auszug aus dem Mutterschutzgesetz (MuSchG)

§ 3 Beschäftigungsverbote für werdende Mütter

(1) Der Arbeitgeber darf eine schwangere Frau in den letzten sechs Wochen vor der Entbindung nicht beschäftigen (Schutzfrist vor der Entbindung), soweit sie sich nicht zur Arbeitsleistung ausdrücklich bereit erklärt. Sie kann die Erklärung nach Satz 1 jederzeit mit Wirkung für die Zukunft widerrufen. [...]

(2) Der Arbeitgeber darf eine Frau bis zum Ablauf von acht Wochen nach der Entbindung nicht beschäftigen (Schutzfrist nach der Entbindung). Die Schutzfrist nach der Entbindung verlängert sich auf zwölf Wochen

  1. bei Frühgeburten,
  2. bei Mehrlingsgeburten und [...].

Menschliche Arbeit im Betrieb

3.28 Mutterschutz, Elternzeit und Elterngeld

	März	April	Mai	Juni	Juli
Mo.		1			1
Di.		2			2
Mi.		3	1		3
Do.		4	2		4
Fr.	1	5	3		5
Sa.	2	6	4	1	6
So.	3	7	5	2	7
Mo.	4	8	6	3	8
Di.	5	9	7	4	9
Mi.	6	10	8	5	10
Do.	7	11	9	6	11
Fr.	8	12	10	7	12
Sa.	9	13	11	8	13
So.	10	14	12	9	14
Mo.	11	15	13	10	15
Di.	12	16	14	11	16
Mi.	13	17	15	12	17
Do.	14	18	16	13	18
Fr.	15	19	17	14	19
Sa.	16	20	18	15	20
So.	17	21	19	16	21
Mo.	18	22	20	17	22
Di.	19	23	21	18	23
Mi.	20	24	22	19	24
Do.	21	25	23	20	25
Fr.	22	26	24	21	26
Sa.	23	27	25	22	27
So.	24	28	26	23	28
Mo.	25	29	27	24	29
Di.	26	30	28	25	30
Mi.	27		29	26	31
Do.	28		30	27	
Fr.	29		31	28	
Sa.	30			29	
So.	31			30	

Menschliche Arbeit im Betrieb

3.29 Urlaubsplanung

Stellen Sie unter Berücksichtigung der nachstehenden Gesetzesvorschriften die Urlaubansprüche der Mitarbeiter in Versand und Lager der Office Experten fest. Der Regelurlaubsanspruch der Mitarbeiter liegt bei 29 Arbeitstagen bezogen auf die 5-Tage-Woche.

Mitarbeiter		Resturlaub aus Vorjahr	Neuer Urlaub aktuelles Jahr	Gesamturlaub aktuelles Jahr
...	...	...	...	...
Jan Frings	Alter: 15 Jahre Fachlagerist 1. Ausbildungsjahr wohnt bei den Eltern	4		
Mariana Viskovic	Alter: 33 Jahre schwerbehindert verheiratet ohne Kinder	3		
Ali Dahoud	Alter: 42 Jahre geschieden 3 schulpflichtige Kinder	0		
Moritz Schmidt	Alter: 27 Jahre befristeter Arbeitsvertrag bis 30.04.	6		
...	...	...	...	...

Fortsetzung auf der nächsten Seite

3.29 Urlaubsplanung

Fortsetzung

Auszug aus dem Jugendarbeitsschutzgesetz (JArbSchG)

§ 19 Urlaub

(1) Der Arbeitgeber hat Jugendlichen für jedes Kalenderjahr einen bezahlten Erholungsurlaub zu gewähren.

(2) Der Urlaub beträgt jährlich

1. mindestens 30 Werktage, wenn der Jugendliche zu Beginn des Kalenderjahrs noch nicht 16 Jahre alt ist,
2. mindestens 27 Werktage, wenn der Jugendliche zu Beginn des Kalenderjahrs noch nicht 17 Jahre alt ist,
3. mindestens 25 Werktage, wenn der Jugendliche zu Beginn des Kalenderjahrs noch nicht 18 Jahre alt ist.

Auszug aus dem Sozialgesetzbuch – Neuntes Buch (SGB IX)

§ 208 Zusatzurlaub

(1) Schwerbehinderte Menschen haben Anspruch auf einen bezahlten zusätzlichen Urlaub von fünf Arbeitstagen im Urlaubsjahr; verteilt sich die regelmäßige Arbeitszeit des schwerbehinderten Menschen auf mehr oder weniger als fünf Arbeitstage in der Kalenderwoche, erhöht oder vermindert sich der Zusatzurlaub entsprechend. Soweit tarifliche, betriebliche oder sonstige Urlaubsregelungen für schwerbehinderte Menschen einen längeren Zusatzurlaub vorsehen, bleiben sie unberührt. […]

Auszug aus dem Bundesurlaubsgesetz (BUrlG)

§ 3 Dauer des Urlaubs

(1) Der Urlaub beträgt jährlich mindestens 24 Werktage.

(2) Als Werktage gelten alle Kalendertage, die nicht Sonn- oder gesetzliche Feiertage sind.

§ 4 Wartezeit

Der volle Urlaubsanspruch wird erstmalig nach sechsmonatigem Bestehen des Arbeitsverhältnisses erworben.

§ 5 Teilurlaub

(1) Anspruch auf ein Zwölftel des Jahresurlaubs für jeden vollen Monat des Bestehens des Arbeitsverhältnisses hat der Arbeitnehmer

a) für Zeiten eines Kalenderjahrs, für die er wegen Nichterfüllung der Wartezeit in diesem Kalenderjahr keinen vollen Urlaubsanspruch erwirbt;

b) wenn er vor erfüllter Wartezeit aus dem Arbeitsverhältnis ausscheidet;

c) wenn er nach erfüllter Wartezeit in der ersten Hälfte eines Kalenderjahrs aus dem Arbeitsverhältnis ausscheidet

(2) Bruchteile von Urlaubstagen, die mindestens einen halben Tag ergeben, sind auf volle Urlaubstage aufzurunden.

Menschliche Arbeit im Betrieb

3.30 Arbeitsmodelle

Bis vor einigen Jahren gab es bei den Office Experten fast ausschließlich Vollzeitkräfte, die ihre 41 Stunden Wochenarbeitszeit in der Regel von Montag bis Freitag, jeweils von 8 Uhr bis 17 Uhr inkl. Pausen, abgearbeitet haben.

Immer mehr Mitarbeiter und Bewerber wünschten sich weniger straffe Regelungen und auch die Geschäftsleitung sieht die Vorteile anderer Arbeitszeitmodelle.

Ergänzen Sie die unten stehenden Beschreibungen der Arbeitsmodelle um die folgenden Begriffe.

1. Homeoffice
2. Teilzeitarbeit
3. Vertrauensarbeitszeit
4. Gleitzeit
5. Schichtarbeit
6. Jobsharing
7. Lebensarbeitszeitkonto

a) .... ist jede Arbeitszeit, die geringer ist als die wöchentliche Regelarbeitszeit. Das kann eine gleichbleibende Arbeitszeit pro Wochentag, aber genauso eine Arbeit nur an z. B. zwei oder drei Tagen in der Woche sein. Dieses Modell ist in allen Funktionen denkbar, erfordert aber klare Absprachen und eine gute Arbeitsorganisation.

b) Bei einer .... können in Voll- oder Teilzeit beschäftigte Arbeitnehmer innerhalb bestimmter Grenzen Beginn, Ende und Länge der Arbeitszeit selbst bestimmen. In der Regel erfolgt eine elektronische Erfassung von Arbeits- und Pausenzeiten. Dieses Modell ist insbesondere im Verwaltungsbereich weit verbreitet, weniger im Produktionsbereich. Häufig gibt es Kernarbeitszeiten, innerhalb derer die Arbeitnehmer anwesend oder zumindest erreichbar sein müssen.

c) Bei der .... steht die Erbringung der Arbeitsleistung im Vordergrund und nicht die dafür aufgewendete Arbeitszeit. Dieses Modell ist insbesondere im Führungsbereich weit verbreitet. Eine Erfassung der Arbeitszeiten erfolgt nur, soweit dies aus gesetzlichen Gründen unbedingt notwendig ist.

d) Zunehmend gewinnt das .... an Bedeutung. Dabei wird meist ein Teil der Arbeit von zu Hause aus erledigt. Geeignet ist das Modell für Arbeiten, für die keine ständige persönliche Anwesenheit erforderlich ist. Mithilfe von modernen Kommunikationsanlagen kann zu Hause oft das gleiche Arbeitsumfeld genutzt werden wie im Betrieb.

e) Beim .... teilen sich in der Regel zwei Arbeitnehmer einen Arbeitsplatz. Sie stimmen die Arbeitszeiten häufig selbstständig untereinander ab. Das Modell erfordert eine hohe Teamfähigkeit und eine gute Arbeitsorganisation.

f) Beim .... sparen die Mitarbeiter langfristig ein Arbeitszeitguthaben an, um dann vielleicht ein Jahr auszusetzen, eine dauerhafte Reduzierung der Arbeitszeit zu erreichen oder früher in Rente zu gehen.

g) Bei .... wird die betriebliche Arbeitszeit in mehrere Zeitabschnitte aufgeteilt. Weit verbreitet ist sie im Produktionsbereich. Aber auch z. B. im Verkaufs- oder Servicebereich kann durch die Aufteilung in Früh- und Spätschicht eine Ausdehnung der Ansprechzeiten erreicht werden. Hier spricht man auch von versetzten Arbeitszeiten.

Menschliche Arbeit im Betrieb

3.31 Jugend- und Auszubildendenvertretung

Ausgangssituation

In Kürze stehen bei den Office Experten wieder die Wahlen zur Jugend- und Auszubildendenvertretung an. Sie sollen mithilfe des folgenden Auszugs aus dem Betriebsverfassungsgesetz überprüfen, ob die folgenden Personen wahlberechtigt und/oder wählbar sind.

1. Jennifer Mey ist 17 Jahre alt und Auszubildende.
2. Lukas Schlitt ist 26 Jahre alt und Auszubildender.
3. Kevin Berg ist 31 Jahre alt und arbeitet in der Lohn- und Gehaltsbuchhaltung.
4. Marc Rath ist 16 alt, arbeitet als Helfer im Lager und hat einen befristeten Arbeitsvertrag.
5. Nadine Esser ist 23 Jahre alt, arbeitet in der IT-Abteilung und ist Mitglied des Betriebsrates.

a) Welche **3** Personen sind wahlberechtigt?

b) Welche **3** Personen sind wählbar?

Auszug aus dem Betriebsverfassungsgesetz (BetrVG)

Betriebliche Jugend- und Auszubildendenvertretung

§ 60 Errichtung und Aufgabe

(1) In Betrieben mit in der Regel mindestens fünf Arbeitnehmern, die das 18. Lebensjahr noch nicht vollendet haben (jugendliche Arbeitnehmer) oder die zu ihrer Berufsausbildung beschäftigt sind, werden Jugend- und Auszubildendenvertretungen gewählt.

(2) Die Jugend- und Auszubildendenvertretung nimmt nach Maßgabe der folgenden Vorschriften die besonderen Belange der in Absatz 1 genannten Arbeitnehmer wahr.

§ 61 Wahlberechtigung und Wählbarkeit

(1) Wahlberechtigt sind alle in § 60 Abs. 1 genannten Arbeitnehmer des Betriebs.

(2) Wählbar sind alle Arbeitnehmer des Betriebs, die das 25. Lebensjahr noch nicht vollendet haben oder die zu ihrer Berufsausbildung beschäftigt sind; § 8 Abs. 1 Satz 3 findet Anwendung. Mitglieder des Betriebsrats können nicht zu Jugend- und Auszubildendenvertretern gewählt werden.

Menschliche Arbeit im Betrieb

3.32 Betriebsrat

In Kürze stehen bei den Office Experten wieder die Betriebsratswahlen an. Überprüfen Sie mithilfe des folgenden Auszugs aus dem Betriebsverfassungsgesetz, ob die folgenden Personen wahlberechtigt und/oder wählbar sind.

a)

Personen	wahl-berechtigt	wählbar
Jennifer Mey ist 17 Jahre alt und Auszubildende.		
Lukas Schlitt ist 26 Jahre alt und hat vor vier Monaten eine Ausbildung begonnen.		
Kevin Berg ist 31 Jahre alt und arbeitet seit einem Jahr in der Lohn- und Gehaltsbuchhaltung.		
Moritz Schmidt ist 27 Jahre alt und arbeitet seit 6 Monaten im Lager. Er hat einen auf zwei Jahre befristeten Arbeitsvertrag.		
Nadine Esser ist 23 Jahre alt, arbeitet in der IT-Abteilung und ist bereits Mitglied des Betriebsrates.		
Jasmin Hauser ist 41 Jahre alt und Geschäftsführerin.		

b) Aus wie vielen Mitgliedern wird der Betriebsrat bestehen? Die Office Experten GmbH beschäftigt insgesamt 127 Mitarbeiter, davon 12 Auszubildende, 8 leitende Angestellte, 8 minderjährige Mitarbeiter.

c) Entscheiden Sie, ob der Betriebsrat in den folgenden Fällen ein Mitwirkungs- oder ein Mitbestimmungsrecht hat.

	Mitwirkungsrecht	Mitbestimmungsrecht
Personelle Einzelmaßnahmen wie Einstellungen, Entlassungen oder Versetzungen		
Vorschläge zur Sicherung und Förderung der Beschäftigung		
Soziale Angelegenheiten wie Verteilung der Arbeitszeit auf die Woche, Fragen der Betriebsordnung, Aufstellung allgemeiner Urlaubsgrundsätze, vorübergehende Verlängerung der betriebsüblichen Arbeitszeit		
Personalplanung		
Einrichtungen und Maßnahmen der Berufsbildung		
Auswahlrichtlinien bei Einstellungen, Versetzungen, Umgruppierungen und Kündigungen		

d) Auf wie viele Jahre wird der Betriebsrat gewählt?

Fortsetzung auf der nächsten Seite

Menschliche Arbeit im Betrieb

3.32 Betriebsrat

Fortsetzung

Auszug aus dem Betriebsverfassungsgesetz (BetrVG)

§ 5 Arbeitnehmer

(1) Arbeitnehmer (Arbeitnehmerinnen und Arbeitnehmer) im Sinne dieses Gesetzes sind Arbeiter und Angestellte einschließlich der zu ihrer Berufsausbildung Beschäftigten (…).

(3) Dieses Gesetz findet, soweit in ihm nicht ausdrücklich etwas anderes bestimmt ist, keine Anwendung auf leitende Angestellte. Leitender Angestellter ist, wer nach Arbeitsvertrag und Stellung im Unternehmen oder im Betrieb

1. zur selbstständigen Einstellung und Entlassung von im Betrieb oder in der Betriebsabteilung beschäftigten Arbeitnehmern berechtigt ist oder

2. Generalvollmacht oder Prokura hat (…)

§ 7 Wahlberechtigung

Wahlberechtigt sind alle Arbeitnehmer des Betriebs, die das 16. Lebensjahr vollendet haben. Werden Arbeitnehmer eines anderen Arbeitgebers zur Arbeitsleistung überlassen, so sind diese wahlberechtigt, wenn sie länger als drei Monate im Betrieb eingesetzt werden.

§ 8 Wählbarkeit

(1) Wählbar sind alle Wahlberechtigten, die das 18. Lebensjahr vollendet haben und sechs Monate dem Betrieb angehören oder als in Heimarbeit Beschäftigte in der Hauptsache für den Betrieb gearbeitet haben. Auf diese sechsmonatige Betriebszugehörigkeit werden Zeiten angerechnet, in denen der Arbeitnehmer unmittelbar vorher einem anderen Betrieb desselben Unternehmens oder Konzerns (§ 18 Abs. 1 des Aktiengesetzes) angehört hat. Nicht wählbar ist, wer infolge strafgerichtlicher Verurteilung die Fähigkeit, Rechte aus öffentlichen Wahlen zu erlangen, nicht besitzt.

(2) Besteht der Betrieb weniger als sechs Monate, so sind abweichend von der Vorschrift in Absatz 1 über die sechsmonatige Betriebszugehörigkeit diejenigen Arbeitnehmer wählbar, die bei der Einleitung der Betriebsratswahl im Betrieb beschäftigt sind und die übrigen Voraussetzungen für die Wählbarkeit erfüllen.

§ 9 Zahl der Betriebsratsmitglieder

Der Betriebsrat besteht in Betrieben mit in der Regel

5 bis 20 wahlberechtigten Arbeitnehmern aus einer Person,

21 bis 50 wahlberechtigten Arbeitnehmern aus 3 Mitgliedern,

51 wahlberechtigten Arbeitnehmern

bis 100 Arbeitnehmern aus 5 Mitgliedern,

101 bis 200 Arbeitnehmern aus 7 Mitgliedern,

201 bis 400 Arbeitnehmern aus 9 Mitgliedern,

(…)

Menschliche Arbeit im Betrieb

3.33 Tarifverhandlungen

Bringen Sie die folgenden Schritte des Ablaufes von Tarifverhandlungen durch Einsetzen der Ziffern 1 bis 9 in die richtige zeitliche Reihenfolge.

a) Wiederaufnahme der Arbeit

b) Aufnahme von Verhandlungen zwischen Gewerkschaft und Arbeitgeber oder Arbeitgeberverband

c) Schlichtungsverfahren

d) Erklärung des Scheiterns der Verhandlungen

e) Urabstimmung und evtl. nachfolgender Streik der Arbeitnehmer

f) Aussperrung durch die Arbeitgeber

g) Kündigung eines Tarifvertrages

h) Erneute Urabstimmung über das Ergebnis der neuen Tarifrunde

i) Neue Verhandlungen während des Arbeitskampfes

3.34 Streik

Nach Auslaufen des Tarifvertrages im Mai d. J. ruft die Gewerkschaft ver.di nach einer Urabstimmung in Nordrhein-Westfalen die Beschäftigten in verschiedenen Betrieben des Dienstleistungsgewerbes zum Streik auf.

Welche **2** der folgenden Aussagen sind richtig?

Aussagen

1. Der Arbeitgeber in einem bestreikten Betrieb darf einzelnen streikenden Arbeitnehmern wegen Arbeitsniederlegung kündigen.
2. Der Arbeitgeber des bestreikten Betriebes muss den streikenden Arbeitnehmern auch während eines Streiks den Lohn weiterzahlen.
3. Wenn wegen des Streiks ein geordneter Geschäftsbetrieb nicht mehr möglich ist, müssen nicht-streikende Arbeitnehmer auch nicht beschäftigt werden.
4. Ein nicht-streikender Arbeitnehmer, der nicht Mitglied der Gewerkschaft ist, erhält während des Streiks keine Unterstützung aus der Arbeitslosenversicherung.
5. Während des Streiks muss der Arbeitgeber den arbeitswilligen Arbeitnehmern auf jeden Fall den Lohn weiterzahlen.
6. Der Streik kann grundsätzlich durch richterliche Anordnung untersagt werden.

Menschliche Arbeit im Betrieb

3.35 Tarifverträge

Tarifverträge (Rahmen- und Lohn- bzw. Gehaltstarife) kommen oftmals erst dann zustande, nachdem die unterschiedlichen Zielvorstellungen der Tarifpartner durch Schlichtungs- oder gar Arbeitskampfmaßnahmen ausgehandelt bzw. ausgefochten sind.

Beantworten Sie die folgenden Fragen zum Tarifrecht.

a) Welche **2** der folgenden Gruppen haben in Deutschland das Recht, Tarifverträge abzuschließen?

   Gruppen
   1. Betriebsrat mit den Arbeitgebern
   2. Gewerkschaften mit den einzelnen Arbeitgebern
   3. Gewerkschaften und Arbeitgeberverbände
   4. Wirtschaftminister und Arbeitgeberverbände
   5. IHK und Arbeitgeber

b) Welcher Mehrheit der abstimmungsberechtigten Mitglieder der Gewerkschaft ver.di bedarf es bei einer Urabstimmung über die Durchführung eines Streiks?

   Mehrheit
   1. 51 %
   2. 2/3 Mehrheit
   3. 3/4 Mehrheit
   4. 80 %
   5. 100 %

c) In welchen Betrieben wird die Gewerkschaft ggf. Schwerpunktstreiks veranlassen?

   Betriebe
   1. Zulieferbetriebe
   2. Produktionsbetriebe

d) In welchen Betrieben werden die Arbeitgeber als Gegenmaßnahmen Aussperrungen vornehmen?

   Betriebe
   1. Zulieferbetriebe
   2. Produktionsbetriebe

e) Welcher der folgenden Vertragspunkte ist **nicht** Gegenstand eines Rahmen- oder Manteltarifvertrages?

   Vertragspunkte
   1. Arbeitszeit
   2. Urlaub
   3. Kündigungsfristen
   4. Lohnsätze
   5. Schlichtungsstelle

Menschliche Arbeit im Betrieb

3.36 Reisekostenabrechnung

Monteur Gereon Witte ist für einen erkrankten Kollegen eingesprungen, der schon seit mehreren Tagen beim Aufbau des Empfangsbereiches in einem Bürogebäude der Porsche AG eingesetzt war. Die kurzfristig angesetzte Fahrt nach Zuffenhausen hat er mit dem eigenen PKW gemacht. Am Sonntag, den 06.04.2025 ist er nachmittags um 17 Uhr gestartet und am darauffolgenden Dienstag um 19 Uhr zurückgekehrt. Die einfache Strecke nach Zuffenhausen beträgt 386 km. Für die Übernachtungen inkl. Frühstück legt er eine von ihm bezahlte Hotelrechnung über 148 € vor. Ermitteln Sie unter Beachtung der untenstehenden Angaben die Gesamtsumme der Reisekostenabrechnung.

Nutzen Sie das Formular auf der folgenden Seite.

> In Anlehnung an die einkommensteuerrechtlichen Vorschriften werden folgende Reisekosten erstattet:
>
> - **Hotelkosten**
> - **Verpflegungsmehraufwendungen** in Form einer Verpflegungspauschale. Diese beträgt …
>   – 28 Euro für jeden Kalendertag, an dem der Arbeitnehmer 24 Stunden von seiner Wohnung und ersten Tätigkeitsstätte abwesend ist,
>   – jeweils 14 Euro für den An- und Abreisetag, wenn der Arbeitnehmer an diesem, einem anschließenden oder vorhergehenden Tag außerhalb seiner Wohnung übernachtet.
>
> Wird dem Arbeitnehmer anlässlich oder während einer Tätigkeit außerhalb seiner ersten Tätigkeitsstätte vom Arbeitgeber oder auf dessen Veranlassung von einem Dritten eine Mahlzeit zur Verfügung gestellt, sind die ermittelten Verpflegungspauschalen zu kürzen:
>   – für Frühstück um 20 Prozent,
>   – für Mittag- und Abendessen um jeweils 40 Prozent der Verpflegungspauschale für einen vollen Kalendertag.
>
> - **Fahrtkosten** in Höhe von 0,30 € je gefahrenem Kilometer

3.36 Reisekostenabrechnung

Reisekostenabrechnung			
Name			
Vorname			
Beginn (Datum/Uhrzeit)			
Ende (Datum/Uhrzeit)			
Reiseziel:			
Anlass:			
			Beträge
Fahrtkosten			
Privat-PKW		km	à 0,30 €/km	
Bahn			
Bus			
Sonstige			
Verpflegungsmehraufwand			
Eintägige Reise	1 Tag	à 14,00 €/Tag	
Mehrtägige Reise			
Anreisetag(e)	Tag(e)	à 14,00 €/Tag	
Zwischentag(e)	Tag(e)	à 28,00 €/Tag	
Abreisetag(e)	Tag(e)	à 14,00 €/Tag	
Kürzungen			
Frühstück	Tag(e)	à 5,60 €/Tag	
Mittagessen	Tag(e)	à 11,20 €/Tag	
Abendessen	Tag(e)	à 11,20 €/Tag	
Übernachtungskosten			
Hotelkosten lt. Rechnung			
Pauschale	Tag(e)	à 30,00 €/Tag	
Summe			
Datum/Unterschrift:			

Menschliche Arbeit im Betrieb

3.37 Gehaltsabrechnung

Aufgrund eines Softwareproblems muss die Gehaltsabrechnung des Prokuristen Alexandrakis Mostakis (47 Jahre, ledig, kinderlos, katholisch, 2,4 % Zusatzbeitrag seiner gesetzlichen Krankenkasse, 115,00 € monatlicher Steuerfreibetrag) manuell erstellt werden. Vervollständigen Sie unter Beachtung der nachstehenden Angaben die Abrechnung und errechnen Sie zusätzlich den Arbeitgeberanteil zur Sozialversicherung.

Allgemeingültige Beitragssätze zur Sozialversicherung (AG und AN gesamt)	
Krankenversicherung (KV)*	14,6 %
Pflegeversicherung (PV)**	3,6 %
Monatliche Beitragsbemessungsgrenze KV und PV	5.512,50 €
Rentenversicherung (RV)	18,6 %
Arbeitslosenversicherung (AloV)	2,6 %
Monatliche Beitragsbemessungsgrenze RV und AloV	8.050,00 €

* zuzüglich individueller Zusatzbeitrag der Krankenkasse
** Kinderlose Arbeitnehmer über 23 Jahren zahlen 0,6 % mehr

Lohnsteuertabelle

ab €	StK	Steuer	SolZ	Kinderfreibetrag 0 KiStr	SolZ	0,5 KiStr	SolZ	1 KiStr	SolZ	1,5 KiStr	SolZ	2 KiStr
6.099,00												
	1	1.152,75	-	103,74	-	90,20	-	77,26	-	64,94	-	53,22
	2	1.018,83	-	-	-	78,68	-	66,29	-	54,51	-	43,34
	3	681,83	-	61,36	-	51,39	-	41,71	-	32,33	-	23,27
	4	1.152,75	-	103,74	-	96,89	-	90,20	-	83,66	-	77,26
	5	1.702,16	4,72	153,19	-	-	-	-	-	-	-	-
	6	1.746,50	9,99	157,18	-	-	-	-	-	-	-	-
6.102,00												
	1	1.153,83	-	103,84	-	90,29	-	77,35	-	65,02	-	53,30
	2	1.019,83	-	-	-	78,77	-	66,38	-	54,59	-	43,41
	3	682,50	-	61,42	-	51,44	-	41,77	-	32,40	-	23,33
	4	1.153,83	-	103,84	-	96,98	-	90,29	-	83,74	-	77,35
	5	1.703,33	4,85	153,29	-	-	-	-	-	-	-	-
	6	1.747,58	10,12	157,28	-	-	-	-	-	-	-	-
6.189,00												
	1	1.184,33	-	106,58	-	92,91	-	79,85	-	67,41	-	55,56
	2	1.049,16	-	-	-	81,29	-	68,77	-	56,87	-	45,57
	3	704,83	-	63,43	-	53,39	-	43,66	-	34,22	-	25,11
	4	1.184,33	-	106,58	-	99,67	-	92,91	-	86,31	-	79,85
	5	1.736,41	8,79	156,27	-	-	-	-	-	-	-	-
	6	1.780,75	14,07	160,26	-	-	-	-	-	-	-	-
6.192,00												
	1	1.185,33	-	106,67	-	93,00	-	79,94	-	67,49	-	55,64
	2	1.050,16	-	-	-	81,38	-	68,86	-	56,94	-	45,65
	3	705,66	-	63,50	-	53,46	-	43,72	-	34,29	-	25,16
	4	1.185,33	-	106,67	-	99,77	-	93,00	-	86,40	-	79,94
	5	1.737,58	8,93	156,38	-	-	-	-	-	-	-	-
	6	1.781,91	14,21	160,37	-	-	-	-	-	-	-	-
6.195,00												
	1	1.186,41	-	106,77	-	93,09	-	80,03	-	67,57	-	55,72
	2	1.051,16	-	-	-	81,47	-	68,94	-	57,02	-	45,72
	3	706,33	-	63,56	-	53,53	-	43,78	-	34,34	-	25,22
	4	1.186,41	-	106,77	-	99,86	-	93,09	-	86,49	-	80,03
	5	1.738,75	9,07	156,48	-	-	-	-	-	-	-	-
	6	1.783,00	14,33	160,47	-	-	-	-	-	-	-	-
6.213,00												
	1	1.192,75	-	107,34	-	93,64	-	80,55	-	68,06	-	56,19
	2	1.057,25	-	-	-	81,99	-	69,44	-	57,50	-	46,17
	3	711,00	-	63,99	-	53,93	-	44,17	-	34,74	-	25,58
	4	1.192,75	-	107,34	-	100,41	-	93,64	-	87,02	-	80,55
	5	1.745,58	9,88	157,10	-	-	-	-	-	-	-	-
	6	1.789,91	15,16	161,09	-	-	-	-	-	-	-	-

Menschliche Arbeit im Betrieb

Gehaltsabrechnung		
Name	Mostakis	
Vorname	Alexandrakis	
Bruttogehalt		6.189,00 €
AG-Zuschuss vermögenswirksame Leistungen		25,00 €
Sozialversicherungspflichtiges Bruttoentgelt		
Steuerfreibetrag		
Steuerpflichtiges Bruttoentgelt		
Lohnsteuer		
Kirchensteuer		
Solidaritätszuschlag		
Steuern gesamt		
Krankenversicherung		
Pflegeversicherung		
Rentenversicherung		
Arbeitslosenversicherung		
Sozialversicherung gesamt		
Nettogehalt		
Vorschuss		400,00 €
Vermögenswirksame Leistungen		50,00 €
Auszahlungsbetrag		

Menschliche Arbeit im Betrieb

3.38 Bestandteile der Lohn- und Gehaltsabrechnung

Welche der folgenden Positionen ist auf keinen Fall Bestandteil der Lohn- und Gehaltsabrechnung?

Position
1. Solidaritätszuschlag
2. Pflegeversicherung
3. Unfallversicherung
4. Rentenversicherung
5. Vermögenswirksame Leistungen

3.39 Erfassung der Lohnsteuerdaten

a) Wie heißt das Verfahren, mit dem die für die Lohnsteuerberechnung erforderlichen persönlichen Besteuerungsmerkmale der Arbeitnehmer verwaltet werden?

1. VEL
2. ELStAM
3. INTRASTAT
4. EUSt
5. ELSTER

b) Welche beiden Daten muss ein Arbeitnehmer bei Eintritt in das Dienstverhältnis seinem Arbeitgeber mitteilen, damit dieser die entsprechenden Lohnsteuerabzugsmerkmale abrufen kann?

1. Geburtsdatum und Familienstand
2. Geburtsdatum und Steuer-Identifikationsnummer
3. Familienstand und Anzahl der Kinder
4. Geburtsdatum und Anzahl der Kinder
5. Steuer-Identifikationsnummer und Familienstand

c) Bei welcher Stelle ruft der Arbeitgeber diese Merkmale ab?

1. Einwohnermeldeamt
2. Finanzamt am Wohnsitz des Arbeitnehmers
3. Finanzamt am Wohnsitz des Arbeitgebers
4. Bundeszentralamt für Steuern
5. Statistisches Bundesamt

Menschliche Arbeit im Betrieb

3.40 Lohnsteuerklassen

Welche Steuerklassen haben die folgenden Mitarbeiter der Office Experten?

Mitarbeiter	Steuerklasse
Ali Dahoud – 42 Jahre – geschieden – drei schulpflichtige Kinder leben bei ihm	
Mariana Viskovic – 33 Jahre – verheiratet – kinderlos – schwerbehindert – ihr Ehemann bezieht keinen Arbeitslohn	
Jan Frings – 15 Jahre – Ausbildung zum Fachlagerist – ledig	
Jasmin Hauser – 41 Jahre – Geschäftsführerin – verheiratet – ihr Ehemann hat die Steuerklasse IV	
Marc Rath – 36 Jahre – ledig – arbeitet in Steuerklasse I bei einem weiteren Arbeitgeber	
Hendrike Metzger – 29 Jahre – verheiratet – ihr Ehemann hat die Steuerklasse III	

3.41 Werbungskosten/Sonderausgaben

Welche **2** der unten stehenden Beträge kann Alexandrakis Mostakis bei seiner Einkommensteuererklärung als Sonderausgaben geltend machen?

Beträge

1. Ausgaben für Fachliteratur für einen Kurs zur beruflichen Weiterbildung im ausgeübten Beruf
2. Spende an das Rote Kreuz
3. gezahlte Kirchensteuer
4. Pauschale für Entfernungskilometer zwischen Wohnung und Arbeitsstelle
5. Ausgaben für Berufsbekleidung (sofern vom Arbeitgeber nicht erstattet)
6. Pauschale für Kosten der Kontoführung (Gehaltskonto)

Menschliche Arbeit im Betrieb

3.42 Leistungen der Sozialversicherungen

Zu den gesetzlichen **Sozialversicherungen** gehören die

1. Rentenversicherung
2. Krankenversicherung
3. Pflegeversicherung
4. Arbeitslosenversicherung
5. Unfallversicherung

Ordnen Sie zu, indem Sie die Kennziffern der Versicherungen in die Kästchen hinter den jeweiligen Leistungen eintragen. Tragen Sie eine **6** ein, wenn die Leistung von keiner der genannten Versicherungen übernommen wird.

Leistungen

a) Behandlungskosten nach einem selbst verschuldeten Verkehrsunfall auf dem Weg zur Arbeit

b) Rente wegen Erreichen der Altersgrenze

c) Zuschüsse für pflegebedingte Umbaumaßnahmen

d) Entbindungskosten

e) Krankengeld nach Beendigung der Entgeltfortzahlung durch den Arbeitgeber

f) Kurzarbeitergeld

g) Berufsberatung

h) Heilbehandlung nach einem Unfall in der Fußgängerzone während der Mittagspause

i) Reparaturkosten für ein bei einem Arbeitsunfall beschädigtes Smartphone

j) Winterausfallgeld

k) Kosten für Umschulungsmaßnahmen infolge struktureller Veränderungen

l) Waisenrente

m) Kosten für die stationäre Pflege

n) Kosten für Vorsorgeuntersuchungen

Menschliche Arbeit im Betrieb

3.43 Träger der Sozialversicherung

Ordnen Sie die folgenden Sozialversicherungen den jeweiligen Trägern zu.

Sozialversicherungen

1. Rentenversicherung
2. Arbeitslosenversicherung
3. Krankenversicherung
4. Unfallversicherung
5. Pflegeversicherung

Versicherungsträger

a) Pflegekasse

b) Deutsche Rentenversicherung

c) Berufsgenossenschaft

d) Bundesagentur für Arbeit (BA)

e) Ersatzkassen

3.44 Europass-Lebenslauf

Tim Becker will sich um eine Stelle im europäischen Ausland bewerben. Seine kaufmännische Ausbildung hat er erfolgreich abgeschlossen; außerdem verfügt er über weitere Talente, Erfahrungen und Fähigkeiten, die er im Rahmen des Europass-Lebenslaufs zur Geltung bringen möchte.

Ordnen Sie zu, indem Sie die Kennziffern der Kriterien in die Kästchen neben den zugehörigen Angaben eintragen.

Kriterien

1. Organisations- und Führungstalent
2. Kommunikative Fähigkeiten
3. Sprachen
4. Sonstige Fähigkeiten
5. Digitale Kompetenz

Tims Angaben

a) B2-Niveau Verstehen, Sprechen und Schreiben in Englisch

b) Souveräner Umgang mit allen Office-Anwendungen

c) Kontaktfreude und sicheres Auftreten

d) Großes Durchhaltevermögen bei der Lösung komplexer und komplizierter Aufgabenstellungen

e) Schlagzeuger in einer Band

f) Mehrjährige Erfahrung bei der Organisation von Kinder- und Jugendfreizeiten

Menschliche Arbeit im Betrieb

3.45 Gesetzlicher Mindestlohn

Welche **3** der folgenden Aussagen zum gesetzlichen Mindestlohn sind nach dem Mindestlohngesetz (MiLoG) richtig?

1. Er gilt auch für Auszubildende.
2. Er gilt auch für geringfügig Beschäftigte.
3. Der gesetzliche Mindestlohn beträgt im Jahr 2025 netto 12,82 €/Stunde.
4. Er gilt generell nicht für Jugendliche.
5. Langzeitarbeitslose können zum Zwecke der Wiedereingliederung weniger bekommen.
6. Absolventen eines Freiwilligen Sozialen Jahres sind ausgenommen.

3.46 Kündigung

Richard Meyer, 44 Jahre alt, seit über 12 Jahren als Fahrer bei den Office Experten beschäftigt, erhält am 19.03. des Jahres seine schriftliche Kündigung.

Herr Meyer ist mit der im Schreiben angegebenen Begründung nicht einverstanden. Er ist vielmehr der Ansicht, dass seine Kündigung sozial ungerechtfertigt sei.

a) Herr Meyer informiert sich über die Möglichkeiten, die ihm zur Verfügung stehen, um etwas gegen die Kündigung zu unternehmen.

   aa) Bei welcher Stelle kann Herr Meyer **Einspruch** einlegen?
   ab) Bei welcher Stelle kann Herr Meyer **Klage** erheben?

   Stellen zu aa) und ab)
   1. Amtsgericht
   2. Arbeitsgericht
   3. Industrie- und Handelskammer
   4. Sozialgericht
   5. Betriebsrat

   ac) Binnen welcher Frist muss Herr Meyer **Einspruch** einlegen?
   ad) Binnen welcher Frist muss Herr Meyer **Klage** erheben?

   Fristen zu ac) und ad)
   1. 1 Woche
   2. 2 Wochen
   3. 3 Wochen
   4. 4 Wochen
   5. 6 Wochen

3.46 Kündigung

b) Herr Meyer hat sich entschlossen, beim Arbeitsgericht Klage auf Feststellung zu erheben, um zu klären, ob das Arbeitsverhältnis durch die Kündigung aufgelöst ist.

   ba) Zu welchem Rechtsgebiet zählt die Kündigungsklage beim Arbeitsgericht?

   Rechtsgebiet
   1. Öffentliches Recht
   2. Privates Recht

   bb) Welchen Instanzenweg kann Herr Meyer gegebenenfalls einschlagen?

   Instanzenweg
   1. Arbeitsgericht, Landessozialgericht, Bundessozialgericht
   2. Arbeitsgericht, Oberlandesgericht, Bundesgerichtshof
   3. Arbeitsgericht, Landesarbeitsgericht, Bundesarbeitsgericht
   4. Arbeitsgericht, Landesarbeitsgericht, Oberlandesarbeitsgericht, Bundesarbeitsgericht
   5. Arbeitsgericht, Landesgericht, Bundesarbeitsgericht

3.47 Besonderer Kündigungsschutz

Welche **2** der unten aufgeführten Personen stehen unter einem besonderen gesetzlichen Kündigungsschutz?

Personen
1. Leiter der Personalabteilung
2. Arbeitnehmerin im Mutterschutz
3. Praktikant
4. Auszubildender während der Probezeit
5. Schwerbehinderter
6. Alexandrakis Mostakis, Prokurist der Office Experten

Menschliche Arbeit im Betrieb

3.48 Gesetzliche Kündigungsfrist

Dem seit anderthalb Jahren beschäftigten Mitarbeiter Tomas Hellström wird am 15. Januar 2025 betriebsbedingt gekündigt.

An welchem Tag endet das Arbeitsverhältnis, wenn die gesetzliche Kündigungsfrist gilt?

Datum

1. 16. Januar 2025
2. 31. Januar 2025
3. 1. Februar 2025
4. 15. Februar 2025
5. 28. Februar 2025

3.49 Qualifiziertes Zeugnis

Herr Brenninger, der mehrere Jahre als Systembetreuer für die IT-Anlagen bei den Office Experten zuständig war, möchte nach seiner Kündigung ein qualifiziertes Zeugnis über seine betriebliche Tätigkeit.

Welche der folgenden Formulierungen weist ein Arbeitszeugnis als qualifiziert aus?

Formulierungen

1. Herr Brenninger war für die Systembetreuung unserer IT-Anlage zuständig.
2. Herr Brenninger war seit dem 1. Oktober 2006 in unserem Unternehmen angestellt.
3. Herr Brenninger, geboren am 17. März 1976 in Solingen, …
4. Herr Brenninger war insbesondere mit der Einführung eines neuen Programms zur Optimierung von Reklamationen befasst …
5. Herr Brenninger hat die ihm übertragenen Aufgaben zu unserer vollen Zufriedenheit erledigt.

3.50 Compliance

Bei den Office Experten sollen Compliance-Richtlinien aufgestellt werden.

Welche **2** der folgenden Aussagen widersprechen den üblichen Compliance-Vorstellungen?

1. Mitarbeiter dürfen von Lieferanten Geschenke nur noch im Gegenwert von maximal 200 € entgegennehmen.
2. Es soll verstärkt darauf geachtet werden, dass die Lieferketten ökologische und soziale Mindeststandards erfüllen.
3. Es soll ein externer Compliance-Beauftragter bestellt werden.
4. Die Compliance-Richtlinien sollen ausschließlich für den Vertrieb gelten.
5. Aus jeder Abteilung soll zunächst nur ein Mitarbeiter an einer Online-Schulung zum Thema Compliance teilnehmen.

Menschliche Arbeit im Betrieb

Schreiben Sie die passenden Begriffe zu den nachfolgenden Umschreibungen in die Kästchen des Kreuzworträtsels. Umlaute ä, ö und ü werden als ae, oe und ue geschrieben. Von oben nach unten gelesen ergibt sich in der durch einen Pfeil markierten Senkrechten ein Lösungswort. Die **grau** gekennzeichneten Kästchen enthalten gleiche Buchstaben.

01. An der Berufsausbildung beteiligter Mitarbeiter
02. Weisungsbefugter Mitarbeiter
03. Instanz, bei der eine Kündigungsschutzklage erhoben werden kann
04. Arbeitsgesetz zum Schutz von Minderjährigen (Abkürzung)
05. Bildliche Darstellung des Zusammenhangs verschiedener Stellen und ihrer Beziehungen im Rahmen einer umfassenden Organisation
06. Von ihr hängt die Höhe der Lohnsteuer ab
07. Steuermindernde Aufwendungen zur Erhaltung und Sicherung des Arbeitsplatzes
08. Eine Trägergruppe der Kranken- und Pflegeversicherung
09. System der sozialen Absicherung von Arbeitnehmern
10. Sondersteuer für sehr hohe Einkommen, die von der Lohnsteuer berechnet wird
11. Leistung der Rentenversicherung
12. Bezeichnung für den Beschwerdezeitraum beim Betriebsrat im Kündigungsfall
13. Umfassende Vollmacht eines leitenden Angestellten
14. Abkommen zwischen Arbeitgeber und Betriebsrat
15. Vereinbarung zwischen Arbeitgeber und Arbeitnehmer
16. Aufwendungen, die ein Arbeitnehmer aus wirtschafts- und sozialpolitischen Gründen vom Gesamtbetrag seiner Einkünfte steuerlich in Abzug bringen kann
17. Träger der Unfallversicherung
18. Beendigung des Arbeitsverhältnisses
19. Gesetz, in dem besondere Rechte von Schwangeren geregelt sind (Abkürzung)
20. Urkunde, welche bei Beendigung eines Arbeitsverhältnisses ausgestellt wird
21. Vereinbarung zwischen einem Arbeitgeberverband und einer Gewerkschaft
22. Betriebliches Mitwirkungsorgan
23. Führungsstil bzw. Führungsverhalten (nicht autoritär)
24. Sie beraten Instanzen ohne weisungs- oder entscheidungsbefugt zu sein
25. Zeitraum, in dem ein Berufsausbildungsverhältnis ohne Einhaltung einer Kündigungsfrist und ohne Angabe von Gründen gekündigt werden kann

Menschliche Arbeit im Betrieb

Kreuzworträtsel Menschliche Arbeit im Betrieb:

Lösungswort

01.
02.
03.
04.
05.
06.
07.
08.
09.
10.
11.
12.
13.
14.
15.
16.
17.
18.
19.
20.
21.
22.
23.
24.
25.

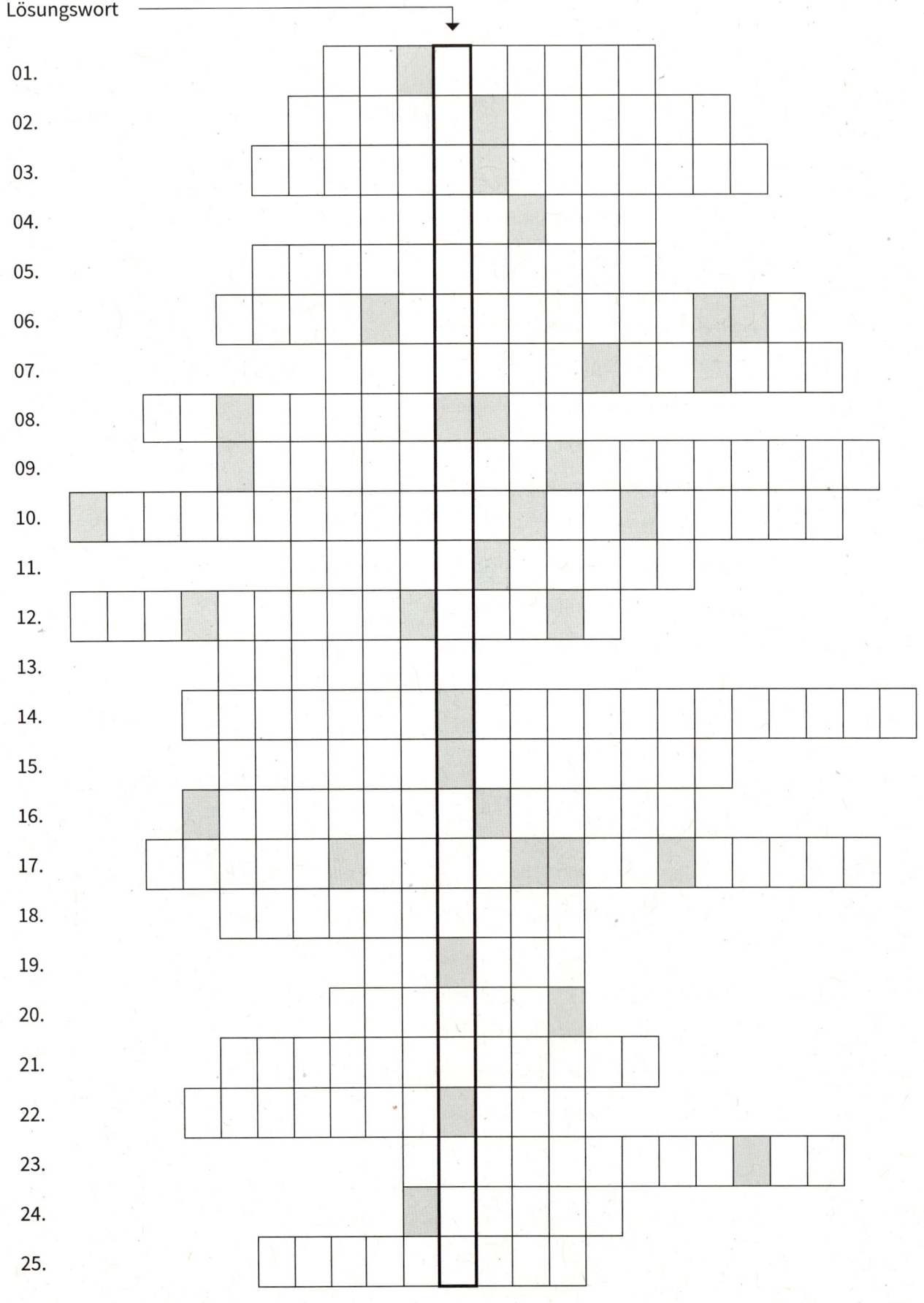

154 | A

4 Arbeitssicherheit, Gesundheits- und Umweltschutz

Notizen

Arbeitssicherheit, Gesundheits- und Umweltschutz

4.01 Ergonomie

Neben selbst hergestellten Schreibtischstühlen überlegt der Vertrieb der Office Experten, zwei besonders exklusive Modelle eines anderen Herstellers in das Handelsprogramm aufzunehmen.

Auf welche **3** der folgenden Merkmale ist dabei unter ergonomischen Gesichtspunkten besonders zu achten?

1. Ausgewogenes Preis-Leistungs-Verhältnis
2. Höhenverstellbare Rückenlehne
3. In Höhe und Breite verstellbare Armlehnen
4. Mehrjährige garantierte Ersatzteillieferung
5. Einstellbarer Anlehndruck

4.02 Gesundheitsberatung Deutsche Rentenversicherung

Ausgangssituation

Die Geschäftsleitung der Office Experten überlegt, eine kostenlose Beratung der Deutschen Rentenversicherung zur Gesundheitsförderung der Arbeitnehmer in Anspruch zu nehmen.

a) Welche **3** Eigeninteressen verfolgt die Deutsche Rentenversicherung mit diesem Angebot?

1. Verringerung der Zahl gesundheitsbedingter Frühverrentungen
2. Verringerung der Zahlungen für Lohnfortzahlung im Krankheitsfalle
3. Reduzierung der Arbeitslosenunterstützungen
4. Reduzierung der Ausgaben für Rehabilitationsmaßnahmen
5. Stabilisierung des Beitragssatzes zur gesetzlichen Rentenversicherung

b) Welche **3** Auswirkungen aus dem Beratungsgespräch erhoffen sich die Office Experten?

1. Sofortige Reduzierung des Arbeitgeberanteiles zur Rentenversicherung
2. Besser motivierte und engagierte Mitarbeiter
3. Weniger krankheitsbedingte Ausfälle
4. Erhöhung der Attraktivität als Arbeitgeber
5. Verringerung der Zahlung von Krankengeld

Arbeitssicherheit, Gesundheits- und Umweltschutz

4.02 Gesundheitsberatung Deutsche Rentenversicherung

c) Nach der Beratung plant das Unternehmen, mehrere Maßnahmen anzustoßen. Welche **2** Maßnahmen sind sinnvoll und können relativ kurzfristig auch mit einem niedrigen Budget verwirklicht werden?

1. Aufstellung eines Kickers im Pausenraum.
2. Anschaffung von wenigstens sechs verschiedenen Fitnessgeräten zur Nutzung während der Pausen und nach der Arbeit.
3. Einmal pro Woche soll ein Physiotherapeut für eine einstündige Rückengymnastik engagiert werden. Diese soll zur Hälfte während der Arbeitszeit stattfinden.
4. Anschaffung höhenverstellbarer Schreibtische für alle Mitarbeiter.
5. Einführung eines für alle Mitarbeiter verbindlichen vegetarischen Ernährungstages pro Woche.

4.03 Work-Life-Balance

Work-Life-Balance steht für ein ausgewogenes Verhältnis von Berufs- und Privatleben. Ziel ist es, die privaten Interessen der Mitarbeiter mit den Anforderungen der Arbeitswelt in ein ausgewogenes und gesundes Verhältnis zu bringen.

Welche **3** der folgenden Maßnahmen der Office Experten unterstützen dieses Ziel?

1. Rückkehr von der bestehenden gleitenden Arbeitszeit zu festgelegten täglichen Beginn- und Endzeiten.
2. In der Verwaltung sollen einige Arbeitsplätze dahingehend umgestaltet werden, dass ein Teil der Tätigkeiten im Homeoffice erledigt werden kann.
3. Für Mitarbeiter mit Kindern im Kindergartenalter oder pflegebedürftigen Angehörigen soll die Einführung verschiedener Teilzeitmodelle überprüft werden.
4. Freiwillige Erhöhung der Löhne und Gehälter um 3 %, um die erhöhten Arbeitsanforderungen zu honorieren.
5. Für die Mitarbeiter sollen Seminare zum Zeitmanagement angeboten werden.

4.04 Lebenslanges Lernen

Hendrike Metzger liest in einem Forum für Ausbilder Themenbeiträge, die mit dem Satz „Wer nicht mit der Zeit geht, geht mit der Zeit!" überschrieben sind. Welche der folgenden Aussagen passt **nicht** zu dieser Aussage?

1. In IT-Berufen ist die Hälfte des Fachwissens nach ca. 1,5 Jahren veraltet.
2. Immer weniger Beschäftigte können ihren einmal erlernten Beruf über mehrere Jahrzehnte unverändert ausüben.
3. Die Lebenszyklen insbesondere technischer Produkte werden immer kürzer.
4. Internationalisierung und Globalisierung spielen für die Office Experten keine Rolle.
5. Die Corona-Pandemie hat die Bedeutung der Anpassung an veränderte Bedingungen stark vergrößert.

Arbeitssicherheit, Gesundheits- und Umweltschutz

4.05 Arbeitsunfälle

Welche der folgenden Aussagen zu den tödlich verlaufenen Arbeits- und Wegeunfällen ist richtig (siehe unten stehende Grafik)?

1. Die Arbeits- und Wegeunfälle gehen seit 2001 jährlich zurück.
2. Gegenüber 2019 ergibt sich 2020 eine Verringerung um 21 %.
3. 2020 waren über 36 % der Unfälle Wegeunfälle.
4. Die Anzahl aller Arbeitsunfälle war 2009 und 2015 identisch.

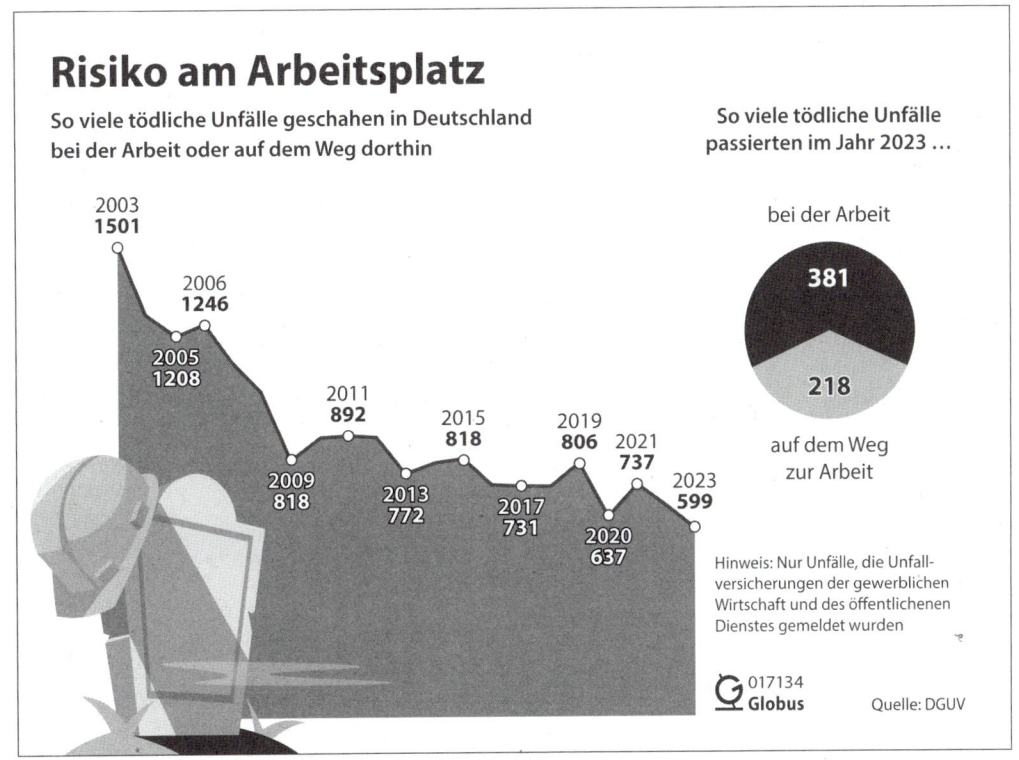

Arbeitssicherheit, Gesundheits- und Umweltschutz

4.06 Mitarbeiterschulung Unfallverhütung

Für alle im vergangenen Jahr neu eingestellten Mitarbeiter soll ein halbtägiges Seminar zum Thema Unfallverhütung durchgeführt werden. Dabei sind die folgenden Aufgaben zu erledigen.

a) Seminartermin mit Referenten vereinbaren

b) Teilnehmerunterlagen, Namensschilder usw. zusammenstellen

c) Teilnahmebestätigungen ausstellen und verteilen

d) Seminardurchführung

e) Teilnehmer einladen und Rückmeldungen erfassen

f) Raum vorbereiten

g) Inhalte mit möglichen Referenten besprechen

Bringen Sie die oben genannten Einzeltätigkeiten in eine sinnvolle Reihenfolge, indem Sie die Ziffern 1 bis 7 in die Kästchen hinter den einzelnen Aufgaben eintragen.

4.07 Unfallmeldung

Im Erste-Hilfe-Kurs lernen die Auszubildenden unter anderem bei der Meldung von Unfällen die 5 Ws zu beachten. Welcher der folgenden Punkte zählt **nicht** dazu?

1. Wo geschah es?
2. Was geschah?
3. Wer ist verantwortlich?
4. Welche Art von Verletzungen?
5. Warten auf Rückfragen!

4.08 Brandschutz

Welche der folgenden Maßnahmen gehört **nicht** zum vorbeugenden Brandschutz?

1. Im Materiallager wird eine Sprinkleranlage installiert.
2. Zwischen Materiallager und der Fertigung wird die Brandschutztür erneuert.
3. Für den Verwaltungs- und den Produktionsbereich wird je ein Defibrillator angeschafft.
4. Die in allen Gebäudeteilen vorhandenen Brandmelder werden turnusmäßig von einer Fachfirma überprüft.
5. Sämtliche Mitarbeiter in den besonders gefährdeten Bereichen nehmen regelmäßig an Brandschutzübungen teil.

Arbeitssicherheit, Gesundheits- und Umweltschutz

4.09 Verhalten im Brandfall

Beim Betreten des Versandlagers stellt Moritz Schmidt fest, dass Verpackungsmaterialien Feuer gefangen haben. Welche **2** der folgenden Aktionen sollte er keinesfalls durchführen?

1. Er schließt sofort ein offenes Fenster und die Tür zu einem Nebenraum.
2. Er öffnet ein zweites Fenster, damit der Rauch besser abziehen kann.
3. Er holt seinen Rucksack aus der hinteren Ecke des Lagers, in dem sich sein hochwertiges Smartphone befindet.
4. Er warnt seine Kollegen durch lautes Rufen.
5. Er schließt die Tür zum Lager, nachdem er sich sicher ist, dass sich kein weiterer Mitarbeiter im Raum aufhält.
6. Er meldet den Brand durch Wahl der Notrufnummer 112.
7. Er schlägt den nächstgelegenen Feuermelder ein und drückt den Meldeknopf.

4.10 Zuständigkeiten beim Arbeitsschutz

Viele Personen/Institutionen sind in den Arbeits- und Gesundheitsschutz bei den Office Experten eingebunden.

Ordnen Sie den unten stehenden Beschreibungen die folgenden Institutionen/Personen zu.

1. Gewerbeaufsichtsämter/Ämter für Arbeitsschutz
2. Berufsgenossenschaften
3. Sicherheitsbeauftragte
4. Betriebsärzte
5. Arbeitgeber
6. Arbeitnehmer

a) .... beraten die Unternehmen bei der Verbesserung der Gesundheitsfürsorge und der Verhütung und Behandlung von Berufskrankheiten.

b) Die .... überwachen die Einhaltung von Bestimmungen z. B. nach dem Jugendarbeitsschutzgesetz und dem Mutterschutzgesetz.

c) Die .... sind die Gesamtverantwortlichen für den Gesundheitsschutz im Betrieb.

d) Die .... als Träger der gesetzlichen Unfallversicherung warnen durch Vorträge, Filme etc. vor Gefahren und verpflichten die Unternehmer zur Einführung von Schutzmaßnahmen.

e) .... müssen in Unternehmen mit regelmäßig mehr als 20 Beschäftigten vom Unternehmer bestellt werden.

f) .... müssen das Aushängen der Unfallverhütungsvorschriften sicherstellen.

g) Die .... überprüfen regelmäßig die Erste-Hilfe-Ausstattungen.

h) Die .... müssen Schutzbrillen, Schutzhelme etc. bei bestimmten Arbeiten tragen.

Arbeitssicherheit, Gesundheits- und Umweltschutz

4.11 Sicherheitszeichen

Bei den Sicherheitszeichen unterscheidet man

1. Verbotszeichen
2. Warnzeichen
3. Brandschutzzeichen
4. Gebotszeichen
5. Rettungszeichen

Ordnen Sie zu, indem Sie die Kennziffer des jeweils zutreffenden Zeichens in die Kästchen unter den Abbildungen eintragen.

a)  b)  c)  d)  e)

4.12 Sicherheitszeichen

Beispiele für Sicherheitszeichen

Abbildung 1

Abbildung 2

Abbildung 3

Ordnen Sie den nebenstehenden Abbildungen die jeweils richtige Kennziffer der folgenden Verhaltensweisen bzw. Warnungen zu.

Verhaltensweisen/Warnungen

1. Warnung vor Gewitter
2. Zutritt für Unbefugte verboten
3. Warnung vor giftigen Stoffen
4. Warnung vor explosiven Stoffen
5. Kein Trinkwasser
6. Gehörschutz tragen
7. Warnung vor elektrischer Spannung
8. Augenschutz tragen
9. Warnung vor schwebender Last

Sicherheitszeichen

a) Abbildung 1
b) Abbildung 2
c) Abbildung 3

Arbeitssicherheit, Gesundheits- und Umweltschutz

4.13 Arbeitsschutzgesetze

Die Office Experten wollen ihre Computerarbeitsplätze nach EG-Normen ausrichten.

Welches Gesetz bzw. welche Verordnung bietet dafür die Grundlage?

Gesetze und Verordnungen

1. Arbeitsstoffverordnung
2. Arbeitsstättenverordnung
3. Arbeitsschutzgesetz
4. Maschinenschutzgesetz
5. Beschäftigtenschutzgesetz

4.14 Duales System

Ausbilderin Hendrike Metzger und die Auszubildende Jennifer Mey unterhalten sich über das „Duale System".

Welche der folgenden Aussagen ist **nicht** richtig?

Aussagen

1. Das Duale System ist eine privatwirtschaftliche Initiative, die die Produktverantwortung im Bereich der Verkaufsverpackungen wahrnimmt.
2. Das Duale System bezeichnet die an den Lernorten „Betrieb" und „Schule" stattfindende Berufsausbildung.
3. Das Duale System steht für die Teilung der Beiträge zur Sozialversicherung zwischen Arbeitgeber (50 %) und Arbeitnehmer (50 %).
4. Die rechtliche Grundlage für das Duale System ist das Verpackungsgesetz (vormals Verpackungsverordnung).
5. Das Duale System bezieht sich auf Mülltrennung sowie Sammlung und Verwertung von Verpackungsabfällen.

Arbeitssicherheit, Gesundheits- und Umweltschutz

4.15 Kreislaufwirtschaftsgesetz

Im Kreislaufwirtschaftsgesetz (KrWG) sind Grundsätze der Abfallvermeidung und Abfallbewirtschaftung festgelegt. Dabei werden im Gesetz die folgendenden Maßnahmen genannt.

a) Beseitigung

b) Vermeidung

c) Recycling

d) Sonstige Verwertung, insbesondere energetische Verwertung und Verfüllung

e) Vorbereitung zur Wiederverwendung

Bringen Sie die oben genannten Punkte unter **Umweltgesichtspunkten** in eine Reihenfolge, indem Sie die Ziffern 1 bis 5 in die Kästchen hinter den einzelnen Maßnahmen eintragen. Beginnen Sie mit der **sinnvollsten** Maßnahme.

4.16 Abfallbewirtschaftung

Die Abfallbewirtschaftung der Office Experten unterscheidet:

1. Abfallvermeidung
2. Abfallverminderung
3. Abfallumwandlung
4. Abfallentsorgung

Ordnen Sie zu, indem Sie die Kennziffern der zutreffenden Maßnahmen in die Kästchen hinter den Beispielen eintragen.

Beispiele

a) Die Schutzverpackungen bezogener Hölzer und Aluminiumprofile werden von einem Recyclingunternehmen abgeholt.

b) Durch eine für höhere Stabilität sorgende Falttechnik können die Verkaufsverpackungen mit geringerem Materialeinsatz hergestellt werden.

c) Bei der Lackierung anfallende Lackreste werden als Sondermüll bei den Städtischen Entsorgungsbetrieben abgeliefert.

d) Bei der Anlieferung neuer Tür- und Möbelschlösser in Metallboxen nimmt der Lieferant die leeren Boxen von der drei Wochen zurückliegenden Lieferung wieder mit.

e) Die leeren Tonerkartuschen der Laserdrucker werden in einer Box gesammelt, die regelmäßig von einem Spezialbetrieb zur Neubefüllung von Patronen und Kartuschen abgeholt wird.

f) Untersuchungen haben ergeben, dass die Verwendung dünnerer Schutzfolien nicht zu Lasten des Schutzes vor Transportschäden gehen.

Arbeitssicherheit, Gesundheits- und Umweltschutz

4.17 Einkauf und Umweltbelastung

Auch der Einkauf soll zukünftig verstärkt auf die Vermeidung oder Verringerung von Abfallstoffen und betriebsbedingten Umweltbelastungen achten.

Welche **2** der folgenden Maßnahmen dienen der Erreichung dieses Zieles?

1. In enger Abstimmung mit der Produktion werden soweit möglich recyclingfähige und umweltverträgliche Materialien bestellt.
2. Zukünftig soll in der Produktion auf die Langlebigkeit der Produkte besonderer Wert gelegt werden.
3. Ein Institut wird damit beauftragt, die betrieblichen Stoff- und Abfallströme festzustellen und aufzulisten.
4. Durch Zusammenfassung von Auslieferungen soll der Anteil der „Leerfahrten" um 30 % reduziert werden.
5. Die Beschaffung von Rohstoffen soll so weit wie möglich bei Lieferanten vor Ort erfolgen.

4.18 Energieverbrauch

Die Office Experten suchen im ganzen Unternehmen nach Möglichkeiten, den Energieverbrauch als eine der Hauptursachen für Umweltbelastungen zu senken.

Welche der folgenden Maßnahmen dient **nicht** der Erreichung dieses Zieles?

1. Nach und nach sollen möglichst viele herkömmliche Lampen gegen LEDs ausgetauscht werden.
2. Wichtigen Großhändlern wird für Teile des Produktionsprogrammes eine Lieferung innerhalb von zwei Arbeitstagen zugesagt, anstelle der wöchentlichen Belieferung.
3. Auslieferungsfahrer und Mitarbeiter im Außendienst sollen an einem Seminar teilnehmen, in dem die Fahrweise im Hinblick auf die Senkung des Kraftstoffverbrauches verbessert wird.
4. Die Gebäude sollen in den nächsten Jahren schrittweise wärmegedämmt werden.
5. Geräte mit Standby-Modus werden, soweit möglich, nachts und am Wochenende komplett vom Netz genommen.

Arbeitssicherheit, Gesundheits- und Umweltschutz

4.19 Umweltlabel

Welche **2** der folgenden Labels werden **nicht** auf den im Versand der Office Experten verwendeten Verpackungs- und Schutzmaterialien zu finden sein?

1.
2.
3.
4.
5.

4.20 Vermeidung von Umweltbelastungen

Welche der folgenden Maßnahmen der Office Experten dient **nicht** der Vermeidung oder Verringerung betriebsbedingter Umweltbelastungen?

1. Ernennung des Produktionsleiters zum Umweltbeauftragten.
2. Die aus recyceltem Papier hergestellten Verpackungen für Einlegeböden werden zukünftig nicht mehr aus dem Sauerland bezogen sondern von einem deutlich preisgünstigeren Lieferanten aus Österreich.
3. Die fällige Sanierung des Daches wird zum Anlass genommen, eine Solaranlage zur Stromerzeugung zu installieren.
4. Auf die zusätzliche Verpackung von mehreren Tütchen mit Befestigungsmaterial in einem Pappkarton soll zukünftig verzichtet werden.
5. Durch die Verwendung eines robusteren Bezugsstoffes wird sich die mögliche Nutzungsdauer der Konferenzstühle voraussichtlich verdoppeln.

4.21 Treibhausgas

Welche der folgenden Aussagen zu den schädlichen Treibhausgas-Emissionen ist **falsch** (siehe Grafik)?

1. Um das Klimaziel zu erreichen, muss die CO_2-Verursachung pro Kopf um mehr als 90 % reduziert werden.
2. Etwa 1,56 t CO_2 pro Kopf werden durch die Ernährung hervorgerufen.
3. Mehr als 2/3 der CO_2-Emissionen werden durch die Bereiche Konsum, Mobilität und Wohnen verursacht.
4. Die Industrie verursacht keine Treibhausgase.

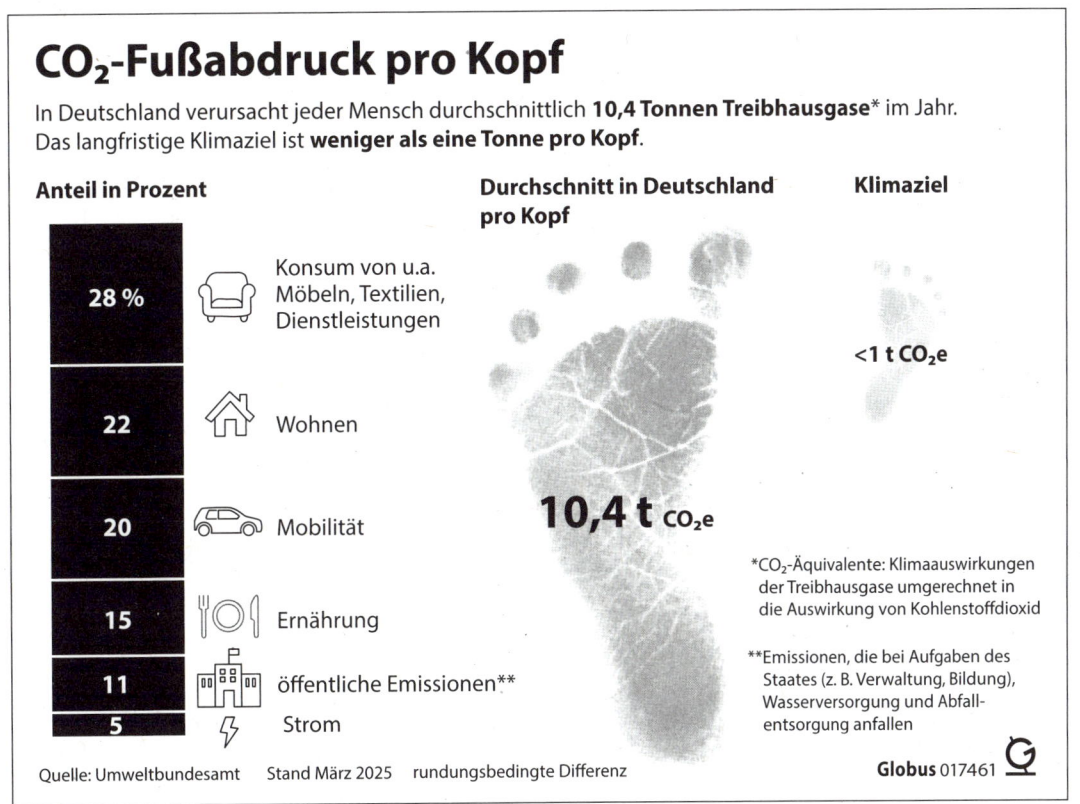

Arbeitssicherheit, Gesundheits- und Umweltschutz

4.22 Klimawandel

Die Durchschnittstemperaturen sind in Folge des Klimawandels in den letzten Jahrzehnten weltweit angestiegen. Dies wird sich voraussichtlich weiter fortsetzen.

Ordnen Sie die Begriffe

1. Ursache
2. Folge
3. Gegenmaßnahme

den nachstehenden Entwicklungen und Veränderungen zu, indem Sie die Kennziffern der Begriffe in die Kästchen neben den Beispielen eintragen.

Beispiele

a) Abschmelzen der Polkappen und Gletscher

b) Vermehrtes Recycling

c) Erhöhter Einsatz regenerativer Energien

d) Reduzierung insbesondere des Verbrauches fossil gewonnener Energien

e) Abholzung von Wäldern

f) Zunehmende Wüstenbildung

g) Steigender Verbrauch fossiler Brennstoffe wie Erdöl und Erdgas

h) Intensivierung der Viehzucht zur Fleischproduktion

i) Anstieg der Anzahl und Stärke von Unwettern

j) Verlängerung der Lebensdauer von Produkten

k) Kauf regionaler Produkte

Arbeitssicherheit, Gesundheits- und Umweltschutz

4.23 Nachhaltigkeit

Mit Unterstützung einer externen Beratungsgesellschaft wollen die Office Experten in den nächsten Jahren das Thema Nachhaltigkeit forcieren und verstärkt in ihre Außendarstellung einbringen.

In welchen **4** der folgenden Fälle werden die gängigen Nachhaltigkeitskriterien erfüllt?

1. Zur Verbesserung der Wettbewerbsfähigkeit soll zu einen kostengünstigeren Stromanbieter gewechselt werden, der seine Kraftwerke überwiegend mit Kohle betreibt.
2. Die Antriebe für höhenverstellbare Schreibtische sollen zukünftig von einem Lieferanten aus dem 70 km entfernten Gummersbach bezogen werden und nicht mehr aus Taiwan.
3. In den zwei Mitarbeiterküchen soll, wo immer es unter Hygienegesichtspunkten möglich ist, auf Einweggeschirr und Einwegverpackungen verzichtet werden.
4. Beim anstehenden Ersatz einer Fräsmaschine sollen bewusst Maschinen mit einem geringeren Energieverbrauch in die engere Auswahl einbezogen werden, auch wenn sie in der Anschaffung teurer sein sollten.
5. Um die Personalkosten zu senken, sollen verstärkt gering qualifizierte Mitarbeiter mit Zeitarbeitsverträgen eingestellt werden.
6. Die Anschaffung von E-Bikes durch die Mitarbeiter soll finanziell unterstützt und auf dem Betriebsgelände ein abschließbarer Container mit Lademöglichkeit aufgestellt werden.
7. Um mehr Geld für Energiesparmaßnahmen zur Verfügung zu haben, soll der Etat für die Weiterbildung halbiert werden.

Arbeitssicherheit, Gesundheits- und Umweltschutz

Schreiben Sie die passenden Begriffe zu den nachfolgenden Umschreibungen in die Kästchen des Kreuzworträtsels. Umlaute ä, ö und ü werden als ae, oe und ue geschrieben. Von oben nach unten gelesen ergibt sich in der durch einen Pfeil markierten Senkrechten ein Lösungswort. Die **grau** gekennzeichneten Kästchen enthalten gleiche Buchstaben.

01. Meldet sich beim Wählen der Telefonnummer 112

02. Rückführung von Produktions- und Konsumabfällen in den Wirtschaftskreislauf

03. Stoffe oder Gemische, die für Mensch oder Umwelt gefährlich sein können oder schädigende Wirkung haben

04. Sprinkleranlagen dienen dem vorbeugenden............

05. Sie müssen bei bestimmten Arbeiten zur Vermeidung von Augenverletzungen getragen werden

06. Sie müssen unbedingt freigehalten werden

07. Sie zahlt Altersruhegeld spätestens mit Vollendung des 67. Lebensjahres

08. Ausgewogenes Verhältnis von Berufs- und Privatleben (drei durch Bindestrich getrennte Worte)

09. Wissenschaft von der Anpassung der Arbeitsbedingungen an den Menschen

10. Der Buchstabe S im auf vielen Elektrogeräten zu findenden GS-Zeichen steht für............

11. Sie sind neben den Arbeitsunfällen auch durch die gesetzliche Unfallversicherung versichert

12. Von Industrie, Handwerk, Handel und Entsorgern privatwirtschaftlich geschaffenes flächendeckendes Wertstoff-Sammelsystem (zwei durch Leerzeichen getrennte Worte)

13. Bei rot umrandeten runden Sicherheitszeichen mit einem diagonal verlaufenen roten Strich handelt sich um............

14. Jugendliche müssen sie nach spätestens 4 ½ Stunden machen

15. Damit wird erneuerbare Energie gewonnen

16. Wird im Anschluss an die Lohnfortzahlung im Krankheitsfalle gezahlt

Arbeitssicherheit, Gesundheits- und Umweltschutz

Kreuzworträtsel Arbeitssicherheit, Gesundheits- und Umweltschutz:

Lösungswort

01.
02.
03.
04.
05.
06.
07.
08.
09.
10.
11.
12.
13.
14.
15.
16.

Notizen

Wirtschaftsordnung und Wirtschaftspolitik

Notizen

Wirtschaftsordnung und Wirtschaftspolitik

5.01 Sektoren der Wirtschaft

In der Volkswirtschaftslehre wird die Wirtschaft meist in drei Bereiche, die **Sektoren** genannt werden, aufgeteilt.

1. Primärer Sektor
2. Sekundärer Sektor
3. Tertiärer Sektor

Ordnen Sie zu, indem Sie die Kennziffern der richtigen Sektoren in die Kästchen hinter den entsprechenden Unternehmen eintragen.

Unternehmen

a) Bank

b) Unternehmensberater

c) Büromöbelhersteller

d) Übersetzungsbüro

e) Automobilhersteller

f) Braunkohlebergbaubetrieb

g) Getreidebauer

h) Fußballverein der 1. Bundesliga

i) Kino

j) Kiosk

Wirtschaftsordnung und Wirtschaftspolitik

5.02 Sektoren der Wirtschaft

In einer überregionalen Tageszeitung finden Sie folgenden **Artikel zur Energiewirtschaft** (Auszug):

Zeilen

01	… so sind es der blowout auf der Explorations-Ölbohrplattform *deepwater*
02	*horizon* im Golf von Mexiko (April 2010) oder die Katastrophe von *Fukushima*
03	von 2011, bei der eine Kernschmelze und Explosion in einem Kernkraftwerk
04	die Welt aufschreckte.
05	Der Weg zu erneuerbaren Energien ist – global gesehen – ein zeitraubender
06	und noch mehrere Generationen dauernder Lernprozess, der eine starke
07	politische Willensbildung und Umsetzung verlangt. Windparks in Wüsten
08	oder auf hoher See sowie die Herstellung von LED-Leuchten sind ein
09	hoffnungsvoller Anfang für die Abkehr von traditioneller Energiewirtschaft.
10	Auch ist die Produktion von Elektromobilen ein richtiger Weg. Fahrzeuge,
11	die über einen Hybridantrieb verfügen, können nur als „Übergang" in eine
12	noch weiter zu entwickelnde Technologie gesehen werden. Hierbei muss in
13	marktwirtschaftlich ausgerichteten Staaten die Konsumnachfrage über den
14	Automobileinzelhandel langfristig die Produktion umweltfreundlicher PKW
15	motivieren und steuern. (…)"

Nennen Sie die **Zeilen** des Artikels, in denen

a) konkrete Stätten der **Urerzeugung** aufgeführt werden,

b) Tätigkeiten von Betrieben des **sekundären Sektors** genannt werden,

c) ein konkreter „Vertreter" des **tertiären Sektors** erwähnt wird.

Wirtschaftsordnung und Wirtschaftspolitik

5.03 Wirtschaftszweige

Teil I

Das Statistische Bundesamt unterscheidet folgende (hier teilweise zusammengefasste) **Wirtschaftszweige**.

1. Land- und Forstwirtschaft, Bergbau, Energiewirtschaft
2. Verarbeitende Industrie und Handwerk
3. Handel
4. Verkehrswirtschaft
5. Informations- und Kommunikationswirtschaft
6. Finanz- und Versicherungswirtschaft
7. Sonstige Dienstleistungsbetriebe

Ordnen Sie zu, indem Sie die Kennziffern der richtigen Wirtschaftszweige in die Kästchen hinter der entsprechenden Art der Leistungserstellung eintragen.

Leistungserstellung

a) Rohstoffbe- und verarbeitung

b) Beratung eines Unternehmens, Erbringung von sozialen Diensten, Weiterbildung

c) Sammlung und Verteilung von Wirtschaftsgütern

d) Erstellung und Vertrieb von Informations- und Kulturangeboten

e) Rohstoff- und Energiegewinnung

f) Abwicklung des Zahlungs- und Kreditverkehrs sowie Risikoübernahme durch Versicherungen

g) Beförderung von Personen und Wirtschaftsgütern

Wirtschaftsordnung und Wirtschaftspolitik

5.03 Wirtschaftszweige

Teil II

Noch stärker zusammengefasst werden

1. Industriebetriebe
2. Handelsbetriebe
3. Handwerksbetriebe
4. Dienstleistungsbetriebe

unterschieden.

Ordnen Sie zu, indem Sie die Kennziffern der zutreffenden Betriebsart in die Kästchen hinter den entsprechenden Unternehmensbeschreibungen eintragen.

a) Güter und Leistungen werden meist in kleinen Mengen bei einem niedrigen Automatisierungsgrad erstellt. Die Leistung wird in der Regel individuell nach den Wünschen des Kunden erbracht.

b) Meist nicht lagerfähige immaterielle Produkte werden in der Regel in enger Zusammenarbeit zwischen Kunde und Produzent erstellt.

c) Güter werden eingekauft und unverändert weiterverkauft.

d) Güter werden meist unter hohem Maschinen- und Kapitaleinsatz, häufig in großen Mengen für den anonymen Markt produziert.

5.04 Arbeitslosigkeit

Die Bundesagentur für Arbeit unterscheidet nach der Ursache der Arbeitslosigkeit

1. Saisonale Arbeitslosigkeit
2. Friktionelle Arbeitslosigkeit
3. Konjunkturelle Arbeitslosigkeit
4. Strukturelle Arbeitslosigkeit
5. Technologische Arbeitslosigkeit.

Ergänzen Sie die folgenden Sätze, indem Sie die Kennziffern der zutreffenden Arbeitslosigkeit in die Kästchen hinter den entsprechenden Beschreibungen eintragen.

a) … liegt vor, wenn Arbeitnehmer einen Arbeitsplatz aufgeben mussten, vorübergehend aber noch keine andere neue Arbeit gefunden haben.

b) … ist durch die allgemeine zyklische Entwicklung der Wirtschaft begründet.

c) … ist zum Beispiel durch Krisen im Bergbau oder der Stahlindustrie begründet.

Wirtschaftsordnung und Wirtschaftspolitik

5.05 Wirtschaftsordnungen

Die Gestaltungsmöglichkeiten der Wirtschaftsplanung lassen sich durch die idealtypischen

Wirtschaftsordnungen

1. Freie Marktwirtschaft
2. Zentralverwaltungswirtschaft
3. Soziale Marktwirtschaft

darstellen. Im Folgenden werden mehrere Aussagen zu diesen Wirtschaftsordnungen getroffen.

Ordnen Sie zu, indem Sie die Kennziffern der richtigen Wirtschaftsordnungen in die Kästchen hinter den entsprechenden Aussagen eintragen.

Aussagen

a) Alle Güter und Leistungen werden in der Menge und Qualität nach zeitlichem und örtlichem Bedarf geplant.

b) Es existiert ein uneingeschränkter Freihandel, d. h. es bleibt den Unternehmen und Haushalten überlassen, ob und wie viel sie importieren oder exportieren wollen.

c) Der Staat greift überhaupt nicht in das Wirtschaftsgeschehen ein.

d) Die Märkte steuern ausschließlich die Verteilung des Bruttoinlandsproduktes.

e) Durch notenbankpolitische Instrumentarien soll der Wirtschaftsablauf in der gewünschten Richtung beeinflusst werden können.

f) Weder Privateigentum noch Vertragsfreiheit, weder Produktions- noch Konsumfreiheit existieren bzw. werden geduldet.

g) Der Staat garantiert absolute Produktions-, Konsum- und Gewerbefreiheit.

h) Der Grundsatz der Gewerbefreiheit wird für bestimmte Gewerbezweige im Interesse der Allgemeinheit eingeschränkt.

i) Die Vertragsfreiheit ist z. B. durch wettbewerbsordnende Gesetze eingeschränkt (Kartellgesetzgebung).

j) Die Funktionen des Geldes sind größtenteils außer Kraft gesetzt; es dient vorrangig als Rechnungseinheit.

Wirtschaftsordnung und Wirtschaftspolitik

5.06 Kooperation und Konzentration

In der Wirtschaft gibt es verschiedene Formen der Marktkonzentration, von denen einige im Folgenden aufgeführt sind.

Ordnen Sie zu, indem Sie die Kennziffern der richtigen Konzentrationsformen in die Kästchen hinter den entsprechenden Aussagen eintragen.

Konzentrationsformen

1. Konsortium
2. Konzern
3. Trust
4. Kartell
5. Holding
6. Franchising
7. Unternehmensverband

Aussagen

a) Vertraglicher Zusammenschluss von Unternehmen gleicher Art, die rechtlich selbstständig bleiben und nur einen Teil ihrer wirtschaftlichen Selbstständigkeit aufgeben.

b) Zusammenschluss rechtlich selbstständiger Unternehmen, die unter einheitlicher Leitung auf ihre wirtschaftliche Unabhängigkeit verzichten.

c) Zum Zwecke der Marktbeherrschung kauft ein finanzstarkes Unternehmen ein anderes finanzschwaches Unternehmen auf. Die Firma des aufgekauften Unternehmens wird gelöscht.

d) Gründung einer neuen Gesellschaft, auf die die Vermögensteile der fusionierenden Unternehmen übertragen werden. Alle übertragenden Unternehmen erlöschen.

e) Für einen Großauftrag gründen mehrere Unternehmen vorübergehend eine gemeinsame Gesellschaft.

f) Verschiedene Unternehmen gründen eine gemeinsame Interessenvertretung.

g) Die beiden rechtlich selbstständigen Vertragspartner vereinbaren, dass der eine Vertragspartner das Recht hat, bestimmte Waren oder Dienstleistungen unter Verwendung des Namens und Warenzeichens des anderen Vertragspartners anzubieten.

h) Gründung einer Dachgesellschaft, die, ohne selbst zu produzieren, nur die Anteile der zusammengeschlossenen Unternehmen verwaltet.

i) Mehrere Einzelhändler organisieren den gemeinsamen Einkauf ihrer Produkte.

5.07 Kooperation und Konzentration

Je nach Art und „Richtung" des Zusammenschlusses von Unternehmen spricht man von

1. horizontaler
2. vertikaler
3. diagonaler (lateraler/anorganischer/konglomerater)

Konzentration.

Ordnen Sie zu, indem Sie die Kennziffern der oben aufgeführten Konzentrationsrichtungen in die Kästchen neben den folgenden Beispielen eintragen.

Beispiele

a) Mehrere Warenhäuser betreibende Unternehmen schließen sich zusammen, um Synergieeffekte ausnutzen zu können.

b) Zum Zwecke der Risikostreuung betreibt ein Hersteller von Computerzubehörteilen den Zukauf von Firmen der Süßwarenindustrie, der Automobilzulieferung sowie der Logisitikdienstleistung.

c) Konkurrierende Möbelhäuser einer Region fusionieren, um durch Kostensenkungen günstigere Marktpreise bilden zu können.

d) Um von Vor- und Zulieferern unabhängig zu werden, schließen sich ein Walzwerk, ein Karosseriebauer und ein Kfz-Montagebetrieb zusammen.

e) Ein Großbauer, der neben der Rinderhaltung auch Schweinezucht betreibt, einigt sich mit einem Schlachthofbetreiber und Fleischereibesitzer über die Zusammenlegung ihrer Betriebe und den Erwerb zweier Feinschmeckerrestaurants im Umland.

Wirtschaftsordnung und Wirtschaftspolitik

5.08 Wettbewerbsgesetze

Zur Regelung des Wettbewerbs in der Sozialen Marktwirtschaft der Bundesrepublik Deutschland gibt es bedeutsame

Gesetze

1. Gesetz gegen den unlauteren Wettbewerb (UWG)
2. Gesetz gegen Wettbewerbsbeschränkungen (GWB)

Ordnen Sie zu, indem Sie die Kennziffern der richtigen Gesetze in die Kästchen hinter den entsprechenden Beispielen eintragen.

Beispiele

a) Verrat von Geschäftsgeheimnissen

b) Preisabsprachen bei einer öffentlichen Ausschreibung

c) Verschiedene Hersteller schließen einen Vertrag zur einheitlichen Regelung der Lieferungs- und Zahlungsbedingungen, ohne die Aufsichtsbehörde davon in Kenntnis zu setzen.

d) Unwahre und irreführende Angaben über die eigenen geschäftlichen Verhältnisse

e) Missbrauch fremder Namen, Firmen oder Warenzeichen

f) Bestechung von fremden Angestellten durch Geschenke oder Schmiergelder, um sich eigene Vorteile zu verschaffen

g) Ein Rabattkartell wird trotz der Untersagung der Kartellbehörde fortgeführt.

h) Missbrauch von Marktmacht

5.09 Markteingriffe des Staates

In der sozialen Marktwirtschaft sollen höchstmögliche wettbewerbspolitische Freiheitsgrade mit sozialem Fortschritt unter Vermeidung sozialer Härten verbunden werden. Der Staat kann mit bestimmten Mitteln in den Prozess der sozialen Marktwirtschaft eingreifen. Je nachdem, ob diese Mittel marktgerecht oder marktwidrig sind, spricht man von marktkonformen Maßnahmen oder marktinkonformen Maßnahmen.

Bei welchen **5** Beispielen nachfolgend genannter staatlicher Markteingriffe handelt es sich um **marktinkonforme Maßnahmen?**

1. Höchst- und Mindestpreise
2. Devisenkontrolle
3. Subventionen
4. Investitionslenkung
5. Steuererhöhung
6. Abschreibungsvergünstigung
7. Wohngeld
8. Mietenstopp
9. Preisbremse für Gas

5.10 Entscheidungsträger der Wirtschaft

Das wirtschaftliche Geschehen eines Staates kann von folgenden Entscheidungsträgern aktiv gestaltet werden.

Entscheidungsträger

1. Legislative
2. Exekutive
3. Zentralbank
4. Tarifpartner

Ordnen Sie zu, indem Sie die Kennziffern der Entscheidungsträger in die Kästchen neben den Aktionen und Interventionen eintragen.

Aktionen und Interventionen

a) Der Bundesminister für Finanzen erlässt eine neue Einkommensteuerdurchführungsverordnung (EStDV). ☐

b) Die Arbeitslöhne eines Wirtschaftzweiges werden durch Gesamtvereinbarung um 2 % erhöht. ☐

c) Die umlaufende Geldmenge (Euro-Banknoten) wird durch Einsatz geld- und kreditpolitischer Instrumentarien verringert. ☐

d) Das Umsatzsteuergesetz (UStG) wird in wesentlichen Punkten geändert und verabschiedet. ☐

e) Der sog. Ecklohn eines Beschäftigten einer bestimmten Ortsklasse wird der aktuellen Wirtschaftsentwicklung angepasst. ☐

5.11 Wirtschaftskreislauf

Das folgende Modell zeigt Geldströme in einer geschlossenen Volkswirtschaft (3-Sektoren-Modell):

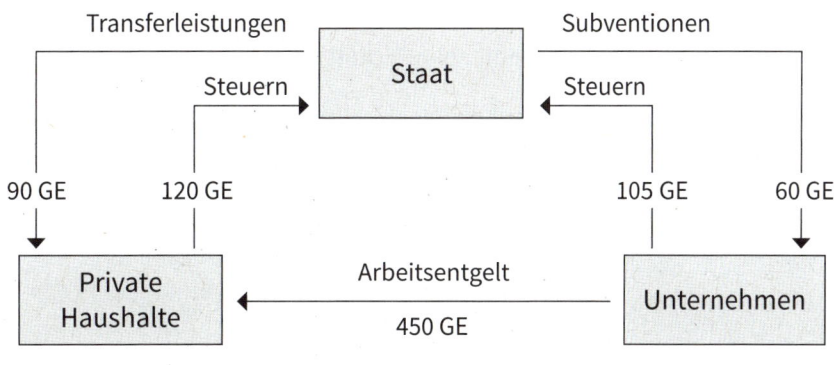

GE = Geldeinheiten

a) Ermitteln Sie das verfügbare Einkommen der Privaten Haushalte.
b) Um wie viel Prozent übersteigt das Steueraufkommen die staatlichen Zuwendungen?

Wirtschaftsordnung und Wirtschaftspolitik

5.12 Erweiterter Wirtschaftskreislauf

Folgender erweiterter Wirtschaftskreislauf (5-Sektoren-Modell) ist gegeben:

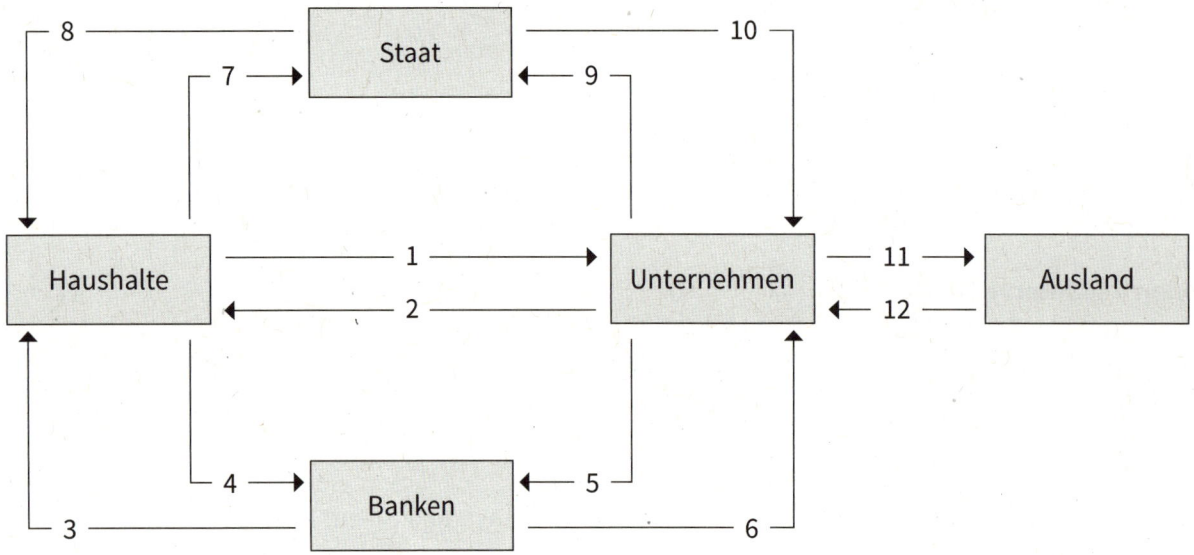

Ordnen Sie die Beziehungspfeile zwischen den Sektoren der vorstehenden Skizze folgenden möglichen Geldströmen zu. Tragen Sie die Ziffer des jeweiligen Beziehungspfeils in die Kästchen hinter dem Geldstrom ein. Übertragen Sie anschließend die Kennziffern in dieser Reihenfolge von links nach rechts in den Lösungsbogen.

Geldströme

a) Eine Auszubildende lädt eine kostenpflichtige App auf ihr Smartphone.

b) Der Staat unterstützt die Fassadendämmung eines Einfamilienhauses.

c) Der Bund bezahlt die Sanierung einer maroden Autobahnbrücke.

d) Ein schwedischer Geschäftsreisender bezahlt seine Hotelrechnung in Köln.

e) Ein Angestellter tilgt den Kredit für den Kauf seines Privatwagens.

f) Ein Unternehmen nimmt ein Darlehen für eine Betriebserweiterung auf.

g) Bezahlung des bezogenen Rohöls an den norwegischen Lieferanten.

h) Zinszahlung für einen der Firma eingeräumten Überziehungskredit.

i) Ein Mitarbeiter bekommt eine Erfolgsbeteiligung von seinem Arbeitgeber.

j) Die Geschäftsführerin einer GmbH überweist ihre Einkommensteuernachzahlung.

k) Der Unternehmer überweist die Umsatzsteuerzahllast.

l) Zahlung von Tagesgeldzinsen an einen Privatkunden.

Wirtschaftsordnung und Wirtschaftspolitik

5.13 Volkswirtschaftliche Gesamtrechnung

Das Bruttoinlandsprodukt kann durch drei verschiedene Verfahren berechnet werden:

Rechnungsverfahren

1. Entstehungsrechnung
2. Verwendungsrechnung
3. Verteilungsrechnung

Ordnen Sie zu, indem Sie die Kennziffern der Rechnungsverfahren in die Kästchen neben den Rechnungsgrößen eintragen.

Rechnungsgrößen

a) Einkommen aus Unternehmertätigkeit und Vermögen

b) Wertschöpfungen im Wirtschaftsbereich Handel und Verkehr

c) Wertschöpfungen im warenproduzierenden Gewerbe

d) Bruttolöhne und Lohnnebenkosten

e) Private und staatliche Konsumausgaben

f) Wertschöpfungen in öffentlichen und privaten Haushalten

g) Betriebliche Abschreibungen

h) Betriebliche Investitionen

Wirtschaftsordnung und Wirtschaftspolitik

5.14 Volkswirtschaftliche Gesamtrechnung

Folgende Werte aus der Verwendungsrechnung des Bruttoinlandproduktes eines Staates liegen vor (Auszug):

- Importe 392,20 Mrd. €
- Exporte 332,90 Mrd. €
- Bruttoinvestitionen 166,45 Mrd. €
- Privatkonsum 998,70 Mrd. €
- Staatskonsum 199,74 Mrd. €

Welche **2** der folgenden Aussagen treffen zu?

Aussagen

1. Der Außenbeitrag beträgt exakt ⅓ der Ausgaben für Privatkonsum.
2. Der Außenbeitrag ist in jedem Falle positiv.
3. Die Konsumausgaben der Privaten Haushalte verhalten sich wie 5 : 1 zu den Konsumausgaben der öffentlichen Hand.
4. Der Außenbeitrag ist negativ und beträgt (-) 59,3 Mrd. €.
5. Die Bruttoinvestitionen betragen 50 % des Außenbeitrags.
6. Der Außenbeitrag liegt bei 725,1 Mrd. €.

5.15 Zahlungsbilanz

Die Erfassung der wirtschaftlichen Beziehungen (Transaktionen) einer offenen Volkswirtschaft mit ausländischen Volkswirtschaften erfolgt in der Zahlungsbilanz. Die Zahlungsbilanz wiederum ist die Zusammenfassung mehrerer

Teilbilanzen

- Handelsbilanz
- Dienstleistungsbilanz
- Übertragungsbilanz
- Kapitalbilanz
- Veränderungen der Auslandsaktiva (Devisenbilanz)

Ermitteln Sie unter Berücksichtigung folgender Transaktionen die Salden der vorgenannten Teilbilanzen:

Warenexporte	150 Mrd. GE	GE = Geldeinheiten
Dienstleistungsexporte	40 Mrd. GE	
Warenimporte	80 Mrd. GE	
Empfangene Übertragungen	10 Mrd. GE	
Geleistete Übertragungen	20 Mrd. GE	
Forderungen des Inlands	65 Mrd. GE	
Dienstleistungsimporte	70 Mrd. GE	
Forderungen des Auslands	40 Mrd. GE	
Devisenverbindlichkeiten	10 Mrd. GE	
Devisenforderungen	15 Mrd. GE	

Kennzeichnen Sie Aktivsalden mit einem $-$ und Passivsalden mit einem $+$.

Wie viel beträgt der ...

a) Saldo der Handelsbilanz

b) Saldo der Dienstleistungsbilanz

c) Saldo der Übertragungsbilanz

d) Saldo der Kapitalbilanz

e) Veränderungssaldo der Auslandsaktiva

Wirtschaftsordnung und Wirtschaftspolitik

5.16 Konjunkturverlauf

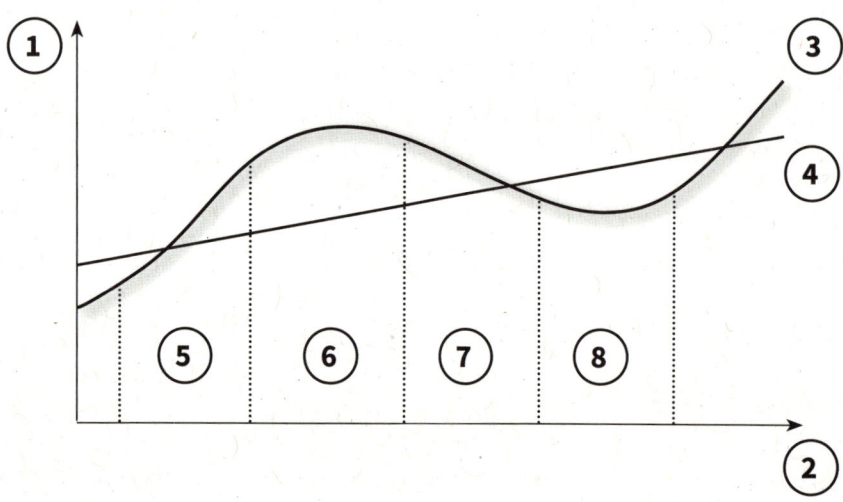

Ordnen Sie die Kennziffern aus der idealtypischen Darstellung eines Konjunkturverlaufes den folgenden Begriffen zu.

a) Zeit in Jahren

b) Expansion

c) Depression

d) Trend

e) Konjunktur

f) Bruttoinlandsprodukt

g) Rezession

h) Boom

Wirtschaftsordnung und Wirtschaftspolitik

5.17 Konjunkturphasen – Begriffe

Kennzeichnen Sie die folgenden Gleichsetzungen

mit einer **1,** wenn die Aussage **richtig** und

mit einer **2,** wenn die Aussage **falsch** ist.

a) Aufschwung = Boom

b) Rezession = Abschwung

c) Tiefstand = Depression

d) Hochkonjunktur = Expansion

e) Expansion = Boom

5.18 Konjunktur und Konjunkturindikatoren

Im Konjunkturzyklus werden die **Phasen**

1. Expansion
2. Boom
3. Rezession
4. Depression

unterschieden.

Ordnen Sie zu, indem Sie die Kennziffern der jeweiligen Konjunkturphase in die Kästchen hinter den entsprechenden Konjunkturindikatoren eintragen.

Indikatoren

a) Vollauslastung der Kapazitäten

b) Abnehmende Beschäftigung

c) Steigende Investitionen in Fertigungsmaschinen

d) Relativ hohes Zinsniveau

e) Abnehmende Sparneigung

f) Hohe Lagerbestände an Erzeugnissen aufgrund fehlender Nachfrage

g) Zunehmende Auftragsbestände

Wirtschaftsordnung und Wirtschaftspolitik

5.19 Konjunkturindikatoren

Kennzeichnen Sie die folgenden Begriffe

mit einer **1**, wenn es sich um einen **Frühindikator** und

mit einer **2**, wenn es sich um einen **Spätindikator** für die konjunkturelle Entwicklung handelt.

a) Geschäftsklimaindex für Deutschland

b) Arbeitslosenquote

c) Gewinnerwartungen

d) Auftragseingänge

e) Körperschaftssteuereinnahmen des Staates

f) Konsumklimaindex

g) Aktienkurse

h) Bruttoinlandsprodukt eines Jahres

5.20 Konjunkturpolitik

Im Rahmen ihrer Konjunkturpolitik hat die Bundesregierung die Möglichkeit, Maßnahmen zur Belebung und Dämpfung der Konjunktur zu ergreifen.

Welche **3** der nachfolgend genannten Maßnahmen haben keine konjunkturfördernde Wirkung?

Maßnahmen

1. Steuersenkungen
2. Verstärkte öffentliche Kreditaufnahme zur Finanzierung staatlicher Investitionen
3. Senkung der Abschreibungssätze
4. Erhöhung der Arbeitslosenunterstützung und Renten
5. Steuererhöhungen
6. Bildung von Haushaltsrücklagen
7. Sonderabschreibungen und überhöhte Abschreibungen
8. Abbau der Sparförderung

5.21 Fiskalpolitik (antizyklisch)

Folgende Abbildung zeigt die idealtypische Entwicklung der Staatseinkommen und -ausgaben im Konjunkturverlauf im Rahmen einer antizyklischen Fiskalpolitik.

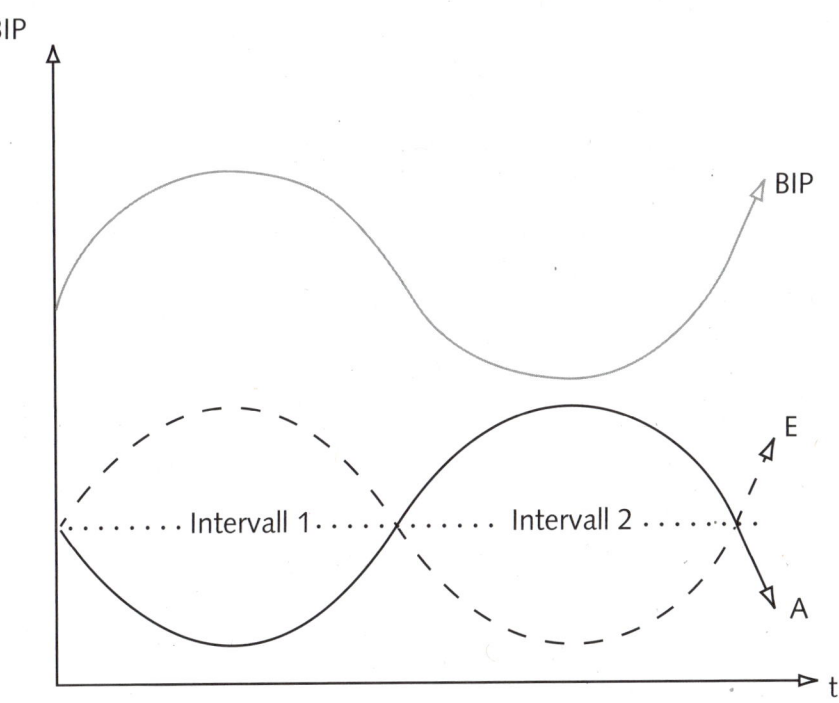

Erklärungen

BIP = Bruttoinlandsprodukt (Konjunkturverlauf)

E = Staatseinnahmen

A = Staatsausgaben

t = Zeit

⋯ = Linie eines ausgeglichenen Staatshaushaltes

Welche **2** der folgenden fiskalischen Maßnahmen sind dem zweiten Intervall zuzuordnen?

Maßnahmen

1. Bildung von Konjunkturausgleichsrücklagen
2. Kreditaufnahme des Staates
3. deficit spending
4. Tilgung von Staatsschulden
5. Haushaltsüberschuss
6. Zinszahlung für Staatsschulden

Wirtschaftsordnung und Wirtschaftspolitik

5.22 Neuverschuldung

Für die öffentlichen Haushalte eines Euro-Landes liegen folgende Jahresdaten vor:

Schuldenstand insgesamt	1.248 Mrd. €[1]
Staatsdefizit d. J.	68,80 Mrd. €

[1] das entspricht 78 % des BIP (Bruttoinlandproduktes)

Berechnen Sie die Neuverschuldung in Prozent vom BIP in diesem Jahr.

5.23 Stabilitätsgesetz - Ziele

Nach § 1 des Gesetzes zur Förderung der Stabilität und des Wachstums der Wirtschaft (StabG) haben Bund, Länder und Gemeinden „bei ihren wirtschafts- und finanzpolitischen Maßnahmen die Erfordernisse des gesamtwirtschaftlichen Gleichgewichts zu beachten. Die Maßnahmen sind so zu treffen, dass sie im Rahmen der marktwirtschaftlichen Ordnung gleichzeitig zur .... beitragen".

Welche **2** der folgenden Ziele stehen **nicht** im weiteren Verlauf dieses Paragrafen?

1. hoher Beschäftigungsstand
2. ausgeglichener Bundeshaushalt
3. Stabilität des Preisniveaus
4. außenwirtschaftliches Gleichgewicht
5. angemessenes Wirtschaftswachstum
6. gerechte Einkommens- und Vermögensverteilung

Wirtschaftsordnung und Wirtschaftspolitik

5.24 Stabilitätsgesetz – Zielbeziehungen

Die wirtschaftspolitischen **Zielvorgaben** des „Stabilitätsgesetzes" von 1967 lauten:

1. hoher Beschäftigungsstand
2. Stabilität des Preisniveaus
3. außenwirtschaftliches Gleichgewicht
4. angemessenes Wirtschaftswachstum

Die Verwirklichung der Zielvorgaben führt zu einem/einer

5. Zielkonflikt
6. Zielharmonie

Verfahren Sie wie folgt:

Zunächst ordnen Sie den folgenden Zustandsbeschreibungen jeweils die entsprechenden zwei Zielvorgaben zu. Tragen Sie dazu die Kennziffern der beiden Zielvorgaben in die ersten beiden Kästchen ein. Dann legen Sie fest, ob bei den zugeordneten Paarungen Zielkonflikte oder Zielharmonien entstehen. Tragen Sie hierzu die Kennziffern der entsprechenden Eigenschaften in das dritte Kästchen ein.

Zustandsbeschreibungen

a) Je mehr Menschen Beschäftigung finden, desto mehr Einkommen und somit Wachstum werden erzielt.

b) Ein Abbau des Exportüberschusses führt letztlich zur Verringerung des Wachstums einer Volkswirtschaft. Gleichzeitig verringern sich die Einkommen und damit das Wachstum.

c) Der Ausbau eines Exportüberschusses führt zu einer geringeren Arbeitslosigkeit.

d) Durch Wachstum steigt der Wohlstand, dadurch können sich die Menschen mehr leisten, was zu steigender Nachfrage und steigenden Preisen führt.

Wirtschaftsordnung und Wirtschaftspolitik

5.25 Konjunkturausblick – Wirtschaftswachstum

Welche **2** der folgenden Aussagen zur Konjunkturprognose des Sachverständigenrats (siehe Grafik) sind richtig?

1. In den Jahren 2022 bis 2024 steigen die Verbraucherpreise insgesamt um 15,6 %.
2. Alle Güter werden im Jahre 2024 voraussichtlich 2,6 % teurer sein als 2023.
3. Im Jahre 2024 wird es einen deutlichen Außenhandelsüberschuss geben.
4. Der private Konsum erhöht sich im Jahr 2024.
5. Die Arbeitslosenquote wird 2024 vermutlich fast auf dem Vorjahresniveau sein.

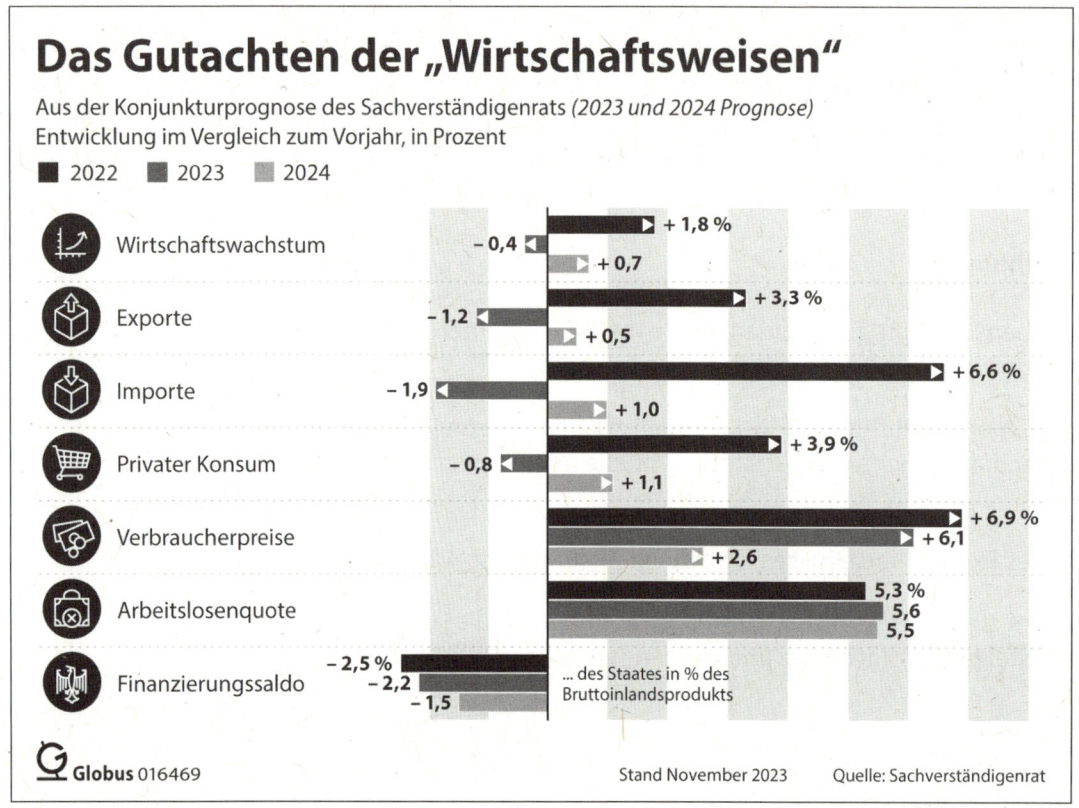

5.26 Auswirkungen von Inflation und Deflation

Im Folgenden werden typische Auswirkungen gesamtwirtschaftlicher Ungleichgewichtslagen (Inflation - Deflation) genannt.

Welche **6** der nachstehend genannten Auswirkungen treffen auf die Deflation zu?

Auswirkungen

1. Anstieg und Erreichen eines hohen Beschäftigtenstandes
2. Wachsendes Steueraufkommen
3. Deutliche Zunahme der Preissteigerungsraten
4. Rückgang der Beschäftigtenzahlen (Extremfall: Massenarbeitslosigkeit)
5. Kaufkraftschwund
6. Sinkendes Steueraufkommen
7. Nachteile für Schuldner, die eine Geldleistung zu erbringen haben
8. Vorteile für Schuldner, die eine Geldleistung zu erbringen haben
9. Die Wirtschaftssubjekte „flüchten" in die Sachwerte
10. Vorteile für Gläubiger, die eine Geldforderung zu erwarten haben
11. Nachteile für Gläubiger, die eine Geldforderung zu erwarten haben
12. Rückgang des Preisniveaus
13. Kaufkraftanstieg

Wirtschaftsordnung und Wirtschaftspolitik

5.27 Inflationsarten

Eine Inflation kann verschiedene Entstehungsursachen haben. Ordnen Sie zu, indem Sie die Kennziffern der Inflationsarten in die Kästchen neben den Aussagen eintragen.

Inflationsarten

1. Kosteninflation
2. Gewinninflation
3. Konsuminflation
4. Fiskalinflation
5. Investitionsinflation
6. Importierte Inflation

Aussagen

a) Der Konzentrationsprozess in einer Volkswirtschaft nimmt stetig zu und die Unternehmen nutzen ihre größere Marktmacht zu Preiserhöhungen aus.

b) Defizite im Staatshaushalt werden durch Geldschöpfung des Bankensystems finanziert.

c) Die Preise der inländischen Produktionsfaktoren (Boden, Arbeit, Kapital) steigen.

d) Hohe Exportüberschüsse zwingen die Zentralbank zu Interventionen am Devisenmarkt.

e) Die Nachfrage der Unternehmen nach Maschinen, Rohstoffen usw. wird durch Geldschöpfung der Banken finanziert.

f) Die Sparquote der privaten Haushalte sinkt während der Hochkonjunktur in beachtlichem Ausmaß.

g) Trotz Vollbeschäftigung nimmt die Verschuldung der öffentlichen Haushalte weiter zu.

Wirtschaftsordnung und Wirtschaftspolitik

5.28 Bekämpfung von Inflation und Deflation

Die Europäische Zentralbank (EZB) ist mittels ihrer kredit- und geldpolitischen Instrumente in der Lage, die Geldmenge und damit wirtschaftliche Ungleichgewichtslagen (Inflation oder Deflation) zu beeinflussen.

Welche beiden der folgend genannten Maßnahmen sind geeignet,

a) eine Inflation,
b) eine Deflation

zu bekämpfen?

Maßnahmen

1. Senkung der Mindestreserven
2. Verstärkter Verkauf von Offenmarkttiteln durch die Zentralbank
3. Verstärkter Rückkauf von Offenmarkttiteln durch die Zentralbank
4. Erhöhung der Mindestreserven

5.29 Inflationsrate

Petra Paulig liest auf Spiegel online folgende Nachricht:

> **Wirtschaftsnachrichten**
>
> „Die Inflation in der Euro-Zone lag im Februar 2025 über der von der Europäischen Zentralbank definierten Marke von 2 %."

Was ist mit der **Inflationsrate** gemeint?

1. die durchschnittliche Erhöhung der Exportquote
2. die durchschnittliche Erhöhung der Konsumentenausgaben
3. die durchschnittliche Erhöhung des Bruttoinlandsproduktes
4. die durchschnittliche Erhöhung der Preise für Güter und Dienstleistungen
5. die durchschnittliche Erhöhung der Sparquote

Wirtschaftsordnung und Wirtschaftspolitik

5.30 Indikatoren

Folgende Szenarien zeigen die Veränderungen verschiedener Indikatoren zum Vorjahr auf und kennzeichnen verschiedene gesamtwirtschaftliche Entwicklungen.

Wirtschaftsszenarien

Veränderungen gegenüber dem Vorjahr	Szenario A	Szenario B	Szenario C	Szenario D	Szenario E
Auftragseingänge	+ 5,0 %	– 0,1 %	+ 2,1 %	+ 1,2 %	+ 1,9 %
Exporte	+ 6,0 %	+ 0,1 %	+ 1,0 %	+ 1,1 %	+ 1,2 %
Bruttoanlageinvestitionen	+ 1,8 %	– 0,2 %	+ 0,9 %	– 0,2 %	+ 0,9 %
Private Konsumausgaben	+ 1,9 %	– 0,1 %	+ 2,9 %	– 0,4 %	+ 0,4 %
Staatskonsum	+ 0,3 %	+ 0,1 %	+ 0,2 %	– 1,9 %	+ 0,2 %
Geldmengenwachstum	± 0,0 %	– 0,1 %	+ 9,5 %	– 1,4 %	+ 0,2 %
Verbraucherpreise	+ 0,2 %	± 0,0 %	+ 5,2 %	– 3,3 %	+ 0,1 %
Sparquote	– 0,1 %	+ 0,1 %	– 1,2 %	+ 1,5 %	– 0,2 %
Arbeitslosenquote	– 1,6 %	+ 0,3 %	– 0,3 %	+ 1,9 %	– 0,9 %
Einzelhandelsumsätze	+ 2,1 %	– 0,1 %	+ 1,7 %	– 3,2 %	+ 2,4 %
Staatsdefizit	+ 0,3 %	+ 0,2 %	+ 3,2 %	+ 0,3 %	+ 0,8 %

Die wirtschaftlichen Entwicklungen werden durch die Szenarien (A – E) gekennzeichnet:

Entwicklungen

1. Stagnierende Wirtschaft
2. Expandierende Wirtschaft (Aufschwung)
3. Inflationäre Tendenz
4. Deflationäre Tendenz

Ordnen Sie den Szenarien aus der Tabelle die zutreffenden Kennziffern der Entwicklungen zu. (Mehrfachzuordnungen sind möglich):

Szenarien

a) Szenario A

b) Szenario B

c) Szenario C

d) Szenario D

e) Szenario E

Wirtschaftsordnung und Wirtschaftspolitik

5.31 Kaufkraft, Konsum und Preisindex

In der Kaufkraft spiegelt sich der tatsächliche Wert des Geldes wider. Da dieser Wert von der Veränderung des Preisniveaus einer Volkswirtschaft abhängig ist, ist die Kaufkraft ständigen Schwankungen unterworfen.

Bei welchen **3** der nachstehenden Aussagen steigt die Kaufkraft?

Aussagen

1. Für die gleiche Geldmenge kann eine kleinere Gütermenge als zuvor gekauft werden.
2. Für die gleiche Gütermenge muss eine geringere Geldmenge als zuvor ausgegeben werden.
3. Für die gleiche Geldmenge kann eine größere Gütermenge als zuvor gekauft werden.
4. Der Preisindex für die Lebenshaltung ist durch eine deflatorische Entwicklung geprägt.
5. Das Preisniveau ist im Laufe der Zeit beträchtlich gestiegen.
6. Der Preisindex für die Lebenshaltung ist durch eine inflatorische Entwicklung geprägt.
7. Die Exportquote für Waren und Dienstleistungen ist stärker gestiegen als die Importquote.

Wirtschaftsordnung und Wirtschaftspolitik

5.32 Kaufkraft, Konsum und Preisindex

Aus der Statistik im Monatsbericht einer Zentralbank können folgende Daten entnommen werden:

Tabelle A: Einkommen der privaten Haushalte (Auszug)

Jahr	Verfügbares Einkommen		Sparen	
	Mrd. €	Veränderung gegen Vorjahr %	Mrd. €	Veränderung gegen Vorjahr %
2023	1.588,2	3,1	178,5	7,7
2024	1.594,8	0,4	180,1	0,9

Tabelle B: Verbraucherpreisindex (Auszug)

Jahr	2020 = 100	Veränderung gegenüber Vorjahr in %
2023	106,6	2,6
2024	107,0	0,4

a) Folgende Daten sind noch zu bestimmen (Ergebnisse auf 1 Nachkommastelle runden)

   aa) Konsumquote für 2023 in Prozent

   ab) Konsumausgaben für 2022 in Mrd. €

   ac) Sparquote in 2022 in Prozent

b) Welche der folgenden Aussagen ist **nicht** zutreffend?

Aussagen

1. In 2024 wurden 5 Mrd. € mehr für Konsum ausgegeben als dies in 2023 der Fall war.
2. Das Realeinkommen in 2024 lag bei rund 1.490,5 Mrd. €.
3. In 2024 wurden von 1.000 € verfügbarem Einkommen rund 887 € für Konsumzwecke verwendet.
4. Da in 2024 (im Vergleich zum Vorjahr) sowohl das verfügbare Einkommen als auch der Preisindex um je 0,4 Prozent gestiegen sind, ist das Realeinkommen auch um 0,4 Prozent gestiegen.
5. Statistisch erfasste Verbrauchsgüter, für die 2020 noch 500,00 € ausgegeben wurden, kosteten in 2024 bereits 35,00 € mehr.

Wirtschaftsordnung und Wirtschaftspolitik

5.33 Wechselkurse

Befinden sich die Währungen zweier Staaten in einem amtlich festgelegten Austauschverhältnis zueinander, spricht man von festen Wechselkursen; der Wechselkurs ist dagegen flexibel, wenn er sich auf freien Devisenmärkten durch Angebot und Nachfrage bestimmen lässt.

a) Welche **2** Aussagen bezeichnen einen möglichen Vorteil fester Wechselkurse?

1. Es besteht längerfristig eine verlässliche Kalkulationsgrundlage im internationalen Handel.
2. Größere Wettbewerbsverzerrungen werden verhindert.
3. Tendenziell und längerfristig kommt es zu ausgeglichenen Devisenbilanzen.
4. Die Abwicklung internationaler Zahlungsgeschäfte wird erleichtert.
5. Die Exporte verbilligen sich.
6. Die Importe verbilligen sich.

b) Welche **2** Aussagen bezeichnen einen möglichen Nachteil flexibler Wechselkurse?

1. Staaten mit unterbewerteten Währungen haben Wettbewerbsvorteile.
2. Staaten mit überbewerteten Währungen haben Wettbewerbsnachteile.
3. Die Kalkulation internationaler Währungsgeschäfte wird erschwert.
4. In den außenhandelsabhängigen Branchen bestehen hohe Investitions- und Produktionsrisiken.
5. Die Exporte verteuern sich.
6. Die Importe verbilligen sich.

Wirtschaftsordnung und Wirtschaftspolitik

5.34 Wechselkurse

Die Office Experten beliefern seit 2018 einen amerikanischen Importeur mit dem Chair 250, einem besonders robusten Schreibtischstuhl mit einer Belastbarkeit bis zu 250 kg.

Die Entwicklung des Wechselkurses für 1 EUR in US-Dollar zeigt folgende Grafik:

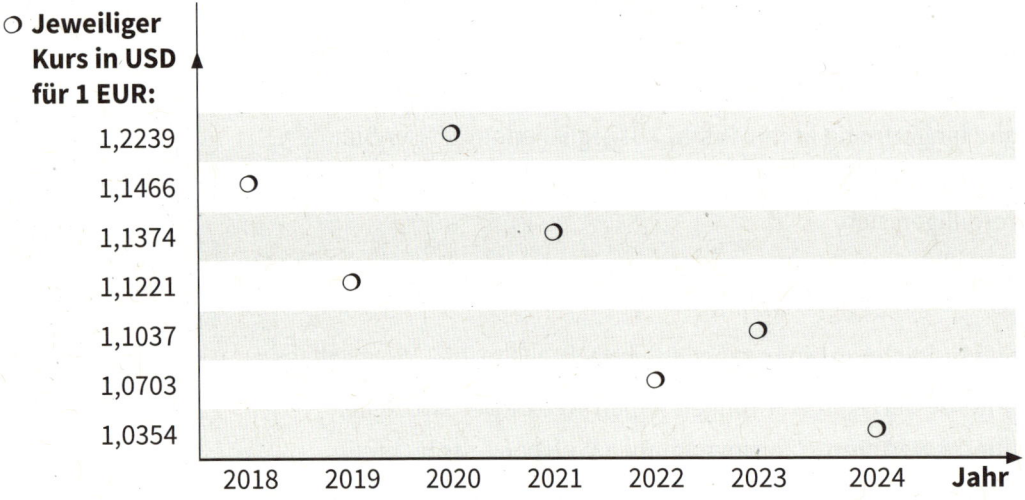

a) Der Stuhl wird seit Jahren unverändert zum Nettopreis von 2.250,00 € angeboten. Wie viel US-Dollar musste der US-amerikanische Importeur Ende 2023 dafür zahlen?

b) Welche **2** der folgenden Auswirkungen lassen sich aus der Entwicklung des oben dargestellten Wechselkurses ableiten?

1. Für den Importeur wurde der Bezug des Schreibtischstuhles von Ende 2019 bis Ende 2020 teurer.
2. Für den amerikanischen Importeur wurde der Bezug des Chair 250 von Ende 2021 bis Ende 2022 billiger.
3. Der Wert des US-Dollar hat gegenüber dem Euro von Ende 2020 bis Ende 2021 abgenommen.
4. Die Kursentwicklung hat in der Regel keinen Einfluss auf die Nachfrage des US-amerikanischen Importeurs nach dem Chair 250.
5. Für den Importeur war der Kauf des Schreibtischstuhles Ende 2019 günstiger als Ende 2021.

c) Welchem Wechselkurs für 1 US-Dollar in Euro entsprach der Euro-Kurs Ende 2023? (Ergebnis auf 4 Nachkommastellen runden!)

5.35 Geld

Geld ist nicht nur Zahlungs- und Tauschmittel, sondern erfüllt außerdem noch folgende Funktionen:

1. Wertausdrucksmittel
2. Wertübertragungsmittel
3. Wertaufbewahrungsmittel

Welche Funktion erfüllt das Geld hauptsächlich in folgenden Fällen?

Ordnen Sie zu, indem Sie die zutreffenden Kennziffern der oben stehenden Funktionen in die Kästchen hinter den entsprechenden Beispielen eintragen.

Beispiele

a) Preisauszeichnung

b) Sparen und Horten

c) Kreditgewährung

d) Zahlungsbilanz

Wirtschaftsordnung und Wirtschaftspolitik

5.36 Steuerarten

Steuern sind die wichtigste Einnahmequelle des Bundes, der Länder und Gemeinden. Zur Einteilung und Abgrenzung von Steuerarten dienen unter anderem folgende Bezeichnungen:

Gruppe A

1. Direkte Steuer
2. Indirekte Steuer

Gruppe B

3. Besitzsteuer
4. Verkehrsteuer
5. Verbrauchsteuer

Gruppe C

6. Bundessteuer
7. Landessteuer
8. Gemeindesteuer
9. Gemeinschaftssteuer

Ordnen Sie den folgenden Steuerbeispielen die jeweils drei zutreffenden Kennziffern der vorgenannten Steuerarten zu.

Steuerbeispiele	A	B	C
a) Grundsteuer			
b) Grunderwerbsteuer			
c) Kraftfahrzeugsteuer			
d) Biersteuer			
e) Energiesteuer			
f) Einkommensteuer			
g) Umsatzsteuer			
h) Körperschaftsteuer			
i) Erbschaftsteuer			
j) Gewerbeertragsteuer			

Wirtschaftsordnung und Wirtschaftspolitik

5.37 Merkmale bestimmter Steuerarten

Im Geschäftsleben der Office Experten kommen u. a. folgende Steuern vor:

1. Mehrwertsteuer
2. Grundsteuer
3. Einkommensteuer
4. Körperschaftsteuer
5. Einfuhrumsatzsteuer

Im Folgenden werden bestimmte Merkmale dieser Steuerarten umschrieben. Ordnen Sie diesen Aussagen die jeweils zutreffende Kennziffer zu.

Aussagen

a) Sie bildet die Basis zur Berechnung der Kirchensteuer.

b) Sie dient z. B. der Besteuerung des Einkommens der Office Experten GmbH.

c) Sie ist hauptsächlich Bestandteil aller Forderungen und Verbindlichkeiten aus Lieferung und Leistungen.

d) Sie wird von den Kommunen (Gemeinden) erhoben.

e) Sie fällt für Güter an, die aus dem Ausland bezogen werden.

5.38 Europäische Union

Lukas Schlitt überlegt, nach dem Ende der Ausbildung ins Ausland zu gehen. Wegen der für EU-Bürger geltenden Freizügigkeit auf dem Arbeitsmarkt würde er ein EU-Land bevorzugen.

Welche **2** der folgenden Länder gehören **nicht** zur EU?

1. Deutschland
2. Großbritannien
3. Schweiz
4. Spanien
5. Luxemburg

Wirtschaftsordnung und Wirtschaftspolitik

Schreiben Sie die passenden Begriffe zu den nachfolgenden Umschreibungen in die Kästchen des Kreuzworträtsels. Umlaute ä, ö und ü werden als ae, oe und ue geschrieben. Von oben nach unten gelesen ergibt sich in der durch einen Pfeil markierten Senkrechten ein Lösungswort. Die **grau** gekennzeichneten Kästchen enthalten gleiche Buchstaben.

01. Geld, mit dem der Staat einen Betrieb oder einen Wirtschaftszweig unterstützt

02. Wirtschaftliches Auf und Ab

03. Darin steht, dass die Bundesregierung bei ihrer Wirtschafts- und Finanzpolitik die Erfordernisse des gesamtwirtschaftlichen Gleichgewichtes zu beachten hat

04. Gesamtheit aller ergreifbaren Maßnahmen zur Beeinflussung der Geldwertstabilität

05. Diese Betriebe kaufen Güter ein, um sie anschließend unverändert weiter zu verkaufen

06. Zu diesem Sektor gehören z. B. Banken, Unternehmensberater und Kinobetreiber

07. Tiefpunkt der Konjunktur

08. Betrag, um den sich die Gesamtverschuldung erhöht

09. Dabei werden bestimmte Waren oder Dienstleistungen unter Verwendung des Namens und Warenzeichens des Vertragspartners angeboten

10. Sie muss in Rechnung gestellt werden, wenn ein Unternehmer im Inland Güter oder Dienstleistungen gegen Entgelt verkauft

11. Diese Arbeitslosigkeit liegt vor, wenn Arbeitnehmer einen Arbeitsplatz aufgeben müssen, vorübergehend aber noch keine neue Arbeit finden

12. Sie gibt an, welche Gütermenge mit einer Geldeinheit oder einem bestimmten Geldbetrag gekauft werden kann

13. Wirtschaftsordnung in freier und/oder sozialer Form

14. Entsteht, wenn die Gütermenge stärker steigt als die Geldmenge

15. In diesem Gesetz steht, dass Kartelle bis auf bestimmte Ausnahmen grundsätzlich verboten sind (Abkürzung)

16. Anderes Wort für Expansion

17. Zusammenschluss rechtlich selbstständiger Unternehmen, die unter einheitlicher Leitung auf ihre wirtschaftliche Unabhängigkeit verzichten

18. Sie gibt Auskunft darüber, wem das bei der Produktion von Gütern oder Dienstleistungen entstandene Einkommen zufließt

Wirtschaftsordnung und Wirtschaftspolitik

Kreuzworträtsel Wirtschaftsordnung und Wirtschaftspolitik:

Lösungswort

01.
02.
03.
04.
05.
06.
07.
08.
09.
10.
11.
12.
13.
14.
15.
16.
17.
18.

Abkürzungsverzeichnis

Abs.	Absatz
AfA	Absetzung für Abnutzung
AGB	Allgemeine Geschäftsbedingungen
AGG	Allgemeines Gleichbehandlungsgesetz
AO	Abgabenordnung
ArbGG	Arbeitsgerichtsgesetz
ArbZG	Arbeitszeitgesetz
BBiG	Berufsbildungsgesetz
BDSG	Bundesdatenschutzgesetz
BEEG	Bundeselterngeld- und Elternzeitgesetz
BetrVG	Betriebsverfassungsgesetz
BGB	Bürgerliches Gesetzbuch
BR	Betriebsrat
BUrlG	Bundesurlaubsgesetz
EntgFG	Entgeltfortzahlungsgesetz
EZB	Europäische Zentralbank
GewO	Gewerbeordnung
GG	Grundgesetz
HGB	Handelsgesetzbuch
i. V. m.	in Verbindung mit
InsO	Insolvenzordnung
JArbSchG	Jugendarbeitsschutzgesetz
JAV	Jugend- und Auszubildendenvertretung
KrWG	Kreislaufwirtschaftsgesetz
KSchG	Kündigungsschutzgesetz
MiLoG	Mindestlohngesetz
MuSchG	Mutterschutzgesetz
NachwG	Nachweisgesetz
SGB	Sozialgesetzbuch
StabG	Gesetz zur Förderung der Stabilität und des Wachstums der Wirtschaft
TVG	Tarifvertragsgesetz
TzBfG	Teilzeit- und Befristungsgesetz
UStG	Umsatzsteuergesetz